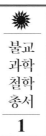

물질
세계

The Physical World

- **달라이 라마 성하 출판부 편집위원장**
  남갤사원 방장 쎄라 제 톰톡 린뽀체 Thromthog Rinpoche, Abbot of Namgyal Monastery

- **총괄편집위원**
  랑리와 툽뗀진빠 Thupten Jinpa, PhD

- **출판위원**
  쎄라 메사원 게쎼 양뗑 린뽀체 Geshe Yangteng Rinpoche, Sermey Monastic College
  데뿡 로쎌링사원 게쎼 툽뗀빨상 Geshe Thupten Palsang, Drepung Loseling College
  남갤사원 비구 툽뗀야르펠 Gelong Thupten Yarphel, Namgyal Monastery

- **편집**
  간댄 쌰르쩨사원 게쎼 장춥쌍계 Geshe Jangchup Sangye, Ganden Shartse College
  데뿡 로쎌링사원 게쎼 응아왕쌍계 Geshe Ngawang Sangye, Drepung Loseling College
  간댄 쟝쩨사원 게쎼 찌싸둥첸 툴구 Geshe Chisa Drungchen Rinpoche, Ganden Jangtse College
  데뿡 고망사원 게쎼 롭상케촉 Geshe Lobsang Khechok, Drepung Gomang Colleg

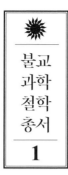

불교
과학
철학
총서

1

물질
세계

The Physical World

기획 및 서문
달라이 라마
His Holiness the Dalai Lama

엮은이
불교 과학 철학 총서
편집위원회

옮긴이
게쎄 텐진 남카
Geshe Tenzin Namkha

불광출판사

약호와 표기법에 관하여

1. 본서에서 인용되는 경론은 대체로 데게판(Derge Edition) 티베트 대장
   경이 기준이 된다. 데게판은 18세기 동부 티베트의 데게 지방에서
   개판된 것으로, 현재 티베트 불교학계에서 표준으로 사용된다.

①경론의 인용문은 티베트어본을 기준으로 번역하였다.

②경론의 제목은 가능한 한역 대장경의 표제를 따랐다. 한역본이 부재
  한 경론의 경우 불교학계에서 통용되는 명칭으로 표기하거나 번역
  자가 새롭게 한역하여 명명하였다.

③경론 중 정확히 대응하는 한역이 존재하거나, 상응하는 경론이 한
  역으로 존재하는 경우, 각주의 인용출처 끝에 타이쇼 대장경(Taisho
  Tripitaka; 大正新修大藏經: 약어 T.)의 번호로 표기하였다. 한역이 부재한
  경우 각주에 해당 경론의 산스크리트명을 표기하였다.

④인용을 표기할 때는 먼저 대장경의 판본을 밝히고, 불설부(佛說部,
  Tib. bka'-'gyur)와 논소부(論疏部, Tib. bstan-'gyur)로 구분하였다. 이후 각
  내용별 분류, 권수, 해당 경론의 권 혹은 품, 페이지수의 순으로 표기

하였다. 저자의 이름은 생략하였다.

⑤ 패엽경(貝葉經) 방식으로 제본되는 티베트 경전의 전면과 후면은, 각 각 a와 b로 표기하였다.

⑥ 인용 출처 각주에 표기된 '교정본'이란, 데게판 대장경을 토대로 여러 판본을 비교하여 교정한 빼두르마(Tib. dpe bsdur ma) 판본을 말한다.

⑦ 위의 내용들을 총합하여 예시를 들면 다음과 같다.

인용출처 : 데게판 대장경 논소부에서 중관부 sa권인 『중관장엄론 자주中觀莊嚴論自注』의 59페이지 전면, 교정본(빼두르마) 62번째 권의 912쪽.

→ 각주표기 :

『Madhyamakālaṃkāravṛtti』, 데게판, 논소, 중관, sa, 59a; 교정본 No.62, p.912.

⑧ 참고문헌에 나오는 약어 Toh.는 일본의 토호쿠(東北) 대학에서 출판 된 데게판 대장경 목록의 번호를 말한다.

2. 동일한 경론에서 연속적으로 인용되는 경우 판본, 권수 등을 제외하 고 '위의 경/논'으로 표기 후 쪽수를 밝혔다. 이는 해당 인용문이 그 것의 바로 위에 인용된 경론의 출처와 동일할 때 적용한다. 단행본 의 출처 각주 또한 이와 같다.

3. 이 책의 티베트어 원본에 수록된 각주는 모두 그대로 옮겼으며, 역자 가 첨부한 주는 각주 내용 끝에 괄호를 치고 '역자주'라고 표기하였다.

4. 인명, 고유명칭 등은 가급적 산스크리트어 그대로 사용하였으나, 한 국 독자에게 익숙한 일부 이름과 용어들은 기존 한역의 용어를 사용 하였다. 논사들의 이름은 모두 산스크리트어로 표기하였다.

예) 싸꺄무니 부처님 → 석가모니 부처님, 싸리뿌뜨라 존자 → 사리불 존자
용수 논사 → 나가르주나 논사, 무착 논사 → 아쌍가 논사

5. 불교술어의 경우 대부분 한국 독자에게 익숙한 한역의 용례를 따랐다.
예) 끄쌰나(kṣaṇa) → 찰나刹那, 니르와나(nirvāṇa) → 열반

6. 산스크리트어 한글 표기는 일본의 불교학자 다카쿠스 준지로가 저술한『불교철학의 정수』(대원정사, 정승석 역, 1989)의 한국어판에 실린 표기법을 기준으로 하되, 필요시에 약간의 차이를 두었다. (차이에 대해서는 아래의 표를 참조.) 산스크리트어의 로마자 표기가 필요할 경우 일부만 먼저 약어로 Skt. 라고 명시하였고 대부분 별도의 약어 없이 IAST 표기법에 따라 표기하였다.

7. 티베트어 로마자 표기를 병기할 때는 먼저 약어로 Tib. 라고 명시한 후 와일리(Wylie) 표기법에 따라 기재하였다.

산스크리트어 한글표기법1

모 음				자 음													
단, 장모음		복모음		연구개음		경구개음		권설음		치 음		순 음		반모음		치찰음	
a, ā	아	e	에	ka	까	ca	짜	ṭa	따	ta	따	pa	빠	ya	야②	śa	싸④
i, ī	이	ai	아이	kha	카	cha	차	ṭha	타	tha	타	pha	파	ra	라	ṣa	싸④
u, ū	우	o	오	ga	가	ja	자	ḍa	다	da	다	ba	바	la	ㄹ+라③	sa	싸
ṛ, ṝ	리	au	아우	gha	가	jha	자	ḍha	다	dha	다	bha	바	va	바	ha	하
ḷ, ḹ	리			ṅa	ㅇ	ña	냐①	ṇa	나	na	나	ma	마	ḥ		ṃ	ㅇ, ㅁ⑤

1   다카쿠스 준지로, 정승석 옮김,『불교철학의 정수』(서울: 대원정사, 1989) p.260 참조

①ña 이외의 경우에는 'ㄴ'로 표기, ṇa나 na의 경우와 동일하게 사용.

②자음 + ya일 때는 '자음 + ㅣ 야로 표기.

예) **sūrya** → 수리야, **arya** → 아리야

yu는 '유', ye는 '예', yo는 '요'로 표기.

③앞의 모음에 'ㄹ'을 첨가함.

예) **apara** → 아빠라, **apala** → 아빨라, **tamir** → 따미르, **tamil** → 따밀

④ś와 ṣ는 같은 방식으로 표기한다.

예) **śiva** → 쒸바, **ṣiḍga** → 쒸드가

śu와 ṣu는 '쓔', śo는 '쑈', śe는 '쒜'. ś와 ṣ가 모음을 동반하지 않을 경우에는 '쒸'로 표기한다.

예) **viśṇu** → 비쒸누

⑤ṃ의 뒤에 구개음이 오면 앞의 모음에 'ㅇ'을, 아닐 경우 'ㅁ'로 표기.

예) **saṃgate** → 쌍가떼, **saṃbodhi** → 쌈보디

기타 및 예외

1. 동일계통의 자음이 중복될 경우엔 앞의 자음을 받침으로 사용한다. 단, 받침으로 사용하는 앞의 자음에는 〈외래어 표기법〉에 따라 'ㄱ, ㄴ, ㄹ, ㅁ, ㅂ, ㅅ, ㅇ'만을 쓴다.

예) **buddha** → 붇다(✕), 붓다(○) **sakka** → 쏵까(✕), 싹까(○)

2. 한글에서 흔히 쓰이지 않는 어색한 글자로 조성되는 경우엔 그와 유사한 음으로 표기한다.

예) **śya** → 쒸야(✕), 쌰(○) , **guhya** → 구히야(✕), 구햐(○)

처음으로 과학과 만나다

어릴 적 나는 기계 장치 장난감을 가지고 노는 걸 좋아했다. 1959년 인도에 온 이후에는 과학에 대한 나 자신의 이해를 넓히고 과학과 종교 간에 어떤 차이가 있는지 알기 위해 과학자들과 교류하고 싶다는 생각을 갖게 되었다. 내가 과학자들과 대화하는 것에 자신감이 생긴 주된 이유는 부처님의 다음과 같은 말씀에 있었다.

> 비구와 현자들아
> 금을 달구고, 자르고, 갈듯이
> 나의 말을 잘 분석해야지
> 존경하기 때문에 받아들여서는 아니 되느니라.

부처님께서는 당신을 따르는 제자들에게 경전의 의미를 받아들일 때 금金세공사가 금을 달구고, 자르고, 갈아보는 세 가지 방법으로 불순물의 유무를 분석하는 것처럼, 어떤 내용을 세밀하게 분석하여 확신이 생긴 후에야 비로소 믿는 것이 타당하며, 아무것도 분석하지 않고 그저 자신의 스승께서 말씀하셨다는 이유만으로 믿는 것은 타당하지 않다고 말씀하셨다. 이는 부처님의 말씀이 타당한지도 검증과 논리적 분석을 통해 결정해야 하며, 말씀만으로 타당하다고 판단하는 것은 옳지 않다고 조언하신 것이다. 이 위대한 가르침은 사물의 실상을 분석할 때 올바른 논증이 중요함을 설한 것이다.

불교경론에서 그리고 특히 날란다(Nālandā) 등의 대학자들은 어떤 대상을 분석할 때 논리[비량比量]와 경설[성언량聖言量]보다도 현량의 경험을 더 중요한 기준으로 삼았다. 사물의 실상을 분석할 때 만약 경전만을 근거로 한다면, 그 경전도 다른 경전에 의해 타당함이 입증되어야 하므로 무한소급의 오류가 생기게 되고, 경전을 인정하지 않는 상대에게는 입증하거나 반박할 수가 없게 된다. 그리고 경經 또한 언설 그대로 인정할 수 있는지의 여부에 따라 다양하게 존재하기 때문에 어떤 체계도 세울 수 없게 된다. 또한 사물의 실상을 분석할 때 경전만을 근거로 제시하는 것은 지혜가 부족한 상징이라고 하였으며,

그와 같이 하는 이들은 논리학자의 반열에 들어가지 못한다고 한다.

마찬가지로 과학자들도 모든 연구결과를 실험과 수학으로 증명하지 다른 이의 주장에 근거하지 않는다. 근식根識2에 나타나는 현상을 자세하게 분석함으로써 일반적으로 보이지 않는 존재, 즉 원자 등을 추론하는 방식은 불교와 과학 두 분야에 공통적으로 존재한다. 이러한 점을 보고서 나는 현대과학자들과 대화하는 것에 대한 자신감이 크게 높아졌다.

과학자는 현미경과 망원경, 수학적 계산법 등을 이용하여 원자에서부터 거대한 우주에 이르는 형상 등을 관찰하고, 근식이 새롭게 볼 수 있는 능력을 토대로 삼아 추론을 통해 분석함으로써 많은 새로운 사실을 발견하게 되었다. 과학적으로 연구한 내용을 증명하기 위해서는 결국 경험에 기반해야 한다.

이렇듯 불교도와 과학자 둘 다 경험을 분석 토대로 삼는다는 점에서는 같기 때문에 분석한 결과를 확립하는 방식에 있어 근본적으로 방향성이 유사하다는 것은 명백하다.

불교경론에서 경험이란 근식의 경험뿐만 아니라 수습으로 체득한 것도 포함하는 방대한 것을 의미하며, 듣고 사유하는 과정에서 생기는 수습도 과학적 분석 방식과 똑같이 경험에 의거한 분석 방법으로 인정한다.

---

2   원문 그대로 번역하면 '현량現量'이다. 과학의 분야에서 설명하고 있기 때문에, 현량을 근식으로 번역하였다. 왜냐하면 과학계에서는 4현량 중 다른 세 현량에 대한 언급이 없고, 그 분석 과정에서도 근현량만을 기준으로 하기 때문이다. (역자주)

1973년 내가 처음 유럽에 갔을 때 20세기의 대학자인 철학자 칼 포퍼(Karl Popper) 선생과 서독 대통령의 친척이자 양자물리학자인 베르너 하이젠베르그(Werner Heisenberg)의 조수이며 철학자이자 물리학자인 카를 폰 바이츠제커(Carl von Weizsäcker), 물리학자 데이비드 봄(David Bohm) 등 저명한 과학자들과 연이어 만남을 가졌다. 우주론과 신경생물학, 생물학, 물리학, 그리고 양자물리학에서 말하는 '외부의 물질을 미세하게 분해하면 결국 (아무것도) 발견되는 것이 없다'는 이론은 유식학에서 외경外境을 부정하는 논리와 가깝고, 가설된 의미를 찾아도 발견되는 것이 없다는 중관학의 주장과 유사했다. 나는 이 같은 과학의 일부 영역뿐만 아니라 인도 전통의 지관止觀에 대한 보편적 가르침과 특히 불교경전에서 설한 심리학의 체계에 대해 여러 차례 논의했다.

오늘날 이 지구상에는 과학의 영향력이 점차 확대되고 있고 누구든 그것을 피할 수 없기 때문에, 현대과학에 대해 호기심을 가진 이들뿐만 아니라 원치 않는 이들도 어쩔 수 없이 받아들여야 하는 상황이 되었다. 뿐만 아니라 현대과학계 내부에서도 심리학 등에 대해 토론하는 환경이 확실히 조성되고 있다. 이같은 현실을 인지하고, 우리가 인생에서 진정으로 바라는 것은 행복이라는 중요한 사실을 고려하여 나는 과학의 산물들이 이 세상에 존재하는 모든 생명체에게 행복을 가져다주는 조건이 되길 바라며 여러 해 동안 과학계 석학들과의 대화를 이어왔다. 서로 간의 대화를 통한 현대과학과 심리학의 연계가 인류의 신체적·정신적 안락을 위해 필요한 요건들을 제공하는 데 공헌할 수 있다고 확신한다. 따라서 나는 과학자들과 대화를 나눌 때 두 가지 목표를 가지고 있다.

첫 번째 목표는 다음과 같다. 현재 전 세계에 존재하는 지식 체계
는 매우 방대할 뿐만 아니라 나날이 발전하고 있다. 그렇지만 과학은
초기 발전 단계부터 외부의 사물을 주된 대상으로 삼았기 때문에 현
대과학 역시 주로 형색인 외부의 사물을 연구 대상으로 삼는 반면 연
구자 본인의 본성과 기억이 생기는 방식, 고통과 행복의 느낌 등에 대
해서는 세밀하고 폭넓은 연구가 이뤄지지 않았다. 현대과학의 전문
연구 분야는 주로 외부의 사물이지만 인류 사회의 현실적인 측면에
서 보면 현대의 과학 지식에 충분하지 않는 부분이 많다는 점은 의심
할 여지가 없다. 그러므로 이 지식의 분야에서 폭넓은 심리학의 체계
도 비중 있게 다루어야 한다. 현재 뇌신경학에는 뇌를 기반으로 한 오
근식에 대한 다양한 해설이 있는데, 더욱더 인식에 대한 체계를 넓혀
야 하고, 심도 있는 연구가 있어야 한다. 그래서 현대과학의 분야에
심리학을 밝히는 이론을 풍부하게 하여 지식의 폭을 넓혀가는 것이
나의 첫 번째 목표이다.

불교와 현대과학 사이에는 서로 배울 만한 점이 많이 있다. 우리
는 육체적 고락뿐만 아니라 마음의 분별과 관련된 고락苦樂도 경험하
기 때문이다. 따라서 몸과 마음 모두와 관련된 지식이 반드시 필요하
다. 인간 사회에서 행복이 이루어지는 방식을 생각해보면 현대과학
과 심리학의 접목을 통해 우리는 인류의 새로운 지식 분야를 개척할
수 있을 것이다. 나는 과학으로 사물의 궁극적 성질을 규명하여 얻어
진 새로운 내용을 인류의 지식으로 축적하여 보다 완전하고 뛰어난
교육 체계를 갖추는 것을 궁극적인 목표로 삼아야 한다고 생각한다.

두 번째 목표는 다음과 같다. 우리 인류가 직면한 문제에는 인간이 자초한 것과 자연으로 인한 것 두 가지가 있다. 인간이 자초한 문제는 인간이 스스로 만든 것이기 때문에 이를 없애는 방법도 인간이 찾을 수 있다는 점에는 의심의 여지가 없다. 인간의 지식이 크게 부족하지 않음에도 불구하고, 사람이 만든 문제들이 끊임없이 일어나는 것은 우리에게 이러한 문제들을 해결하는 방법이 아직도 충분하지 않다는 것을 드러낸다. 문제들은 인간의 마음속에 이기심, 애착, 증오, 탐욕, 차별심, 질투, 경쟁심 등이 강하고, 다른 한편으로는 이타심, 자애, 인내심, 불방일, 지혜 등이 부족해서 생긴다. 하지만 철학을 가진 여러 종교의 전통에서는 탐욕과 성냄을 버리고, 자애심을 갖는 법 등에 대한 체계가 폭넓게 확립되어 있기 때문에 체계가 인간이 만든 문제를 극복하는 데 기여할 수 있다고 확신한다.

과학의 의의와 주된 목적은 인류에게 이익과 편의를 제공하는 것이다. 과학적 성과로 인해 인류는 의료, 환경, 경제, 교통, 생활용품, 사회적 관계망 등의 뚜렷한 혜택을 누린다. 하지만 인류가 스스로 만든 고통은 여전히 남아 있다. 예를 들면 과학이 고도로 발달된 나라들에서도 도둑질, 폭력, 살인, 분쟁이 일어나는 것을 볼 수 있으며, 특히 마음에서 기인한 고통은 전과 다름없이 그대로 남아 있다. 개개인의 마음이 욕심, 성냄, 아만, 질투 등으로 가득차 있다면 아무리 외적인 조건이 원만하게 갖추어져 있다한들 그 삶이 즐거울 수 없다. 반면 만족감과 자애심 등으로 마음을 고요하게 다스리고 있다면 외부의 물질적 조건이 원만하지 않더라도 행복한 삶을 살 수 있기 때문에 삶의 행복 여부는 주로 내적 마음의 차이에서 비롯한다는 것을 부정할 수 없다.

달라이 라마 성하의 서문

육체적 고통을 치유하기 위해 지금까지 과학으로부터 많은 도움을 받았고, 또 받고 있다. 그러나 마음의 고통은 오직 생각하는 방식에 의지해 해결해야 하기 때문에 자애심 등의 가치를 높이는 것은 인간 사회의 행복을 위해 절대 없어서는 안 된다. 나는 현대과학자들이 심리학에 관심을 기울이고, 무엇보다 인간의 도덕성을 포함한 사회 선반의 핵심 논점들에 관심을 가진다면, 과학도 진일보할 수 있고 새로운 가치를 창출할 수 있다고 믿는다. 지금까지 과학은 심리적 취사의 체계와 자애심 등 마음의 가치에 대해 관여하지 않았지만 과학이 인류의 필요에 따라 생겨난 것인 만큼 인간 사회의 다른 핵심적인 부분들과 동떨어질 수 없다.

고대 인도철학, 특히 불교경론에서 설한 심리학은 지관止觀 등 마음을 닦는 방식을 자세하게 다루기 때문에 지식 체계의 한 분야에 속하는 심리학의 분과에 유익한 정보를 확실히 제공할 수 있다. 또한 그 속에는 심리적 고통을 해소하고 마음의 평화를 가져다주는 특별한 방법들이 존재하므로 이러한 내용은 현대의 교육 체계를 더욱 풍부하게 만드는 데 도움을 줄 수 있다. 이로써 인간 사회에 도덕성이 결핍되지 않도록 하는 것이 나의 두 번째 목표이다.

오늘날 과학과 기술의 영향을 받지 않는 인간의 생활 영역은 거의 존재하지 않는다. 확실히 과학은 이미 우리의 삶에서 상당한 지위를 차지하고 있다. 우리는 과학의 목적이 무엇이고 그것이 최종적으로 우리에게 어떤 결과를 가져오는지 등에 주목해야 한다. 20세기 초에는 과학의 발전이 종교적 신앙심에 영향을 줄 것이라 믿는 사람들이 있었지만, 21세기 초반인 지금은 오히려 보편적 윤리와 특히 심리학과 철학의 체계를 다룬 고전들이 더욱 재조명받고 있다.

불교경론의 주제를 세 분야로 나누는 방식

우리는 사회 속에서 살인, 절도, 사기, 위선, 상해, 착취, 공공자원의 남용, 사회적 의무의 해이, 알코올 의존증, 마약 복용, 사회적 고립, 원한, 질투, 경쟁심, 두려움 등을 빈번하게 목도하고 있다. 나는 이러한 문제들이 우리가 지금까지 선행과 내재된 자애심 등의 가치를 외면했기 때문에 생긴 것이라고 본다. 따라서 우리는 품행을 개선하고 발전시킬 수 있는 방법에 관심을 기울일 필요가 있다. 이러한 사회적 상황은 우리에게 무엇이 부족한지 알려주며 또한 오늘날 전 세계가 상호 의존하는 현실은 서로에게 배려와 친절이 충만한 환경이 필요하다는 것을 분명하게 보여준다.

만일 우리가 선한 행위와 마음의 가치를 향상시켜야 한다면 무엇을 토대로 삼아야 하는가? 종교를 기반으로 한 윤리적 규범들은 종교 철학을 바탕으로 세워져 있기 때문에, 만약 윤리가 특정 종교만을 기반으로 한다면 이것은 종교적 신앙심이 없는 사람들에게는 수용이 불가능하고, 신앙심이 없으면 배려와 친절 등의 도덕성도 기울어질 수 있게 된다. 자애 등의 가치가 우리 인류의 삶 속에서 얼마나 절실하게 필요한지는 일상생활 속에서도 알 수 있다. 심지어 동물들조차도 사랑을 느끼면서 살고 있기 때문에 자애의 마음이 반드시 종교를 바탕으로 할 필요가 없음은 분명하다.

게다가 우리는 종교적 영향을 받기 전인 어린 시절부터 타인에

달라이 라마 성하의 서문

게 공감하고 친절하며 타인을 돕고 용서할줄 알 뿐만 아니라 이와 관련된 신체적, 언어적 행위도 자연스럽게 할줄 알았다. 모든 사람들이 태생적으로 가지고 있는 이 선한 마음과 선한 행위에 기초하여, 나는 어떤 특정 종교와 철학 어디에도 속하지 않는 인간의 윤리를 발전시키려고 노력해 왔다. 왜냐하면 우리가 종교를 의지하지 않고도 평화롭게 잘 살 수 있지만, 인간에게 기본적으로 필요한 자애심을 잃어버리면 온전하게 살기 어렵고, 삶을 이어가더라도 행복이 결여된 고독한 인생이 되기 때문이다.

만약 우리가 윤리를 종교적 가르침에 의지하여 발전시키려 한다면, 다양한 종교와 문화로 이루어진 하나의 지구촌에서 특정 종교의 가르침을 윤리의 근간으로 고집하는 것은 적절하지 않다고 할 수 있을 것이다. 그러므로 모두에게 충족되는 윤리를 발전시키려면, 그것은 인간의 선한 본성을 함양하는 것에서 벗어나지 않아야 한다. 만약 우리가 선한 본성을 외면한다면, 이후 나타나는 결과에 대해 어떻게 책임질 수 있겠는가? 내가 말하는 '종교와 무관한 윤리'란 인간에게 태생적으로 갖춰져 있는 선한 본성이며, 이는 또한 종교에서 가르치는 자애의 바탕이 되는 것이다.

인도에서는 오랜 옛날부터 종교에 대한 신앙심의 유무와 상관없이 서로를 존중하는 전통이 존재했다. 예를 들어 과거 인도의 로까야따(Lokāyata, 順世派)의 종의宗義에 대해서는 다른 학파들이 강력히 비판하였지만, 이 종의를 따르는 이들에게는 경의를 표하는 전통이 있는 것과 같다. 그와 같이 20세기에 인도가 독립 국가가 된 이후 인도의 헌법 조항도 종교와 무관하게 제정했다. 인도가 종교와 무관한 헌

법을 확립한 것은 결코 종교에 대한 존경심이 없어서가 아니라 모든 종교가 공존하고 함께 발전하기 위한 것이다. 이러한 헌법의 확립을 이끌어낸 이는 청정한 수행자였던 마하트마 간디(Mahatma Gandhi)이다. 역사적 관점에서 이와 같은 중요한 선례를 보고 나는 '종교와 무관한 윤리'를 발전시키는 데 아무런 거리낌이 없었다.

일반적으로 각 나라에는 예부터 이어져 온 종교가 있다. 하지만 전통 종교가 아닌 다른 종교가 자신에게 맞다고 하여 섣불리 개종한다면 개인적으로 어려움이 있을 수 있고 사회적으로 종교화합을 저해할 수도 있다. 그러므로 다른 종교를 믿는 사람들을 불교로 개종시키기 위해 불교를 전파하려는 생각을 절대로 해서는 안 된다. 모든 종교에는 각기 고유의 교리가 있어 세상에 도움이 되는 부분이 반드시 존재하고, 이것을 실천함으로써 살아 있는 모든 존재들에게 반드시 도움을 줄 수 있다. 불교에서 신앙심의 유무와 관계없이 모든 중생들에게 도움을 줄 수 있는 주된 요소는 불교경론에서 설한 과학적 내용들 즉 사물의 체계, 내면의 고통을 제거하는 법, 내적 안락을 이루는 방편인 마음을 다스리는 방법들이다. 그러므로 불교경론의 폭넓은 가르침을 과학, 철학, 수행 체계의 각 분야로 구분해야 한다. 일반적으로 종교적 믿음 또는 종교적 수행은 각 종교의 귀의처를 향한 믿음과 관련하여 생기기 때문에 불법佛法 역시 오로지 신심을 가진 불자와 관련이 있고, 타종교인 또는 무신론자들과는 특별한 관련이 없다. 그러므로 종교적 믿음과 관련된 체계는 모든 이들에게 적합한 것은 아니다. 현재 지구상 70억 인구 가운데 10억 이상이 특정 신앙을 갖지 않은 것이 현실이다.

불교의 철학 체계 중에 '일체법이 연기緣起'라는 사상은 상일주재常一主宰의 아我와 인아人我를 주장하는 교의와는 상충되지만 개개인의 생각을 확장시켜 어떤 법일지라도 여러 부분에 의존하여 성립한다는 것을 인식한다면, 그 법이 단일한 원인과 조건만으로 성립한다는 편협한 생각을 없앨 수 있는 특징이 있다. 그러므로 불교의 철학 체계와 관련된 내용을 별도로 발췌한다면 큰 의미가 있을 것이다. 불교경론에서 다루어진 과학과 철학의 핵심들을 별도로 발췌한다면 한편으로는 불교에서 설한 사물의 체계와 철학 체계를 배우기 위해 불교도가 될 필요가 없다는 점과 다른 한편으로는 불교도들이 사물의 성질을 확립하는 방법과 사물의 성질을 바라보는 관점을 배울 수 있다는 등의 큰 장점이 있다.

부처님께서 처음 사성제四聖諦를 말씀하신 방식을 살펴보더라도 사성제의 본질을 설한 것은 근根인 사물의 실상을, 사성제의 작용을 설한 것은 도道를 닦는 순서를, 실천의 결과를 설한 것은 과果를 증득하는 방식을 설한 것임이 명백하다. 불교경론에서 설한 철학과 취사의 체계는 무엇이든 사물의 실상을 근거로 해야 하는 것이 근본임을 명확히 알 수 있다. 보살장菩薩藏 또는 대승장大乘藏에서도 근根에는 세속제와 승의제 둘, 도道에는 방편과 지혜 둘, 과果에는 색신과 법신 둘을 설한 것도 근의 체계에 의거한 것이다. 불교의 궁극적 목표는 이신二身 혹은 사신四身3의 본질인 부처이고, 이를 성취할 수 있다고 하

---

3 이신二身은 색신色身과 법신法身이며, 사신四身은 보신報身, 화신化身, 지법신知法身, 자성법신自性法身이다. (역자주)

는 궁극적인 이유도, 지금 우리가 가지고 있는 매우 미세한 구생의 원시광명光明에 사신을 이루게 하는 능력이 본래부터 존재한다는 것 바로 그것이다. 따라서 불교경론에서 설하는 모든 체계가 실상에 근거한 것임은 아주 명백하다.

과거 날란다 등의 불교학자들이 경전을 해석하는 방식을 보더라도, 티베트어로 번역된 320권 이상의 경론의 모든 주제는 근인 사물의 체계, 도를 닦는 순서, 과를 증득하는 방식의 셋으로 집약된다. 그러므로 불교경론의 주제는 사물의 체계 혹은 과학, 교의 체계 즉 철학, 도를 닦는 순서와 결과를 증득하는 방식 즉 불법을 실천하는 단계, 이 셋으로 확정되기 때문에 나는 모든 경론의 주제를 과학 체계, 철학 체계, 수행 체계의 셋으로 나누어 분석하면 현 시대에 큰 도움이 될 것이라고 본다.

사물의 체계 혹은 과학

일반적으로 과학이란 연구자의 연구법 그대로 분석하면 누구든지 일관되게 얻을 수 있는 '결과'와 그 '연구방법' 두 가지로 말할 수 있고, 주로는 체계적으로 연구하는 실용적인 연구방법이라 이해해야 한다.

예를 들어 과학자가 어떤 대상을 연구할 때 먼저 가설을 세우고, 세운 그 가설이 사실인지 아닌지 실험함으로써 검증하고, 자신이 실험으로 검증한 그 결과가 두 번째, 세 번째 연구자에게도 같은 방법으로 똑같이 도출되면, 비로소 실험의 결과를 보편적 과학 지식이라 하고, 발견된 지식에 앞서 탐구하는 학문을 과학이라 한다. 이것은 중관 논서에서 설한 '존재임을 결정하는 세 가지 조건' 중 첫째인 언어적 인식에 알려진 것과 둘째인 알려진 의미를 다른 언어적 바른 인식[양量]으로 부정할 수 없어야 함과 동일한 의미로 보인다.

불교에서 사물의 실상을 분석할 경우 분석하는 이에게 필요한 최소한의 조건은 사의四依이다. ① 어떤 대상을 분석할 때 그 대상을 말하는 사람의 명성과 외모에 의해 결정하는 것은 이치에 맞지 않으며, 그 사람이 무엇을 설명하는지를 주로 분석해야 한다. ② 설명한 그것도 논리적으로 타당한지는 문체의 수려함이나 말의 유창함만으로 결정하지 못하기 때문에, 말보다는 의미를 주로 분석해야 한다. ③ 말의 의미에 있어서도 필요에 따라 다르게 설한 의미만을 믿으면 옳지 않기 때문에 오로지 요의了義인 실상을 주로 파악해야 한다.(요의에 대해서는 경우에 따라 해석하는 방식이 여럿이 있다.) ④ 그 요의도 현량으로 경험한 것을 따라야 하기 때문에, 추측하거나 들어서 이해하는 정도로 만족하는 것은 옳지 않다고 한다. 이 네 가지 조건은 어떤 대상을 분석하더라도 반드시 적용해야 한다.

분석하는 방식에는 사종도리四種道理가 있다. 이 사종도리는 불교에서 세간을 파악하는 방식을 설명할 뿐만 아니라, 자세히 살펴보면 불교의 모든 체계를 설명하는 하나의 해설이라고도 할 수 있다.

첫째는 법이도리法爾道理이다. 법이도리는 세계를 구성하는 근본 요소에 시작과 끝이 없음을 명확하게 설명한다. 유색의 상태일 때는 그 구조나 형태에 시작과 끝이 있다고 할 수 있지만, 물질을 구성하는 근본 요소에 시작이 존재한다면, 그것은 원인 없이 존재하거나 조물주가 창조해야 한다. 경험의 본질을 가진 의식에도 시작이 있다면, 경험의 본질을 가지지 않는 물질이 모여서 결합하는 과정에서 의식이 생겨야 하고, 그렇다면 최초의 한 의식상에 모순되는 두 가지 의식이 존재해야 하는데 그것은 불가능하다.

물질들이 자신의 성질을 지니면서 그 상속相續이 전변하는 것과 의식이 경험의 본질로 성립하는 것을 법성이라고 설명하기 때문에 각각의 사물이 자신의 상속을 발생시키는 것이 법성이다. 샨띠데바께서는 자신이 저술한 『입보살행론入菩薩行論』에서 법이도리를 명확하게 구분하였다. 기본적으로 사물의 성립 방식은 자연적 진화 단계로부터 이루어지는 것이고, 그것이 중생 고락의 기반이 될 때 비로소 법성의 범주를 넘어서거나 법성의 자성에 바탕을 둔 순간적인 중생의 노력과 연계되어야만 한다고 말씀하셨다.

둘째는 관대도리觀待道理이다. 결과가 어떤 모습으로 나타나는지는 원인의 특성에 의존한다. 결과 또는 이후 상속의 특성은 원인의 여러 특성을 취합한 것에 의존한다. 이해하기 쉬운 예를 들면 잘 자라고, 벌레가 먹지 않고, 때맞춰 여무는 등의 특성을 가진 풍성한 수확물은 원인인 씨앗이 있는 것만으로는 충분하지 않고, 특별한 조건인 온도, 물, 거름, 사람의 노동력 등 여러 가지 일시적인 조건들이 모이는 것에 의존한다. 그러므로 풍성한 수확물이 생기는 것을 법성이라고 말할 수 없다.

관대도리는 ① '의존하여 성립된 인과의 연기', ② 유분有分의 구조가 성립되는 것은 그의 부분에 의존하고, 마음에 유분이 떠오를 때도 부분에 의지해서 떠올라야 하기 때문에 '의존하여 성립된 유분과 부분의 연기', ③ 가장 심오하게는 어떤 법일지라도 가설하는 인식이 지칭한 정도로 성립되기 때문에 '의존하여 성립된 가립하는 분별의 연기', 이 세 가지로 구분되어야 한다.

셋째는 작용도리作用道理이다. 각각의 사물의 본성이 다르기 때문에 여러 본성에 따라 작용도 각기 다르게 일어난다. 원인에 있어 주요인인 씨앗과 조건인 물과 거름 등은 각기 작용이 다르기 때문에, 그것들이 합쳐지더라도 특별한 결과의 특성이 생기는 작용을 한다. 일반적으로 흙은 잡아주거나 견고하게 하고, 물은 모으고, 불은 성숙시키고, 바람은 성장시키는 등을 작용도리라고 말한다.

넷째는 증성도리證成道理이다. '현재의 상황이 이와 같다면 미래에도 이런 상황이어야 한다'는 것과 '결과에 여러 가지 형태가 존재하기 때문에 반드시 그 원인에도 여러 가지 특징이 존재해야 한다'는 것, '가끔씩 생기기 때문에 무상한 것이어야 한다'는 것들이다. 논리학에 대해서는 뒤에서 자세하게 설명할 것이다.

불교경론에서 설한 근根인 사물의 체계를 자세하게 분류하면 ① 소지所知인 대상의 체계, ② 능지能知인 식識의 체계, ③ 식이 대상을 인식하는 방식, ④ 대상을 확립하는 방법인 논리학의 체계 등으로 구분이 가능한 것처럼, 『불교 과학 철학 총서』에서도 일반적 기준을 이와 같은 방식으로 세웠다.

첫째, 대상에는 식이 대상을 지각할 때 논리와 성언량聖言量에 의지해야 하는지의 여부로써 구별한 삼소량이 있다. 즉, 이유와 경설 어느 것에도 의지하지 않고 현량에 보이는 대상, 현량에 보이지는 않지만 논리를 통해 추론할 수 있는 대상, 경험과 논리 어떤 것으로도 추론할 수 없지만 신뢰하는 타인의 말로부터 알 수 있는 대상이다.

예를 들면 우리가 현량에 보이는 신체적 증상인 창백한 안색, 호흡 곤란, 부종 등은 첫 단계의 소량인 현전現前이라고 한다. 부종 등으로 인해 그 사람에게 병이 있음과 병을 일으키는 다른 조건이 있음을 알 수 있는 것은 소비현전少非現前이라고 하고, 이것이 두 번째 단계의 소량이다. 그러나 두 번째 단계에는 모든 사람에게 공통적으로 비현전이 되는 것과 시간과 장소의 측면에서 비현전이 되는 것이 있다. 세 번째 단계의 소량은 극비현전極非現前이다. 예를 들면 우리의 생일 같은 것이다. 이것은 오직 부모의 말씀 등을 통해 알 수 있을 뿐 다른 방법이 없다. 마찬가지로 매우 미세한 인과因果의 법성과 이 세상에 다양한 종류의 많은 중생들을 생기게 하는 인연因緣 등도 이에 해당된다.

극비현전은 불교경전의 말씀을 뒷받침하는 근거로 삼아야 한다. 그러나 근거가 되는 경설은 몇 가지 요소를 반드시 갖추어야 한다. 그 경설의 의미에 대해 현량과 논리로써 부정하지 못함, 경구에 앞·뒤·직간접의 모순이 없음, 설하는 이에게 다른 의도가 없음을 갖추어야 한다. 우리는 일상생활 속에서 습관적으로 정보를 통해 분석하는 방식을 활용한다. 예를 들면 뉴스에서 어떤 상황을 듣고서 수용하거나, 과거에 일어난 많은 것을 역사를 통해 판단하는 것 등이 포함된다. 심지어 과학자들 중에도 다른 연구자들이 과학저널에 실은 실험 결과에 대해 자신이 검증하지 않고 인정하는 경우가 있다.

현량現量, 비량比量, 성언량聖言量을 통해 삼소량을 분석하는 방식은 불교에 처음부터 있었던 것이다. 하지만 불교 논리학에 대해 전체적인 이론을 확립한 분은 5세기에 활동했던 유명한 인도의 디그나가(Dignāga, 陳那) 논사와 7세기의 다르마끼르띠(Dharmakīrti, 法稱) 논사이다. 논리를 통한 분석은 부처님 당시에도 있었으며, 특히 1세기경 나가르주나(Nāgārjuna, 龍樹) 논사가 논리적 분석을 주로 활용하여 중관철학을 확립했다.**4** 그렇지만 불교이론에서 체계적인 불교 논리학의 특별한 이론이 집대성된 것은 디그나가와 다르마끼르띠 논사로부터 시작되었다고 보아야 한다.

　　인도에서 인명학은 디그나가 논사와 다르마끼르띠 논사 이전에 니야야 학파(Nyāya, 正理學派)의 이론에서 시작되었지만, 디그나가 논사가 삼상三相의 논리와 타멸(他滅, apoha) 등을 확립하여 인명학의 수준을 크게 높였다. 또 디그나가 논사가 니야야 학파와 바이쎼쒸까 학파(Vaiśeṣika, 勝論學派), 쌍키야(Sāṁkhya, 數論學派) 등의 주장을 심도 있게 논파하고, 니야야 학파의 논사 웃디요다까라(Uddyotakara)와 미망사학파(Mīmāṁsā, 祭式學派)의 학자 꾸마릴라(Kumārila) 등이 이를 반박하고, 이들의 주장을 다르마끼르띠 논사께서 재반박하는 것을 살펴보면, 인도에서 인명학이 매우 높은 수준에 도달했음을 알 수 있다.

　　또, 본성과 특성이 다르므로 소지所知를 오위五位로 분류한다. (1) 색위色位, (2) 심위心位, (3) 심소위心所位, (4) 불상응행위不相應行位, (5) 무위위無爲位이다. 또 목적에 따라 법을 십이처十二處와 십팔계十八界로 분류하는 등 불교의 경론에는 본성, 특성, 목적, 종류 등의 측면에서 법을 분류하고 취합하는 여러 방식이 있다.

　　오위의 첫 번째 범주는 색色이다. 이 범주를 제시함에 있어, 불교

4　나가르주나 논사의 생몰연대가 1세기인지 2세기인지에 대한 엇갈린 주장이 있으나, 세계 불교계에서는 2세기라고 인정하고 있다. 여기서는 원문 그대로 번역하였다. (역자주)

경론에서는 색의 본질을 분석하고, 유대有對5와 무대無對의 열한 가지 색, 법처색, 대종과 소조所造 등으로 분류한다. 색의 탐구에는 기세간器世間의 형성과 더불어 유색의 구성 요소인 극미에 대한 체계도 포함된다. 특히 어떠한 유색법이든 외경의 구성 요소인 극미가 쌓여서 형성되는 것이 아니라 궁극적으로 내적 마음의 현상 정도로 성립된다는 것도 포함되어 있다. 극미에 대해서는 다른 대종의 의지처[所依]가 되는 허공진에 대한 시각도 있다. 가장 미세한 극미 하나에도 그것이 차지하고 있는 위치에 대해 관찰하는 두 사람에 따라서 하늘과 땅만큼의 큰 차이가 날 수 있다. 또한 대종에 대해서는 허공대라고 하는 다섯 번째 원소를 설하였고, 사대의 물질은 반드시 덩어리를 이룰 필요 없이 에너지의 본질인 것도 인정한다. 불교경론에서는 가장 미세한 극미極微도 소조라고 설하기 때문에 이는 극미 자체를 발생시키는 능조의 체계도 존재함을 내포하고 있다. 그러므로 우리 눈에 보이는 지·수·화·풍에 능조라고 지칭하는 것은 거친 수준 정도이다. 또한 불교경론에서는 몸에 대해 거친 것, 미세한 것, 매우 미세한 것의 세 단계로 나누고, 풍風에 대해 근풍根風과 지풍支風으로 분류하며, 하루 21,600번의 풍의 순환 등 몸의 체계를 매우 상세하게 설하였다.

안팎의 중생세간과 기세간이 형성되는 방식에 대해서는, 예를 들면 아쌍가(Asaṅga, 無着, 395~470) 논사가 부동연不動緣, 무상연無常緣, 능력연能力緣의 삼연三緣을 설명하며, 중생세간과 기세간은 이와 같

---

5 막힘이 있는 법,『구사론』에서 '대對'는 장애라고 표현했는데, 의미는 '막힘'이다. (역자주)

달라이 라마 성하의 서문

은 연으로 성립될 뿐이고, 창조주의 마음이 먼저 움직여서 성립된 것이 아니라고 정립하였다. 이것이 불교의 기본적인 주장이며, 과학의 기본적 견지와도 정확히 일치한다.

반면에 아비달마에서 지구의 모양과 크기, 태양과 달 등의 운행, 일식日蝕과 월식月蝕에 대한 설명 등 다양한 주요 내용에 대해 다루고 있지만, 수미산이 중심에 있고, 지구가 평평하며, 태양과 달 등의 천체가 지구를 돈다고 해석한 일부는 과거 인도의 베다(Veda) 등에 기반을 둔 것으로 생각되며, 이와 관련된 내용들은 현대의 과학적 발견과 명백히 상충되기 때문에 나는 오래 전부터 인정하지 않았다.

또한, 불교경론에서는 세계가 처음에 형성되고(vivarta-kalpa, 成劫), 그 이후에 차례로 안주하며 (sthiti-kalpa, 住劫), 소멸되고(saṃvarta-kalpa, 壞劫), 공겁(saṃvarta-sthāyin-kalpa, 空劫)이 된다고 주장한다. 공의 단계에서 허공미진 또는 공진空塵들로부터 새로운 세계가 다시 형성된다. 따라서 공成에서부터 성成, 주住, 괴壞, 다시 공으로 반복되는 이 과정은 끝없이 연속된다.

『깔라짜끄라 딴뜨라』에서는 공겁의 시기에 허공에 머무는 극미들을 '허공진虛空塵'이라 칭하고, 모든 물질의 원인이며, 아주 미세한 에너지에 불과하기 때문에 덩어리의 형태로 드러나는 것이 아니라고 한다. 이러한 허공진의 영향으로 사대는 미세한 단계에서 거친 단계까지 나아가고, 다시 거친 단계에서 미세한 단계로 차례대로 흩어지면서, 다시 허공진의 본질로 흡수된다. 그렇기 때문에 이 허공진들은 세간의 형성과 소멸의 전全 과정에서 근본 원인이 된다. 이 미세한 허공진들이 어느 정도 되어야 세간을 형성시키는 원인이 되는지에 대해 『깔라짜끄라 딴뜨라』에 의하면, 어떤 기세간일지라도 형성되기 이전에는 공空의 본질로 머물며, 개별적 세간의 모든 유색의 구성 요소는 허공진의 본질로 존재한다고 한다. 따라서 이 허공진은 그 세간을 구성하는 근본 요소가 되고, 그와 더불어 그 세간에서 탄생할 중생의 업력이 성숙됨으로써 그 영향을 받아 풍진風塵들이 모이기 시작하면서 차례로 지구가 성립되었다고 주장한다.

우주의 탄생 과정에 대하여, 과학계에서는 최초에 빅뱅(Bigbang)이 발생했다는 심오한 해석이 있지만, 중요한 의문들이 여전히 많이 남아 있다. 빅뱅 이전에 무엇이 존재했는가, 빅뱅은 어디서 발생했는가, 어떤 원인에 의해 빅뱅이 발생했는가, 무엇이 우리의 지구가 형성된 후 생명의 원인이 되었는가, 우주와 그 안에서 진화한 생물들 간에 어떤 관련이 있는가 하는 것 등이다.

불교경론에 따르면, 외부 기세간이 성립되는 과정은 내부 중생과 관련이 있고, 우리가 보는 중생의 거친 몸은 미세한 단계와 관련이 있으며, 이 미세한 것은 궁극적으로 분리할 수 없는 가장 미세한 풍風과 심心으로부터 성립된다고 설하기 때문에 우리의 육체로 인해 이 대우주를 미세한 단계에서부터 이해할 수 있다.

과학계에서 다윈(Darwin)은 진화론의 체계, 특히 자연선택설을 통해서 다양한 생명의 종種과 생명의 기원을 연구했는데, 물질의 구성 요소인 원자의 복잡한 결합에서 생명이 생긴다는 것과, 종의 번식 등 생물로써 갖춰야 할 다섯 가지 특징에 대해 설명한다. 생명의 기원을 설명할 때, 세포학 이론가는 모든 생물이 세포에서 생긴다고 말한다. 그렇다면 세포의 기원이 무엇인가라는 물음에는 추측해서 답하길 오랜 시간을 거쳐 이루어졌다고 말한다.

생명의 기원에 관한 진화학의 이론 중에는 돌연변이설이 있다. 그런데 이는 불교적 입장에서 보면 우연히 또는 원인 없이 발생한다는 주장과 다름없기 때문에 논쟁의 여지가 있다고 본다. 나는 예전에 "현대 생명공학에서는 유정有情, 특히 인간이 자연적으로 가진 마음의 가치를 왜 인정하지 않는가? 이타심과 연민 등 유정들이 성장할 수 있는 근본적인 장점을 왜 보지 못하는가?"라는 질문을 한 적이 있다.

불교경론에서 설명한 시時의 본질에 따르면, 시는 색과 인식의 순간에 시설施設한 것일 뿐 시의 본질은 색과 식 외에 별도로 존재하지 않는다. 과거나 괴멸壞滅은 이후의 작용이 일어나게 하는 기회를 제공할 뿐만 아니라 이후의 작용이 온전히 나타나게 하는 조력자로서, 괴멸은 반드시 필요하다고 주장한다. 시간의 가장 짧은 단위인 시변제찰나는 극미의 위아래가 바뀌는 순간을 말하고, 또한 손가락을 한 번 튕기는 순간(finger snap, 彈指)을 65찰나 혹은 365찰나로 나누는데, 이것 역시 단순한 체계일 뿐 나가르주나 논사는 그 기간도 무량한 찰나로 나눌 수 있다고 『경집론經集論』에서 『화엄경華嚴經』을 인용해 밝혔다. 그리고 『유가사지론瑜伽師地論』『보살지菩薩地』의 「공덕품功德品」에서 겁과 찰나 사이에는 큰 차이가 있지만, 두 사람의 경험의 측면에서는 모순되지 않는다고 밝히고 있다.

둘째, 식識의 체계 즉 불교 심리학의 체계에서는 식의 본성과 분류, 각각의 의미 등을 자세하게 설명하고 있다. 이 중 심식의 분류 방식은 다음과 같다.

① 증상연增上緣인 유색근에 의존하는지의 여부와 대상을 경험할 뿐만 아니라 대상의 특성을 분별할 수 있는지의 여부에 따라 근식根識과 의식意識 둘로 나눈다.

② 대상에 대해 속임이 있는지의 여부에 따라 양量과 비량非量 둘로 나눈다.

③ '이것은 이것이다' 등과 같이 대상에 명칭[名]을 붙이는 역할이 있는지의 여부와 공상共相의 현현을 가지는지의 여부에 따라 분별심과 무분별심 둘로 나눈다.

④ 주인과 권속[主眷]의 여부, 대상의 본질 혹은 특성을 인식하는지에 따라 심心과 심소心所 둘로 나눈다.

⑤ 현현하는 대로 의미상에 맞는지의 여부에 따라 착란식錯亂識과 비착란식非錯亂識 둘로 나눈다.

⑥ 대상의 측면에서 자증自證과 타증他證 둘로 나눈다.

⑦ 대상을 인식하는 방식에 따라 전도식顚倒識, 의심疑心, 사찰식伺察識, 현이미정顯而未定, 현량現量, 비량比量, 재결식再決識의 일곱 가지로 분류한다.

또한 심소의 본성과 분류, 각각의 역할, 세부 분류, 발생의 순서, 내부의 상호관계 등 세부적인 설명이 나온다.

무명과 미혹으로 인해 삿된 분별이 생기는 방식, 이로 인해 탐진貪瞋이 생기는 방식, 탐진으로 인해 아만과 질투 등 마음을 편안하지 못하게 하는 식의 종류가 생기는 방식, 그와 같이 탐심으로 인해 도거掉擧, 마음이 외부로 주체할 수 없이 요동치는 산란散亂, 마음이 대상을 확고하게 인식하는 힘을 놓치는 혼침昏沈, 심신을 자재自在하지 못하게 하고 마음이 어둠속에 들어간 것처럼 대상이 명료하지 않은 혼미昏迷 등이 생긴다. 이와 반대의 측면에서 대상의 차이를 판별할 수 있는 심오한 지혜와 자비, 사랑, 인내, 용기, 정념正念, 정지正知를 키워 마음이 흔들림 없이 대상에 집중하여 지속적으로 안주安住하는 힘이 성장된 삼매 등 백 가지 이상의 심소의 종류를 설명하고 있다. 심소들 간에도 서로 상반되는 점으로 인해 어떤 한 마음의 힘을 일으켜서 반대되는 마음의 작용을 소멸시키는 방식 등을 분명하게 설명한다. 요컨대 불교 심리학은 지구상에 살고 있는 70억 인류에게 반드시 필요한 이론이다.

또한 거칠고 미세한 심心의 체계를 다음과 같이 설하였다. 심에는 거친 식, 미세한 식, 매우 미세한 식의 세 가지가 있는데, 깨어 있을 때의 의식은 첫 번째이고, 꿈꿀 때의 의식은 두 번째이며, 숙면 시의 의식은 세 번째이다. 그와 같이 오근식은 거친 식이고, 6근본번뇌와 80자성분별심은 그보다 미세한 식이며, 사공심四空心6은 매우 미세

---

6 사공심四空心(Tib. stong pa bzhi'i sems)
  (1) 명심明心(Tib. sanang ba dkar lam p'i sems): 흰 빛을 비추는 마음. 이것이 일어나는 시기는 전 80 자성분별심이 사라지고 후 자성분별심이 나타나기 전이며, 그의 현상은 청정한 가을 하늘에 달빛이 빛나는 것과 같이 텅 빈 상태에서 희뿌연 빛이 현현하며 이외에는 어떠한 이현二現도 없다.
  (2) 증심增心(Tib. mched pa dmar lam pa'i sems): 붉은 빛을 비추는 마음. 이것이 일어나는 시기는 전 80 자성분별심이 사라지고 후 자성분별심이 나타나기 전이며, 그의 현상은 청정한 가을 하늘에 햇빛이 빛나는 것과 같이 텅 빈 상태에서 불그스름한 빛이 현현하며 이외에는 어떠한 이현二現도 없다.
  (3) 득심得心(Tib. nyer thob nag lam pa'i sems): 어두운 마음. 이것이 일어나는 시기는 전 80 자

한 식에 해당된다. 사공심을 세분하면 다시 거칠고 미세한 것으로 나눌 수 있다. 명증득明增得의 심은 원심原心보다는 거칠다. 원심이 가장 미세한 것이다. 매우 미세한 원심과 그것이 타는 풍風은 본질로 하나이며, 반체反體7는 여럿이다. 그렇기 때문에 원심이 대상에 이동하는 부분은 풍이며, 대상을 인식하는 부분은 식이라고 설한다.

불교 심리학과 관련된 또 다른 요점은 객진번뇌가 마음의 본성을 더럽힐 수 없기 때문에 마음의 본성은 밝고, 밝은 인식의 흐름에는 시작도 끝도 없기 때문에 그의 흐름은 견고하며, 수습함으로써 이미 생겨난 마음의 공덕들은 재차 노력에 의지할 필요가 없기 때문에 무한하게 증장될 수 있다. 그러므로 이에 대해 깊이 이해하지 못하면 불교경론에 대한 단편적인 이해로 그칠 것이 분명하다. 또한 디그나가 논사와 다르마끼르띠 논사의 불교 논리학서에서 근식의 본질, 근식이 무분별임을 성립하는 방식, 분별이 공상共相을 통해 자상自相의 대상을 인식하는 방식, 명언공상名言共相과 의공상義共相을 파악함, 공

성분별심이 사라지고 후 자성분별심이 나타나기 전이며, 그의 현상은 청정한 가을 하늘에 완전히 칠흑 같은 어둠이 현현하고, 이외에는 어떠한 이현二現도 없다.
(4) 일체가 공한 마음(Tib. thams cad stong pa'i sems): 이것이 일어나는 시기는 득심이 거두어진 후이며, 그의 현상은 외부 장애인 흰, 붉은, 검은 세 가지 현현과 내부 장애인 명·증·득심 세 가지에서 벗어나 마치 새벽의 청정한 하늘이 있는 그대로 맑게 드러나듯 공함이 현현하고, 그 외 어떠한 거친 이현二現도 없다. 이는 견도見道에서 공空이 나타나는 것과 동일하다. 죽음의 광명(Tib. 'chi ba 'od gsal), 근본법신(Tib. gzhi'i chos sku)이라고도 한다. 이때 현현하는 공함, 공성이 곧 근본자성신根本自性身(gzhi'i ng obo nyid sku)이다.

7   티베트어로 '독빠(Tib. idog pa)이다. 자신 아님을 배제하는 것을 말한다. 일체법은 자신이 자신과 하나가 아닌 것이 아니므로 오직 자기 자신만이 자신의 반체가 된다. (역자주)

식共識8과 공성共聲9이 여러 개체에 공통적으로 입각하는 방식, 공상을 비사물로 논증하는 논리 등을 설명한 것은 현대의 심리학 연구자들에게 도움이 될 수 있을 것이라고 확신한다.

셋째, 식이 대상을 인식하는 방식은 다음과 같다.

① 대상이 식에 떠오르는 방식이 다르다는 측면에서 부정과 정립 둘로 나눈다.

② 대상이 식에 비춰지는 힘으로써 식이 그 대상을 인식하는지의 여부에 따라 차견추입遮遣趣入과 정립추입定立趣入 둘로 나눈다.

③ 분별심이 대상을 떠올릴 때 하나 또는 여럿으로 떠오르는 방식 둘밖에 없기 때문에 분별심에 대상이 현현하는 방식에 따라 하나와 여럿 둘로 나눈다.

④ 본질은 하나지만 분별심이 이해하는 바가 다르다는 측면에서 반체는 여럿으로 나눈다.

⑤ 식이 대상을 인식할 때 현현하는 방식과 파악하는 방식이 다르다는 측면에서 소현경所現境과 소지경所持境 둘로 나눈다.

⑥ 식이 그 대상이 어떠한 작용을 할 수 있다고 인지하는 대로 그 대상을 추구하는 사람이 그것을 찾을 때 속지 않는다면 그 대

---

8 공식共識(Tbi. spyi blo). 공상을 통해 대상을 인식하는 식, 즉 분별심을 말한다. (역자주)

9 공성空聲(Tib. spyi sgra). 공상을 통해 대상을 표현하는 말이다. 불설을 제외한 말들이다. 부처는 어떠한 말을 하더라도 동기에 의존하지 않고, 중생의 말은 동기에 의존한다. 동기는 분별심이고, 동기에 떠오르는 대로 말로 표현하기 때문에 공상을 통한 것이다. (역자주)

상을 조료경照了境이라 하며, 식이 증익을 제거하는 토대이기 때문에 소연경所緣境이라고 한다.

⑦ 근식이 대상을 인지할 때 대상의 초상肖像이 떠오름으로써 인식하는 것이지 만약 식과 대상 사이에 형상으로써 가려지지 않고 근식이 대상을 인지한다면 하나의 대상이 여러 가지로 현현하는 것은 타당하지 않기 때문에 식이 유상有相이라는 주장과, 반면에 유상으로 인지하면 대상을 직접 인지하지 못하게 되기 때문에 현현하지 않는 대상이 존재하는 것을 증명하지 못하므로, 식이 무상無相이라는 주장이 있다.

넷째, 대상을 확립하는 방법인 불교 논리학의 체계는 다음과 같다. 불교 논리학은 식이 소립所立을 파악하는 방법이자 비현전의 비밀을 여는 열쇠와 같기 때문에 매우 중요하다. 불교 논리학의 기초는 앞에서 말한 사종도리로 이루어져 있다. 불교 논리학에서는 소립所立을 논증할 수 있는 정인正因이 갖춰야 하는 특성, 소립所立과 능립能立의 관계가 무엇인지를 설명한다. 또 보통 관계로부터 관계 대상을 추론할 수 있지만 관계 대상의 모든 특성을 추론할 수는 없다고 한다. 예를 들면 결과로부터 원인을 추론할 수 있고, 자성으로부터 자성이 지닌 특성을 추론할 수 있지만, 결과로부터 원인의 모든 특성과 자성으로부터 자성이 지닌 모든 특성을 추론할 수는 없다고 밝혔다.

논증식의 소립법所立法과 능립 사이의 관계에 따라 정인을 과정인과正因, 자성정인自性正因, 불인식정인不認識正因의 셋으로 분류한다.

첫째, 과정인은 정립定立인 원인을 소립법으로 삼고 그의 결과를 능립인으로 세우는, 삼상을 갖춘 정인이다. 반론자가 알고자 하는 특성에 따라 논증식이 다르기 때문에 이를 다섯 가지로 분류한다.

둘째, 자성정인은 정립定立인 소립법과 자성으로 하나인 관계 대상을 능립인으로 세우는, 삼상을 갖춘 정인이다. 논증식의 능립을 표현하는 말이 그 능립의 작자作者를 이끌어내는지의 여부에 따라 둘로 분류한다.

셋째, 불인식정인은 부정不定'인 것'을 소립법으로 삼고, 삼상을 가진 정인이며, 이와 부정정립은 동의이다. 이는 관계 대상이 보이지 않는다는 이유로 부정 대상이 '비존재'임을 논증하는 불현불인식정인不現不認識正因과 모순 대상이 보인다는 이유로 부정 대상이 '비존재'임을 논증하는 가현불인식정인可現不認識正因의 둘로 분류한다.

① 불현불인식정인은 일반적으로 존재하더라도 우리에게 보이지 않는 어떤 법이 어떤 특정 장소에서 우리에게 보이지 않는다는 이유만으로 비존재라고 추론할 순 없지만, 그 장소에서 그 법이 양으로 존재하지 않는 것을 본다면 비로소 비존재라고 결정함이 타당하다고 밝히는 정인이다.

② 가현불인식정인은 존재한다면 우리가 볼 수 있는 어떤 법이 어떤 특정 장소에서 보이지 않기 때문에 비존재라고 추론하는 정인이다. 이는 '가현 관계 대상 불인식정인'과 '가현 모순 대상 불인식정인'의 둘로 분류한다.

⑴ '가현 관계 대상 불인식정인'은 어떤 법이 존재함에 있어 반드시 어떤 토대에 의지해야 하는데 그 토대가 없다면 그에

의존하는 법 또한 비존재임을 논증하는 것이다. 예를 들면 연기의 관계 대상인 불이 없다는 능립으로써 연기가 없다고 추론하는 것과 같다. '가현 관계 대상 불인식정인'에는 소립법의 관계 대상인 원인, 능변能遍, 자성 셋이 없는 까닭에 그 소립법이 비존재함을 논증하는 세 가지 정인이 있다.

(2) '가현 모순 대상 불인식정인'은 소립법의 모순 대상이 보이는 능립으로써 그 소립법인 것 또는 그 존재가 타당하지 않음을 논증하는 것이다. 이는 '양립불가능모순정인'과 '상호배제모순정인' 둘로 나눈다.

(2-1) '양립불가능모순정인'은 어떤 장소에서 한 법에 대해 해가 되는 유력한 모순 대상을 보임으로써 그 장소에 그 법이 지속적으로 존재함을 부정하는 정인이다. '양립불가능모순정인'에는 모순의 자성, 모순의 결과, 모순의 소변所遍이 존재함에 따라 세 가지 논리로 나눈다. 이를 세분하면 해를 끼치는 자[能害], 그의 특성, 그의 결과 등이 있기 때문에 해를 입는 대상[所害], 그의 특성, 그의 결과 등이 존재함을 부정하는 열두 가지의 논증식이 있고, 이보다 더 세밀한 분류 방식도 있다.

(2-2) '상호배제모순정인'은 두 법 모두 아닌 제3의 법이 불가능한 모순 대상을 보임으로써 상대의 법인 것을 부정하는 정인이다.

불교에서 무아無我의 의미를 논증하는 연기의 정인은 상호배제모순정인에 해당된다.

귀류

귀류는 상대방의 주장에 대한 모순과 오류를 부각시킴으로써 상대의 그
릇된 인식을 논파하는 것이며, 주로 반론자의 주장에 대한 오류를 지적
함으로써 상대의 그릇된 주장을 타파하는 것이 대부분이다. 이에 견인
능립귀류牽引能立歸謬와 불견인능립귀류不牽引能立歸謬 두 가지가 있다.

견인능립귀류는 상대방 주장의 오류를 부각함과 동시에 그 주장
과 상반되는 논리를 간접적으로 이끌어내는 것이다. 불견인능립귀류
는 오로지 상대방 주장의 오류를 부각시킴으로써 그릇된 그 주장을 논
파할 뿐 동시에 그 주장과 상반되는 논리를 간접적으로 이끌어내지 않
는 것이다.

이와 같이 불교 논리학은 소량을 알게 하는 방법이며 대상을 분
석하는 다양한 문門이다. 분석하는 지혜의 문을 통해 사물의 본질을
알 수 있고, 이를 통해 거듭 분석하면 지혜의 힘이 향상되어 제법의
궁극적인 실상을 여실하게 볼 수 있다.

불교 철학

철학은 실상을 분석한 결과 혹은 결론의 총체이다. 불교에는 예전부
터 철학 체계를 중심으로 한 논서를 저술하는 전통이 있었다. 이는 기
원전의 『밀린다왕문경』(Milindapañha)과 1, 2세기경 전후의 아비달마
논서들, 나가르주나 논사의 중관 논서 등을 통해서 알 수 있다. 뿐만
아니라 불도와 외도의 주요 사상을 한데 모아 고찰하여 저술한 교의
서도 있다. 예를 들면 5세기에 바비베까(Bhāviveka, 清辯) 논사가 저술

한『사택염思擇炎』과 8세기에 쌴따락쉬따(Śāntarakṣita, 寂護) 논사가 저술한『진실섭송眞實攝頌』이 있다. 불교의 근본 사상은 일반적으로 사법인四法印이라고 알려져 있다. 이것은 유위무상有爲無常, 유루개고有漏皆苦, 제법무아諸法無我, 열반적정涅槃寂靜**10**의 네 가지이다.

‘유위무상’이란, 사물의 소멸은 이후의 원인에 의지하는 것이 아니라 자신을 생기게 하는 원인에 의해 소멸의 자성으로 생겨났기 때문에 사물의 형성 그 자체만으로 한 찰나도 머물지 않고 변하는 자성임을 의미한다. 이는 깊이 생각해보면 우리가 거시적 변화를 봄으로써 알 수 있는 것이다.

‘유루개고’란, 적정하지 않은 마음과 그와 인과관계로써 연결되어 있거나 혹은 그의 힘에 끌려다니는 존재 모두를 의미한다.

‘열반적정’이란, 다르마끼르띠 논사께서 심상心上의 허물을 제거한 것을 의미한다고 말씀하셨다. 이것은 논리적 추론으로 증명되기 때문에 믿음과 관련하여 설명할 필요가 없다.

‘제법무아’란, 주로 현상과 실상이 일치하지 않는 존재 방식을 보여주는 것이다. 대다수의 불교철학자들은 ‘자아自我’나 ‘개아個我’는 오온五蘊상에 존재한다고 여기고, 그의 사례로 오온 또는 심心을 제시하거나, 육전식六轉識은 물거품처럼 견고하지 않기 때문에 자아의 사례로 적합하지 않다고 보고, 식識을 여덟 가지로 나누어 아뢰야식阿賴耶識을 찾아내 ‘자아自我’나 ‘개아個我’로 세운다. 또는 오온을 자아로

---

10 한국에서는 사법인 중 두 가지가 ‘제행무상諸行無常, 일체개고一切皆苦’라고 알려져 있으나 여기는 원본 그대로 직역하였다. (역자주)

세우는 것도 비판의 여지가 있고, 오온과 별개의 자아를 세우는 것도 비판의 여지가 있다고 보고서, 불가언설不可言說의 자아를 주장하는 이도 있다. 그렇지만 모든 불교 학파들은 공통적으로 상일주재常一主宰의 아我는 없다고 주장한다.

불교에서 무아에 대한 해석은 여러 교파의 주장에 따라 미세하고 거침의 차이가 있다. 『반야경』의 의도에 대한 나가르주나 논사와 그의 제자 해석에 따르면, 무아는 연기를 의미한다. 또한 토대인 아와 아소를 중점으로 아공과 법공의 두 무아를 인정하고, 그 외에 두 부정 대상의 차이 또는 그것을 부정한 무차無遮에 대해 거칠거나 미세한 차이를 인정하지 않는다. 그렇기 때문에 타에 의존하지 않는 자성은 법아의 '아'이자 인아의 '아'이므로 법과 자아상에 부정해야 하는 대상이다. 그러므로 연기에 의해 그 '아我'가 비존재임을 알 수 있다. 예를 들면 명명자와 명명대상, 식[能知]과 대상[所知], 행위와 행위자 등은 오로지 서로 의존하여 성립하므로 안립安立할 수 있다. 만일 앞에 있는 사각형의 책상이 명명자인 분별심에 의존하지 않고 책상인지 아닌지 자체적으로 성립할 수 있다면, 책상이라 할 수 있는 명확한 기준이 책상 자체에서 확정되어야 하는데, 사실상 그렇지 않다. 그러므로 책상은 오직 마음이 안립한 것으로 귀결된다.

그렇기 때문에 경境이 유경有境11을 규정하며, 마찬가지로 유경이 경을 규정한다. 예를 들어 글자 '가'를 살펴보면, 그 글자의 모양과

---

11 유경有境: '경'은 일체법에 해당한다. 즉 '유경'에는 표현하는 소리, 인식하는 식, 그것을 가지는 인人, 이 세 가지가 있다. (역자주)

펜, 잉크, 종이, 필자, 창제자의 계획안, '가'라고 명명한 이, 글자를 인식하는 이, 사용처 등이 없으면, 그 글자가 존재할 수 없는 것과 같다. 일체법의 실상이 그와 같기 때문에 이것들의 본질도 모든 면에서 타에 의존하는 본성을 가진 것이라고 설명한다. 이와 같이 중관학의 짠드라끼르띠(Candrakīrti, 月稱) 논사께서는 제법을 분석한 끝에 발견되는 것이 아무것도 없지만 제법은 식이 가립할 뿐이라 설명한 것은, 현대 물리학자가 소립자를 분석한 끝에 발견되는 것이 없다고 주장한 것과 정확하게 일치하는 것으로 보인다.

이제二諦라는 명칭은 외도의 논서에서도 등장한다. 불교 사대학파 역시 모두가 공통적으로 이제를 인정하지만, 그것을 세우는 기준이 다르다. 대승인 중관학파와 유식학파의 주장에서는 이제의 본질에 대해서는 큰 차이가 없지만. 사례에 대한 차이는 크다. 간략하게 말하자면 승의제勝義諦는 본질이고 세속제世俗諦는 현상이며, 중관학파와 유식학파 둘 다 승의는 오로지 공성이라고 설명하고 있다. 승의제의 사례에 대해서 유식학파는 외경으로서 공함[無境] 또는 능취能取와 소취所取의 이공을 말하고, 중관학파는 실제로 성립되는 것이 티끌만큼도 없음을 말한다. 세속제는 현재 우리에게 보이는 것들로 기세간과 중생세간, 생멸生滅, 증감增減, 인과因果, 고락苦樂, 선악善惡 등의 제법이다.

우리가 볼 수 있는 화분은 세속제이고, 그 화분이 보이는 대로 자체에서 찾으려 하면 발견되는 것이 없기에 사실상 자성으로 공이다. 보이면서도 공이고 공이면서도 보이기 때문에, 이제는 하나의 본성이며, 반체는 여럿이라고 중관학파가 주장한다. 요약하면 불교도는 제법의 본질을 설명할 때, 증익增益과 손감損減 둘을 모두 여읨으로써 실상이 무엇인지 여실하게 파악해야 한다고 주장한다.

불법佛法

불교경론에서 설명하는 수행법의 핵심들은 믿음과 관련이 있지만, 불교의 근본이 되는 사성제는 인과법성의 자연적 실상으로 확립하였다. 우리는 고통을 원하지 않는 마음을 본래부터 가지고 있으며, 고수苦受의 기반은 행고行苦이기 때문에 고제苦諦는 사성제의 첫 번째 진리이다. 고통은 원인에서 생기기 때문에 그의 원인인 집제集諦는 두 번째 진리이다. 즉 고제와 집제는 윤회에 다가가는 인과관계이다. 그 원인도 거슬러 올라가면 무명에 닿고, 무명은 멸할 수 있기 때문에 세 번째 진리는 멸제滅諦이다. 이 멸제도 원인 없이는 존재할 수 없기 때문에 그것을 증득하는 방법은 네 번째 진리인 도제道諦이다. 즉 멸제와 도제는 윤회에서 벗어나는 인과관계이다. 이와 같이 사성제四聖諦의 근본 토대는 인과연기의 법칙 그대로이다. 다르마끼르띠 논사께서 멸제를 해석할 때, 고통의 원인인 무명을 멸할 수 있다는 관점으로 능립하였는데, 불경을 근거로 능립해야 한다고는 말씀하지 않았다. 또한 순관順觀의 12연기로써 고집苦集을, 역관逆觀의 12연기로써 멸도滅道 둘을 자세하게 설명하고, 고락은 경험의 본성이기 때문에 경험과 분리해서 별도로 설명할 수 없으므로 경험과 관련된 인과의 흐름을 광범위하게 해석하였다.

　불교교의에서 법이란 궁극적 성취 대상인 열반涅槃(nirvāṇa)을 뜻한다. 그렇기 때문에 그것을 성취하는 방법과 그것을 설명하는 경설에도 법이라는 명칭을 적용한다.

불교경론에서 다루는 주제는 사물의 체계 혹은 과학, 철학, 법의 체계 셋으로 나뉜다. 이 중 전자인 두 주제에 대한 언설의 출처가 되는 경론을 말하자면, 티베트어로 번역된 보배로운 경장과 논장 둘로서, 경장은 현교와 밀교의 삼장에 속하는 거룩한 부처님의 말씀이고, 논장은 부처님께서 예언하신 두 위대한 개척자**12**를 비롯한 17논사 등 수백 명의 학자이자 성취자들이 저술한, 경의 의도를 해석한 논서들이다. 티베트어로 번역된 경장과 논장은 석가모니 부처님께서 설한 현교와 밀교 둘과 그 의도를 해설한 논서로, 현대의 학자들은 그것을 이 지구상에 현존하는, 가장 분량이 방대하고, 가장 번역이 뛰어나며, 가장 완전한 경론이라고 말한다.

산스크리트어를 비롯한 인도어로 쓰인 현교와 밀교의 경론들은 대부분 세월의 변화에 따라 거의 사라졌고, 원본은 얼마 남아 있지 않다. 빨리어로 쓰인 상좌부의 삼장三藏 중에도 상좌부의 경전 외에 다른 것은 없다. 중국어로 적지 않은 현밀의 경론이 번역되어 있지만, 언어의 특성 때문에 함축적으로 번역되었을 뿐, 문장과 의미의 두 가지 측면에서 티베트어 경론만큼의 정확성은 없다고 현대의 연구자들이 말한다. 따라서 현재 티베트의 언어와 문자는 위대한 스승이신 석가모니 부처님의 교법教法을 담는 그릇이 되었고, 삼승三乘과 밀교의

---

12 원문 그대로 직역하면 '대마차大馬車'이다. 나가르주나 논사와 아쌍가 논사를 지칭하는 말로써, 불법이 쇠퇴하였을 때 마차로 다시 그 길을 닦아 연 것을 비유적으로 표현한 것이다. (역자주)

완전한 경론을 듣고 사유할 수 있는 둘도 없는 문이다.

세 차례 결집

『불교 과학 철학 총서』의 독자들에게 티베트 대장경의 기원을 간략히 소개하면 도움이 될 것이라 생각하여 간추려 설명하고자 한다.

대소승의 공통된 시각에 의하면, 부처님께서 원만한 깨달음을 증득하시고 7주 뒤에 바라나시(Vāraṇasī)에서 5비구에게 사성제에 관한 법륜을 굴리신 이후부터 꾸쉬나가라(Kuśīnagara)에서 열반의 행을 하실 때까지의 40여 년 동안, 부처님께서는 인도 중부의 많은 지역을 다니시면서 헤아릴 수 없이 많은 제자들에게 각자의 근기에 맞게 법문을 설하셨다. 이후 이 가르침들은 삼장으로 집대성되었다.

세존께서 열반에 드신 그 해 여름 라자그리하(Rājagṛha) 칠엽굴(Saptaparni, 七葉窟)에서 대아라한 마하가섭(Mahākāśyapa, 摩訶迦葉) 존자의 지시로 첫 번째 결집을 거행했다. 그때 마하가섭 존자께서 논장을, 우빨리(Upāli) 존자께서 율장을, 아난다(Ānanda, 阿難陀) 존자께서 경장을 염송함으로써 경전 첫머리에 "이와 같이 나는 들었다(如是我聞)." 등의 유래와 경의 말미에 "세존께서 말씀하신 것을 온전히 칭송하였다(信受奉行)."고 하는 결어를 덧붙여 최초의 결집을 완성한 이후부터 대소승 공통의 삼장이 쇠퇴하지 않고 전승되기 시작했다.

100년 후 바이샬리(Vaiśālī)에서 두 번째 결집이 행해졌다는 것은 모든 학파들의 공통된 주장이며, 율장에서도 밝히고 있다. 그 이후 3차 결집 및 다수의 결집이 이루어진 사실은 경에서 명시하고 있지 않을 뿐만 아니라 각 학파의 주장도 일치하지 않는다.

설일체유부(Sarvāstivādin, 說一切有部)에 따르면 까니쒸까(Kaniṣka) 법왕 시대에 까쒸미리(Kaśmiri, 迦濕彌羅) 지방의 까르니까바나(Karṇikavana) 사원에서 빠르슈바(Pārśva, 脇尊者) 존자 등 오백 명의 아라한들과 바쑤미뜨라(Vasumitra, 世友) 존자와 아슈바고샤(Aśvagoṣa, 馬鳴) 존자 등 오백 명의 보살, 범부의 대학자(Paṇḍita) 등 천오백 명이 모여 18부파의 교의를 모두 부처님의 가르침으로 인정하고, 부파간의 논쟁도 여법하게 가라앉혔다고 한다. 후대의 몇몇 학자들은 18부파의 모든 존자들이 모였다는 것을 합리적이지 않다고도 하였다. 이때 이전에 글로 남기지 않았던 경론들을 기록하고 동판에 새겼다고 한다. 『아비달마대비바사론阿毘達磨大毘婆沙論』도 이때 저술 또는 편찬되었다고 알려져 있다. 현대의 몇몇 학자들은 까르니까와나 사원이 현재 우리가 머무는 곳인 깡그라(Kangra) 지역의 어느 장소에 해당한다고 주장하기도 한다.

상좌부에 따르면 세존께서 열반에 드신 후 218년, 아쇼까(Aśoka) 법왕의 재위 17년경에 빠딸리뿌뜨라(Pāṭaliputra)에서 장로 목갈리뿟따띳싸(Moggaliputta-Tissa) 존자의 지도 아래 천 명의 존자들이 모여 9개월 동안 삼장을 결집했다고 한다. 당시 결집은 빨리어로 된 상좌부의 경에만 한정된 것이라고 말한다. 또 빨리어 삼장과 그것을 주석한 논서들은 기원전 27년에 스리랑카의 왕 밧따가미니(Vaṭṭagāminī) 때 최초로 문자로 기록되었다고 주장하기도 한다.

대승의 특별한 삼장은 앞에서 언급한 결집 안에 포함되지 않고, 문수보살, 관세음보살, 금강수보살 등이 다양한 장소에서 청정한 시각을 가진 이가 볼 수 있게 결집했다고 주장한다. 밀교경전의 결집 방식에 대해서는 각 딴뜨라마다 다양하게 설명하고 있다.

성문부파는 오직 사성제 법륜만이 교법이고, 다른 경전들은 그의 부가적인 설명 혹은 상설詳說이라고 주장한다. 대승학파는 그뿐만 아니라 세존께서 영축산(Gṛdhrakūṭa, 靈鷲山)에서 둘째 법륜인 무상법륜을 굴리시고, 바이샬리에서 셋째 법륜인 선변법륜善辨法輪을 굴리셨다고 하여 삼전법륜의 체계를 인정한다. 대승경전은 세존께서 열반에 드신 후 성聖 나가르주나 논사께서 출현하시기 전까지 400여 년 동안 통상적으로 대중들에게는 거의 알려지지 않았다. 성 나가르주나 논사께서는 『중관이취육론中觀理聚六論』 등 많은 논서를 저술하여 『반야경』에서 직접 명시한 공성의 체계를 분명하게 밝힘으로써 『반야경般若經』 등 많은 대승의 경전을 다시 널리 보급시켜 대승과 중관의 사상적 견해를 중흥시켰다.

그 당시 대부분의 성문부파는 대승경전을 부처님의 말씀이 아니라고 주장했기 때문에 이는 상당히 오랫동안 논쟁거리가 되었다. 나가르주나 논사와 마이뜨레야(Maitreya, 彌勒) 논사, 바비베까(Bhāviveka, 清辯) 논사 등이 연이어 대승이 부처님의 말씀임을 논증하는 많은 논리를 제시했고, 샨띠데바 논사의 시대에도 대승이 부처님의 말씀임을 논증할 필요가 있었다. 아쌍가 논사는 미륵오론彌勒五論을 모셔와 『유가사지론瑜伽師地論』 등 많은 논서를 저술함으로써 유식唯識의 견해를 중흥시켰고, 『반야경』의 숨겨진 의미인 현관現觀의 차례를 밝혔다. 점차 삼승의 경전들은 모두 부처님의 가르침임을 논쟁의 여지없이 공통으로 인정하게 되었고 이후 성스러운 인도의 중심 지역과 주변 지역들에서 밀교를 포함한 대승의 가르침이 나날이 발전하게 되었다. 뿐만 아니라 중앙아시아의 많은 국가들과 중국 등지에도 삼승의 가르침이 널리 퍼졌고, 미얀마, 태국, 스리랑카 등 현재 상좌부에 속하는 나라들도 초기 전파 시대에는 대승의 가르침이 번성했다는 것에 대한 많은 역사적 증거가 밝혀져 있다.

티베트 역경사譯經史

눈의 나라 티베트는 고지대이고 교통이 불편하기 때문에 오랫동안 다른 나라와의 왕래 없이 고립되어 있었다. 서기 5세기에 하토토리냰쩬(lha tho tho ri gnyan btsan) 왕 때 불경 한 권을 들여오면서부터 정법이 시작되었다고 추정된다. 7세기 무렵 법왕 송쩬감뽀(srong btsan sgam po)는 티베트보다 먼저 불법이 전파되었던 중국과 네팔의 공주를 왕비로 삼았고, 두 공주가 결혼 선물로 귀중한 불상을 모셔와 조캉(Jo khang) 사원과 라모체(Ra mo che) 사원 등을 세웠으며, 이로부터 예배와 공양을 올리는 풍습이 성행했다.

특히 퇸미 쌈보따(thon mi sambhoṭa) 등 티베트의 많은 수재들을 인도로 유학 보내 산스크리트어와 불법을 공부하게 했다. 퇸미 쌈보따(이하 '퇸미')는 산스크리트어를 모방하여 티베트 글자와 문법 체계를 발명하였을 뿐만 아니라 티베트어를 산스크리트어와 비등한 수준으로 발전시킴으로 인해 티베트어는 표현과 의미 두 가지 측면에서 불교 경론을 번역하는 데 조금의 오점도 남기지 않는 뛰어난 언어로 발전했다. 이러한 일련의 과정은 티베트 민족의 역사상 가장 영광스럽고 경이로운 업적이다.

티베트가 '법의 나라'라는 명칭을 갖게 되고, 오늘날 무상사無上士 석가모니 부처님의 교법敎法과 증법證法을 전 세계에 전할 수 있는 아주 특별한 나라가 될 수 있었던 것도 티베트 글자와 문법의 훌륭한 체계를 세운 퇸미를 비롯한 역경사와 대학자(Paṇḍita)들의 은덕이다. 퇸미는 티베트 글자와 문법 체계를 창제한 후 다수의 현교와 밀교 경전을 번역했다. 당시 그밖에 다른 역경사들도 몇몇 출현했지만, 계획적이고 체계적인 대규모의 역경 사업은 어느 정도 시간이 흐른 후에야 이루어졌다.

퇸미가 최초로 번역한 경전 중 일부는 이전의 하토토리녠쩬왕 시절에 전해진 것으로『제불보살명칭경諸佛菩薩名稱經』,『대승장엄보왕경大乘莊嚴寶王經』,『연기경緣起經』 등이 있으며, 왕의 명을 받아『관음경속21觀音經續二十一』도 번역했다고 알려져 있다. 그러나 이러한 현밀顯密의 경전들이 현재의 불설부(깡규르) 중 어느 것에 해당하는지 정확하게 파악하기는 쉽지 않다. 또한 티베트 역경사 퇸미와 다르마꼬샤(Darmakośa), 하룽도제뻴(lha lung rdo rje dpal) 등이『보운경寶雲經』과『능가경楞伽經』 등의 초기 본을 번역했고, 중국의 화상和尙과 함께 중국어로 쓰인 다양한 의학문헌들도 번역했다고 한다.

8세기 법왕 티데쭉땐(khri lde gtsug brtan) 시대에 침푸(mchims phu) 사원, 닥마르 딘상(brag dmar mgrin bzang) 사원, 팡탕(phang thang) 사원 등이 세워졌고, 드렌까 물라꼬샤(Drenka Mūlakośa), 냑 즈냐나꾸마라(Nyak Jñānakumāra) 등이『백업경百業經』,『금광명최승왕경金光明最勝王經』 등의 경전을 번역했다. 그다음 법왕 티쏭데쩬(khri srong lde btsan)

은 불법의 기반을 다지기 위해서는 가르침의 발원지인 인도에서 비할 데 없이 불법에 정통한 승려와 학자를 초청해야 한다고 보았다. 그리하여 당시 인도 날란다에서 모두가 존경하는 대학자이자 사호르(zahor) 왕족 출신인 설일체유부의 수계자, 불도와 외도의 바다와 같은 교의를 모두 통달하여 설법의 대자재자이신 쌴따락쒸따와 은혜로운 스승 빠드마삼바바(Padmasambhava, 蓮華生) 두 분을 초청했다. 빠드마삼바바는 안팎의 장애를 물리치고, '길상이 영원하고 뜻이 성취되는 대사원' 쌈애사(bSam yas)를 건립했다.

자비로운 대학자 쌴따락쒸따는 티베트에 불법의 기초를 확고하게 세우길 원한다면 부처님의 말씀과 주석을 티베트어로 번역해야 하고, 총명한 젊은이들을 출가시켜 티베트인의 승단을 세우는 것이 매우 중요하다고 티쏭데짼 법왕에게 조언했다. 이에 따라 쌴따락쒸따의 지도 아래 쌈애사 내에 인도역경원을 설립하여 인도의 학자와 티베트의 역경사 수백 명이 함께 모여 계획적으로 경론을 번역하기 시작했다. 9세기 랑다르마(glang dar ma) 왕이 불교를 탄압할 때까지 역경사업은 끊임없이 지속되었다.

당시 대학자 쌴따락쒸따와 스승 빠드마삼바바, 비말라미뜨라(Vimalamitra) 등 인도 학자들, 그리고 티베트 역경사이자 초기 출가자인 바 쎌낭(sba gsal snang), 빠고르 바이로짜나 락쒸따(spa gor vairotsana rakṣita), 쾬 루이왕뽀쑹('khon klu'i dbang po srung), 마 린첸촉(rma rin chen mchog), 응앤람 갤와촉양(ngan lam rgyal ba mchog dbyangs), 린첸렉둡(rin chen legs grub), 바 예쎼왕뽀(sba ye shes dbang po)의 7인을 비롯해 까와 뺄첵(ska ba dpal brtsegs), 쪽로 루이갤챈(Cog ro klu'i rgyal mtshan) 등 백여

명의 역경사가 있었다. 이들은 오랫동안 경론을 번역한 경험을 바탕으로 티베트의 용어들을 시대에 맞게 개정할 필요가 있다고 보았다. 이러한 이유로 티데쏭짼(khri lde srong btsan) 왕 시대에 인도의 큰 스승 지나미뜨라(Jinamitra), 쑤렌드라보디(Surendrabodhi), 씰렌드라보디(Śīlendrabodhi), 다나씰라(Dānaśīla), 보디미뜨라(Bodhimitra) 등과 티베트의 역경사 라뜨나락쉬따(Ratnarakṣita), 다르마따씰라(Dharmatāśīla), 즈냐나쎄나(Jñānasena), 자야락쉬따(Jayarakṣita), 만주쉬리바르마(Manjuśrīvarmā), 라뜨넨드라씰라(Ratnendraśīla) 등이 모였고, 주요 불교 용어들을 인도어에서 티베트어로 번역하는 사전을 저술하여 『번역명의대집飜譯名義大集』과 『번역명의중집飜譯名義中集』, 『성명요령이권聲名要領二卷』을 편찬함으로써 용어를 개정하고 번역 규칙과 표준을 확립했다. 그로부터 산스크리트어를 비롯한 다양한 인도 언어를 티베트어로 번역하는 작업이 오류 없이 일관성 있게 진행될 수 있었다. 당시 『번역명의소집飜譯名義小集』도 편찬했지만 현재 발견되지 않았다. 이 같은 번역에 대한 접근법은 전 세계 어느 번역사에서도 찾아보기 어려우며, 티베트 민족의 독특한 업적으로서 번역학에 크게 기여했음은 말할 필요가 없다.

　번역 사업의 진척과 함께 까와뺄첵, 밴데 루이왕뽀(ban de klu'i dbang po) 등 위대한 역경사들의 감독 아래 댄까르(ldan dkar) 궁에 소장되어 있던 번역된 경론의 목록을 정리하여 댄까르마(lDan dkar ma) 목록이 만들어졌다. 이 목록에는 불설부와 논소부가 총 27개의 항목으로 분류되어 있고, 725종의 세부 항목들이 수록되어 있다. 이는 최초의 경론 분류 및 목록 편성 작업이며, 옛 티베트인들의 놀라운 지성을 보여주는 상징이다.

이후 9세기에 역경사 까와뺄첵과 최끼닝뽀(chos kyi snying po) 등이 침푸 궁에 모셔져 있던 모든 경론을 정리하여 목록을 만들었는데 이를 침푸마(mChims phu ma) 목록이라고 한다. 이는 현재 발견되지 않았다. 침푸마 목록을 만든 지 얼마 지나지 않아 팡탕까메('phang thang ka med) 궁에 모셔져 있는 모든 경론의 목록을 정리하였는데 바로 팡탕마('phang thang ma) 목록이다. 침푸마 목록과 팡탕까메 목록은 모두 경론의 명칭, 부部, 게송 등의 번호를 기재하고 있는데, 주제별로 관련 내용을 한데 모아 분류한 것으로 보인다. 9세기 초중반 무렵 랑 다르마가 불교를 탄압하면서부터 티베트는 분열되었고, 역경 조직도 해체되어 인도와 네팔의 학자들은 뿔뿔이 흩어져서 긴 시간 동안 서부 응아리(mnga' ris) 지역 등 변방에서 역경 작업을 소소히 이어가고 있었다.

10세기 구게의 왕 예셰웨와 그의 조카 장춥웨는 티베트의 많은 아이들을 까쉬미르 지역으로 보내 불교를 배우게 했다. 이들 가운데 가장 뛰어난 대역경사 린첸상뽀(rin chen bzang po)와 응옥 렉빼셰랍(rngog legs pa'i shes rab) 등은 산스크리트어 및 현교와 밀교 전체를 능통하게 배우고 티베트로 돌아와서 인도의 대학자 쒸랏다까라바르마(Śraddhākaravarmā) 등을 초청해 수많은 현·밀의 경을 번역했다. 특히 비할 데 없이 위대하신 아띠샤(Atīśa) 존자께서 티베트에 오신 이후 『현관장엄명現觀莊嚴明』과 『사택염思擇炎』 등 많은 논전이 번역되었다. 대역경사 린첸상뽀의 또 다른 훌륭한 업적은 오랜 불법의 쇠퇴기로 인해 정역定譯과 오역이 혼재한 상황에서 의심의 여지가 있었기에 과거에 번역한 모든 티베트경론의 산스크리트어 원전을 찾아내고,

원전을 찾지 못한 번역본은 별도로 분류한 것이다. 그가 활동했던 시대를 기준으로 구역과 신역을 구분하기도 한다.

대역경사 린첸상뽀 다음으로 11세기와 12세기에 등장한 유명한 역경사는 독미 쌰꺄예쎼('brog mi shA kya ye shes), 딱창(stag tshang) 로짜와 쉰누쬔뒤(gzhon nu brtson 'grus), 캐둡 큥뽀낼죠르(mkhas grub khyung po rnal 'byor), 낙초(Nag tsho) 로짜와 출팀갤와(tshul khrims rgyal ba), 롱솜최상(rong zom chos bzang), 괴 쿡빠해째('gos khug pa lhas btsas), 하 라마 시와외(lha bla ma zhi ba 'od), 록꺄 쎼랍쩩(klog skya shes rab brtsegs), 빠찹 니마닥(pa tshab nyi ma grags) 등으로, 약 60여 명이 역사상에 기록되어 있다.

특히 응옥(rngog) 로짜와 로댄쎼랍(blo ldan shes rab)은 불교 논리학과 미륵오법, 인명학 등 중요한 논서들을 새로 번역했고, 기존의 번역을 교정했으며, 주요 경론의 요약본을 저술하는 등 티베트의 불교 논리학 이론의 기초를 세웠다. 이 시기에 티베트에 온 유명한 인도의 대학자는 위대하신 아띠샤 존자를 위시하여 대학자 가야다르(Gyādhar), 대학자 스므리띠즈냐나끼르띠(Smṛtijñānakīrti) 등이 있다.

13세기부터 19세기까지 빵로 로되땐빠(dpang lo blo gros brtan pa), 숑뙨 도제갤챈(shong ston rdo rje rgyal mtshan), 부뙨 린첸둡(bu ston rin chen grub), 다채빠 린첸남걜(sgra tshad pa rin chen rnam rgyal), 괴로 쉰누뺄('gos lo gshon nu dpal), 딱창(stag tshang) 로짜와 쎼랍린첸(shes rab rin chen), 샬루(zha lu) 로짜와 최꽁상뽀(chos skyong bzang po), 조낭빠(jo nang pa)의 따라나타(tA ra nA tha) 등 수많은 역경사가 출현하여 현·밀의 문헌과 문법, 의학, 시 등 다수의 경론을 번역했다.

이와 같이 7세기부터 17세기에 이르기까지 천 년이 넘는 기간 동안 은혜로운 티베트의 역경사들이 삼승三乘과 사부밀교四部密教에 담긴 불설佛說과 그 의도를 주석한 논서뿐만 아니라 문법학, 인명학, 예술, 의학과 같은 일반 학문 분야의 주요 인도 문헌 대부분을 티베트어로 번역한 그 은혜는 비단 티베트인만이 아니라 인도고전에 관심을 가진 모든 사람들이 보답하기 어려울 것이다.

앞서 말한 경장과 논장 중에는 지방어13에서 번역된 경론도 일부 있다. 경장 중에 『열반경』 등 24부 경전이 한역경전으로부터 번역되었고, 논장 중에 신라 원측圓測 스님의 『해심밀경소解深密經疏』 등 13부의 논서도 중국어에서 번역된 것으로 밝혀져 있다. 13세기에 부뙨의 스승인 역경사 니마걜챈(nyi ma rgyal mtshan)이 스리랑카의 아난다쒸리(Ānandaśrī) 존자와 함께 『본생담』의 유래와 『범망경梵網經』 등 13부의 빨리어 경전을 번역하여 현재 경장에 수록되어 있다. 이외에도 몇 가지 경전은 빨리어 삼장에 있는 경과 제목은 유사하지만 내용상 차이가 있기에 빨리어에서 번역된 것은 아닌 것으로 보인다.

마찬가지로 쫌댄릭랠(bcom ldan rigs ral)의 목록에 따르면 『무구광명천모소문경(lha mo dri ma med pa'i 'od kyis zhus pa)』, 『우전예언경于闐預言經(Li yul lung bstan)』 등 18부의 경장과 논장 중에 바쑤반두(Vasubandhu, 世親, 400~480) 논사께서 저술한 『연기경석』, 『능가경석』 등은 코탄어에서 번역된 것으로 보인다. 이를 제외한 5,892부의 경론 대부분은 산스크리트어에서 티베트어로 직접 번역된 것이다.

---

13 석가모니 붓다께서 재세在世 하시던 그 당시 인도의 4대 언어 중 하나이다.

『불교 과학 철학 총서』의 편집

불세존의 가르침은 매우 방대하여 8만 4천의 법문이 있다. 이를 능전과 소전에 따라 십이분교十二分敎 또는 구분교九分敎로 분류하며, 축약하면 삼장이 된다. 그러나 세계의 다른 종교와는 달리 경전의 분량이 매우 방대해서, 이 중 티베트어로 번역된 부분만 보더라도, 부수로는 5천 부 이상, 권수로는 320권 이상으로, 한 사람이 평생 동안 한 번 읽는 것조차 어렵다. 그렇기 때문에 이 방대한 경설에서 핵심 내용을 뽑아서 배우는 자의 역량에 맞춰 쉽게 이해할 수 있도록 집대성하는 전통이 두 위대한 개척자의 시대 때부터 발전했다. 예를 들면 성聖 나가르주나 논사께서 『경집론經集論』을 저술했고, 대보살 샨띠데바께서 『경집론經集論』과 『대승집보살학론大乘集菩薩學論』을, 위대하신 아띠샤께서 『대경집大經集』을, 위대한 개척가 아쌍가 논사께서 『대승아비달마집론大乘阿毘達摩集論』을 저술했다. 또한 디그나가 논사께서는 당신이 저술한 자주自註와 게송을 한데 모아 『집량론集量論』(Pramāṇasamuccaya)을 엮으시는 등 여러 가지 총집이 있다. 이러한 저작들이 후대의 제자들에게 큰 도움이 된다는 점은 모두가 인정하는 바이다.

이러한 선례와 같이 현 시대에도 존귀하신 석가모니 부처님께서 자세하게 설하신 사물의 실상과 이를 토대로 한 철학 체계는 불자이든 아니든, 종교에 대한 믿음이 있든 없든 관계없이 모든 인류에게 일시적 또는 궁극적인 이익과 행복을 가져다 줄 수 있다. 그래서 이것을 현대 학문의 접근 방식과 동일하게 편집해서 많은 사람에게 도움을 주고 싶다는 수승한 동기를 가지고 나는 수년 전 인연이 있는 몇 분과

의논하여 경론의 주제를 세 분야로 나누었고, 이 중 첫째와 둘째 주제인 사물의 체계 즉 과학, 그리고 철학에 대한 내용을 많은 노력을 기울여 광대하고 부수가 많은 경론에서 발췌하여 편집했다. 현재 나의 본래 목적과 의도대로 불교경론에 나온 과학과 철학의 체계를 별도로 뽑아 편찬하는 작업이 완성되었다. 편집에 실질적으로 함께 해주신 분들과 조언해 주신 장로들에게 감사를 표하며, 이 책을 영어와 중국어 등 다른 언어로 번역해 줄 번역가들에게도 찬탄과 감사의 말을 전한다.

불교경론은 매우 광대하고 심오하기 때문에 발췌한 경론의 핵심적 의미에 대한 서술이 부족하거나 지나치거나 틀리는 등의 오류가 이 책에 있을 수 있다. 그러나 적어도 불교경론의 전체 주제를 사물의 체계 혹은 과학, 철학, 수행의 세 분야로 명확하게 분리하고 발췌하여 편집할 수 있었기에 향후 추가하거나 삭제해야 하는 부분이 생기더라도 쉽게 바꿀 수 있는 구조로 되어 있다.

마지막으로 불교경론에 나오는 사물의 체계 즉 과학과 철학의 체계를 한데 엮은 이 저서가 현재 전 세계의 학문과 교육체계의 부족한 점을 보완하고, 새롭게 혁신할 수 있도록 기여하며, 많은 사람들에게 큰 도움이 될 수 있기를 기원한다.

석가의 비구, 설법자 달라이 라마 텐진갸초가 2014년 6월 1일에

성스러운 인도의 불교문헌에서 설명하는 과학과 철학의 체계를 정리
하여 『불교 과학 철학 총서』를 편집한 목적을 여기서 밝히고자 한다.

세계 평화의 인도자이신 14대 달라이 라마 성하께서 큰 뜻을 가
지고 재차 전해주신 귀중한 가르침과 같이, 세존이신 붓다의 경經, 그
리고 날란다의 대학자들과 이를 따르는 지자智者들의 해석인 논서의
내용은 '제법의 실상 혹은 과학', '그와 관련된 철학', '수행의 차례'의
세 분야에 포함된다. 이 중 '제법의 실상 혹은 과학', '철학'의 두 분야
는 불교도뿐만 아니라 타종교의 신자를 비롯해 종교에 관심 없는 사
람과 심지어 종교에 반대하는 사람들도 배울 것이 많은 지식의 영역
이며, 현시대적 요구와도 잘 맞는 학문이다. 그러므로 이 책은 앞의
두 분야를 보편적인 교육 체계에 포함시키고 현대 과학자들로 하여
금 불교 심리학을 연구 주제로 받아들이도록 하는데 그 목적이 있다.

이 책은 붓다를 따르는 불교도들 가운데서도 큰 사찰에서 전통
적인 교육체계 하에 오랫동안 공부할 기회가 없는 이들에게 경론의

주요 내용인 제법의 실상과 견해의 체계에 대해 경론에 기반한 대략적인 이해를 가져다 줄 수 있다. 또한 오늘날 불교 심리학에 대해 관심을 갖는 과학자와 연구자에게는 이『불교 과학 철학 총서』가 열쇠가 되어 심오한 경과 논서의 이론을 연구하는 문을 활짝 여는 계기가 될 것이다.

우리 편집자들은 전 세계인들에게 도움이 되길 바라는 마음으로 바다같이 깊고 넓은 불교의 교리 중 앞서 말한 두 가지 대목을 별도로 뽑아서 공통된 지식의 영역으로 새롭게 편집하는 고행을 감내했다. 불교에서 설한 내면의 심리 체계와 현대 과학 둘을 결합시켜 과학에서 심리학의 영역을 확장시킴으로써 현대와 미래의 사람들을 이롭게 하고 물질적 진보와 정신적 성숙을 모두 이루는 새로운 인간사회를 조성할 수 있다. 이것은 매우 중요한 일이다.

현재 이 지구상에 발생한 공공 또는 개인의 재앙은 대부분 인간이 스스로 만들어낸 고난이다. 이것의 근원은 탐욕, 경쟁심, 원한, 악

편집자의 설명

의, 아만, 질투 등으로 결국 탐·진·치 삼독의 번뇌에서 비롯되었다. 이것을 꿰뚫어 보신 달라이 라마 성하께서는 "인간사회는 외적인 지식이 발전된 것만으로는 부족하며 내적인 사고방식을 발전시키는 것에 관심을 가져야 한다. 공적이거나 사적인 크고 작은 어떠한 행동을 하더라도 처음부터 선한 마음으로 시작해야 한다. 선한 마음이란 꼭 종교적 사고방식이어야 하는 것은 아니다. 인간이라면 선한 마음을 가져야 하고, 사랑과 자애심이 충만해야 한다. 이것이 개인과 가족, 사회에 행복을 가져오는 원천이다. 사람들의 말투와 몸짓 심지어 소소한 행위까지 동기에 따라 선악이 구별된다. 그러므로 이 세상의 모든 사람이 행복해지려면 인종, 사상, 종파 등 화합하지 못하는 모든 요소를 내려놓고 인간으로서 우리 모두가 같다는 생각을 최우선 순위로 세워야 한다. 종교와 무관하게 인류의 도덕성을 발전시키는 것이 지금 우리 사회에서 매우 중요하다. 이 지구상에는 종교에 관심이 없거나 신심을 갖지 않은 사람이 매우 많고, 거대한 인간사회는 함께 음식을 먹고 마시는 가족처럼 반드시 하나가 다른 하나에 의지하며 살아가기 때문에, 자신이 의존하는 인류와 사회에 대한 책임감을 가짐으로써 자애롭고 서로 사랑하며 살아가는 인간사회를 만들어야 한다."고 거듭 당부하셨다.

　불교경론의 내용은 '제법의 실상[根], 도道를 닦는 순서[道], 결과를 증득하는 방식[果]'의 셋으로 분류된다. 제법의 실상에 관한 해설은 어떤 철학자의 마음대로 바뀌거나 강력한 사상에 의해 조작되는 것이 아니며, 각각의 자성 즉 사물의 본질에 대해 네 가지 논리로써 확립한다. 이를 불교경론 속의 과학이라고 하며, 불교의 용어로 말하면 '제법의 실상'이라고 한다. 기세간과 유정세간, 소지所知의 체계를 확립할 때 인과의 법성을 근본으로 하고, 대상의 실상에 대해 해석할 때 결국에는 모두 현량의 경험에 닿아야 한다고 주장하는 등 불교경론의 많은 부분이 현대 과학적 의의를 가지고 있다.

일반적으로 과학이란 다양한 방법을 통해 대상인 사물의 실상을 탐구하는 지식 분야이다. 이것은 대상인 사물의 본질을 분석한 결론과 연구 분석 방법 둘로써 표현할 수 있다. 근대 주류의 해석에 따르면 과학은 분석 대상과 분석한 결론만으로 성립되어서는 안 되며 연구 조건을 충족시키는 분석 방법의 측면에서도 성립되어야 한다고 한다.

예를 들면 과학자가 어떤 내용을 분석할 때 처음에는 예측하고, 예측한 것이 사실에 부합하는지를 분석해서 실험을 한다. 자신의 실험을 통해 도출된 결과가 제2, 제3의 과학자가 같은 실험을 통해 얻은 결과와 동일하면, 비로소 연구하고 실험한 결과를 통상적으로 과학 지식이라고 하고, 그 지식을 얻기 위해 치밀하게 연구하는 학문을 과학이라고 하는 것이다.

이에 대한 몇 가지의 특징을 말하자면, 분석을 통해 예측하고, 예측한 것을 토대로 거듭해서 실험한다. 실험 결과를 토대로 이론을 세우고, 논리를 바탕으로 하고 실제의 경험을 근거로 삼는다. 증거를 토대로 실상을 찾고 발견된 실상에 대해 다른 사람들과 거듭 토론한다. 이러한 방식을 통해 발견된 결론이 실상이라고 증명할 수 있는 확정적인 기준을 알아낸다.

불교경론에서 설하는 과학적 부분에는 거칠고 미세한 유색법, 대종大種과 소조所造, 유색법을 형성하는 토대인 극미의 실상, 미세한 것에서 시작하여 거친 것이 성립되는 방식, 극미의 체계 등 외부 물질계에 대한 것과 심心과 심소心所, 근식根識과 의식, 양量과 비량非量, 분별식과 무분별식, 차견추입差遣趣入과 정립추입定立趣入, 미세한 마음과 거친 마음 등 내면의 인식에 관한 체계, 그리고 기세간과 유정세간의 생성 과정, 천문학, 뇌신경학 등이 있다. 불교경론에서 심식의 체계가 물질의 체계보다 더욱 자세하게 나오는 이유는 외부 물질의 체계는 내부 인식의 체계에 대한 설명에 부수적으로 언급되기 때문이다.

불교와 과학 둘 다 주로 논리에 의해 분석하고 그 토대는 경험을 바탕으로 하는 것을 중시한다. 그렇기 때문에 분석한 의미를 확립하는 방식에 있어 근본적으로 방향성이 같다고 할 수 있다. 하지만 현대 과학자들은 외부의 물질을, 불교는 내면의 심식을 주로 분석하기 때문에 불교의 과학과 현대 과학은 분석 대상의 범주가 각각 넓고 좁으며, 분석 방법 등에서도 큰 차이가 있다. 따라서 불교 과학이라는 것은 기구와 수식을 통해 외부의 물질을 분석하고 물질의 체계를 중점으로 하는 현대 과학과는 다르다.

누구나 고통을 원하지 않고 행복을 원하는 마음을 가지고 있다. 고통이라는 것은 원인과 조건 없이 생기거나, 상응하지 않는 원인에서 생기는 것이 아니라 다양한 원인과 조건들이 모여서 만들어진 것이다. 이 원인과 조건들은 변치 않는 영원한 것이 아니기 때문에 고락苦樂 모두 변하는 성질을 가진다. 이러한 제법의 실상을 기반으로 하여 철학에 대해 해석한다. 제법의 실상과 일치하는 철학이라면 이것은 올바른 것이며, 제법의 실상과 일치하지 않는 철학이라면 이것은 올바른 것이 아니다.

불교의 철학이란 의존하여 생기는 연기緣起 또는 의존하여 가설假設한 연기를 바탕으로 제법의 실상이나 진의眞義를 분석하는 방법과 이로써 발견된 결론 위에 세워져야 한다. 이것은 제법의 실상을 분석한 최종 결론이다.

불교의 기본 견해는 일반적으로 유위무상有爲無常, 유루개고有漏皆苦, 제법무아諸法無我, 열반적정涅槃寂靜의 네 가지 즉, 사법인四法印으로 알려져 있다. 이 견해 역시 의존하여 생기는 연기 또는 의존하여 가설한 연기의 관점에 닿아 있기 때문에, 이 둘은 불교의 주된 종의宗義이며, 실상을 확립하는 견해이기도 하다.

이 연기의 관점을 통해 고락 등은 외부의 좋고 나쁜 사물에 의해서만 생기는 것이 아니라 내적인 선악의 사고방식으로 인해 생긴다는 점, 자신의 고락은 타인과 깊이 관련되어 있기 때문에 남을 해치는 행동을 하지 말아야 한다는 점, 탐욕과 성냄의 뿌리인 실집實執의 대상이 없다는 점 등을 확신하게 된다. 뿐만 아니라 인과의 연기에 대해 깊이 이해하게 되면 공성에 대한 기본적 이해를 갖게 되며, 의존하여 가설한 연기를 깊이 이해하게 되면 자신이 바라보는 관점과 실제 상황 사이에 불일치 점이 존재한다는 것을 확신하게 된다.

불교에서 제법의 실상을 해석하는 주된 방법은 실제의 경험에 중점을 두지 않고 논리로써 타인의 주장을 부정하고, 자신의 주장을 세우고, 반론을 논파하는 세 가지 과정을 거치는 것이다. 이를 통해 자신의 주장에 앞뒤 모순이 없게 하고, 허물없는 논리로써 검증하여, 궁극적으로 제법의 실상을 해석하는 것이다. 그러므로 과학과 불교의 종의 둘은 분석하는 방법상에서 차이가 있을 뿐만 아니라, 발견된 의미나 결과상에서도 차이가 있다.

과학에서 발견된 결론은 보편적으로 성립해야 하므로 그 대상이 넓다. 반면에 불교의 종의로 확립된 의미 가운데 대부분은 그 견해와 사상을 인정하는 사람에게만 공통적으로 성립하며, 그 견해와 사상을 인정하지 않고 특히 부정하는 많은 사람들에게는 공통적으로 성립하지 않기 때문에 대상이 좁다는 차이가 있다.

붓다의 경과 인도 선지식들의 논서는 때와 장소, 각기 다른 제자들의 다양한 근기와 바람에 맞추어서 설해진 경우가 대부분이다. 그러므로 경론의 많은 부분이 현재 과학자의 주장과 반드시 일치해야 할 필요는 없으며, 불교의 보편적 주장이어야 하는 것은 더욱더 아니다. 그러나 이 책에서는 과학자들에게 연구 대상을 소개하고 독자들에게 상하 학파 간의 견해 차이를 알리기 위해 다양한 경론을 제시하였다. 여기서 말하는 주된 핵심은 심리학에 관한 것이며 이것은 불교경론에서 완벽하게 해석하고 있다. 외적인 색법에 대해서는 불교경론에서 설한 것보다 현대 과학자들의 해석이 훨씬 상세하고 광범위해 보인다.

달라이 라마 성하께서는 이 『불교 과학 철학 총서』를 편찬하고자 하는 생각을 오래전부터 가지고 계셨다. 2010년 6월 다람살라에 있는 TCV학교에서 어린 학생들을 중심으로 한 대중들에게 법문을 하실 때, 불교경론의 주제를 과학, 철학, 수행의 세 부분으로 분류하는 체계를 상세하게 설하셨다. 이어서 남걀 사원의 방장이신 톰톡 린뽀체에게 특별한 조직을 구성하고 편집할 인재를 모집하여 경론에서 설한 과학과 철학의 체계를 밝히는『불교 과학 철학 총서』라는 책의 편찬과 관련한 전반적인 업무를 일임하셨다. 그리고 불교경론에서 설한 과학과 철학을 주제별로 분류하는 방법, 주제의 개수 등에 대해 지도해주셨다.

방장 스님과 함께 출판위원인 통역자 게셰 도제다둘, 양뗑 린뽀체, 게셰 툽땐뺄상, 남걜 사원 승려 툽땐야르펠 등이 주제를 우선 대략적으로 편집하여 성하께서 검토하실 수 있도록 보여드렸다.

성하께서 지시하신대로 삼대본사三大本寺**14**에서 70명의 게셰 스님들이 선발되어 소小 편집위원회가 구성되었고 주제를 각각 분담하였다. 쎄라 사원에서 성하께서 심오하고 자세하게 전해주신 말씀에 따라, 그 뜻에 맞게 게셰 스님들이 티베트어로 번역되어 있는 모든 경론을 뒤져서 각 주제와 관련된 경론의 근거를 찾아서 모았다. 2010년에 편집진과 70명의 연구원 게셰 스님들이 데뿡사원에 모여 주제의 근거가 되는 경론의 구절에 대하여 토론하였다.

2011년에 성하께서는 간댄사원에서 연구원 게셰 스님들에게 『불교 과학 철학 총서』의 편집 작업과 관련해서 조언을 주셨고, 그 해의 4월에 삼대본사의 여섯 사원에서 우리 여섯 명이 편집자로 발탁되었다. 우리 편집위원들은 다람살라 남걜사원에서 모여 『불교 과학 철학 총서』의 편집 작업을 시작하였다. 성하께서는 친견하는 자리에서

---

14 티베트어로는 댄싸쑴(gdan sa gsum)이라고 한다. 티베트의 수도인 하싸(Lhasa) 교외에 있는 겔룩빠(Tib. dge lugs pa)의 3대 총림(叢林)인 간댄(Tib. dg' ldan), 데뿡(Tib. 'bras spungs), 쎄라(Tib. se ra) 사원을 말한다. 삼대본사의 여섯 사원이란 간댄 장쩨사원, 간댄 쌰르쩨사원, 데뿡 로쎌링사원, 데뿡 고망사원, 쎄라 메사원, 쎄라 제사원을 일컫는다. (역자주)

『불교 과학 철학 총서』의 편집 방법, 과학과 철학을 분리시키는 경계, 주요 주제들에 대한 심오한 조언을 해주셨다.

그에 따라 이전에 준비한 기본 전거典據인 경론의 구절을 연구하고 편집 작업을 고려하여 추가로 새로운 경론의 근거를 찾아서 수집하였고, 관련된 경론들에 대해서는 인도와 티베트의 대학자들이 저술한 주석을 열쇠로 삼아서 검토하였다. 그리고 주제들을 가능한 한 명쾌하게 정리하고 쉽게 이해할 수 있도록 자세하게 풀어서 『불교 과학 철학 총서』의 첫 번째 기틀을 세웠다.

우리 편집위원 6인 중에 쎄라 메사원의 게쎼 잠빠예쎼와 쎄라 제사원의 게쎼 야마쐬남 두 분이 겔룩빠의 게쎼 학위 시험으로 인해 사임하여 초기 편집 작업은 석 달밖에 진행하지 못했다. 그 해 12월에 데뿡사원에서 삼대본사의 훌륭한 게쎼 스님 30명과 출판위원들, 우리 편집자들이 모여 이 책의 대략적인 주제 구성에 대해 토론하였다.

2013년 1월 데뿡사원에서 '마음과 생명 협회(The Mind and life Institute)'의 주최 하에 달라이 라마 성하를 모시고 학자들이 과학과 불교의 견해에 대해 큰 토론회를 가졌다. 이때를 맞추어서 편집위원장이신 남걜사원 방장 스님의 주도하에 본사의 여섯 사원에서 각각 세 명씩 게쎼 스님들을 연구원으로 선출하고, 이들과 함께 통역가 게쎼 툽땐진빠, 바라나시 대학의 총장 게쎼 아왕쌈땐, 다람살라 도서관 관장 게쎼 학도르, 미국 에모리 대학의 교수 롭상땐진, 게쎼 다둘남걜 등 외지에 나가 있는 몇 명의 학자들과 우리 편집자들이 달라이 라마 성하를 친견한 뒤 라뙤사원에서 3일 동안 『불교 과학 철학 총서』의 전집 중 제법의 실상과 과학에 대한 최종 개요에 대해 광대하고 세밀하게 토론하였다. 전집을 편집하는 과정에서 랑리와 툽땐진빠가 기본적 틀을 수정하고 목차를 다듬어서 성하께 보고를 올렸다. 우리는 그것에 대한 성하의 조언을 토대로 편집을 진행했고 그렇게 완성된 초고를 많은 학자들에게 검토 받았다.

수차례의 토론에서 제기된 의견들을 분석하여 편집위원장이신 남걜사원 방장과 게쎄 툽땐뺄상 등의 회원들과 총괄편집위원인 툽땐진빠와도 거듭 논의하였다. 특히 2013년 9월, 달라이 라마 성하와 위대하신 삼동린뽀체, 소편집회 위원들, 참관하는 학자들, 우리 편집자들이 다람살라 왕궁에 모여 불교에서 설한 과학에 관한 주제로 5일간 세밀하게 토론하고 분석하였다.

성하께서는 불교에서 설한 과학에 대해 ① 소지所知인 대상의 체계, ② 능지能知인 식識의 체계, ③ 식識이 대상을 인식하는 방식, ④ 식이 대상을 지각하는 방법, ⑤ 대상을 파악하는 자인 뿌드갈라(pudgala, 補特伽羅)의 체계 등 다섯 가지 주제로 정리하여 해설하면 현대의 독자들이 이해하기 쉽고 또 여러모로 의미가 있다고 말씀하셨다. 또한 각 주제별로 상세한 조언을 일러주셨다. 그에 따라 우리는 마지막 교정을 거쳐서 최종 원고를 완성하였다.

『불교 과학 철학 총서』의 제1권과 제2권은 주로 현대의 젊은이, 과학자, 연구자들을 위해 편집된 것이기 때문에 전 세계의 다양한 언어로 번역하고 있다. 2014년 3월 16일 출판위원과 두 명의 영문 번역자, 우리 편집자들 등이 성하를 친견하였을 때, 성하께서는 "이 광본廣本은 많은 경론을 인용하여 상세하고 완전하지만, 앞으로 초심자들이 쉽게 배울 수 있도록 경론의 인용을 빼고 핵심을 요약해서 중본中

本과 약본略本을 편찬할 필요가 있다. 그래서 광·중·약의 세 가지 판본이 있으면 좋겠다.”고 말씀하셨다. 우리는 이 귀한 말씀을 정수리에 받들어 모시고 불교 과학 또는 제법의 실상에 대한 핵심을 요약한 중본도 편집하였다.

『불교 과학 철학 총서』의 주제는 과학에 대한 것과 철학에 대한 것 두 가지로 나뉜다. 제법의 실상 혹은 과학에 대한 해설에 총 12장이 있으며, 그 내용은 ① 소지所知인 대상의 체계, ② 능지能知인 식識의 체계, ③ 식識이 대상을 인식하는 방식, ④ 식이 대상을 지각하는 방법, ⑤ 대상을 파악하는 자인 뿌드갈라(pudgala, 補特伽羅)의 체계 이 다섯 가지 주제로 분류하였다.

1권의 서문에서는 불교 전통과 현대과학 간의 관계에 대해 설명한다. 본문의 1장에서는 불교경론에서 제법諸法의 체계를 확립하는 다양한 분류방식, 제법의 체계를 확립하는 방법과 분석하는 방식, 논리를 학습하는 방식 등을 설명한다. 2장에서부터 6장까지는 유색의 본질과 내외의 색, 법처색, 대종과 소조, 불상응행법, 원인과 결과의 체계, 무위법, 정의[性相]·정의대상[名相]·사례[例], 하나와 여럿의 체계, 보편普遍과 개체個體, 실법實法과 반법反法, 모순과 관계, 부정과 정립, 삼소량, 유색을 형성하는 극미의 체계, 시時의 본질, 삼세를 건립하는 방식, 최단 시간에 관한 분석, 미세한 무상, 아비달마 논서에서 설명하는 기세간과 유정세간의 생멸에 대해 설명하고 있으며, 또한 『깔라짜끄라 딴뜨라』에서 설명하는 허공극미진과 천체의 운행, 아리야바따(Āryabhaṭa)의 천문학서에서 설명하는 천체의 운행, 측량의 단위와 수의 체계, 경經·『깔라짜끄라 딴뜨라』·불교 의학문헌에서 설한 자궁에서 태아가 형성되는 과정, 무상요가 딴뜨라에서 설한 맥脈·풍風·명점明點의 체계, 불교 의학문헌에서 설하는 맥·풍·뇌의 체계, 몸과 마음의 관계에 대한 분석 등 소지인 대상의 체계가 광범위하고 자세하게 나온다.

2권은 주로 유경인식에 대해 다루고 있다. 주제를 살펴보면, 근식과 의식, 근식의 세 가지 연, 분별식과 무분별식, 양量과 비량非量, 착란식과 비非착란식, 심과 심소, 상하부 아비달마·섭결택분·염주경·상좌부의 문헌 등에서 설한 심소의 체계, 심소의 실유와 가유의 분류, 심소의 개수, 소·대승의 문헌에서 설한 거칠고 미세한 마음, 무상요가 딴뜨라에서 설한 거칠고 미세한 마음의 체계, 식이 대상을 인식하는 방식에서 식의 대상의 체계, 근식이 유상인지 무상인지, 형상이 현현하는 방식에 능취와 소취가 동수同數인지 등에 대한 논쟁, 차견추입差遣趣入과 정립추입定立趣入의 체계, 7식의 체계, 식이 대상을 지각하는 방법인 네 가지 논리, 하나의 극단을 인식하는 사분별심을 제거하기 위한 귀류의 체계, 양변을 인식하는 의심을 제거하는 방법인 능립어語의 체계, 능립어로써 간접적으로 나타내는 소립과 직접적으로 나타내는 인因의 체계, 문聞·사思·수修, 문聞·사思 등의 시점에 억념과 정지에 의지하는 것의 중요성, 지止와 관觀 등 분석과 집중을 수습함으로써 마음을 훈련하는 방법, 대상을 파악하는 뿌드갈라(Pudgala)의 체계 등이 있다.

이 내용은 모두 세존의 경과 성스러운 인도의 학자들이 저술한 믿을 만한 논서에 의거한 것으로, 180여 종의 다양한 문헌으로부터 970여 건의 관련 근거를 발췌했다. 일반적으로 경을 해석한 인도학자들의 논서도 정확하다고 단정할 수는 없지만, 여기서 인용되는 논서들은 인도와 티베트의 학자 대다수가 인정하는 날란다의 17논사를 비롯한 저명한 대학자들의 저술이다.

논서 속 난해한 요점들은 인도학자들의 주석과 그것에 대한 티베트학자들의 해석에 의거해 분석하여 결정하였다. 모든 주제를 쉽게 이해할 수 있도록 타종의 논파나 자종의 확립, 문장의 희론을 생략하였고 각 장의 도입부에 상위 주제와의 연관성을 설명하고 해당 주제에 대해 간략히 소개하였다. 성하의 저서에서 요지를 뽑아 각 주제에 대한 해석을 보충하기도 했다.

여기서 언급한 인도 논서의 인용문 가운데 불교의 하부학파에서 자신의 주장을 세우고 외도학파의 주장들을 부정하는 내용이 많이 나온다. 이 중 외도의 주장은 대부분 당대의 외도학자들의 주장이며, 후대의 외도학자들도 이와 같이 주장하는지는 확실하지 않다.

1. 경론을 인용할 때 몇 가지 문구를 제외하고는 대부분 데게판을 저본으로 하였기 때문에 여기서 편집자가 각주로 표기한 책의 번호와 페이지 번호 등은 데게판의 것이다. 인용문에 간혹 틀린 글자가 있을 경우 나르탕판과 베이징판, 뽀딸라판 등과 대조하여 교정하였다.

2. 본문에서 경론의 인용문을 분명하게 표시하기 위해 인용문이 게송이면 중간에 세우고, 5줄 이상의 산문이면 들여쓰기로 두 칸의 자리를 비워두었다. 5줄 미만의 산문일 경우 현대의 방식에 맞게 큰

따옴표 안에 넣었다.**15**

3. 인용문의 출처를 쉽게 찾을 수 있도록 해당 인용문의 끝에 각주를 붙였다. 인용문의 출처가 경전이면 '불설', 논서이면 '논소'라고 하였고, 이어서 '중관' 또는 '유식' 등 내용별로 부部를 표시하였다. 그 다음에는 권수, 그다음 품品 또는 장章이 있으면 해당 품 또는 장의 이름 혹은 번호, 그 다음 해당 인용구가 게송이면 게송의 번호, 그 다음 페이지 번호, 그 다음 앞장이면 'a', 뒷장이면 'b' 등을 차례로 표기하였다. 인용문이 바로 전의 인용문과 동일한 경론에서 발췌된 경우 글자 수를 줄이기 위해 '위의 경/논'이라고 표기하였다.**16**

4. 다수의 현대 도서관에 '교정본(Tib. dpe bsdur ma)'의 목록이 존재하기 때문에 필요한 일부 독자들이 경론을 쉽게 찾을 수 있도록 교정본의 권수와 페이지 수도 표기했다.

5. 책의 마지막에 참고문헌 목록을 밝혔다. 논서의 경우 저자의 이름과 출생연도 등을 썼으며, 데게판에 수록되어 있지 않은 문헌의 경우 '장외 문헌'으로 별도로 분류하여 저자의 이름 등을 명시하였다.

마지막으로, 우리 티베트의 수준 높은 문화의 정수가 된 성스러운 인도의 불교경론을 소개하는 『불교 과학 철학 총서』는 14대 달라이 라

---

15 해당 표기법은 티베트 원문의 방식이다. 한글 번역본에서는 모든 인용문을 쉽게 구분할 수 있도록 5줄 미만의 산문도 별도의 문단으로 띄우고 들여쓰기를 하였다. (역자주)

16 해당 내용은 티베트 원문의 방식으로 한글 번역본의 출처 각주는 조금 다른 방식을 취하였다. 이와 관련하여 일러두기에 표시해두었다. (역자주)

마 성하께서 원대한 안목으로 시대의 필요에 맞게 편집 작업을 인도해주셨다. 특히 『불교 과학 철학 총서』의 제1, 2권의 전체 초고를 올리는 행운의 자리에서 성하께서는 내용과 단어의 표현 등 어떤 면에서든 적절한 조언을 해주셨다.

성하께서는 편집을 처음 계획한 취지와 과학과 처음 만나게 된 계기, 불교경론의 주제를 세 분야로 나누는 방식, 세 차례의 결집이 어떻게 이루어졌는지와 티베트의 역경 사업, 그리고 이 책의 편집 의도와 바람을 밝히신 이 책의 서문을 자비롭게 써주셨다. 뿐만 아니라 라다크에서 열린 제33회 깔라짜끄라 관정법회 때도 성하의 생신날에 맞춰 이 책의 첫 번째 출판기념회를 개최하는 등 성하께서는 첫 시작에서부터 중반을 거쳐 마무리에 이를 때까지 끊임없이 높은 관심을 가져주셨다. 이것으로써 성하께서 『불교 과학 철학 총서』의 편집 작업을 불법과 중생을 위한 아주 중요한 사업으로 여기셨다는 것을 알 수 있다.

『불교 과학 철학 총서』의 제1권, 제2권의 출판에 있어 남걀사원의 방장이신 톰톡 린뽀체께서 편집 작업의 총감독을 맡으시고 작업이 끝날 때까지 전후의 모든 토론을 주도하셨다. 또한 작업에 필요한 모든 물자와 편집자들의 편의를 위한 경비를 지원하시는 등 깊은 관심을 가지셨다.

위대한 삼동 린뽀체께서는 날란다의 천문학자인 아리야바따의 논서에서 근거들을 찾는 방법을 가르쳐주셨다. 쌰르쩨사원의 방장이신 게쎄 쟝춥최댄과 쟝쩨사원의 방장이신 게쎄 롭상최니, 로쎌링사원 게쎄 빨댄닥빠와 비구 남걀왕챈, 꾼델링의 스승이신 고망사원 게쎄 롭상출팀, 쎄라 메사원의 게쎼 툽땐린첸, 티베트의 국회의원이자 쎄라 제사원의 게쎼 롱뽀롭상녠닥 등 삼대본사의 많은 훌륭한 선지식들이 주제의 기반이 되는 관련 전거를 찾아 수집했고, 수차례 토론하며 검토해주셨다.

성하의 통역자이자 총괄편집위원인 랑리와 툽땐진빠가 이 책의 앞머리에 '불교 전통과 현대 과학 간의 관계'에 대해 상세하게 저술했다. 그리고 현대의 방식에 맞게 체계를 교정하기 위해 목차를 수정하고, 각 장의 도입부에 상위 주제와의 연관성을 나타내는 머리글과 함께 해당 주제에 대해 소개하는 글을 작성했으며, 용어의 의미에 맞춰 내용을 보충 및 수정하고, 최종 원고를 교정하여 현대방식에 맞게 재편성하는 등 큰 도움을 주셨다.

출판위원인 쎄라 메사원의 게쎼 양뗑 린뽀체, 특히 로쎌링사원의 게쎼 툽땐뻴상 등이 교정 및 보충 사항에 대해 귀중한 의견을 들려주셨다. 남걜사원 툽땐야르펠 스님은 성하의 저서들을 제공했으며, 전후 토론 및 작업 과정의 기록과 최종 책의 디자인 편집 등 적지 않은 부분에서 많은 도움을 주셨다.

바라나시 대학의 의학교수 학도르 롭쌍뗀진이 『사부 의학딴뜨라』와 『월왕약진月王藥診』에서 설명하는 뇌의 체계에 대한 초고를 써주셨고, 해당 원고는 다람살라 티베트전통의료원에서 교정하였다. 걜하 까르뽀 롭상최다르는 독자들이 인용문을 쉽게 찾을 수 있도록 교정본의 권수와 페이지 수를 다는 작업을 하였다. 다람살라 티베트도서관, 간댄포당 도서관, 남걜사원 도서관, 사라대학 도서관 등에서 편집에 필요한 모든 자료들을 빌려주었다.

특히 간댄포당 사무실은 본서를 다른 언어로 번역하고 출판하는 업무 등을 맡아주셨고, 남걜사원에서는 편집사무실과 편집위원들의 숙소를 제공하고 생활 여건을 마련하는 등 관계자들이 합심하여 무량한 은혜를 베풀어주셨다.

우리 편집위원들이 3년 동안 노력한 결과 드디어 『불교 과학 철학 총서』 제1권·제2권이 원만히 출간되었다. 우리의 지혜가 부족함으로 인해 누락되거나 번잡하거나 잘못된 오류들이 있을 수 있으니 지혜로운 독자들이 보시고 앞으로 더 좋은 양서가 될 수 있도록 조언을 들려주시길 바란다.

공동으로 지어진 선한 이 공덕으로 인해 달라이 라마 성하의 원대한 의도를 조금이나마 채울 수 있기를 기원하고, 전 세계 어디서나 인종에 상관없이 관심을 가진 이들이 자애와 사랑으로 충만하고 지혜의 창고가 광명의 여의주로 가득차기를 기원하며, 광활한 이 지구상에서 비폭력과 평화의 광명이 가득하기를 기원한다.

간댄 쌰르쩨사원 게쎼 장춥쌍계
데뿡 로쎌링사원 게쎼 응아왕쌍계
간댄 쟝쩨사원 게쎼 찌싸둥첸 툴꾸
데뿡 고망사원 게쎼 롭상케촉
등 『불교 과학 철학 총서』의 편집위원 일동 합장

티베트의 출가해 17년, 갑오년 보름날, 서기 2014년 12월 1일.

불교 전통과 현대 과학 간의 관계

1. 총설

세계의 역사 속에서 인류 사회의 수준이 향상됨에 따라 문자를 바탕으로 한 문화가 매우 풍부해지고 발전해 온 것을 우리는 고대 문헌들, 특히 발굴된 유물과 유적에 대한 과학적 연구 결과를 통해 알 수 있다. 다양한 인류 사회는 내외 사물들의 생성과 관련된 의문들을 공통적으로 품고 있었는데, 예를 들면 '이 세계는 누가 창조했는가?', '하늘의 별들은 누가 창조했는가?', '저 별들에 다른 생명체가 존재하는가?', '인간과 생명체는 어디에서 생겨났는가?', '사후에 상속相續이 이어지는가 아니면 등불이 꺼지는 것처럼 완전히 사라지는가?' 등이다. 이처럼 비현전인 많은 대상에 의문을 갖는 것은 인간의 지능이 다른 생물들에 비해 뛰어나기 때문에 나타나는 자연스런 현상이다. 후대의 수준 높은 문화들도 인간이 본래 가지고 있는 지혜로 인해 이 같은 의문들이 전개되어 생긴 것이라고 말할 수 있다.

또한 많은 고대 문화들 중에서는 논리를 중심으로 제법의 실상에 대해 철학적으로 자세히 분석했을 뿐 아니라 분석 방법을 고찰하여 논리학을 체계적으로 확립한 것도 있었다. 특히 고대 그리스와 고대 인도의 문화가 상당히 높은 수준에 도달해 있었다는 것은 역사적 문헌을 통해 알 수 있다.

이 두 고대 문화의 기본적 관점에는 네 가지 공통점이 있다. 첫째, 제법의 실상을 인식하거나 인식하지 못함으로 인해 일시적 또는 궁극적 고락을 불러온다. 둘째, 내외 사물의 궁극적 규명은 각각의 인과와 관계된 법성으로 확립해야 한다. 셋째, 제법의 실상은 인류의 인식 대상이 될 수 있다. 넷째, 이러한 것도 주로 지혜를 사용하여 증성도리證成道理의 방식에 따를 때 가능한 것이다.

고대 그리스와 고대 인도의 두 문화에서 심오한 논리학의 해설이 존재하는 것은 이러한 관점 때문이라고 볼 수 있다. 고대 그리스의 논리학은 주로 기원전 4세기 무렵 아리스토텔레스(Aristotle)가 확립한 논리 체계에서 뻗어 나온 것이며, 인도의 논리학은 기원전 2세기 무렵에 나타난 니야야 학파(Nyāya, 正理學派)의 가우따마(Akṣapāda Gautama)가 저술한 『정리경(正理經, Nyāyasūtra)』을 통해 확립된 오지작법五支作法의 체계에서 뻗어 나왔다고 한다.

고대 그리스 시대에는 논리로써 확립된 지식의 범주로서 논리학(logic), 존재론(ontology), 물리학(physics), 생물학(biology), 형이상학(metaphysics), 윤리학(ethics), 정치학(politics), 수사학(rhetoric), 미학

(aesthetics) 등이 각각의 분야로 분류되었다. 당시는 현대와 같이 과학과 철학을 별도의 학문으로 구분하지는 않았다.

또한 고대 인도의 문화를 살펴보아도 학문의 영역에 다양한 범주가 나타난다. 예를 들어 학문을 열여덟 분야로 분류한 경우 그 항목에는 ① 공예학工藝學[공명工明], ② 의학醫學[의명醫明], ③ 언어학言語學[성명聲明], ④ 논리학論理學[인명因明], ⑤ 기세간학器世間學, ⑥ 유정학有情學, ⑦ 업학業學, ⑧ 생처학生處學, ⑨ 시간학時間學, ⑩ 사망학死亡學, ⑪ 상중하上中下의 근기를 아는 근혜학根慧學, ⑫ 타인의 마음을 아는 타심통학他心通學, ⑬ 모든 계계를 오온五蘊으로 아는 생학生學, ⑭ 형색形色 등 오경五境을 마음으로 아는 대상학對象學, ⑮ 진언학眞言學, ⑯ 모든 물질을 감로수로 아는 약학藥學, ⑰ 법학法學, ⑱ 해탈 혹은 보리학解脫菩提學이 있다. 『본생광석本生廣釋』과 『구사론俱舍論』의 몇몇 주석들, 깔라짜ㄲ라의 문헌에서도 열여덟 학문 영역의 분류 체계가 나오지만 조금씩 차이가 있다.**17**

불교문헌에서 나오는 학문의 분야를 요약하면, 대분류인 ① 공예학工藝學[공명工明], ② 의학醫學[의명醫明], ③ 논리학論理學[인명因明], ④ 언어학言語學[성명聲明], ⑤ 불교학佛學敎[내명內明]의 오대명五大明이 있고, 그 갈래인 ① 수사학修辭學, ② 시학時學, ③ 운율학韻律學, ④ 희극학戲劇學, ⑤ 성상학星象學의 오소명五小明이 있다. 이 역시 과학과 철학의 구분이 생기지 않은 것은 고대 그리스와 동일하다.

---

17 학문을 열여덟 분야로 분류하는 법에는 여러 방식이 있으나 여기서는 롱될 응악왕 롭상의 전집 제1권 654쪽에서 발췌하였다.

또한 현대화 이전의 서구사회에서도 영어로 과학을 뜻하는 사이언스(science)와 철학을 뜻하는 필로소피(philosophy)가 동의어로 쓰이는 경우가 있었다. 그러나 18세기 무렵 전통적으로 이어져오던 자연철학(natural philosophy)은 점차 자연과학(natural science)으로 그 명칭이 바뀌게 되었다.

고대 인도의 문화 중 불교의 문헌에서도 다른 고대 문화들과 같이 과학과 철학을 명확하게 구분하지 않았다. 그러나 기세간과 유정세간, 인식 대상[所知]에 대한 체계를 세울 때 현대 과학의 방식과 같이 인과의 법칙을 기본으로 삼았으며, 제법의 실상에 대한 모든 설명은 결국 현량의 경험에 의거하였다. 특히 내면을 분석하는 심리학적 부분에서는 현대 과학에서 이미 정립된 내용을 바탕으로 새로운 결론을 도출하는 것처럼, "이것이 있으면 저것이 있고, 이것이 없어지면 저것도 없어진다."라고 하는 등의 정리定理를 토대로 결론을 이끌어냈다. 이것을 과학이라고 이름하건 하지 않건 간에 그 자체로 현대 과학적 요소를 많이 갖추고 있다는 것을 우리는 알 수 있다.

이외에도 불교문헌에서는 '제법의 실상, 도를 닦는 순서, 결과를 증득하는 방식'의 각 단계와 관련된 내용을 구분하여 '근根·도道·과果'의 이론을 세울 때 제법의 실상에 관한 해설은 해당 사물의 실질적 상태와 관련이 있으며, 철학자의 마음대로 바뀌거나 강력한 사상에 의해 개정되지 않고, 현대 과학의 견지처럼 오직 대상 자체의 실상에 부합되는 것만이 인정된다. 그러므로 현대 과학과 같이 불교 역시 분석 대상인 제법의 실상에 대한 견해의 기반을 사실상 완전히 갖추었다고 말할 수 있다.

2. 과학과 철학

과학을 뜻하는 영어 사이언스(science)는 라틴어 스키엔티아(scientia)에서 유래했다. 그 의미는 '지각知覺' 또는 '지각한 대상'이다. 이것을 산스크리트어로는 즈냐나(jñāna), 티베트어로는 릭빠(rig pa)라고 한다. 서양 과학의 시조로 여겨지는 그리스의 학자 아리스토텔레스는 과학을 '확신할 수 있는 지각된 결론이며, 논리로써 증명할 수 있고 논리적인 방법으로 설명할 수 있는 의미'라고 정의하였다. 이것은 고대 인도의 학자들이 논리를 통해 도출한 결론을 '즈냐나' 즉, '릭빠'라고 표현한 것과 같은 맥락이다.

오늘날 과학에 대한 좁은 의미의 해석은 '계획을 가지고 지각 대상을 체계적으로 분석할 수 있는 해설과 이것을 차후 또 다른 의미를 추론하는 토대로 삼는 하나의 행위'[18]이다. 이 해석은 중요한 두 가지 의미를 내포하고 있다. 첫째는 연구 대상에 대해 분석적인 해설이 가능해야 한다는 것이다. 둘째는 이 해설을 토대로 아직 결론 내리지 못한 다른 주요 사안을 추론하는 조건을 제공할 수 있어야 한다는 것이다. 이렇듯 평소 사용하는 '사이언스'라는 용어에 대한 넓은 의미와 좁은 의미의 두 가지 해석을 이해하는 것은 중요하다.

과학을 좁은 의미로 해석하면 지식으로 발견한 대상뿐만 아니라 그것을 발견할 수 있는 방법도 포함된다. 결국 과학에 부합하는지의

---

18 예를 들면 옥스퍼드 영어사전(Oxford English Dictionary)에서는 과학을 뜻하는 사이언스(science)라는 단어를 다양한 의미로 해석하고 있으며, 본문처럼 좁은 의미의 해석도 나온다.

여부는 연구 대상과 연구 결과만으로 판단하는 것이 아니라 분석을 진행하는 특별한 연구 방법도 포함하여 판단한다고 대다수의 현대 분석가들은 말한다.

그렇다면 특별한 연구 방법이란 무엇인가? 대상을 분석할 때 ① 계획적으로 대상을 분석한다. ② 분석하여 얻을 내용에 대해 가설을 세운다. ③ 이것을 바탕으로 하여 실험으로 검증한다. ④ 이러한 과정을 통해 얻은 결론에 근거하여 새로운 문제에 대한 추론을 제시한다. ⑤ 이 또한 타당한지의 여부를 조사한다. ⑥ 결론에 의거하여 이전의 가설에 수정이 필요한지 되돌아보는 등이다. 이상은 현대 과학의 연구 방법에 있어 필수적인 조건들이다.

유명한 사례를 하나 들자면, 갈릴레오 갈릴레이(Galileo Galile, 1564~1642)는 당시 펌프로 우물물을 끌어 올릴 때 아무리 큰 힘을 가하더라도 34피트(10.36m)가 넘는 높이로는 물을 끌어 올릴 수 없다는 사실을 직접 확인했지만 그에 대한 정확한 원인을 알 수가 없었다.

갈릴레오가 사망한 뒤 그의 제자 토리첼리(Evangelista Torricelli, 1608~1647)는 과학적 분석을 통해, 지구는 공기로 둘러싸여 있으므로 공기의 무게가 지하에 있는 물에 압력을 가하고, 이로 인해 펌프로 물을 끌어 올릴 때 수도관 속의 물의 높이는 공기가 받는 중력의 크기와 관련이 있을 것이며, 34피트라는 높이는 공기의 중량으로 인한 압력의 정도와 관계가 있을 것이라는 가설을 세웠다. 이 가설은 실험을 통해 검증을 거쳤는데, 만약 가설이 사실이라면 특별한 조건하에서도 성립해야 하므로 유리관 안에 수은을 가득 채우고 수은조에 거꾸로 넣어서 공기의 압력으로 인한 변화를 관찰했다.

우물대신 수은으로 가득찬 그릇을 준비하고 펌프대신 한쪽이 막힌 유리관을 준비해서 유리관을 수은으로 가득 채우고 입구를 엄지손가락으로 막아서 수은이 담긴 그릇에 거꾸로 뒤집어 세웠다. 유리관 속 수은의 높이는 30인치까지 내려가고 더 이상 내려가지 않았다. 수은은 물보다 약 14배 무겁기 때문에 이것은 34피트의 14분의 1인 수치로서 앞의 가설이 타당하다고 증명할 수 있었다.[19]

또한 높은 산에는 공기가 비교적 희박하고 공기의 중량이 가볍기 때문에 유리관 속의 수은의 높이가 더 낮아질 것이라고 추론하고 이 실험을 높은 산 위에서도 진행했는데, 실험의 결과가 가설한 바와 똑같이 나타났다. 이로써 해당 가설의 타당성이 증명된 것이다.[20]

일반적으로 과학 논문을 발표할 때는 ① 보이는 어떤 사물을 해석하기 위해 가설을 세우고, ② 가설이 타당한가를 분석하는 실험을 하고, ③ 실험의 결과가 타당한지 검증하는 세 가지 과정을 거친다. 어떤 가시적인 사물을 해석하기 위해 가설을 세울 때 필요에 의해 그와 관련 있고 이미 검증을 거친 사물의 실상에 관한 일반 법칙을 적용하거나, 긍정의 방식으로 인과관계를 밝히거나, 부정의 방식으로 가설에 오류가 보이지 않음을 능립하는 방법도 있다.

과학적인 방법으로 사물이나 현상을 분석할 때는 객관적인 태도

---

19 현대 과학에서 수은의 중량은 물의 13.6배이다. 여기서는 원서 그대로 14배라고 번역하였다. (역자주)

20 『자연 과학 철학(Philosophy of Natural Science)』, 칼 구스타프 헴벨(Carl G. Hempel), 9쪽 (한국어판 : 『자연 과학 철학』, 곽강제 역, 서광사, 2010)

를 유지해야 한다. 처음부터 자신의 견해에 맞는 해석을 추구하는 것은 옳지 않으며, 마찬가지로 미리 하나의 가설을 확립해놓고 그 증거를 찾는 것도 옳지 않다. 실제 상황과 다른 것을 고립하여 곡해하지 않는 것이 과학적 분석 방법의 특징이다.

철학도 기본적으로 과학과 마찬가지로 제법의 실상을 탐구해서 진리를 찾는 데 주목적이 있다. 철학의 탐구 방법은 대체로 실제의 경험이 아니라 논리로써 타인의 주장을 부정하고, 자신의 주장을 세우고, 반론을 논파하는 등의 과정을 통해 자신의 주장에 모순이 없게 하는 것이다. 허물없는 논리로써 검증을 거쳐 궁극적으로 자신의 종의 宗義로 제법의 실상을 해석하는 것이다.

과학과 철학은 연구 방법상에서 차이가 있을 뿐만 아니라 결과상에서도 차이가 있다. 과학의 결론은 다수에게 공통으로 적용되는 보편성을 띄는 반면 철학의 결론은 그 철학을 인정하는 사람에게만 유효하다. 그러므로 철학은 그것을 인정하지 않고 반박하는 이들이 있기 때문에 영향을 미치는 범위가 좁다는 차이가 있다.

3. 과학과 진리

질문1. 현대 과학의 방법론에 따라 과학적으로 입증된 이론이면 반드시 진리인 것인가?

질문2. 진리이면 반드시 현대 과학으로 입증할 수 있어야 하는가?

이 두 질문은 매우 중요하며, 현대 과학자와 철학자가 심도 있게 분석할 만한 의제이다. 과학 이론은 당시에 이해한 내용을 바탕으로 하여 새로운 것이 확립된다. 그래서 어떤 이론들은 당시의 상황에 따라 진리라고 여겨지지만, 후에 새로운 발견으로 인해 진리라고 여겨졌던 이론이 수정되어야 했다는 점은 과학의 역사를 돌이켜보면 알 수 있다.

그렇기에 20세기의 과학철학자인 칼 포퍼(Karl Popper)도 "과학적 해설이 실상에 부합하지 않는다면 그것이 진리가 아님을 지적하는 비평이 있어야 한다."[21]라고 말했다. 예를 들면 과거 천문학에서는 지구가 도는 것이 아니라 태양과 달이 지구를 돈다고 주장했다. 이러한 견해는 '이미 모순된 것이 보인다는 이유(가현 모순대상의 불인식정인)'와 '관계된 것이 보이지 않는다는 이유(불현 관계대상의 불인식정인)'에 의해 논파된다.

20세기 양자역학의 권위자이자 노벨상 수상자인 미국의 과학자 리처드 파인만(Richard Phillips Feynman, 1918~1988)은 "과학적 결론은 절대적이지 않다."고 말했다. 그리고 "현재 우리 과학자들이 알고 있는 진리라고 하는 것은 확정하는 과정에서의 다양한 해석들의 집합체일 뿐이다. 이 중 대다수가 확정적이지 않은 것이고, 어떤 것은 확정적일 수도 있지만 절대적으로 확정적인 것은 아무것도 없다."[22]라고 하였다.

따라서 과학적 결론과 진리, 둘의 관계는 상당히 복잡한 것임을 알 수 있다. 비록 그렇다 하더라도 과학의 결론은 대부분 실제의 경험

---

21 『과학적 발견의 논리(The Logic of Scientific Discovery)』, 칼 포퍼 Karl Popper, p.49 (한국어판 : 『과학적 발견의 논리』, 박우석 역, 고려원, 1994)

22 "과학의 불확실성에 대하여", 『일체의 의미(The meaning of it All)』, 리처드 파인만(Richard Feynman), 26~27쪽 (한국어판 : 『파인만의 과학이란 무엇인가?』, 정무광·정재승 역, 도서출판 승산, 2008)

총괄편집위원 톱땐진빠의 서문

에 근거한 것으로, 불교에서 말하는 현전現前과 그 현전의 바탕이 되는 소비현전少非現前에 해당하므로 현전의 단계에서는 실증된 내용이며 일반적으로 진리라고 볼 수 있다.

두 번째 질문에는 답하기가 쉽지 않은데, 그 이유는 자신이 존재의 실상에 대해 어떤 칠학적 입장에 있는가에 따라 해석에 큰 차이가 생기기 때문이다. 현대 과학 철학에는 각기 다른 주장들이 많이 있다. 예를 들어 '존재하는 모든 것은 반드시 형색이 있어야 한다. 모든 실상은 형색을 갖춘 물질이기에 실상이라면 언젠가 과학적으로 실증될 것이다. 뿐만 아니라 심리학의 이론은 주로 인간 내면의 감수感受를 다루는 학문이므로 결국 심리학은 가장 기초적인 신체의 변화를 검증하는 것에서 시작된다. 그러므로 심리학은 결국 미세한 물리적 차원에서 해석해야 한다.'[23]라는 주장도 있다.

또 어떤 사람은 '존재하는 한 결국 물질적인 실체를 가지거나 물질의 특성을 가져야 하지만 모든 실상이 반드시 과학적으로 입증되는지는 확실하지 않다. 과학적 연구 방식은 대상을 분석하는 데 있어한정적인 방법이며, 여기에는 측량하여 분석하기, 보편적으로 성립시키기, 여러 개별적 상황을 종합하여 일반화하기 등이 있다. 그렇기에 연구 대상의 실상에 대해 개별적 상황의 측면에서 과학적인 방법으

---

23 이와 같은 견해를 '환원주의(reductionism)'라고 한다. 예전 과학자들 가운데 이러한 견해를 가진 사람이 상당히 많았다고 한다. 이 주장으로써는 유정有情이나 의식에 대해 과학의 측면에서 해석하기에 어려움이 있기 때문에 현대에는 환원주의를 부정하는 사람들이 점점 늘어나는 추세이다.

로는 전혀 설명하지 못하는 경우도 불가피하다.'라고 하기도 한다.

또 다른 어떤 사람은 '실상이 반드시 과학적으로 분석한 영역으로 귀납되는 것은 아니다. 과학은 현전 또는 그 현전과 관련된 내용만을 탐구하는 하나의 방법이기 때문에 이러한 방식으로 분석하지 못하는 실상들이 여전히 많이 있다.'라고 말한다.

두 번째 질문은 또 다른 각도로도 볼 수 있다. 현대 과학의 본질, 과학의 역할, 과학의 결과 등을 연구하는 학자들은 과학적 방법을 통해 얻어지는 결론들이 객관적 시각으로 자연계를 해석해서 발견할 수 있는 결론이라고 확신한다. 자연계에 존재하는 한 반드시 형색을 가지거나 물질의 특성을 가지기 때문에 올바른 추론으로 성립된 진리라면 과학을 통해 발견된 결론이어야 한다고 주장한다. 과학은 많은 학문들 중에 진리를 찾는 유일한 방법이므로 다른 학문보다 훨씬 뛰어나다고 주장하는 학자들도 있다.[24]

이와 반대되는 주장도 있다. 어떤 이는 '과학에는 어떠한 시간과 공간에 있더라도 대상에 대한 실상을 거짓 없이 보는 논리 방식이 존재한다고 주장하는 것은 일종의 믿음일 뿐이다. 이것이 사실이라면 과학은 절대 오류가 있을 수 없고 발전할 수도 없다. 특히 중대한 역사적 과학 혁명인 코페르니쿠스 혁명(Copernican Revolution)과 같은 것은 일어날 수 없다.'고 주장한다. 이들은 또한 '과학의 결론은 다른 학문의 해설처럼 자체의 분석 범위에서 진리를 밝히는 것일 뿐 언제, 어

---

24 이러한 주장은 19세기 말과 20세기 초에 주로 유럽에서 형성된 통설이며, 앞서 말한 환원주의의 견해와 같다고 할 수 있다.

디에서, 어떤 상황에 있더라도 진리인 것을 밝히는 것이 아니다. 그러므로 과학은 연구 방식의 측면에서 다른 학문과 다를 뿐 더 뛰어나다고 할 수 없다.'고 말한다. 후자의 입장을 고수하는 학자들은 그 수가 적은데, 그 중 대표적인 학자로는 과학철학자인 파울 파이어아벤트(Paul Feyerabend, 1924~1994)가 있다. 그는 자신의 저작 『방법에 반대한다(Against Method)』에서 과학 이론에 대해 여러 가지 의문을 제기했다. 이 같은 의문들 역시 다른 학자들의 반박을 받고 있다.**25**

앞서 말한 두 주장은 과학의 본질과 방법의 측면에서 서로 의견이 엇갈리기 때문에 위의 두 질문에 대해 공통된 결론을 낼 수는 없다. 그러나 양측은 과학의 역할에 대해서 의견이 일치할 뿐만 아니라 과학이 가시적인 사물과 그와 관련된 실상을 찾는 데 있어 필수불가결한 방법임을 공통으로 인정한다.

1962년 토마스 쿤(Thomas Samuel Kuhn, 1922~1996)은 『과학혁명의 구조(Structure of Scientific Revolutions)』에서 과학혁명이 어떻게 일어나는지를 설명했다. 즉, 과학이라는 학문 영역에서 사회가 일반적으로 공인하는 많은 이론이 있었으나 점점 모순이 생기고 갈수록 많은 반례가 생겨나는 경우 근본적인 인식의 틀을 변화시키지 않으면 안 되는 상황이 온다. 이때는 기존의 학설과 이론을 변화시키지 않을 수 없으며, 근본적인 체계에도 혁명이 일어날 수밖에 없는데 이를 '패러다

---

25 『방법에 반대한다(Against Method)』는 1975년 출판되었으며, 작가인 파울 파이어아벤트(Paul Feyerabend)는 오스트리아 빈 대학에서 박사 학위를 취득하고 미국 버클리 대학의 교수를 재직했던 저명한 과학철학자이다. (한국어판 : 『방법에 반대한다』, 정병훈 역, 그린비, 2019)

임의 전환(Paradigm Shift)'이라고 한다.**26**

　　토마스 쿤의 저서와 칼 포퍼, 파울 파이어아벤트 등과 같은 학자들이 제시한 심오한 관점으로 인해 과학이 진리를 어떻게 확립하는가에 대해 심도 있게 이해할 수 있다. 이를 통해 과학으로 발견한 사실과 진리 간의 관계에 대한 사유가 더욱 깊어질 수 있으며, 이러한 점을 인지하는 것 또한 무척 중요하다고 생각한다.

4. 석가 세존의 방식

혹자들은 "불교의 가르침은 주로 내생의 안락을 얻는 방법을 설명하는 종교적 가르침이다. 따라서 불교와 과학 사이에는 뚜렷한 연관성이 없으므로 종교는 종교의 위치에, 과학은 과학의 위치에 두는 것이 더 낫지 않은가?"라고 생각할 수도 있다. 나는 이 질문에 대해 의문을 가져야 하며 그에 대한 답도 다방면에서 고려할 필요가 있다고 생각한다.

　　먼저 불교에서는 최초의 설시자인 석가 세존께서 말씀하시길, "원치 않는 고통의 뿌리는 대상의 본질을 알지 못하는 무명無明 때문이며, 이 무명의 어리석음은 기도나 종교의식으로 없애지 못한다. 반드시 무명을 물리칠 수 있는 지혜를 일으켜서 제거해야 한다. 또한 이

26　'패러다임의 전환'이라는 용어는 토마스 쿤의 『과학혁명의 구조』에서 처음 등장하지만, 이 용어와 관련된 주요 내용은 이미 1957년 출판된 그의 저서 『코페르니쿠스 혁명(The Copernican Revolution)』에서도 나온다. 해당 저서에서는 역사적으로 매우 중요한 코페르니쿠스 혁명이 어떻게 발생했는지를 설명하고 있다.

러한 지혜는 대상의 본질을 전도되지 않게 아는 것으로부터 생긴다."
라고 하셨다. 따라서 불교에서의 윤회와 해탈, 고통과 안락은 대상의
궁극적 본질을 알고 있는지의 여부에 따른다고 할 수 있다. 불교의 근
본적 동기와 주된 목적은 고통에서 완전히 벗어난 구경의 안락이며,
대상의 본질을 있는 그대로 아는 지혜는 필수불가결의 조건이란 것
이 처음부터 명백하게 밝혀져 있다.

　　세존께서는 사성제四聖諦의 가르침을 전하실 때 환자가 약으로 병
을 치료하는 것을 예로 들어 말씀하셨다. 먼저 자신이 고통으로 인해
괴로운 것을 알아야 하고, 나아가 고통에 대한 염리심厭離心을 일으켜
야 하며, 이후 고통의 원인을 찾아서 파악해야 한다. 다음으로 고통의
원인에서 벗어날 수 있는지를 분석하고, 벗어날 수 있다면 그 방편에
의지해야 한다고 설하셨다. 이것은 바로 인과라는 본질적 관계를 토대
로 성립된 것이기 때문에 과학적 입장과 매우 가깝다고 할 수 있다.

　　특히 내면에 대해서 다양한 마음의 갈래와 개별적 성질과 작용,
상호 연관성, 내적 동기의 차이로 인한 고락의 경험이 외적인 행위에
어떻게 영향을 주는지, 마음을 닦음으로써 내면에 변화를 가져오는
등의 많은 가르침을 부처님께서는 자신의 경험을 토대로 소상히 설
명하셨다. 그래서 오늘날 일부 학자들은 부처님을 최초의 심리학자
라고 부르기도 한다. 세존께서는 십이연기를 설명하시면서, '일반적
으로 마음은 대상에 대해 원하거나 원치 않거나, 무관심으로 작용하
여, 대상을 좇아가거나 배척하거나 인지하는 못하는 방식으로 파악
한다. 이렇게 파악한 대상에 대해 탐욕, 성냄, 어리석음 등의 마음을
일으켜서 선업 또는 악업 등을 짓게 된다.'고 하셨다. 이와 같이 대상

을 파악하는 모든 방식의 근본은 자신의 아집我執, 즉 자신의 마음속에 독립적인 '아我'가 있다고 생각하기 때문이다.

이러한 생각을 토대로 나의 행복의 조건이 되는 친족과 재산 등에 대해서는 탐심과 집착이 생기고, 나를 해치거나 행복을 방해하는 것에 대해서는 성냄을 일으키며, 나에게 특별한 도움이나 해가 없으면 무관심한 마음이 생긴다. 결국 자신을 비롯한 내외의 모든 법에 대한 관점에 따라 집착과 혐오 등이 생기고, 이는 대상을 파악하는 시각에 큰 영향을 미쳐서 고통이나 행복 등의 감수感受에 변화가 생기고, 말과 행동에도 변화가 나타나게 된다. 요컨대 중생이 대상을 보는 방식과 개개인의 사고방식, 내적인 감수, 외적인 말과 행동 등이 서로 영향을 주고받는 것은 결국 아집 때문이라고 세존께서 분명하게 말씀하셨다.

특히 마음에 기초하여 거친 고통과 미세한 고통을 없애는 방법과 이익과 행복을 줄 수 있는 긍정적인 방향으로 마음을 바꾸는 방법 등 마음을 닦는 방법을 확립하였으므로 세존의 가르침은 현대 과학을 기반으로 내면을 변화시키는 길을 제시하는 안내자와 같다고 볼 수 있다. 또한 세존의 가르침에는 억념憶念과 정지正知를 지니는 법, 마음의 집중을 이루는 법[전주일경專注一境], 마음을 닦아서 성장시키는 법, 마음이 분별을 따라가는 것을 막고 다잡는 법, 관觀으로 대상의 본질을 아는 지혜를 기르는 법, 자애와 연민의 마음을 증장시키는 법, 자애심으로 성냄을 다스리고 부정관不淨觀으로 탐욕을 다스리며 무상無常을 관하여 영원하다는 인식을 대치하는 법 등 마음을 닦는 다양한 방법들이 있다. 그러므로 현대의 심리학자, 특히 뇌신경학자나 심리치료사들이 불교경론에서 설하는 명상법과 마음을 닦는 방법에 특히 관심을 갖고 연구하는 것은 충분히 논리를 바탕으로 하는 일이라 생각한다.

앞서 말한 여러 이유들로 인해 19세기 유럽의 지식인들이 불교를 처음 접했을 때 그 중 몇몇은 "불교는 종교가 아니라 마음의 과학이다."라고 말하기도 하였다. 특히 저명한 철학자 프리드리히 니체(Friedrich Wilhelm Nietzsche, 1844~1900)와 쇼펜하우어(Arthur Schopenhauer, 1788~1860)는 종교적 사고방식을 좋아하지 않았지만 불교 철학에 대해서는 찬사를 보냈다. 또한 20세기 초 유명한 물리학자 알베르트 아인슈타인(Albert Einstein, 1879~1955)이 "현대 과학의 요구에 부합하는 종교를 꼽는다면 그것은 곧 불교가 될 것이다."라고 말한 것은 널리 알려진 사실이다.

5. 날란다의 전통

부처님께서 열반에 드신 후 그를 따르는 제자들은 여러 차례 결집을 행하여 부처님의 가르침을 삼장三藏으로 분류했다. 취사의 계율을 설한 내용은 율장이 되고, 삼매를 수습하는 내용은 경장이 되고, 실상을 인식하는 지혜와 관련된 내용은 주로 논장이 되었다. 이는 일반적으로 잘 알려진 사실이다. 삼장 중에서 과학과 직접적으로 관계가 있는 것은 논장이다. 후대의 불교학자들은 논장에 의지하여 제법을 다섯 가지 범주[五位]인 색色, 심心, 심소心所, 불상응행不相應行, 무위無爲에 포함시키거나 색 등 육경六境, 안 등 육근六根의 십이처十二處와 여기에 육식六識을 덧붙여 십팔계十八界에 포함시키는 등 아비달마의 이

론이 크게 발전되었다.**27**

    아비달마 논서에서는 심리학의 핵심들, 예를 들면 심식心識의 개수와 본성, 심소의 종류, 각각의 본성과 작용, 고락苦樂의 원인이 되는 선심善心과 불선심不善心의 차이, 번뇌의 원인과 종류 등에 대해 밝히고 있다. 형색을 가진 법에 대해서는, 크게는 기세간의 형성 단계에서부터 작게는 색법을 구성하는 극미에 이르기까지 폭넓고 자세한 해석이 있다. 고대 인도의 불교경론, 특히 아비달마 논서에서 해설한 인식 대상[所知]의 체계는 본서 『불교 과학 철학 총서』 속 다양한 논서들의 인용문을 통해 명확하게 알 수 있다.

    역사적으로 불교의 아비달마 체계에는 여러 부파가 있었으나 현재까지 사라지지 않고 남아 있는 전통은 세 가지로서, 빨리어 계통의 '상좌부 아비달마'와 산스크리트어에서 번역되어 현재 주로 티베트어로 남아 있는 설일체유부의 아비달마인 '하부下部 아비달마', 그리고 아쌍가(Asaṅga, 無着) 논사의 『대승아비달마집론大乘阿毘達磨集論』를 중심으로 한 '상부上部 아비달마'이다.

    한편 세존께서는 "금을 달구고, 자르고, 갈 듯이…"라고 설하셨는데, 이는 자신의 제자들에게 맹목적으로 따를 것이 아니라, 논리적으로 분석하고 그 의미를 스스로의 경험에 빗대어 확실하게 검증되면

---

27 논장을 결집하고 편집하여 7부의 교전이 만들어졌는데, 이를 『아비달마칠론阿毘達磨七論』이라 한다. 7론이 무엇인가에 대해서는 각 부파마다 의견이 다르다. 나[툽땐진빠]는 『티베트문헌정장문집西藏文獻精藏文集』(bod kyi gtsug lag gces btus) 중 『구사석현관엄俱舍釋現觀嚴』(mdzod 'grel mngon pa'i rgyan)의 서문에 이를 상세히 설명해놓았다.

비로소 따라야 함을 말씀하신 것이다. 이 원리를 채택하고 발전시킨 것이 현재 '날란다 전통'이라고 알려진 방식이다.**28**

　　이러한 전통을 세운 이는 2세기의 성자 나가르주나(Nāgārjuna, 龍樹) 논사이다. 나가르주나 논사의 가르침은 논란의 여지가 없으며, 현재 그의 많은 주요 논서들이 산스크리트어로 남아 있다. 예를 들면 『중론中論』에서는 시간이 의존하는 이치를 논증하였고, 『회쟁론廻諍論』(vigrahavyāvartanī)에서는 능지能知와 소지所知가 상호 의존하여 성립됨을 논증하였다. 객관적인 입장에서 바라보아도, 이러한 논서를 저술하신 논사에 대해 오늘날 그 어떤 철학자나 과학자보다 더 뛰어나다는 생각이 들며 경외심이 절로 일어난다. 이처럼 나가르주나 논사는 세존께서 설하신 인과연기의 이치를 밝히고, 특히 연기의 논리에 대한 미세한 밀의密意들도 명확하게 밝히는 등 불교의 철학과 특히 제법의 실상을 분석하는 방법을 매우 풍부하게 하였다.

　　나가르주나 논사의 제자 중에서 날란다 전통에 크게 공헌한 이로는 아리야데바(Āryadeva, 聖天) 논사와 4세기 전후에 활동한 붓다빨리따(Buddhapālitā, 佛護) 논사, 5세기의 바비베까(Bhāviveka, 淸辯) 논사, 7세기 무렵의 짠드라끼르띠(Candrakīrti, 月稱) 논사, 8세기의 샨띠데바(Śāntideva, 寂天) 논사 등이 널리 알려져 있다.**29**

28　여기서 날란다 전통 혹은 방식이라고 하는 것은 단지 날란다 출신 학자들의 학습 방식만을 가리키는 것이 아니라 논리를 중심으로 한 철학적이고도 심오한 분석을 통해 제법의 실상을 확립하는 방식을 말한다. 이러한 맥락에서 역사적으로 나가르주나 논사는 날란다가 설립되기 이전에 출현했지만 이는 그가 날란다 전통의 창시자라는 점과 모순되지 않는다.

29　이 논사들은 인도의 매우 유명한 불교논전의 저자들로서, 저술한 논서는 차례대로 『사

날란다의 전통을 계승한 다른 중요한 스승으로는 앞서 언급한 아쌍가 논사와 그의 동생인 바쑤반두(Vasubandhu, 世親) 논사 둘을 꼽을 수 있다. 두 논사는 4세기에 현재의 파키스탄 페샤와르(Peshawar) 지역에서 태어나 불교의 일반적 사상과 특히 유식학파 종의의 뿌리가 되는 많은 논서를 저술했다.

그 중 제법의 실상이나 과학과 관련된 논서에는 아쌍가 논사의 『대승아비달마집론大乘阿毘達磨集論』, 바쑤반두 논사의 『대승오온론大乘五蘊論』과 특히 『아비달마구사론阿毘達磨俱舍論』과 주석서 등이 있다. 이 논서들을 비롯한 후대의 주석들에서는 심리학에 관한 내용과 형색을 가진 법의 체계, 기세간과 유정세간이 형성되는 과정 등을 광범위하게 설하였다. 티베트에서도 예전부터 아비달마 이론과 관련해서는 인도의 두 논사에 주로 의지하는 전통을 가지고 있다.

인도의 불교 논사 가운데 날란다의 전통에 제일 큰 역할을 한 이는 5세기에 출현한 디그나가(Dignāga, 陳那) 논사와 그를 따르는 7세기의 다르마끼르띠 논사이다. 두 논사는 불교 논리학의 창시자로 알려져 있으며, 인도의 대大 학파였던 니야야 학파(Nyāya, 正理學派)와 미망사 학파(Mīmāṃsā, 祭式學派)의 논리에 관한 주장을 논파함으로써 논리학을 매우 높은 수준으로 끌어올렸다.

두 논사의 출현 전에도 불교에는 심오한 논리 방식이 존재했다. 1

백론四百論』, 『중론』을 해석한 『불호근본중론주(佛護根本中論註)』, 『중관심론中觀心論』과 『사택염思擇炎』, 『입중론入中論』, 『입보살행론入菩薩行論』이다.

세기경『밀린다왕문경』30에서 설한 아공의 논리와 나가르주나 논사의 『중론中論』, 『회쟁론廻諍論』 등에서 세운 논리를 살펴보면 명확히 알 수 있다. 또한 아쌍가 논사의 『대승아비달마집론大乘阿毘達磨集論』 「결택분논의품決擇分論議品」과 바쑤반두 논사가 논리학서를 저술했다는 사실을 미루어 보아도 알 수 있다. 그렇지만 역사학자들의 말처럼 불교 논리학의 기본적 틀을 세운 것은 디그나가와 다르마끼르띠 두 논사의 특별한 업적이다.

두 논사의 주요 저술로는 디그나가 논사의 『집량론集量論』(Pramāṇsamuccaya, Tib. tshad ma kun las btus pa), 『집량론자주소集量論自註疏』(Pramāṇasamuccayavṛtti, Tib. tshad ma kun las btus pa'i 'grel pa), 『인명정리문론因明正理門論』(Nyāyamukha Tib. rigs pa'i sgo du ma), 『관소연연론觀所緣緣論』(Alambanaparīkṣā, Tib. dmigs pa brtag pa), 『인륜론因輪論』(Hetucakra, Tib. gtan tshigs kyi 'khor lo) 등이 있으며, 다르마끼르띠 논사의 세 가지 기본 논서인 『양평석量評釋』(Pramāṇavārttikakārikā, Tib. tshad ma rnam 'grel), 『양결택量決擇』(Pramāṇaviniścaya, Tib. tshad ma rnam par nges), 『정리적론正理滴論』(Nyāyabinduprakaraṇa, Tib. tshad ma rigs thigs)과 이를 더욱 세부적으로 해석한 네 가지 논서인 『인적론因滴論』(Hetubinduprakaraṇa, Tib. gtan tshigs thigs pa), 『관상속觀相屬』(Sambandhaparīkṣāvṛtti, Tib. 'brel pa brtag pa),

---

30 『밀린다왕문경』 즉 밀린다팡하(Milindapañha)라고 하는 이 문헌은 티베트어로 번역되지 않았다. 현재 이 문헌은 산스크리트어, 빨리어, 쁘라끄리띠어와 중국어 판본으로 접할 수 있다. 19세기 말에는 빨리어로부터 영어로 번역되어 서구의 많은 학자들에게 알려지게 되었다.

『성타상속론成他相續論』(Saṃtānāntarasiddhiprakaraṇa, Tib. rgyud gzhan grub pa), 『쟁정리론諍正理論』(Vādanyāyaprakaraṇa, Tib. rtsod pa'i rigs pa)을 합한 인명 7론과『양평석초품자석量評釋第一品自釋』이 있다.

이러한 논리학의 근본 논서들을 토대로 주석을 저술한 학자들로는 데벤드라붓디(Devendrabuddhi, 帝釋慧) 논사, 쌰꺄붓디(Śākyabuddhi, 釋迦慧) 논사, 다르못따라(Dharmottara, 法上) 논사, 슈바굽따(Śubhagupta, 善護) 논사, 쁘라즈냐까라굽따(Prajñāaragupta 智作護) 논사, 야마리(Yamāri 閻魔敵) 논사, 제따리(Jetari, 祇多梨) 논사 등이 있다. 이 논사들의 저술은 티베트어로 번역되었고 티베트 강원에서는 이를 통해 논리학을 학습해오고 있는데, 이 같은 수학修學 방식은 고대 인도를 제외하고는 전 세계 어디에도 찾아볼 수 없다.

티베트의 논리학자로는 챠빠 최끼 쎙게(Tib. phywa pa chos kyi seng ge), 싸꺄 빤디따 뀐가 걜챈(Tib. sa skya paṇḍita kun dga' rgyal mtshan)을 들 수 있는데 이 두 학자가 새로운 논리 방식을 통해 논리학의 발전에 크게 기여했다는 점도 기억할 필요가 있다.

불교 논리학의 문헌에서는 현대 심리학 특히 인식론과 관련된 과학적 연구 대상들에 대한 내용을 많이 찾아볼 수 있다. 예를 들면 근식의 본질이 생기는 방식과 그 작용, 근식에 착란이 생기는 방식, 근식에 대상이 현현하는 방식, 근식이 지각을 이끄는 방식, 작의作意의 본질과 작용, 기억의 본질과 작용, 분별심, 인지식認知識, 유사식類似識[분별심]이 생기는 방식 등 주요 의미에 대해 논리를 바탕으로 매우 광범위하게 해설하였다. 그러므로 현대 심리학자와 뇌신경학자가 불교 논리학자들과 서로의 지식을 교류하는데 힘쓰는 것은 이러한 이유 때문이라 볼 수 있다.

이렇듯 인도 불교의 위대한 논사들 중에 대스승 나가르주나 논사와 그의 제자 아리야데바 논사, 아쌍가 논사와 바쑤반두 논사 형제, 논리에 자재한 디그나가 논사와 다르마끼르띠 논사 이 여섯 분은 날란다의 전통에 크게 기여하였다. 이러한 까닭에 티베트에서는 여섯 논사를 '세간의 여섯 장엄莊嚴'이라고 특별히 칭송하는 풍습이 있다.

또한 고문헌과 유적 등을 연구한 결과에 따르면 날란다에는 오래전부터 천문학이 발달한 것으로 보인다. 당나라의 승려 현장玄奘의 『대당서역기大唐西域記』에는 날란다에 카골라(Khagola)라고 하는 천문대가 있었다고 쓰여 있다. 역사학자들도 5세기경 활동한 날란다의 학자이자 인도의 수학자 겸 천문학자인 아리야바따(Āryabhaṭa)가 날란다에서 천문학을 연구했다고 말한다. 그의 논서에서는 천문학의 수준 높은 핵심들을 설명하고 있는데, 그 중 태양과 달 혹은 태양과 지구 사이를 셋 중 다른 하나가 가림으로써 생긴다고 하는 월식과 일식에 대한 해석과, 지구가 매일 1회 자전하고 태양을 따라서 공전한다고 하는 설명 등은 현대 과학의 설명과도 일치한다.31

이외에도 깔라짜끄라의 문헌 중 『깔라짜끄라 무구광대소無垢光大疏』와 같은 주석에는 지구의 자전, 일식과 월식의 계산법, 하지와 동지의 계산법뿐만 아니라 이에 근거하여 달력을 만드는 법 등 많은 천문학적 내용이 담겨 있다. 뿐만 아니라 기하학의 요소인 삼각형, 사각

---

31 바샨(Bashan A.L.)의 『인도에 있었던 놀라운 일들(Wonder That Was India)』 (1963년), 497쪽에서는 아리야바따 논사의 수학에 대한 지적 수준을 간략하게 언급하고 있다.

형, 원형의 척도와 측량에 대한 내용도 등장하고, 만달라 조성을 위한 제도製圖에 대한 해설은 현대에 집을 지을 때 그리는 도면의 구도와 닮아 있으며 그 수준도 상당히 높았다.

날란다에서는 의학과 약학에 대한 연구 수준 또한 높았는데, 이는 나가르주나 논사의 『요법백종療法百種』(Yogaśataka, Tib. sbyor ba brgya pa), 박바따 논사의 『의관팔지심요醫觀八支心要』(sman dpyad yan lag brgyad pa'i snying po)와 관련 논서들을 보면 알 수 있다.

성명학의 방면에서도 날란다 스승들의 논서는 매우 유명했는데, 예를 들면 짠드라고민(Candragomin, 月官)의 『월관문법론경 月官文法論經』(candravyākaraṇasūtra, Tib. tsandra byA ka ra Na), 『자경字經』(varṇasūtra, yi ge'i mdo), 라자데바 논사(Rājadeva)의 『깔라빠경』(Kalāasūra, 迦羅波經, Tib. lung ston pa ka lA pa), 아누부띠(Anubhūti)의 『묘음성명기론경 妙音聲明記論經』(Sarasvatovyākaraṇasūtra) 등이 있다. 이 논서들을 보면 날란다의 성명학 연구 또한 매우 심오했음을 알 수 있다.

요약하면 고대 날란다는 현대 역사학자들의 말처럼 그 옛날 매우 수준 높고 중요한 대학이었을 뿐만 아니라 요즘의 대학들처럼 종교와 철학을 비롯한 다양한 지식 분야를 연구하는 탄탄한 체계를 갖추고 있었다. 과거에 수학修學의 중심이 되었던 이 대학은 세간에 매우 지대한 학문적 성과를 남겼다.

6. 불교와 현대 과학의 교류

현대 과학과 불교의 교류는 19세기 말 혹은 20세기 초에 이루어졌다.

당시 유럽의 몇몇 철학자들은 불교가 다른 종교와 달리 창조주나 영원한 자아를 주장하지 않는다는 점을 매력적으로 생각하였고, 불교의 철학이 현대 과학의 사고방식과 일치한다고 말했다. 영국의 학자 에드윈 아놀드(Edwin Arnold)는 1899년 일본의 도쿄대에서 불교와 과학의 유사성에 대해 자세하게 연설했는데, 이로써 당시 불교에 대한 서양학자들의 생각을 가늠할 수 있다.[32] 특히 스리랑카가 영국의 식민지였을 때 몇몇 유럽인들이 불교 강원에 입학하여 학자로서 소양을 갖춘 이들도 생겨났고, 이후 점차 상좌부의 학자와 현대 철학자 및 과학자들이 토론하는 전통이 생기기 시작했다.

20세기 초 중국의 태허太虛 대사는 불교 공부의 현대화를 역설하는 글을 저술하여 발표하면서 불교와 과학 사이에 공통점이 있다고 언급했다.[33] 또한 불교의 가르침은 궁극적 실상에 대해 과학보다 더욱 심오하게 해석하고 있으므로 이는 과학에 도움을 줄 수 있을 것이라고 하였다. 또한 20세기 초에 일본의 승려 샤쿠 소엔(釋宗演)은 불교 경론에서 설하는 인과의 이치를 언급하며 현대 과학과 공통된 사고방식이라 주장했다.[34] 그의 제자 가운데 스즈키 다이세츠(鈴木大拙 貞太郞, D. T. Suzuki)는 20세기 초 북미에 젠(Zen)이라는 선불교禪佛教의 전통을 전파시킨 것으로 유명하다.

---

[32] 이에 대해서는 현대 티베트학과 불교 논리학의 전문가인 미국의 도널드 로페즈(Donald S. Lopez)의 저서 『불교와 과학(Buddhism and Science)』13쪽의 내용을 참고하였다.

[33] 앞의 책, p.19.

[34] 앞의 책, p.23.

여러 불교의 부파 가운데 티베트불교가 현대 과학과 교류한 시기가 비교적 늦었다는 사실은 말할 필요가 없다. 이것은 티베트의 역사와 정치 등 많은 요인과 관련이 있으나, 주로는 티베트 사회와 현대 문화 사이에 특별한 접점이 없었던 탓이 컸다.

역사적으로 보면, 18세기에 힌디어를 할 줄 알았던 3대 빤첸라마 뺄댄 예셰(dpal ldan ye shes)[35]는 영국인 조지 보글(George Bogle)과 친분을 쌓았고, 당시의 과학 기구에 관심이 생겨서 해와 달 등을 관찰하는 망원경을 찾았다는 이야기[36]가 있긴 하지만 빤첸라마가 과학과 불교의 관계에 대해 어떠한 저술을 남기진 않았다.

티베트 학자 중에서 현대 문화, 특히 과학과 불교 철학이 서로 부합하는지에 대해 최초로 언급한 이는 20세기의 학자 겐뒨 최펠(dge 'dun chos 'phel)이다. 그는 자신의 저서인 『전설금원傳說金原』(Tib. gtam rgyud gser thang)의 마지막 장[37]에서 과학과 불교 간의 공통점을 설명했을 뿐만 아니라 논리를 중시하는 티베트의 법우들에게 과학에 관심을 가지는 것의 중요성을 역설했다. 그리고 과학이라는 새로운 문화가 어떻게 서방의 각국에 전파되었고, 또 인도의 보수적인 베다

---

35 빤첸라마의 계보를 헤아리는 방법에는 두 가지 방식이 있다. 제 쫑까빠 대사의 제자 케둡린뽀체를 1대로 계산하는 방식과 1645년 몽골의 알탄 칸이 스승 롭상 최끼걜챈께 빤첸라마라는 칭호를 올린 것에서부터 1대로 계산하는 방식이다. 전자의 방식이라면 뺄댄 예셰께서는 6대 빤첸라마가 되고, 후자의 방식대로라면 3대 빤첸라마가 된다. 여기서는 원문 그대로 3대라고 기술하였다. (역자주)

36 이 일화에 대해서는 보글이 직접 기록을 남겼다고 한다. 해당 내용은 케이트 텔쳐(Kate Teltscher)의 저서 『중국으로 가는 고도(High Road to China)』(2006)의 108쪽을 참고했다.

37 이에 대한 이야기는 『전설금원』의 17장 말미에 나온다.

(Veda) 철학자들도 이 새로운 문화의 합리성을 인정했다는 등의 내용도 소개하였다.

겐뒨 최펠은 불교의 철학 중 현대 과학에 의해 증명된 내용을 직접 찾아내서 설명했다. 예를 들면, '유위법有爲法은 한 찰나도 머물지 않고 소멸하는 성질을 가지고 있다'는 것과 다르마끼르띠 논사 등이 논리학 논서에서 '상속相續과 취합聚合은 실제로 존재하지 않는다'라고 한 것, 나가르주나 논사가 '흰색과 검은색은 서로 의존하여 성립되는 것이지 하나의 독립된 실체라는 것은 이치에 맞지 않다'고 능립한 것, '근식이 대상의 현상을 가짐으로써 대상을 인지하는 것이지 파란색과 같은 것을 무상無相으로 적나라하게 인지하지 않는다'라는 등은 티베트 논리학자들에게 보편적으로 알려져 있는 해석으로서 과학의 결론과 매우 흡사하다고 발표했다. 또한 글의 말미에 "이 새로운 문화의 사상에 대해 별도의 책을 쓰고 싶지만 매우 어렵기도 하고, 대중이 원하지 않기 때문에 무의미할 것이라 생각하여 그냥 관두었다."[38]라고 써놓았다.

티베트불교 내에서 과학과 불교 간의 관계를 가장 폭넓게 분석하고 해석하신 분이 14대 달라이 라마 성하라는 것은 익히 알려져 있다.[39]

---

38 겐뒨 최펠의 전집 제3권, 『전설금원』 제17장, 171쪽.

39 티베트불교 학자들 사이에는 현대 과학에 대한 다양한 관점이 존재한다. 달라이 라마 성하와 겐뒨 최펠은 과학과 불교의 공통점에 대해 폭넓은 의견을 남기셨다. 이에 대해 내가 자세히 설명한 내용은 미국의 티베트 전문가 앨랜 월러스(Wallace, B. Alan.)가 엮은 『불교와 과학: 새로운 장을 열다(Buddhism and Science : Breaking New Ground)』(2003, 콜럼비아 대학교 편집부)에서 볼 수 있다.

달라이 라마 성하는 20세기의 저명한 물리학자 데이비드 봄(David Bohm)과 양자물리학의 권위자인 폰 바이츠제커(Von Weizsacker), 인지 심리 및 신경생리학자인 프란시스코 바렐라(Francisco Varela), 리처드 데이비슨(Richard Davidson), 유명한 과학철학자인 칼 포퍼(Karl Popper) 등과 오랫동안 교류하며 대화를 이어왔다. 특히 '마음과 생명 협회(Mind and Life Institute)'를 발족시켜 불교와 과학의 교류를 촉진하고, 이를 통해 물리학, 천문학, 지구과학, 생물학, 신경학, 심리학 등 과학계의 석학들과 수차례 토론의 장을 열었다.**40** 특히 현재 '마음과 생명 협회'의 활동을 통해 현대의 심리학자, 신경학자, 의학계의 많은 과학자들이 불교 문헌에 나오는 마음의 작용에 대한 설명과 마음을 수련하는 방법들, 예를 들면 사념주四念住를 수습하는 방법, 전주일경專注一境의 마음을 수습하는 방법, 연민심을 닦는 방법 등에 특별히 관심을 가질 뿐만 아니라 이로부터 지식을 얻어서 각자의 과학적 연구 분야에 접목하는 등의 추세가 현재 뚜렷하게 전개되고 있다.

　　달라이 라마 성하께서 과학과 불교와의 교류를 추진하시는 목적은 크게 두 가지다. 첫째, 불교경론에서 설하는 제법의 실상, 연기 사상, 특히 심리학과 관련된 심오한 핵심들에 대해 현대 과학자들과 대화한다면, 이를 통해 지식이 발전될 수 있고, 이로써 인류 전체의 안락에 크게 기여할 수 있을 것이다. 둘째, 이를 통해서 불교 역시 제법

40　나는 불교의 종의와 현대 과학과의 교류, 특히 '마음과 생명 협회'에서 이루어진 대화를 보고 '불교와 과학, 이 대화는 끝이 어디까지인가'라는 제목의 글을 2010년 과학과 종교의 교류를 전문으로 하는 학술지 『자이곤(Zygon)』에 기고했다.

의 실상, 특히 색법의 체계와 관련된 현대 과학의 결과들로부터 많은 유익한 정보를 얻을 수 있을 것이다.

성하께서는 불교 철학과 과학의 관점 사이에 어떤 공통점이 있고 어떤 모순점이 있는지를 오랫동안 관찰하고 그 결과물을 정리하여 『한 원자 속의 우주(The Universe in a Single Atom)』**41**라는 책을 저술하셨다. 이 책에서는 과학과 불교 철학 둘이 제법의 실상에 대해 분석할 때 가지는 기본적 관점과, 현전의 경험을 토대로 하여 논리를 중심으로 하는 방식이 일치한다고 설명한다. 그리고 제법의 궁극적 근거는 인과와 연기의 법성에 귀결된다는 점도 일치한다고 증명하였다. 또한 불교에서 말하는 색법을 형성하는 극미의 체계와 현대물리학의 원자에 대한 해석 사이의 공통점과 차이점을 소개하기도 했다.

이밖에도 현대 양자역학의 분석을 통해 자체의 측면에서 성립되는 실재하는 가장 미세한 법인 무분의 입자는 없다는 설명과 나가르주나 논사의 심오한 공성의 견해 그리고 그와 관련된 세속제와 승의제 사이의 일치점, 다윈이 확립한 생물학에서 설명하는 동물의 진화 과정과 인도 철학의 공통된 인과에 대한 견해 사이의 일치점과 모순점을 분석하고 있다. 무엇보다 중요한 것은 인도와 티베트불교의 심리학에 대해 광범위하게 설명한 것이다. 고대 불교의 심리학에는 현

---

41 『한 원자 속의 우주(Universe in a single Atom)』의 영문 원서는 2005년에 출판되었다. 이 책은 불교 철학과 과학 이론 간의 상관관계에 대해 관심을 갖는 모든 이에게 도움이 되는 주요 내용을 담고 있으므로 읽어보길 권한다. (한국어판: 『과학과 불교, 한 원자 속의 우주』, 이해심, 삼묵 역, 하늘북, 2007)

대 심리학에 도움이 되는 방대한 정보가 있다. 그러므로 이 책은 전 세계의 학자들에게 불교와 현대 과학 사이에 심오하고 지속적인 대화를 진행할 수 있는 기반이 매우 광범위함을 보여주었다.

달라이 라마 성하는 현대 과학과 불교 철학 간의 관계를 오랫동안 연구하고, 이 연구를 바탕으로 강연하고 책을 저술함으로써 과학 학술 분야에 지대한 영향을 끼쳤다. 예를 들어 생물학이 가진 기본적인 관점은 생명체의 근본 목적이 자신의 생존과 종족의 번식이므로 자신의 이익을 취하고 남과 경쟁하는 마음을 가지고 있다는 것이었다. 이와 같은 관점을 바탕으로 인간을 필두로 한 모든 동물의 행위, 예를 들면 경제활동 등에 대한 설명도 이루어졌다. 성하께서는 물론 현대 생물학에서 말하는 것처럼 모든 생명체가 자신의 이익을 추구하고 남과 경쟁하는 마음은 기본적으로 가지고 있지만 이 두 가지만으로 설명하기는 부족하며, 타인에 대한 자비심을 바탕으로 하는 이타심을 가진 것 또한 하나의 기본 동기가 된다고 하셨다. 이러한 성하의 호소를 인정하듯 현대 생물학계의 사고방식이 바뀌어 있다. 예전부터 인간뿐만 아니라 동물의 무리 속에서도 자신과 관계없는 남을 도와주는 행동들이 많이 목격되었고, 인간사회 내에 협력의 정신이 깊이 뿌리내려 있었지만 이는 자신의 이익만을 추구하는 동기로써는 설명하기가 어려웠다. 그래서 과학자들은 비로소 이타심이라는 동기와 타인과 협력하는 행동에 관해 진지하게 연구하기 시작했다.

뇌신경학 분야에서는 뇌의 가소성可塑性(Brain plasticity)이 실재한다는 것이 명백하게 입증되었고, 뇌의 활동을 관찰할 수 있는 기계도 만들어졌는데, 이를 계기로 마음 닦는 수행을 통해 뇌신경이 서로 원활하게 소통되고 새로운 연결이 생길 뿐만 아니라 뇌신경이 새로이 형성되는 것까지도 관찰할 수 있었다. 그래서 뇌신경학 분야에서는 불교경론에서 설한 마음을 닦는 법과 이것에 근거한 해석들을 연구하는 분과가 생겨났다.

　달라이 라마 성하께서 과학 지식의 발전에 남긴 큰 성과가 국제적으로도 알려지게 되어 경의를 표하는 곳도 많이 생겨났다. 성하는 2008년 미국 워싱턴에서는 신경학자와 심리학자 만여 명이 모여 개최한 '국제 뇌신경과학 학술대회'의 개막 연설을 맡아 진행하였고, 2012년에는 과학에 대한 공로를 인정받아 템플턴 상(Templeton Prize)을 수상하기도 했다.

7. 불교의 교의와 현대 과학

달라이 라마 성하께서는 티베트 논리학자들과의 모임에서 겐된 최펠이 『전설금원傳說金原』에서 언급한 바를 인용하면서 현대 과학에 관심을 가지고 공부해야 한다고 여러 차례 강조했다. 제법의 실상을 분석하는 것은 오래전부터 불교학자들의 전통이었으므로, 불교경론에는 인식 대상의 체계에 대한 다양한 해석이 있었는데, 즉 색법을 형성하는 기본 요소인 극미의 본질에 대한 설명과 미세한 것이 모여 거친 것이 형성되는 방식, 기세간과 유정세간이 생기는 과정, 특히 심식心識에 대한 아주 상세한 설명이 나온다. 이것은 실제로 고대 과학이라고 볼 수 있으므로 제법의 실상을 확립하는 현대 과학적 방법이 불교의 전통과 체계 속에 존재한다는 성하의 생각과도 상통하는 것으로 보인다. 그러므로 나는 불교가 현대 과학에서 설명하는 제법의 실상, 특히 외부의 물질과 관련된 많은 연구결과를 받아들일 수 있으며, 이로써 불교경론에서 설하는 제법의 실상에 대한 논술을 해치지 않으면서 완벽하게 보완할 수 있다고 생각한다.

예를 들어 색법을 형성하는 극미의 경우 현대 과학에서는 현미경의 배율을 조절하여 안식眼識의 능력을 평소보다 백 배, 천 배로 확장하여 일반 근식으로는 볼 수 없는 미세한 물질을 볼 수 있다. 또한 제2의 언어인 수학의 특별한 연산법이 있기에 현전現前의 대상을 근거로 추론하는 능력 또한 대폭 향상시킬 수 있다. 이로 인해 물질의 가장 미세한 순간의 특성과 변화를 측정하여 논리적으로 확립시킨 내용은 불교경론에 등장하는 극미의 본성과 색을 형성하는 방식 등에 대한 설명을 보완할 수 있을 것이다. 이것에 대해 어떤 지혜로운 사람이 이의를 제기할 수 있겠는가?

마찬가지로 불교경론에서는 가장 짧은 시간의 단위를 설명할 때 '성사찰나成事刹那'와 '시변제찰나時邊際刹那'를 말하는데, 손가락을 한 번 튕기는 시간의 65분의 1을 시변제찰나로 설정하거나, 혹은 손가락을 한 번 튕기는 시간의 365분의 1을 시변제찰나라고 설정하기도 한다. 현대 과학에서는 수학적 계산과 정밀한 기계의 측정을 통해 1분을 60초로 나눌 수 있고, 1초를 100만 마이크로초로 나눌 수 있다고 한다. 이것을, 불교경론에서 '유위법有爲法은 한 찰나도 머물지 않고 소멸하는 본성을 가진 것'이다라고 설명할 때 그 '찰나'의 의미로 받아들인다면 미세한 무상을 이해하는 데 도움을 될 것이며, 이 점은 논리적으로 판단해보아도 그러하다.

아비달마의 논서에서는 기세간이 형성되는 순서와 지구의 운행, 여름과 겨울철 낮의 길이, 일식과 월식 등을 설명하고 있는데, 이는 수미산이 모든 것의 중심에 있다는 관점하에서 계산된 것이다. 그런데 현대의 지구과학은 실제로 관측할 수 있는 것이라면 무엇이든 정확하게 설명할 수 있게 되었고, 수미산을 중심으로 한 많은 설명들이 현대 과학의 결론과 모순되므로 불교 전통의 기본 가설을 개정하지 않을 수 없게 되었다.

한편 현대 뇌신경학의 연구 결과 각 심소心所의 작용들, 예를 들면 느낌, 대상을 인식하는 식, 작의, 정진 등은 뇌의 특정 부분과 관련이 있다는 것이 밝혀졌고, 이러한 결과를 불교 인식론과 아비달마에서 설명하는 심소의 부분에 접목할 수 있다면 분명 도움이 될 것이다.

만약 『아비달마구사론』 등에서 나오는 기세간에 대한 설명에 과학적 모순이 있어 바꿔야 한다면 불교경론에서 설한 전생과 후생, 자비심을 수습하는 방법, 성냄과 탐욕 등의 번뇌를 없애는 방법과 같은 내용 등에서도 과학의 설명과 모순되는 점이 발견된다면 이것 또한 버려야 하는가? 만약 그렇다면 불교 교의의 일반적 체계가 모두 무너질 위험이 있으며, 현대 과학에 지나치게 맞추는 자세는 부처님의 가르침을 무너뜨리는 것이 아닌가?

이 질문에 제대로 답하기 위해서는 먼저 과학의 성격, 방법, 논리, 입장, 그리고 과학적으로 내린 결론과 실제 의미의 상관관계 등을 대략적으로라도 이해하는 것이 매우 중요하다고 생각한다. 이에 대한 이해가 부족하다면 과학과 불교 중 어느 한쪽에 치우친 사고방식이 나타날 것이다. 예를 들어 어떤 사람은 현대 과학이 과거 외도의 철학과 같이 불교 철학과 대치되므로 예전에 외도의 주장을 논파한 것처럼 반드시 논파해야 한다고 주장하며, 또 다른 사람은 이와 반대로 과학과 불교경론의 설명이 완전히 일치할 뿐만 아니라 불교 철학 자체가 과학이며, 현대 과학이 좀 더 발전하면 전·후생과 인과의 법칙 등 불교 철학의 요점들을 충분히 증명할 수 있다고 주장한다.

여기서 우리가 생각해야 할 가장 중요한 핵심은 달라이 라마 성하께서 불교경론의 내용을 셋으로 나눠야 한다고 말씀하신 것이다. 세 부분이란 ① 과학의 연구 분야인 제법의 실상에 대한 설명과 관련된 부분, ② 제법의 실상에 대한 설명을 기초로 진리의 본질을 분석하는 철학의 부분, ③ 앞의 두 부분에 의거해 일시적, 궁극적 이락利樂을 성취하기 위한 수행의 부분이다.

불교경론에서 설명하는 내용을 이 세 부분으로 확립할 수 있다면 특정 부분과 관련된 논리로써 다른 부분의 설명을 부정하거나 정립할 수 없게 된다. 이것은 짠드라끼르띠 논사가 『입중론』에서 "세속제를 분석하지 말라."**42**라고 하여, 세속제의 대상을 승의勝義를 분석하는 논리로 부정한다면, 해당 의미를 파괴하는 허물이 있게 된다고 말씀하신 것과 같다.

현대과학의 분석은 오직 세속제의 단계를 분석하고 설명한 것이다. 이것은 말과 분별심이 대상을 표현하고 인지하는 것을 주로 설명하는 것이기에 이러한 방식으로 확립한 것은 세간의 공통된 관점을

42　짠드라끼르띠 논사, 데게, 논소, 중관, 'a, 6지地, 205b:36; 교정본 No.60, p.523.

주로 설명하며 인과의 법칙을 밝히는 것 등과 관련이 있다. 이러한 분석은 견해의 대상인 궁극적 진리를 찾는 데 도움은 되겠지만, 궁극적 진리를 부정할 수는 없다. 따라서 선악의 취사에 대해 과학적 논리로 부정할 수 없으며, 특히 불법의 수행에 관계된 많은 핵심적인 부분에 대해서도 과학적 해석으로 옳고 그름을 판단할 수 없다. 그렇기 때문에 진리라면 반드시 실제로 보이는 대상이어야 하는 것도 아니다.

또한 불교 논리학의 문헌에서 말하는 논리적으로 '발견되지 않는 것'과 '없음을 발견하는 것' 둘, "'~이다'라고 발견되지 않는 것과 '~아니다'라고 발견되는 것" 둘 사이를 구분하는 것도 매우 중요하다. 일반적으로 '인식되지 않는다'는 것은 '비존재'한다는 것의 이유가 되기에 어떤 상황이라면 반드시 인식되어야 하는 것이 인식되지 않는다는 것은 비존재 한다는 이유로 타당하지만 특정 상황과 관계없이 그저 인식되지 않는다고 하여 비존재 한다고 말한다면 타당하지 않다.

예를 들어 코끼리는 눈앞에 있으면 볼 수 있는 대상이므로 보이지 않기 때문에 여기에 코끼리가 없다고 하는 것은 올바른 정립이 된다. 하지만 만약 귀신이 보이지 않기 때문에 여기에 귀신이 없다고 한다면 올바른 정립이 되지 않는다. 앞에 귀신이 있다 하더라도 반드시 볼 수 있는 것은 아니기 때문이다. 그러므로 귀신이 보이지 않는다는 이유로는 앞에 귀신이 있다고 확신하는 마음이 없음을 능립할 수는 있지만 그 상황에 안 보이기 때문에 비존재라고 능립할 수는 없다.

마찬가지로 전·후생과 같은 것은 현대 과학의 방법으로 설명할 수 없으며, 그렇다고 해서 과학이 그것이 없음을 증명했다고 하는 것은 과학의 입지를 모르고 하는 말이다. 비록 현대의 생물학, 뇌신경학, 심리학 분야의 많은 과학자들이 인식을 형태와 색깔을 가진 것이라 생각해서 인식은 모두 뇌의 작용이라고 주장하기도 하지만 이는 어디까지나 이론적 입장일 뿐 과학으로 증명된 결론이 아니라는 점을 반드시 구분해야 한다.

한편으로는 현대 과학의 여러 분야가 발전하면서 이전에 알지 못했던 세속적 사물의 실상에 대해 많은 것을 알게 되었다. 대상의 본질에 대한 이러한 지식을 기반으로 사람들의 욕구를 충족시켜주는 다양한 기계도 많이 발명되어 인류 사회는 상상을 초월하는 큰 변화를 겪었다. 우리의 일상 속에서 만날 수 있는 발명품을 살펴보면, 비행기는 과학적으로 중력 작용을 발견한 결과이며, 온도계는 대기의 압력을 발견한 결과이며, 라디오는 19세기 말 전자기파를 발견한 결과이다. 또한 과학의 진보로 인해 의약계에서도 수많은 약물과 치료법이 개발된 것은 우리 모두가 직접 목격할 수 있었다.

과학의 산물들로 인해 질병과 빈곤, 더위와 추위의 고통 등이 없어지고 각종 편의가 제공됨으로써 현대 사회는 과학을 매우 중시하게 되었다. 우리는 과학의 시대에 살고 있고, 여전히 다양한 과학 분야의 지식들이 늘어나고 있으며 이 지식을 기반으로 한 기계설비들도 크게 향상되고 있다. 이를 통해 예전에는 알지 못했거나 알았다 하더라도 분명한 원인을 몰랐던 것들도 확실하게 설명할 수 있게 되었다.

요컨대 새로운 시대의 인류 가운데 지식인들은 외부 물질의 체계, 즉 크게는 기세간과 유정세간의 형성 과정에서부터 작게는 물질을 형성하는 미세한 입자에 이르기까지 이 모든 것에 대해서 주로 현대 과학의 해설을 따르지, 신앙과 이를 기반으로 한 철학 체계를 주로 따르지 않는다. 이것은 피할 수 없는 시대의 흐름이다. 어떤 사회나 문화라도 과학과 함께 하지 못하면 점차 도태되는 것 외에 다른 방법이 없는 것이 현실의 상황이다. 이 점을 염두에 두고 달라이 라마 성하께서는 불교학자들에게 현대 과학의 분석 방식과 연구 성과에 특별히 관심을 가지고 이해해야 한다고 거듭 촉구하셨다. 이는 성하께서 대비심으로 내리신 가르침임이 틀림없다.

달라이 라마 성하의 혜안으로 출판된 『불교 과학 철학 총서』 중 제법의 실상에 관한 상권 '소지所知인 대상[境]의 체계'와 하권 '능지能知인 식의 체계'를 읽는 지혜로운 독자들에게 조금이나마 도움이 되고자 하는 마음으로 나는 이 서문을 저술하였다. 여기서 나는 일반적인 과학의 의미, 현대 과학의 적용 범위와 방식, 과학과 철학의 특징과 차이, 과학의 결론과 실상 간의 관계, 불교의 전통, 특히 날란다 전통의 체계와 현대 과학 간의 공통점, 불교 전통에서 제법의 실상을 분석할 때 과학적 방식이 존재하는 점, 불교와 과학 간의 교류 등을 소개했다.

티베트의 대사원인 간댄 남빠르 걀왜링(Tib. dGa' ldan rnam par rgyal ba'i gling)의 부속사찰인 간댄 샤르쩨 퇴쌈 노르부링(Tib. Shar rtse thos bsam nor bu'i gling)에서 성스러운 티베트 대장경을 문사수聞思修하는 복덕을 누리고, 다음 영국 캠브리지 대학에서 서양철학을 공부할 수 있는 기회를 얻었으며, 특히 지난 30년 가까이 존자님의 영어통역을 담당하여 불교와 과학의 많은 담론에 참석하는 기회를 얻은 랑리와(Tib. gLang ri ba) 하람빠(Tib. lHa rams pa) 툽땐 진빠가 2014년에 쓰다.

1장
경론의 총설

2장
소지所知인 대상의 체계

5장

기세간器世間과 유정세간有情世間의 생성과 소멸 과정

6장

자궁에서 태아가 형성되는 과정과
맥脈·풍風·명점明點의 체계

물질세계

제
1
장

경론의 총설

1
제법諸法의 체계를 확립하는
다양한 분류 방식

고대 인도의 불교경론에서는 제법의 체계를 확립할 때, 이에 대한 다양한 분류법을 설하였다. 예를 들면 아비달마칠론에 속한 『발지론發智論』과 그 주석인 『아비달마대비바사론阿毗達磨大毘婆沙論』에서는 일체법을 온蘊·처處·계界로 분류하였다. 유위법들을 색온, 수온, 상온, 행온, 식온의 다섯 가지로 분류하여 5온의 체계를 확립하였고, 내외內外의 법들을 경境·근根·식識의 세 가지로 분류하여 12처와 18계의 체계를 확립하였다. 12처는 색처·성처·향처·미처·촉처·법처의 6외처六外處와, 안처·이처·비처·설처·신처·의처의 6내처六內處로 분류하였고, 18계는 색경계부터 법경계까지는 인식 대상[所緣境]인 6경계로, 안근계부터 의근계까지는 의지처[所衣]인 6근계로, 안식계부터 의식계까지는 의지자[能依]인 6식계로 분류하였다. 무위법들은 12처 중법처에, 18계 중 법계에 속한다.

또한 비바사사毘婆沙師의 논서인 『아비달마구사론阿毘達磨俱舍論』에서는 ① 현현하는 색위色位, ② 주된 심위心位, ③ 권속인 심소위心所位, ④ 불상응행위不相應行位, ⑤ 무위위無爲位의 5위五位 체계로일체법을 설하였다. 논서에 따르면, 색 등의 5경과 안근 등의 5근을비롯한 내외의 유색법有色法은 색위에 속하고, 내면의 식법識法은 심위와 심소위의 두 범주에 속한다. 유위법의 특성인 생生·주住·멸滅의삼상三相과 삼세三世 등, 색과 식 어디에도 속하지 않는 유위법들은 불상응행위에 포함되고, 원인과 조건에 의해 생겨나지 않은 법들은 무위위에 포함된다. 이 같은 방식으로 모든 소지所知를 5위로 분류하여 확립하였다.

인명학 논서에서는 제법을 ① 소지所知인 대상[境]의 체계, ② 능지能知인 식識의 체계, ③ 식識이 대상[境]을 인식하는 방식, 이 세 가지로 확립하였다. 유식의 경론에서는 의타기상依他起相, 원성실상圓成實相, 변계소집상遍 計所執相의 3상三相으로 제법의 실상을 확립하였다. 중관의 경론에서는 제법을 근·도·과의 체계로 확립하여, 근根은 세속제와 승의제, 도道는 방편과 지혜, 과果는 법신法身과 색신色身의 두 가지로 논설하였다. 밀교 문헌에서는 근根인 제법의 실상, 도道를 닦는 순서, 과果를 증득하는 방식의 체계를 설하였다. 요약하면 고대 인도 불교의 각 교파에서는 제법의 체계를 확립할 때 다양한 기준을 세웠다.

본서에서는 불교경론에서 설하는 제법의 체계들을 ① 소지所知인 대상[境]의 체계, ② 능지能知인 식의 체계, ③ 식識이 대상을 인식하는 방식, ④ 식識이 대상을 지각하는 방법, ⑤ 대상[境]을 파악하는 자인 뿌드갈라(Pudgala)의 체계, 이렇게 다섯 가지 주요 주제로 엮어 설명한다. 방대한 인도의 불교경론 중에서 해당 주제에 관련된 주요 출처는 다음과 같다.

① 소지인 대상의 체계를 설명함에 있어, 일반적인 유색법과 대종大種과 소조所造의 차이, 그리고 유색법을 형성하는 거칠고 미세한 극미極微의 체계에 대해서는, 주로 아비달마의 문헌에서 발췌했다. 특히 아쌍가(Asaṅga, 無着) 논사의 『대승아비달마집론大乘阿毘達磨

集論』과 이와 관련된 상부上部 아비달마 논서들, 그리고 아비달마칠론,『아비달마대비바사론』과 그 주석인 바쑤반두(Vasubandhu, 世親) 논사의『아비달마구사론』을 비롯해 이와 관련된 하부下部 아비달마 논서들을 근거로 삼았으며,**43** 종종 바비베까(Bhāvaviveka, 清弁) 논사의 『사택염思擇炎』과 그 주석서도 참고하였다. 그리고 무분극미無分極微의 존재 여부를 분석하는 부분에서는 나가르주나(Nāgārjuna, 龍樹) 논사, 아리야데바(Āryadeva, 聖天) 논사, 짠드라끼르띠(Candrakīrti, 月稱) 논사 등이 제시한 무분無分의 사물을 부정하는 논리를 따랐으며, 또한 극미가 무분無分임을 부정하는 방식을 설한 바쑤반두 논사의『유식이십론唯識二十論』과 같은 논서들에서 주로 발췌하였다. 기세간과 유정세간의 생멸生滅 과정과 자궁에서 태아가 발달하는 과정과 관련해서는『불위아난설처태경佛為阿難說處胎經』과 상·하부 아비달마의 논서, 『깔라짜끄라 딴뜨라』와 의학문헌들을 주된 근거로 삼았고, 맥脈·풍風·명점明點**44**에 대해서는 무상요가 딴뜨라와 의학문헌을, 뇌의 체계에 대해서는 의학문헌을 근거로 하였다.

②　능지能知인 식識의 체계와 관련해서는 아쌍가 논사의『유가사

43　상부 아비달마의 근본 논전인 아쌍가 논사의『대승아비달마집론』과, 하부 아비달마의 근본 논전인 바쑤반두 논사의『아비달마구사론』, 이 두 논서에 대해 티베트의 전후기 학자들이 수많은 해석을 저술하여, 티베트에서는 일찍부터 두 논서에 관한 강설講說과 청문聽聞이 크게 발전했다.

44　티베트어 '틱레(Tib. thig le)'에는 크게 두 가지 의미가 있다. 첫째, 일반적인 '점點'을 의미한다. 둘째, 남성의 정액을 의미한다. 기존 번역어로 명점明點이라는 용어를 사용하고 있으므로 여기서는 이를 따른다. (역자주)

지론瑜伽師地論』과 이를 근거로 한 유식의 논서들, 바쑤반두 논사의 『아비달마구사론』과 그 주석, 그리고 특히 디그나가(Dignāga, 陳那) 논사, 다르마끼르띠(Dharmakīrti, 法稱) 논사와 더불어 두 논사를 계승한 저자들의 불교 인명학 논서들에서 주로 발췌하였으며, 심소의 체계와 관련해서는 주로 상부 아비달마 논서와 하부 아비달마 논서에서 발췌했다. 거칠고 미세한 심心의 체계를 설명함에 있어, 상계上界와 하계下界의 미세하고 거친 마음은 주로 상·하부의 아비달마 논서들과 유식학파의 논서들을 근거로 하였으며, 무상요가 딴뜨라에서 설하는 거칠고 미세한 심心, 그리고 풍風과 심心이 흡수되는 차례, 죽음의 단계 등과 관련해서는 주로 『구햐싸마자 딴뜨라』와 『깔라짜끄라 딴뜨라』 등의 가르침을 따랐다.

③ 식이 대상을 인식하는 방식과 관련해서는 주로 불교 인명학 논서들에 의거하였고, 아쌍가 논사와 그의 제자들이 저술한 유식의 논서들에서도 발췌했다.

④ 식이 대상을 지각하는 방법과 관련한 논리의 체계들은 경전과 아쌍가 논사의 『성문지聲聞地』, 그리고 특히 인명의 논서에 주로 근거하고 있다. 마음을 닦는 방법과 관련해서는 『해심밀경解深密經』, 상·하부의 아비달마, 유식의 논서들과 특히 샨띠데바(Śāntideva, 寂天) 논사의 『입보살행론入菩薩行論』 및 『집학론集學論』과 그 주석, 다르마끼르띠 논사의 『양평석量評釋』, 까말라씰라(Kamalaśīla, 蓮華戒) 논사의 『수습차제修習次第』 등을 주된 근거로 삼았다.

⑤ 대상을 파악하는 자인 뿌드갈라에 대해서는 중관 논서 등에 의거하여 체계를 확립하였다.

2

제법의 체계를 확립하는 방법과
분석하는 방식

1) 논리적 분석의 중요성과 사의四依의 체계

고대 인도의 불교학자 대다수와 특히 날란다의 학자들이 온·처·계 등 내외의 제법에 대한 체계를 다양한 방식으로 확립할 때, 경론의 말씀을 언설 그대로 인정하고 주장하였는가? 아니면 주로 논리를 바탕으로 확립하였는가? 일반적으로 불교에서 제법의 실상을 분석하는 방식에 대해 세존께서는 경에서 다음과 같이 말씀하셨다.

> 비구와 현자들아
> 금을 달구고, 자르고, 갈듯이
> 나의 말을 잘 분석해야지
> 존경하기 때문에 받아들여서는 아니 되느니라.**45**

이는 제자들이 경의 의미를 파악할 때, 숙련된 금세공인이 금을 달구

---

45 이 경문은 티베트 대장경의 불설부에서는 찾을 수 없지만, 『길상吉祥한 대력大力인 딴뜨라의 왕』(śrī-mahābala-tantrarāja-nāma) 제1권에서 다소 다른 번역문이 발견된다. "마치 금을 달구고, 자르고, 갈듯이 / 나의 말을 잘 검토하여 / 받아들여야지, 존경심과 / 배운 자들 때문에 받아들여선 안 되느니라." (데게, 불설, 밀교, ga, 216; 교정본 No.79, p.627.)
이와 유사한 구절은 상좌부의 『앙굿따라니까야』(Aṅguttara-nikāya)의 『깔라마수따』(Kālāmasutta 또는 Kasamutti Sutta)에서도 찾아볼 수 있다.

고, 자르고, 가는 세 가지 방법으로 불순물의 유무를 분석하듯이, 어떤 주제에 대해 세밀하게 분석하여 확신이 생기면 그제야 믿는 것이 이치에 맞으며, 전혀 분석을 거치지 않고 단지 스승께서 말씀하셨다는 이유만으로 확신하는 것은 타당하지 않다는 뜻이다. 이렇듯 세존께서는 사물의 실상을 분석할 때 주로 올바른 논리에 의지해야 한다고 말씀하셨다.

또한 불교경론 전반과 특히 날란다 학자들의 논서에서는 어떤 주제를 분석할 때 논리와 경론을 근거로 하기보다 현량現量의 경험을 더 중시하였다. 사물의 실상을 분석할 때 경론만을 근거로 제시하면, 그 경론 또한 다른 경론에 의해 타당성이 입증되어야 하고, 다시 그 경론도 또 다른 경론에 의거해야 하는 등 무한히 소급하게 된다. 그러므로 결국 오류가 없는 논리에 의지해야 하며, 이 오류 없는 논리도 최후에는 자신의 올바른 경험에 의거해야 하는 것이다. 뿐만 아니라 날란다의 저명한 학자들이 저술한 논서를 살펴보면, 독자들은 처음부터 믿음과 확신만으로 논서를 받아들여서는 안 된다는 것을 알 수 있다. 논서가 확립하고자 하는 의미를 먼저 분석하여 합리적인 의심이 일어났을 때 독자는 논서의 본 주제로 들어가는 단계에 이른 것이다. 또한 주제를 설명의 다섯 가지 요소로 확립하여 독자가 쉽게 이해할 수 있도록 하는 방식도 설하였다. 설명의 다섯 가지 요소란 ① 논서를 저술하는 목적, ② 논서의 주제에 관한 핵심적 의미가 독자의 마음에 쉽게 와 닿을 수 있도록 본문의 골자를 요약한 의미, ③ 논서의 본 주제의 어의語義, ④ 난해하고 의심스러운 부분들을 분석하는 반론과 답변, ⑤ 논서의 전후 장章 사이를 이어주는 상호연관성이다. 이

다섯 가지를 갖추는 것이 매우 중요하다.

　이를 바쑤반두 논사는 『석궤론釋軌論』에서 다음과 같이 설하였다.

> 경의 의미를 설명하는 자들은
> 목적, 요약된 의미,
> 어의語義, 상호연관성,
> 반론과 답변 등을 설명해야 한다.**46**

사물의 실상을 분석할 때 분석하는 사람이 갖춰야 하는 최소의 조건은 4의四依이다. 따라서 분석에 임하는 자는 논서를 검토할 때, 저자의 명성이 어떠한지와 문장이 수려한지를 보는 것이 아니라, 논서의 내용이 훌륭한지를 보아야 한다. 내용에 관해서는 문자 그대로의 의미를 보는 것이 아니라, 요의了義나 궁극적 의미를 보아야 한다. 그리고 그 의미를 이해했다 하더라도, 일시적으로 듣고[聞] 사유한[思] 마음으로 이해한 것에 만족하지 말고, 의미에 대한 사유[思]와 수습[修]의 결합을 통해 깊고 심오한 이해를 얻어야 한다. 이와 같은 방식을 고대 불교경론에서는 4의四依의 체계라고 설하였다. 4의四依에 대해 『욱가장자경郁伽長者經』에서는 다음과 같이 설한다.

> 진의眞意에 의지해야지, 문자에 의지하지 말라.

46　『Vyākhyāyukti』, 데게, 논소, 유식, shi, 제1품 30b; 교정본 No.77, p.85.

지혜에 의지해야지, 의식에 의지하지 말라.

법法에 의지해야지, 사람에 의지하지 말라.

요의경了義經에 의지해야지, 불요의경不了義經에 의지하

지 말라. **47**

'의지한다[依]'는 것은 '믿는다'는 뜻으로 이해해야 하며, 의지해야 하는 네 가지는 진의眞意, 지혜, 법, 요의경了義經이며, 의지하지 말아야 하는 네 가지는 문자, 의식, 사람, 불요의경不了義經이다. 의지하고 의지하지 않는 방식은 다음과 같다.

'법에 의지하고, 사람에 의지하지 말라'는 말은, 그 사람의 명성이 높고 낮음 등을 보지 말고ㅏ 그 사람이 설하는 가르침을 보아야 한다는 뜻이다. 즉, 사람과 그의 가르침 둘 중에서 가르침을 믿어야 한다는 의미이다.

'진의眞意에 의지하고, 문자에 의지하지 말라'는 말은, 그러한 가르침도 문장의 운율이 아름다운지 등을 보지 말고, 진의眞意를 보아야 한다는 뜻이다. 진의를 명확하게 설한 것은 받아들이고, 오류가 있는 것은 설령 문장이 매우 훌륭하다 하더라도 받아들이지 말아야 한다. 즉, 문자와 진의 둘 중에서 문자를 믿지 말고 진의를 믿어야 한다.

'요의경에 의지하고, 불요의경에 의지하지 말라'는 말은, 특정 목적에 의해 단지 방편으로써 설하신 언설[불요의]만을 보지 말고, 그것

---

47 데게, 불설, 보적, nga, 제19품, 279a; 교정본 No.42, p.831. (T.11,310,478a,10)

의 진실된 실상[요의]을 보아야 한다는 뜻이다. 예를 들어 부처님의 진의가 아님에도 불구하고 목적에 의해 [어떤 사물이] '진실로 존재한다'고 설한 경은, 언설 그대로 받아들이면 논리적 오류가 있으므로 다른 의도로 해석해야 함을 알아야 한다. 그리고 부처님의 궁극적 의도대로 '진실로 존재하지 않는다'고 설한 경은, 언설 그대로 받아들이더라도 논리적 오류가 없으므로 요의로 마땅히 믿어야 한다.

'지혜에 의지하고, 의식에 의지하지 말라'는 말은, 그 요의도 안식 등의 근식根識이나 분별식分別識에 나타난 것만을 믿지 말고, 대상의 실상을 현량現量으로 보는 지혜를 믿어야 한다는 뜻이다.

이에 대해 아쌍가 논사는 「보살지」에서 다음과 같이 설한다.

> 또, 보살은 우둔한 교설[黑說]과 위대한 교설[大說]을 올바르고 여실하게 안다. 잘 알고 나서 논리에 의지하지, '장로長老나, 학식이 많은 사람, 여래, 승가僧伽가 법을 설했다'고 해서 사람에 의지하지 않는다. 이와 같이 '논리에 의지하지, 사람에 의지하지 말라'는 말은, 진여의 의미 외에 다른 것에 흔들리지 않고, 법에 있어 타인에 의지하지 않는다는 뜻이다.**48**

이처럼 사람에 의지하지 않고 법에 의지하는 방식을 설했다. 또한 단

---

48 데게, 논소, 유식, wi, 제17품, 136a; 교정본 No.73, p.859. (T.30.1581.929b.19)

지 고통의 원인만을 수습修習하라고 설한 논서는 우둔한 교설이고, 고통을 없애는 대치법을 수습하는 것을 설하는 논서는 위대한 교설이라고 한다.

'진의에 의지하지, 문자에 의지하지 말라'는 것을 「보살지」에서는 다음과 같이 설한다.

> 여기에서 보살은 의미를 구하기 위해 타인으로부터 법을 듣는 것이지, 뛰어난 문장을 구하기 위함이 아니다. 그는 의미를 구하기 위해 법을 듣는 것이지, 유려한 글을 위함이 아니기에, 일반적인 말로 법을 설하더라도 의미에 의지하는 보살은 그 법을 공경하며 듣는다.**49**

'요의경에 의지하지, 불요의경에 의지하지 말라'는 것을 「보살지」에서는 다음과 같이 설한다.

> 또, 보살은 여래에 대한 믿음과 환희심이 확고하다. (여래의) 말씀에 대해, 한결같이 확고한 환희심을 가진 보살은 여래의 요의경에 의지하지, 불요의경에 의지하지 않는다. 요의경에 의지하면, 이 법과 율에서 벗어나지 않게 된다. 왜냐하면 불요의경은 다양한 방식으로 설해진

---

49 데게, 논소, 유식, wi, 제17품, 136a; 교정본 No.73, p.859. (T.30.1581.929b.17)

제1장 **경론의 총설**

의미의 구별이 불확실해서 의심을 일으키기 때문이다.
만일 보살이 요의경에 대해서도 확신이 없게 되면, 법과
율에서 벗어나게 된다.**50**

'지혜에 의지하지, 의식에 의지하지 말라'는 것도 「보살지」에서는 다음과 같이 설한다.

> 또한, 보살은 증득한 지혜 속에서 핵심을 보는 것이지,
> 단지 들음[聞]과 사유[思]로써 법과 의미를 아는 것이 아
> 니다. 그는 들음[聞]과 사유[思]로써 아는 것만으로는 수
> 습에서 생긴 지혜[修慧]로써 알아야 하는 대상은 인식할
> 수 없다는 것을 알고, 여래께서 설한 최고의 심오한 법
> 을 들더라도 버리지 않고 비방하지 않는다.**51**

2) 삼소량三所量에 따른 분석 방식

분석하는 대상은 세 종류의 소량所量으로 확정된다. 이 세 가지는 대상을 인식하는 식이 대상의 의미를 지각할 때 논리 혹은 올바른 말에 의지하는가의 여부로써 구별된다. 따라서 이 세 가지는 ① 안식으로

---

50 데게, 논소, 유식, wi, 제17품, 136b; 교정본 No.73, p.859. (T.30.1581.929b.23)

51 데게, 논소, 유식, wi, 제17품, 136b; 교정본 No.73, p.860. (T.30.1581.929b.28)

색色을 보는 것처럼 현량으로 경험하는 종류, ② 실제 경험에 의해 성립되지는 않지만, 연기가 보인다는 이유로 건너편 산 뒤에 불이 있음을 아는 것과 같이 사세비량事勢比量을 통해 성립되는 종류, ③ 현량으로 경험할 수도 사세비량을 통해서도 알 수 없지만, 사람의 올바른 말에 따른 신허비량信許比量으로 성립되는 종류이다. 이 중 첫 번째는 현전現前, 두 번째는 소비현전少非現前, 세 번째는 극비현전極非現前52 이라고 한다.

어떤 특별한 경우 경론에 의해 확립해야 하는 것이 있다. 이를 극비현전이라 한다. 마치 일상생활에서 부모의 말에 의지해서 자신의 생일이 언제인지 알 수 있고, 역사적 기록에 의지해서 과거에 일어났던 다양한 사건들을 알 수 있는 것처럼, 세존의 말씀(성언량)을 근거로 하여 능립能立되어야 하는 것이다. 그리고 경설을 근거로 받아들이는 방식도, 예를 들면 '보시를 행하면 재물을 얻는다. 경에서 이와 같이 설하기 때문이다'라고 할 때, 경설 자체를 논증인論證因으로 세워서 해당 내용을 신뢰하는 것이 아니라, 그 경론의 언설이 현량과 논리로써 오류가 없고, 경설의 구절에 직간접적인 모순이나 전후의 모순이 없으며, 설법자에게 다른 특별한 의도가 없는 등의 많은 조건을 갖추고 있기 때문에 받아들이는 것이다. 이러한 핵심을 아는 것은 매우 중

---

52 삼소량을 현전분現前分, 약은폐분略隱蔽分, 극은폐분極隱蔽分으로 설명하는 경우가 많다. '은폐隱蔽'라는 용어는 '숨기다'라는 의지가 들어가 있는데 여기서는 의지와 상관없는 용어를 사용해야 하므로 이와 같이 번역하였다. 어떤 법이 일반적 논리와 성언량에 의지하지 않아도 현량으로 알 수 있다면 현전이고, 일반적 논리에 의지해서 알 수 있다면 소비현전이며, 반드시 성언량에 의지해서 알아야 한다면 극비현전이다. (역자주)

요하다. 이에 대해서는 다음 장에서 자세히 설명할 것이다.

날란다 학자들의 전통에서는 제법의 체계를 확립할 때, 앞서 말한 세 가지 양量 중에서 경설이나 타당한 말에 의지하는 신허비량信許比量보다 사세비량事勢比量을 중시하였고, 논리에 의지하는 사세비량事勢比量보다 직접적으로 경험하는 현량을 더 중시하였다. 이러한 우선순위를 아는 것 또한 매우 중요하다.

3) 사종도리四種道理를 바탕으로 분석하는 방식

분석하는 방식과 관련하여 보살경장菩薩經藏에서는 사종도리四種道理를 설하고 있다.

① 법이도리法爾道理는 사물의 실상 그대로를 토대로 한, 각각의 법의 특성이나 자성 또는 법성을 의미한다.
② 작용도리作用道理는 그러한 법이도리를 토대로 하는, 각각의 법성의 본질과 부합하는 여러 가지 작용을 의미한다.
③ 관대도리觀待道理는 작용도리를 토대로 하는 상호 의존하는 관계, 즉 인과관계, 부분과 유분有分의 관계, 행위와 행위자와 행위 대상 셋의 관계 등 의존하는 실상을 의미한다.
④ 증성도리證成道理는 앞의 세 가지 도리를 토대로 하여 분석할 때, '이것이기 때문에 저것이어야 한다'. '이것이 있기 때문에 저것이 있어야 한다', '이것이 아니기 때문에 저것이 아니어야 한다', '이것이 없기 때문에 저것도 없어야 한다'와 같은 논리

를 세워서 소립所立을 논증할 수 있는데, 이러한 방식을 증성 도리라고 한다.

따라서 '사물의 실상 그대로를 토대로 한 각각의 법의 자성', '그 자성을 토대로 여러 가지 작용을 하는 것', '이러한 작용을 토대로 서로 의존하는 방식', '그와 같이 의존하는 이유'를 사종도리로 확립한 것이다. 이에 대해서는 식이 대상을 인식하는 방법을 설명할 때 자세하게 다룰 것이다.

4) 인과연기因果緣起

사종도리 중 관대도리와 작용도리 이 둘의 핵심 내용인 인과와 연기의 법칙은 불교 전통에서 매우 중요하게 여기는 이치이다. 크게는 기세간과 유정세간의 생성에서부터 작게는 특정 시간에 특정 장소에서 비가 내리는 것과 같은 개별적 상황의 발생에 이르기까지 오직 인과연기의 법칙으로 설명할 수 있다. 이처럼 불교의 교의 체계에서는 중생이 업과 번뇌의 힘에 의해 윤회를 떠도는 방식에서부터 윤회의 원인과 조건들을 차례로 제거하여 해탈에 이르는 것까지 오직 인과의 법칙으로 성립된다. 역사적 기록이나 현실적 상황 그 어느 관점에서 보더라도 인과의 법칙은 불교 철학의 매우 중요한 특징이다

세존께서도 바라나시에서 사성제에 관한 법륜을 굴리셨을 때, 결과인 고제苦集와 그 원인인 업과 번뇌의 집제集諦, 결과인 고통에서 벗어난 적정인 멸제滅諦와 그것을 성취하는 원인인 도제道諦, 즉 고통

의 인과와 안락安樂의 인과 둘을 설함으로써 사성제의 체계를 분명하게 밝히셨다. 이러한 고락苦樂의 인과법을 상세하게 전할 때, 십이연기를 통해 설하셨을 뿐만 아니라, 전前의 갈래에서 후後의 갈래가 생기고, 후자가 생기는 것은 전자에 달려 있으며, 또한 전자가 소멸함으로써 후자가 소멸하고, 후자가 소멸하는 것은 전자가 소멸함에 달려있다고 설하셨다. 즉, 생기는 순서[順觀]와 소멸하는 순서[逆觀]의 두 가지 차제次第를 설하심으로써 수전수차隨轉隨遮(Tib. rjes su 'gro ldog)53의 실상을 매우 분명하게 설하셨다. 스승이신 세존을 따르는 제자들도 세존께서 설하신 인과연기의 방식을 중요하게 생각했기 때문에, 『연기심경緣起心經』에서

> 일체법은 원인으로부터 생겨나고,
> 그 원인을 여래께서 설하시네.
> 모든 원인의 소멸에 대해
> 대사문大沙門[佛]께서는 이렇게 설하셨다네.**54**

라고 설하신 이 게송을 법당의 문과 대들보에 새기는 풍습이 예로부

---

53 원인에 따라서 결과가 생겨나고[수전隨戰], 원인이 소멸함에 따라 결과도 소멸하는[수차隨遮] 것을 말한다. (역자주)

54 이 게송과 다소 상이한 번역을 『성연기경聖緣起經』(pratītyasamutpāda-sūtra)에서 찾아볼 수 있다. "제법은 원인에서 생기며, 그 원인과 그것이 소멸하는 것을, 여래께서 설하셨다고, 대사문은 그와 같이 말씀하셨다." (데게, 불설, 경전, tsha, 125b; 교정본 No.62, p.343.) 이와 상응하는 한역경전은 『불본행경佛本行經』이다.(T.3,190,876b.26)

터 줄곧 성행해 왔다. 이는 오늘날 유물과 유적을 연구한 결과로써 분명히 알 수 있는 사실이다.

그렇다면 경에서는 인과연기의 방식을 어떻게 설하였는가. 『불설대승도간경佛說大乘稻芉經』에서는 다음과 같이 설한다.

> 외연기법外緣起法의 '원인[因]'과 관계된 것은 무엇인가?
> 이를테면 씨앗에서 싹이, 싹에서 잎이, 잎에서 줄기가,
> 줄기에서 마디가, 마디에서 봉오리가, 봉오리에서 꽃이,
> 꽃에서 열매가 생기는 것과 같다. 씨앗이 없으면 싹이
> 생기지 않고, 꽃이 없으면 열매까지도 생기지 않는다.
> 씨앗이 있으면 싹이 생기게 되니, 이처럼 꽃이 있으면
> 열매까지도 생기게 된다.**55**

또한 같은 경에서

> 외연기법外緣起法의 '조건[緣]'과 관계된 것은 어떻게 보
> 아야 하는가? 육계六界가 모였기 때문이다. 어떤 육계
> 들이 모였기 때문인가? 그것은 이와 같으니, 지地·수
> 水·화火·풍風·허공空·시時의 요소들이 모인 것으로부
> 터 외부의 연기[外緣起]의 조건과 관계된 것을 보아야

---

55 데게, 불설, 경전, tsha, 117b; 교정본 No.62, p.318.(T.16.709.817a.25)

한다.56

라고 하여, 싹과 같은 외부의 연기법들이 원인과 조건에 의해 생겨나는 방식을 설하였다. 또, 같은 경에서 설하기를,

이와 같이 내연기內緣起도 두 가지로 인해 생기는 것이
다.57

라고 하여 내연기인 행行과 사思 등도 외연기처럼 원인과 조건에서 생기는 방식을 명확하게 밝혔다.

이러한 인과연기의 이치를 깊이 분석해보면 원인은 ① 부동연不動緣, ② 무상연無常緣, ③ 능력연能力緣의 세 가지 연緣으로 분류할 수 있다. 이는 기세간과 유정세간의 생성 과정과 밀접한 관련이 있기 때문에 해당 주제의 본론에서 다룰 것이다.

일반적으로 원인을 분류하는 방식에는, 직접인直接因과 간접인間接因 둘, 또는 근취인近取因과 구유연具有緣 둘로 분류하는 방식이 있다. 이러한 원인의 분류 체계는 불교에서 제법의 체계를 설명함에 있어, 본질, 인과, 작용 등의 다양한 부분을 분석할 때 매우 중요한 요소이다. 원인 중에서도 더 중요한 것과 덜 중요한 것, 시간의 측면에서 결

---

56 데게, 불설, 경전, tsha, 117b; 교정본 No.62, p.318. (T.16.709.817b.03)

57 데게, 불설, 경전, tsha, 118b; 교정본 No.62, p.321. (T.16.709.817b.26)

과에 가깝거나 먼 것, 결과 시점의 다양한 모습들이 원인의 어떤 특성에 따른 것인지 등에 대한 자세한 내용은 다음 장에서 설명할 것이다.

요약하면, 불교의 전통에서는 어떤 결과든 원인 없이 생겨나는 것을 인정하지 않으며, 또한 창조주의 마음이 선행하여 생겨나는 것도 인정하지 않는다. 항상恒常한 원인에서 결과가 생기는 것은 타당하지 않고, 원인과 결과는 동류同類이어야 하며, 다양한 원인의 특성으로 인해 다양한 결과의 특성이 생기는 것은 법성의 원리로서, 이 외에 다른 것은 이치에 맞지 않다.

이와 같이 원인과 결과의 관계는 자연적으로 성립하는 속성이며, 다양한 원인과 조건에서 다양한 결과가 생기는 것 등을 인과연기에 의한 것이라고 주장한다. 이러한 인과연기의 법칙이 모든 불교학파가 공통으로 인정하는 연기의 의미이다.

그러나 이 인과연기의 의미에 관하여, 원인과 결과에 의존하는 방식보다 더욱 미세한 '부분[支分]에 의존한다'는 개념도 있다. 뿐만 아니라 중관학파의 논서에서는 이보다 더욱 미세한 연기의 의미도 해설하고 있다. 이에 대해서는 철학의 주제를 다루는 총서의 후속권에서 자세히 설명할 것이다.

5) 모순과 관계에 의거한 논리적 부정과 정립

앞에서 말한 인과연기의 방식과 사종도리에는 두 종류의 의존 방식이 있다. 첫째는 결과가 원인에 의존하는 것처럼 비동시非同時인 의존 방식과, 둘째는 부분과 유분有分, 취합과 지분 등과 같은 상호 동시同

時인 의존 방식이다. 이러한 방식을 고대 논리학 논서에서는 '이것이 없다면 저것이 생기지 않는 관계'라고 하여, 두 가지를 각각 '생기는 관계'와 '본질이 하나인 관계'라고 명명하였다. 이 중 전자는 '전후 인과 관계', 후자는 '동시 의존 관계'를 가리킨다.

후자에도 다양한 종류가 있다. 예를 들면, 항아리와 항아리의 부분은 '취합과 지분의 관계'이고, 또한 본질이 하나인 향나무와 나무는 '소변所遍과 능변能遍의 관계'이며, 소작所作과 무상無常은 상호충족 [等遍]인 '동의同意의 관계'이다. '본질이 하나인 관계'의 법들은 말과 분별로써 다른 것으로 구별할 뿐 자체의 본질로써 별개임을 구별할 수 없다. '소작'을 논증인으로 하여 '소리는 무상'임을 능립할 때 이 논리로 인해 소립所立인 소리가 무상임을 추론할 수 있는 것은 '소작'과 '무상' 둘 사이에 '본질이 하나인 관계'가 존재하기 때문이다. 이런 까닭에 고대 인도의 논리학자들은 사물의 실상을 논리적 방법으로 세밀하게 분석할 때, 이러한 관계 방식을 매우 중요하게 생각하였다.

이처럼 제법에는 상호간에 '이것이 없다면 저것이 생기지 않는 관계'로 존재하는 부류가 있는가 하면, 이외에도 '상호모순'인 부류도 있다는 것을 알아야 한다. 예를 들면 '소작所作'을 논증인으로 '무상이다'를 능립할 수 있는 것도 항상恒常과 무상無常이 상호배제모순이기 때문이며, 그 논리의 부정 대상인 '항상恒常'에 논증인인 '소작所作'이 부정되므로 '소작所作이면 무상無常이어야만 한다'는 것이 성립되기 때문이다.

마찬가지로 어떤 장소에서 차가운 감촉의 결과인 '털의 곤두섬'이 없다는 것을 논증하기 위해 '그곳에 강한 불이 있음'을 논증인으로 제시할 때, 이로써 차가운 감촉의 결과를 부정할 수 있는 것은 그것의 원인인 '차가운 감촉'과 '강한 불'은 양립불가능한 모순이기 때문이다. 이러한 논리를 인명학에서 '가현 모순 대상 비인식정인'이라고 한다.

요컨대 제법에 대한 견해를 확립할 때 비현전非現前인 대상은 논리로써 규명해야 한다. 이때 논증인과 부정 대상所破인 법 사이의 모순, 비량比量이 증익增益에 해를 끼치는 방식 등 모순의 원리를 이해하지 못하면, 비현전인 대상을 알 수 없기 때문에 이러한 점들을 이해하는 것이 매우 중요하다. 모순과 관계에 대해서는 2장에서 자세히 설명할 것이다.

논리를 중시하는 날란다 학자들의 전통에서는 앞서 말했듯이 법성(법이도리), 의존(관대도리), 작용(작용도리) 등 사물의 실상을 토대로 하여 증성도리에 의거해서 비현전인 대상을 비량으로 추론하였다. 이때 사세논리로써 부정할 수 있는 것과 없는 것의 범위를 파악하는 것이 매우 중요하다. 불교의 논리학자들은 이 점을 인지하고 논리로써 존재로 정립하지 않는 것과 비존재로 정립하는 것 둘을 구별하고, 또 양量이 그 대상을 지각하지 않는 것과 그 대상이 없음을 지각하는 것 둘을 구별하였다. 마찬가지로 논리로써, '의미가 그것이다'라고 논증하지 않는 것과 '의미가 그것이 아니다'라고 논증하는 것, 그리고 양量이 '의미는 그것이다'라고 지각하지 않는 것과 '의미는 그것이 아니다'라고 지각하는 것 등을 각각 구별하였다.

3

『섭류학攝類學』의
논리 방식에 대한 약설

1) 총설

다르마끼르띠 논사의 『양평석量評釋』, 『양결택量決擇』 등 인명7론과
그 주석에서 설명하는 요점들을 바탕으로 하여 초보자가 논리를 학
습할 수 있도록 편찬한 것이 『섭류학攝類學』(Tib. bsdus grwa)이다. 이 논
서에서는 명칭과 분별심이 대상에 작용하는 과정에서 확립되는 핵심
들, 추론의 기반이 되는 논리, 상대 주장의 내부적 모순을 보여주는 논
파·귀류 등 부정 또는 정립하는 방식에 관한 요점들을 설명하고 있다.

『섭류학』의 논리 방식은 12세기 무렵 까담빠(Tib. bka' gdams pa)의
스승 챠빠 최끼 쎙게(Tib. phywa pa chos kyi seng ge) 논사에 의해 생겨났
다. 인명학에 매우 능통한 이 논리학자는 『섭량구의암량론攝量驅意闇
量論』(Tib.Tshad ma bsdus pa yid kyi mun sel)(이하『섭량론』)의 본문과 주석,
그리고 『구의암량론驅意闇量論』(Tib.Tshad ma yid kyi mun sel) 등을 저술
하여 티베트의 특별한 논리 체계를 세웠다.

챠빠 논사는 이 논서들에서 인명학의 주제인 양量과 소량所量, 경
境과 유경有境, 하나[一]와 여럿[異], 개체와 보편, 실법實法과 반법反法,
모순과 관계, 원인과 결과, 정의와 정의 대상과 사례 등을 포괄하여,
이와 관련된 타종他宗을 부정하고[གཞན་ལུགས་དགག་པ།], 자종自宗을 세우고
[རང་ལུགས་བཞག་པ།], 상대의 반론을 논파하는[རྩོད་པ་སྤོང་།], 세 가지 방식으로 확
립하였다. 그리고 『구의암량론』 등에 기초하여 초심자들을 위한 인식

론과 논리학의 입문서들도 저술하였다. 오늘날까지도 티베트의 강원에서는 인식론認識論(Tib. blo rig), 인명학因明學(Tib. rtags rigs), 섭류학攝類學(Tib. bsdus grwa)을 학습하는 전통이 계속 이어져 오고 있다.

챠빠 논사의 『섭량론』에 의거하여, 또 다른 『섭류학』 논서들이 섭리攝理(Tib. bsdus sbyor), 섭류攝類(Tib. bsdus grwa), 섭론攝論(Tib. bsdus pa) 등 다양한 제목으로 저술되었다. 그리고 이 논서들은 『섭량론』에서 명확하게 설명한 핵심들을 다음의 열여덟 가지 주제로 집약하였다.

① 하얀색과 빨간색

② 실법實法과 반법反法

③ 모순과 비非모순

④ 개체와 보편

⑤ 관계와 무관

⑥ 하나와 여럿

⑦ 수전隨轉과 수차隨遮

⑧ 원인과 결과

⑨ 전주력前主力, 중주력中主力, 후주력後主力

⑩ 정의와 정의 대상

⑪ 다수의 논증인과 다수의 귀결문

⑫ 상호부정

⑬ 직접 모순과 간접 모순

⑭ 상호충족[等遍]

⑮ 인 것과 아닌 것

⑯ 인 것이 아닌 것(시역是逆)과 아닌 것이 아닌 것(비역非逆)

⑰ 있다고 아는 것과 없다고 아는 것

⑱ 항상임을 아는 것과 사물임을 아는 것

이외에도 후기 『섭류학』에서는 주제를 집약함에 있어 스물한 가지, 스물다섯 가지, 스물일곱 가지 항목으로 나누는 등 다양한 분류 방식이 사용되었다.

2) 논리를 학습하는 방식

『섭류학』은 각 항목마다 타인의 주장[他宗]을 부정하고, 자신의 주장 [自宗]을 세우고, 자신의 주장에 대한 반론을 논파하는 ① 부정, ② 주장, ③ 논파의 세 가지 방식으로 주제를 설명하는데, 이 같은 접근법은 논리력을 향상시키는 매우 효과적인 방법이다. 어떤 의미를 분석할 때 먼저 상대의 잘못된 주장을 제시하여 그것을 부정하고, 이어서 자신의 주장을 세우고, 그런 다음 상대가 자신의 주장[自宗]을 반박할 경우 그에 답함으로써 타인의 반박을 논파한다. 이렇게 부정, 주장, 논파의 세 가지 방식으로 분석하면 해당 주제의 핵심적 의미가 무엇인지 완벽하게 파악할 수 있다. 그러므로 『섭류학』의 논리 방식은 분석에 임할 때 매우 유용한 방법이다.

　『섭류학』의 논리 방식에 입문할 때 중요한 의미를 갖는 세 가지 개념이 있는데 이는 ① 논제, ② 귀결문, ③ 논증인이다. 이 세 가지로 구성된 귀류논증을 제시함으로써 부정과 정립이 이루어지고, 사견자

邪見者와 정견자正見者 간의 논쟁을 통해 문제의 본질이 더욱 부각된다. 논제, 귀결문, 논증인의 예를 들면, '소리는 무작인가? 항상이기 때문이다'라는 귀류의 경우 논제는 '소리'이고, 귀결문은 '무작無作'이며, 논증인은 '항상'이다. 논제인 '소리'와 귀결문인 '무작'의 결합인 '소리가 무작無作인 것'은 귀류의 소립所立(종宗)이다. '항상이면 무작無作인 것을 충족함'은 이 귀류의 '충족'이다. 귀결문인 '무작無作'의 반대인 '소작無作'은 이 귀류의 귀결문의 반법反法(반대법)이다. 논증인인 '항상'의 반대인 '무상無常'은 이 귀류의 논증인의 반인反因(반대인)이다. 다른 논증식도 이와 같다. '소리는 무작인가? 항상이기 때문이다'라는 귀류의 논제, 귀결문, 논증인 등을 표로 정리하면 다음과 같다.

논제(유법) (ཆོས་ཅན།)	귀결문(명明) (བསལ་བ།)	논증인 (རྟགས།)
소리 (སྒྲ།)	무작 (མ་བྱས་པ།)	항상 (རྟག་པ།)

소립所立(종宗) (དམ་བཅའ།)	반법反法 (ཆོས་ལོག)	반인反因 (རྟགས་ལོག)
소리는 무작無作임 (སྒྲ་མ་བྱས་པ།)	소작 (བྱས་པ།)	무상 (མི་རྟག་པ།)

논쟁에서 답을 할 때 일반적으로 귀결문과 관련된 답으로 '그렇다(되, འདོད།)'와 '왜?(찌이치르, ཅིའི་ཕྱིར།)'라는 두 가지가 있고, 논증인과 관련된 답으로 '이유가 성립되지 않는다(딱마둡, རྟགས་མ་གྲུབ།)'와 '충족하지 않는다(마캽, མ་ཁྱབ།)'라는 두 가지가 있어, 총 네 종류의 확정하는 답이 있다. 이 외에도 '반대로 충족한다(걸캽, འགལ་ཁྱབ།)'와 '의문이 든다(테촘사, ཐེ་ཚོམ་ཟ།)' 등 여러 가지 답들이 있다.

이 중 '그렇다(되)'라는 것은 그 논제가 그 귀결문임을 인정한다는 뜻이다. 예를 들면, '소리는 무상인가? 소작이기 때문이다'라는 귀류를 제시함에, '그렇다'라고 답하는 것은 소리가 무상임을 인정한다는 뜻이다. 또한 논제 없이 귀결문만 제시했을 때 '그렇다'라고 답하는 것은, '그 귀결문임을 인정한다'는 뜻이다. 예를 들면 '존재인가?'라는 물음에 '그렇다'라고 답하는 것은 존재함을 인정한다는 뜻이다.

'왜?(찌이치르)'라고 하는 것은 제시한 귀류의 주장이 양量으로 지각되지 않고 자신도 인정하지 않을 경우 우선 이유를 묻는 의미에서 '왜?'라고 답하는 것이다. 예를 들면 '소리는 항상인가?'라는 물음에 '소리가 왜 항상인가?'라는 의미로 '왜?'라고 답한다.

'이유가 성립되지 않는다(딱마둡)'라는 것은 그 논제가 그 논증인임을 인정하지 않는다는 뜻이다. 예를 들면 '소리는 무작無作인가? 항상이기 때문이다'라고 제시함에, '이유가 성립되지 않는다'라고 답하는 것은 '소리는 항상이 아니다'라는 뜻이다. 또한 논제 없이 논증인만 제시했을 때 이 답은 '그 논증인이 성립되지 않는다'라는 뜻이다. 예를 들면 '항아리이기 때문이다'라고 제시함에 '이유가 성립되지 않는다'고 답하는 것은 '항아리가 아니다'라는 뜻이다.

'충족하지 않는다(마캽)'라는 것은 그 논증인이면 그 귀결문이어야 하는 충족이 없다는 뜻이다. 예를 들면 '소리는 항상인가? 소지所知이기 때문이다'라고 제시함에, '충족하지 않는다'라고 답하는 것은 '소지이면 반드시 항상인 것은 아니다'라는 뜻이다.

'반대로 충족한다(갤캽)'라는 것은 그 논증인이면 그 귀결문이 아님을 충족한다는 뜻이다. 예를 들면 '소리는 항상인가? 이식耳識의 대상이기 때문이다'라고 제시함에, '반대로 충족한다'라고 답하는 것은 '이식의 대상이면 항상이 아님을 충족한다'라는 뜻이다.

'의문이 든다(테촘사)'라는 것은 논제가 그 귀결문인지 아닌지의 여부 등에 의문을 가진다는 뜻이다. 예를 들면 '앞의 아이가 80세까지 살 것인가?'라는 물음에, '의문이 든다'라고 답하는 것은 '80세까지 사는 것'에 대해 '의문이 든다'라는 뜻이다.

논쟁할 때 질문에 답하는 방식은 아래 표와 같다.

༡ འདོད།	ཆོས་ཅན་དེ་གསལ་བ་དེ་ཡིན་པར་ཁས་ལེན་པའི་དོན།	ཆོས་ཅན་དང་གསལ་བའི་བར་གྱི་འབྲེལ་བ།
༣ ཅིའི་ཕྱིར།	དེ་ཞིག་ཁས་མ་བླངས་པར་རྒྱུ་མཚན་གང་ཡིན་ཞེས་དེ་ཞིག་འདི་བའི་ཚིག་ཡིན།	
༣ རྟགས་མ་གྲུབ།	ཆོས་ཅན་དེ་རྟགས་ཡིན་པར་ཁས་མི་ལེན་པའི་དོན།	ཆོས་ཅན་དང་རྟགས་ཀྱི་བར་གྱི་འབྲེལ་བ།
༔ མ་ཁྱབ།	རྟགས་དེ་ཡིན་ན་གསལ་བ་དེ་ཡིན་མི་དགོས་པའི་དོན།	རྟགས་དང་གསལ་བའི་བར་གྱི་འབྲེལ་བ།
༥ འགལ་ཁྱབ།	རྟགས་དེ་ཡིན་ན་གསལ་བ་དེ་མ་ཡིན་དགོས་པའི་དོན།	
༦ ཐེ་ཚོམ་ཟ།	གསལ་བ་དང་རྟགས་སོགས་ལ་དོགས་པ་ཟ་བའི་དོན།	

1. 그렇다(되)	그 논제가 그 귀결문임을 인정한다는 의미	논제와 귀결문 사이의 관계
2. 왜?(찌이치르)	물음에 '왜'라고 반문하여 그 논제가 그 귀결문임을 인정하지 않는다는 의미	
3. 이유가 성립되지 않는다(딱마둡)	그 논제가 그 논증인임을 인정하지 않는다는 의미	논제와 논증인 사이의 관계
4. 충족하지 않는다(마캅)	그 논증인이면 그 귀결문이어야 하는 것은 아니라는 의미	논증인과 귀결문 사이의 관계
5. 반대로 충족한다(갤캅)	그 논증인이면 그 귀결문이 아니어야 한다는 의미	
6. 의문이 든다(테촘사)	그 논제가 그 귀결문 혹은 그 논증인 인지의 여부에 의문이 든다는 의미	논제와 귀결문, 혹은 논제와 논증인 사이의 관계

고대 인도불교의 논서에서는 질문에 대한 응답 방식으로 ① 확정하여 답하기(일향기一向記), ② 분별하여 답하기(분별기分別記), ③ 반문하여 답하기(반문기反問記), ④ 그냥 내버려두는 것으로 답하기(사치기捨置記) 등 네 가지를 설하였다. 바쑤반두 논사는 『아비달마구사론』에서 이를 다음과 같이 설한다.

> 확정하고, 분별하며,
> 반문하고, 내버려두는 답이다.**58**

각각의 사례를 들어 살펴보면 다음과 같다.

① 일향기一向記 : '모든 색色은 무상인가?'라는 물음에 '그렇다'라고 확정하여 답하는 방식이다.

② 분별기分別記 : '모든 무상한 것은 색인가?'라는 물음에 '접촉할 수 있고 막힘이 있는 것은 색이고, 경험과 느낌을 갖는 것은 색이 아니다'라고 분별하여 답하는 방식이다.

③ 반문기反問記 : '이 나무는 긴 것인가? 짧은 것인가?'라는 물음에 '무엇과 비교해서 그런가?'라고 반문한 뒤에, 이보다 짧은 것과 비교할 경우에는 '길다'라고 대답하며, 이보다 긴 것과 비교할 경우에는 '짧다'라고 물음에 따라서 답하는 방식이다.

---

58 데게, 논소, 아비달마, ku, 제5품, 16b:22; 교정본 No.79, p.38.

④ 사치기捨置記 : 특정 목적과 상황에 따라서 어떤 질문에 대해
바로 답하지 않고 그냥 내버려두는 것으로 응답하는 방식이다.

또한 제법을 판별하는 데 있어 매우 중요한 『섭류학』의 논리 방식으
로 삼구·사구라고 알려진 논리법이 있다.

이 논리법에는 ① 삼구三句, ② 사구四句, ③ 모순矛盾, ④ 동의同義
의 네 가지 개념이 있다. 삼구·사구의 논리 방식은, 두 법 사이에 어떤
차이가 있는지 검토하는 편리한 방법이다. 예를 들면 다음과 같다.

① 삼구三句 : 사람과 티베트인은 삼구이다. ⅰ. 티베트 어린이는
  둘 다인 구句, ⅱ. 인도인은 사람이지만 티베트인은 아닌 구,
  ⅲ. 항아리는 둘 다 아닌 구이다. 티베트인이고 사람이 아닌
  사례는 없기 때문에 이것은 삼구가 된다.
② 사구四句 : 목수와 티베트인은 사구이다. ⅰ. 티베트인 목수는
  둘 다인 구, ⅱ. 인도인 목수는 전자이지만 후자는 아닌 구,
  ⅲ. 티베트 어린이는 전자는 아니지만 후자인 구, ⅳ. 기둥은
  둘 다 아닌 구이다.
③ 모순 : 여럿이고 공통기반이 없는 법들이다. 공통기반이 없다
  는 것은 A이면서 B인 것이 없다는 뜻이다. 예를 들면 말과 소
  둘, 흰색과 빨간색 둘, 항상과 무상 둘이다.
④ 동의 : 두 법이 서로 공통기반이 있을 뿐만 아니라 여덟 가지
  충족(팔충족)을 갖춘 것이다. 예를 들면 소과 무상 둘, 불과 '뜨
  겁고 태우는 것' 둘이다. 팔충족이란 긍정상호충족 두 가지,

부정상호충족 두 가지, 존재상호충족 두 가지, 비존재상호충족 두 가지이다. 소작과 무상은 다음의 팔충족을 가지고 있으므로 동의이다.

(1) 긍정상호충족

소작이면 무상임을 충족한다.

무상이면 소작임을 충족한다.

(2) 부정상호충족

소작이 아니면 무상이 아님을 충족한다.

무상이 아니면 소작이 아님을 충족한다.

(3) 존재상호충족

소작이 있으면 무상이 있음을 충족한다.

무상이 있으면 소작이 있음을 충족한다.

(4) 비존재상호충족

소작이 없으면 무상이 없음을 충족한다.

무상이 없으면 소작이 없음을 충족한다.

요약하면 티베트의 챠빠 최끼 쎙게 논사가 창안한 『섭류학』의 논리 방식은 제법에 접근하는 논리의 문을 여는 심오하고 뛰어난 방법이며, 전통적인 학문 분야뿐만 아니라 현대의 다른 학문에도 적용할 수 있는 훌륭한 추론 체계이다. 본서에서는 간략하게 소개하였으며, 더 자세히 알고자 하는 이는 『섭류학』의 본문을 보아야 한다.**59**

---

59 달라이 라마 성하의 티베트불교 소개서(Tib. bod kyi nang chos ngo sprod snying tig) 제3권에서
　　는, "이러한 논리 방식은 통찰력을 향상시키고, 사고력을 발달시키는 방법이다. 어떤 지
　　식의 분야이든 그것을 완벽하게 알 수 있고, 자신의 생각을 더욱 명석하게 하는 데 큰 도
　　움이 된다. 그러므로 이러한 논리의 방식으로서 '이것이면 저것이어야 한다', '저것이면
　　이것이어야 한다'는 등의 삼구, 사구, 모순, 동의 등은 모든 과목에 적용할 수 있으며, 그
　　렇게 한다면 해당 내용을 자세하게 이해하는 데 큰 도움이 될 것이다."라고 말씀하셨다.

제
2
장

소지所知인 대상의 체계

1

대상의 체계에 대한 총설

과거 불교학자들은 제법諸法의 체계를 확립할 때 각기 기준을 다양하게 세웠다. 이는 각 논서를 읽는 독자로 하여금 주제에 쉽게 접근할 수 있게 하는 독특한 특징을 지녔다. 본서에서는 이러한 설명 방식의 장점을 취하여 현대 독자들의 이해를 돕는 것에 중점을 두고 주제를 다음의 다섯 가지로 분류하였다.

① 소지所知인 대상의 체계
② 능지能知인 식識의 체계
③ 식識이 대상을 인식하는 방식
④ 식이 대상을 지각하는 방법
⑤ 대상을 파악하는 자인 뿌드갈라(pudgala, 補特伽羅)의 체계

'소지所知인 대상의 체계'에서는 대상인 사물 각각의 본질을 설명하고, '능지能知인 식의 체계'에서는 경험과 느낌을 가진 식識의 본질 및 분류에 대해 설명하며, '식識이 대상을 인식하는 방식'에서는 차견추입遮遣趨入과 정립추입定立趨入**60** 중 어떤 방식으로 인식하는지와 식

---

60 차견추입遮遣趨入(Tib. Sel 'jug): '차견'은 여러 부분을 제외한다는 뜻이며 '추입'은 대상을 인식하거나 표현함으로써 들어간다는 뜻이다. 차견추입에는 분별심과 소리 두 종류가 있다. 예를 들면 나무를 인식하는 분별심이 나무에 대한 여러 부분을 인식하지 않고 나

이 유상有相인지 아닌지 등을 설명하고, '식識이 대상을 지각하는 방법'에서는 사종도리四種道理와 귀류, 능립, 정인正因, 그리고 마음을 닦는 차례를 덧붙여 설명하며, '대상을 파악하는 자인 뿌드갈라의 체계'에서는 자아에 대한 내도內道와 외도학파의 주장을 설명할 것이다.

첫째, 소지所知인 대상의 체계를 설명함에 있어서, 일반적으로 존재와 비존재를 구분하는 기준을 보면 양量으로써 인식되면 '존재', 양量으로써 인식되지 않으면 '비존재'라고 한다. 예를 들면 항아리는 양量으로써 인식되기 때문에 존재이며, 토끼뿔은 양量으로써 인식되지 않기 때문에 비존재이다. 다르마끼르띠(Dharmakīrti, 法稱) 논사는 『양평석』에서 다음과 같이 설하였다.

> 인식할 수 있는 것은 존재이며,
> 그 외 다른 것은 존재가 아니다.**61**

무만을 인식하는 것, 나무를 표현하는 소리가 나무의 여러 특성을 표현하지 않고 나무 자체만을 표현하는 것과 같다.

정립추입定立趣入(Tib. Sgrub 'jug): '정립'은 대상을 정립한다는 뜻이다. 예를 들면 안식이 나무를 인식할 때 나무의 사물, 나무의 유위 등 나무의 여러 부분을 현현과 함께 나무를 인식하는 것이다. (역자주)

61 『Pramāṇavārttika』. 데게, 논소, 인명, ce, 타의품他義品, 149b:264 ; 교정본 No.97, p.598. 인명학 논서의 용어 표현 중에는 어떤 경우에 '작용할 수 있는 것'을 존재의 의미로 정립하는 것도 있다. 예를 들면 『양평석』에서 "소멸에 있어 결과와 같고, 존재성과 같다. (소리는) 소멸된다. 결과이기 때문이다. 존재이기 때문이다."라고 하는데 존재를 소리가 소멸임을 능립하는 논증인으로 제시하였고, 그와 같이 『쟁정리론』에서는 "작용할 수 있는 것은 존재의 정의다."라고 나온다. 여기서 말한 '존재'는 자상自相으로 존재한다는 것을 의도함을 알아야 한다.

제2장 소지所知인 대상의 체계

이처럼 양量이 인식하는 것이 '존재'의 정의이다.

존재, 성립, 대상, 소지所知, 소량所量, 법法은 모두 동의이다. '양量이 지각하는 것'이 성립의 정의이다. '식識이 지각하는 것'이 대상의 정의이다. '식의 대상으로 적합한 것'이 소지所知의 정의이다. '양量이 아는 대상'이 소량所量의 정의이다. '자신의 본질을 지니는 것'이 법法의 정의이다.

불교경론에는 법의 본질, 특성, 목적, 유형 등에 따라 십이처十二處 또는 십팔계十八界 등 대상에 대한 여러 가지 분류 방식이 있다. 대상을 유형에 따라 분류하면, 원인과 조건이 모여 만들어지고 변화하는 유형, 원인과 조건이 모여 만들어지지 않고 변화하지 않는 유형, 이 두 가지로 나뉜다. 첫째는 무상 혹은 유위법有爲法이고, 둘째는 항상 혹은 무위법無爲法이다.

첫째의 법들은 자신의 결과를 발생시키는 작용을 하기 때문에 '사물'이고, 자신의 원인과 조건에서 생겨났기 때문에 '소작所作'이며, 원인과 조건이 모이고 접촉해서 만들어졌기 때문에 '유위有爲'이고, 찰나로 변하는 성질을 가지기 때문에 '무상無常'이라고 한다. 그러므로 사물, 소작, 유위, 무상은 동의이다. '작용할 수 있는 것'은 사물의 정의이고, '생겨난 것'이 소작所作의 정의이며, '생生·주住·멸滅 세 가지가 가능한 것'이 유위의 정의이고, '찰나인 것'이 무상의 정의이다.

유위법을 분류하면 다음과 같다. ① 눈으로 볼 수 있거나 손으로 만질 수 있는 막힘과 접촉을 가지는 유색有色의 종류, ② 유색이 아닌 단지 내적인 경험의 본질일 뿐인 식識의 종류, ③ 색과 식 둘 중 어느 것도 아니지만 그 둘 중 어느 하나의 부분에 가설된 불상응행不相應行

의 종류로 예를 들면 '시時'와 같다. 이 세 가지로 유위법을 분류하는 것이 고대 불교학자들의 일반적인 방식이다.

둘째의 법들은 자신의 결과를 발생시키는 작용을 하지 않기 때문에 '비非사물'이고, 자신의 원인과 조건으로써 생겨나지 않기 때문에 '무작無作'이며, 생生·주住·멸滅 세 가지가 불가능하기 때문에 '무위無爲'이고, 찰나로 변하는 성질을 가지지 않기 때문에 '항상' 등으로 지칭한다. 그러므로 비사물법, 무작법無作法, 무위법無爲法, 항상 등은 동의이다. '작용할 수 없는 것'은 비사물의 정의이고, '생겨나지 않은 것'이 무작無作의 정의, '생·주·멸 세 가지가 불가능한 것'이 무위無爲의 정의이며, '법과 찰나가 아닌 것의 공통기반이 되는 것'이 항상의 정의이다. 항상에는 영원한 항상과 일시적 항상 두 가지가 있는데, 예를 들어 무위의 허공은 영원히 존재하는 항상한 것이므로 영원한 항상이고, 항아리 내부의 허공은 항아리가 존재할 때에만 존재하고, 항아리가 존재하지 않을 때에는 존재하지 않기 때문에 일시적 항상이라고 한다.

2
유색有色의 본질을
주장하는 방식

거친 유색법의 본질은 유대有對의 특성으로 정립해야 한다. 일반 적으로 많은 불교경론에서 색色의 정의 또는 특별한 의미를 설할 때 '색色으로 적합한 것'이라고 표현한다. 예를 들면 짠드라끼르띠 (Candrakīrti, 月稱) 논사는 『입중론』에서 다음과 같이 설하였다.

> 색은 '색으로 적합한 것'의 정의를 가진다.**62**

'색으로 적합한 것'이라는 의미에 대해 바쑤반두(Vasubandhu, 世親) 논 사는 『아비달마구사론자주석阿毘達磨俱舍論自註釋』(이하 『구사자석』)에 서 아래와 같이 설한다.

> '색으로 적합한 것'이라고 함은, '손상의 대상이 될 수 있 다'는 의미이다.**63**

손상을 입는 방식은 예를 들면, 싱싱한 꽃잎을 손으로 만지는 것만으

---

62 『Madhyamakāvatāra』. 데게, 논소, 중관, 'a, 제6장, 214a:202; 교정본 No.60, p.541.

63 데게, 논소, 아비달마, ku, 제1품, 32b; 교정본 No.79, p.79. (T.29.1558.3b.24)

로 만진 부분이 시들어 검게 되는 것과 같다. 즉 손상이라고 함은 변화를 일으키는 것을 의미한다. 『구사자석』에서 다음과 같이 설하였다.

색의 손상이란 무엇인가? 완전히 변화를 일으키는 것이다.**64**

이는 유색有色들이 서로 접촉함으로써 다른 변화가 발생하기 때문에 손상의 대상이 될 수 있다는 것을 의미한다.

이와 같이 『구사자석』에서는 다른 유색에 의해 손상의 대상이 될 수 있는 것을 '색으로 적합한 것'의 의미로 설명하였고, 이에 대해 제기된 반론을 논파할 때 세 가지 의혹을 제시하고 그에 각각 답하였다.

첫째, "만일 '색으로 적합한 것'의 의미가 '손상의 대상이 될 수 있는 것'이라고 한다면, 극미極微들은 색이 아니게 될 것이다. 다른 유색에 의해 손상의 대상이 될 수 없기 때문이다."라는 반론에, "극미가 홀로 머문다면 손상의 대상이 될 수 없지만 다른 극미와 결합하면 손상의 대상이 될 수 있다."고 답하였다.

둘째, "그렇다면 과거의 색과 미래의 색 둘은 색이 아니게 될 것이다. 왜냐하면 다른 유색에 의해 손상의 대상이 될 수 없기 때문이다."라는 반론에, "과거의 색은 색으로 이미 존재했던 것이고, 미래의 색은 앞으로 색으로 존재할 것이며, 이 두 가지 모두 현재의 색과 같

---

64 위의 논, 32b ; 교정본 No.79, p.79. (T.29,1558,3b,24)

은 종류이기 때문에 색이라 할 수 있다. 예를 들면 숲의 몇몇 나무가 땔감이 되기 때문에 숲을 땔감이라고 부르는 것과 같다."고 답하였다.

셋째, "그렇다면 무표색無表色은 색이 아니게 될 것이다. 왜냐하면 다른 유색에 의해 손상의 대상이 될 수 없기 때문이다."라는 반론에, "그것의 소의所依인 표색表色이 색으로 존재하기 때문에 무표색도 색이라 할 수 있다. 예를 들면 나무가 흔들릴 때 그 그림자도 흔들리는 것과 같다."라고 답하여 논파하였다. 이를 『구사자석』에서 다음과 같이 설하였다.

> Q. 그렇다면 극미는 색이 아니게 될 것이다. 색으로 존재하지 않기 때문이다.
> A. 극미는 홀로 머물지 않고 집합하여 머물기 때문에 '색으로 적합한 것'이다.
> Q. 그렇다면 과거와 미래는 색이 아니게 될 것이다.
> A. 그것도 색으로 존재했던 것이고 색으로 존재할 것이며, 색과 같은 종류이기 때문에 색이다. 예를 들면 땔감과 같다.
> Q. 그렇다면 무표색은 색이 아니게 될 것이다.
> A. 표색이 색으로 존재하기 때문에 이것도 색으로 존재한다. 나무가 흔들리면 그림자가 흔들리는 것과 같다.[65]

---

65 데게, 논소, 아비달마, ku, 제1품, 32b; 교정본 No.79, p.79. (T.29.1558.3c.2)

아쌍가(Asaṅga, 無着) 논사께서 저술한 『대승아비달마집론大乘阿毘達磨集論』에서는 '색으로 존재하는 것'이 색의 정의라고 언급하였다. 그리고 색으로 존재하는 방식을 분류할 때 막힘과 접촉의 특성에 의해 색으로 존재하는 종류와, 의식의 대상으로 '이것이다 저것이다'라고 식이 뚜렷하게 인식함으로써 색으로 존재하는 종류, 이 두 가지가 있다고 설하였다. 이를 『대승아비달마집론』에서 다음과 같이 설하였다.

> 색온色蘊의 정의가 무엇인가? 두 가지 종류에 의해 색色으로 존재하는 것이 색의 정의다. 접촉에 의해 색色으로 존재하는 것과 분석의 대상이 됨으로써 색色으로 존재하는 것이다.
> 접촉에 의해 색色으로 존재하는 것은 무엇인가? 손의 접촉에 의해 닿으면 색이라 할 수 있는 것과 흙덩이의 접촉, 막대기의 접촉, 무기의 접촉, 차가움, 뜨거움, 배고픔, 목마름, 벌, 파리, 바람, 태양, 독사의 접촉에 의해 닿으면 색이라 할 수 있는 것이다.**66**

또 같은 논서에서

> 분석의 대상이 됨으로써 색으로 존재하는 것은 무엇인

---

66 데게, 논소, 유식, ri, 제1품, 45a; 교정본 No.76, p.118. (T.31.1605.663a.27)

가? 어떤 대상에 대해 '이러이러한 색이다', '이와 같고 이와 같은 색이다'라고 등지等持와 등지 아닌 의意분별과 상응하는 식이 뚜렷하게 인식하는 것이다.**67**

라고 설하였다.

여기서 등지等持란 부정관不淨觀의 삼매처럼 선정에 든 마음이며, 등지 아닌 식이란 '이러이러하다'라고 대상에 대해 착란하지 않은 의식, 즉 외부 대상으로 향하는 분별을 말한다. 앞서 인용한『대승아비달마집론』의 의미를 해석할 때 지나뿌뜨라(Jinaputra) 논사께서『대승아비달마잡집론大乘阿毘達磨雜集論』에서 다음과 같이 설하였다.

"어떤 대상에 대해"라고 함은 '나타난 것'을 말한다. "이러이러한"이라고 함은 해골 등의 사물과 유사한 영상影像이다. "이와 같고 이와 같은"이라고 함은 개별적 색깔과 형태이다. "뚜렷하게 인식하는 것"이라고 함은 그렇게 인식한다는 것이다.**68**

---

67 위의 논, 45a ; 교정본 76No., p.118. (T.31,1605,663b.1)

68 데게, 논소, 유식, li, 제1품, 2b; 교정본 No.76, p.959. (T.31,1606,695b.27)
『대승아비달마잡집론』(Abhidharmasamuccayavyākhyā)은 아쌍가 논사의 『대승아비달마집론』(Abhidharmasamuccaya)과 그 주석인 『대승아비달마집론석』(Abhidharmasamuccayabhāṣya)의 일부를 혼합하여 저술한 것으로 『집론석』과 『잡집론』의 저자에 대해 티베트역과 한역의 해석이 각기 다르다. 티베트역은 두 저술이 모두 지나뿌뜨라(Jinaputra) 논사의 것이라고 설명하는데 반해, 한역은 『집론석』은 붓다싱하(Buddhasiṃha, 師子覺) 논사, 『잡집론』은 스티라마띠(Sthiramati, 安慧) 논사의 저술로 본다. 여기서는 원문 그대로 저자를 지나뿌

앞서 인용한 아비달마의 논서에서, 아쌍가와 바쑤반두 두 형제 논사의 색에 관한 정의, 즉 '색으로 적합한 것' 또는 '색으로 존재하는 것'에는 약간의 차이가 있지만, 일반적으로 색에는 '근식根識의 대상이 되는 색'과 '오직 의식만의 대상이 되는 색'의 두 종류가 있다는 주장은 일치한다. 근식根識의 대상이 되는 색은 색처色處와 성처聲處 등 막힘과 접촉을 가진 오경五境이다. 의식만의 대상이 되는 색에는 유대有對와 무대無對의 두 종류가 있는데, 내색內色인 안근 등 오근五根이 첫째에 해당하며, 법처색法處色이 둘째에 해당한다.

따라서 불교경론에서 설한 색의 체계에서 색色과 색처色處 둘의 차이점을 구분해야 한다. 색은 유색법有色法 전체를 충족하는 명칭이며, 색처는 색의 일부로서 안식眼識의 인식 대상인 형태와 색깔임을 이해해야 한다. 이렇듯 소리, 냄새, 맛, 감촉은 색이지만, 색처가 아니라는 것을 구별해야 한다.

또한 아쌍가 논사의 『대승아비달마집론』에 의거하여, '색으로 적합한 것'으로 정의되는 색과 막힘과 접촉을 가진 색을 구별해야 한다. 이 논서에서 말하는 '접촉에 의해 색으로 존재하는 것'은 막힘과 접촉을 가진 유색에 속하며, 반대로 '대상을 분석함으로써 색으로 존재하는 것'에 해당하는 법처소섭색法處所攝色은 반드시 막힘과 접촉을 가진 색에 속해야 하는 것은 아니다. 그러므로 법처색法處色이면 색인 것을 충족하지만, 막힘과 접촉을 가진 색인 것을 충족하지는 않는다.

뜨라 논사로 기술했다. (역자주)

이 밖에도 경론에서는 색의 개별적 특성(자상自相) 세 가지와 공통적 특성(공상共相) 세 가지에 대해 설명하였다. 아쌍가 논사는 『유가사지론』의 「섭결택분攝決擇分」에서 다음과 같이 설한다.

> 색의 자상自相에는 ① 투명함, ② 투명한 것의 파악 대상(청정소취색淸淨所取色), ③ 의식의 파악 대상(의소취색意所取色)의 세 종류가 있다. ① 투명한 것은 사대가 원인이 되고, 안처眼處 등에 속하며, 오근식五根識의 소의所依인 투명한 다섯 가지 색을 말한다. ② 투명한 것에 의해 파악되는 색은 다섯 가지의 상응하는 투명색의 대상인 색 등 오경五境이다. 여기서 의식을 가진 투명한 색들은 의식과 그 대상이 같기 때문에 동분同分이라고 한다. 의식을 여읜 투명한 색들은 의식을 가진 투명한 색과 자신의 상속이 이어지기 때문에 피동분彼同分이라고 한다. ③ 삼매의 대상[行境]인 영상의 색은 의식의 파악 대상인 색色이라고 한다.
>
> 공상共相도 세 가지임을 알아야 한다. 모든 색은 자리를 차지하고 머물며, 항상 자리에 있을 수 있는 것이 첫 번째 공상이다. 투명한 것에 의해 파악되는 색과 투명한 것의 파악 대상인 색이 늘어나거나 줄어듦을 수반하는 것이 두 번째 공상이다. 손의 접촉, 흙덩이, 막대기, 무기, 차가움, 따뜻함, 배고픔, 목마름, 파리, 벌, 모기, 바람, 태양, 전갈, 뱀의 접촉 등으로 닿을 수 있는 모든 것이 세

번째 공상임을 알아야 한다.**69**

여기서 설한 세 가지 자상自相은 다음과 같다. 색 자체의 본성에 있어

① 투명한 색인 안眼 등의 오근五根
② 투명함에 의해 파악되는 색인 색 등 오경五境
③ 의식에 의해 파악되는 색으로 오로지 의식만의 대상이 되는
   삼매의 대상인 영상影像 등이 있다.

공상共相이라고 함은 다양한 종류의 유색有色에 공통적으로 충족된
특성을 의미하는 것이며, 이에 세 가지가 있다.

① 자리를 차지하고 머문다는 것은 많은 유색有色의 종류들이 위
   치를 차지하고 머문다는 것이며
② 늘어나거나 줄어듦을 수반한다는 것은 유색의 법들은 증감하
   는 성질이라는 것이며
③ 접촉하여 닿을 수 있다는 것은 많은 유색법들이 내외의 촉처
   觸處법이 되는 특성을 가진 것임을 의미한다.

경론에서 색을 분류할 때, 오근식의 대상이 되는 외색外色과, 오근五色

---

69 데게, 논소, 유식, zhi, 제22품, 203a; 교정본 No.74, p.491. (T.30.1579,660c,5)

같은 내색 두 가지로 나누는 경우도 있다. 그러나 여기서는 『대승아비달마집론』에서 설한 대로 1) 외색인 오경五境, 2) 내색인 안眼 등의 오근五根, 3) 법처색法處色, 4) 그것들의 원인이 된 대종을 별도로 설함, 이 네 가지 분류로 색을 설명하겠다.

3
색 등 오경

색 등 오경은 오근식의 대상으로서 정립한다. 이는 안식眼識의 대상, 이식耳識의 대상, 비식鼻識의 대상, 설식舌識의 대상, 신식身識의 대상이 되는 색들로 차례대로 색, 성, 향, 미, 촉의 처處라고 한다. 이를 『대승아비달마집론』에서 다음과 같이 설하였다.

> 색이란 무엇인가? 사대를 원인으로 하며 안근의 대상이
> 되는 것이다. …
> 소리란 무엇인가? 사대를 원인으로 하며 이근의 대상이
> 되는 것이다. …
> 냄새란 무엇인가? 사대를 원인으로 하며 비근의 대상이
> 되는 것이다. …
> 맛이란 무엇인가? 사대를 원인으로 하며 설근의 대상이
> 되는 것이다. …
> 촉처觸處의 일부란 무엇인가? 사대를 원인으로 하며 신
> 근의 대상이 되는 것이다.**70**

안근의 대상이란 거울에 영상이 나타나는 것처럼 소의인 안근에 색

---

70 데게, 논소, 유식, ri, 제1품, 246b; 교정본 No.76, p.121. (T.31.1605.663b.29)

이 나타남으로써 안식이 색을 인식하기 때문에 '안근의 대상'이라고
한다.

1) 색처色處

안식이 보는 대상을 색처라고 한다. 예를 들면 파랑[青色]과 노랑[黃
色] 같은 것이다. 분류하면 색깔[顯色]과 형태[形色] 두 가지가 있다. 파
랑과 노랑 등의 빛깔을 색깔, 길고 짧음과 네모 등의 모양을 형태라고
한다. 예를 들어 방에 비유하자면, 그것이 희거나 노란 것을 색깔, 그
것이 크거나 작고, 높거나 낮은 것을 형태라고 하는 것과 같다.

색깔을 분류하면 원색原色과 지분색支分色 둘이 있다. '근본색으
로 적합한 것'이 원색의 정의이며, 여기에는 파랑, 노랑, 하양, 빨강 네
가지가 있다. 이 넷을 원색이라고 하는 이유는 이 넷이 서로 혼합되어
지분색이 생기기 때문이다. 예를 들면 노랑과 진한 파랑이 섞이면 초
록색이 생기는 것과 같다. 그러므로 원색의 '원原'이라고 하는 것은 지
분색의 근본 또는 원인을 의미하는 것으로 이해해야 한다. 혹은 결과
인 색의 근본이 되는 사대원소의 네 가지 색깔과 일치하기 때문에 원
색이라고 한다.

'지분색으로 적합한 것'이 지분색의 정의이다. 분류하면 밝음, 어
둠, 구름, 연기, 먼지, 그림자, 안개, 햇빛의 지분색이 있다. 네 가지 원
색이 진하거나 연하게 혼합된 개체로서 지분색이 생긴다. 지분색의
'지분支分'은 개체라는 의미로, 뿌르나와르다나(Pūrṇavardhana, 滿增) 논
사의 『구사론주상수순相隨順』에서 다음과 같이 설하였다.

네 가지 원색과, 이들이 많거나 적게 혼합된 개체로서
구름 등 여덟 지분색이 있다.**71**

지분색이 반드시 여덟 가지 중 하나이어야 하는 것은 아니지만, 아비
달마 논서에서 지분색을 여덟 가지로 분류하는 것은, 구름·연기·먼
지·안개의 넷은 환술로 만들어진 말과 소처럼 멀리서 보면 벽처럼 보
이지만 가까운 곳에서 보면 보이지 않기 때문에 이것들이 없다고 인
식하는 전도된 분별을 제거하기 위해서이고, 밝음·어둠·그림자·햇
빛의 네 가지 색깔은 밝음 등 자체가 존재하는 자리 외에 별도로 존재
하지 않는다고 생각하는 전도된 분별을 제거하기 위해서이다. 야쑈
미뜨라(Yaśomitra, 稱友) 논사는 『아비달마구사론명료의석阿毘達磨俱舍
論明了義釋』(이하 『명료의석』)에서 이와 같이 설한다.

> 여기서는 다음과 같이 분석한다. 만약 어떤 이가 말하길
> "구름 등은 파랑 등 네 가지 원색의 지분색일 뿐이라 하
> 여도, 여기에 다른 것은 포함되지 않는데, 녹색 등을 말
> 하지 않은 것처럼 구름 등도 말하지 않아야 한다."고 한
> 다면, 이것은 분석하지 않고 말한 것이다.
> 이와 같이 별도로 설하는 것은, 구름 등은 파랑 등의 지
> 분색이지만 환술의 물질과 비슷하기 때문이다. 그것들

---

71 『Abhidharmakośaṭīkā-lakṣaṇānusāriṇī』. 데게, 논소, 아비달마, cu, 제1품, 27b; 교정본
No.8, p.66.

제2장 소지所知인 대상의 체계

은 멀리서는 벽처럼 보이지만 가까이 가면 보이지 않는다. 누군가가 '아무것도 없다'라고 생각하거나, '이것이 존재하는가' 혹은 '착란한 것인가' 하는 의심을 가지면 안 되기에, 전도된 인식과 의심을 제거하기 위해서 구름 등을 설하여 이러한 색처의 본성이 존재한다고 말하는 것이다. **72**

'형태가 될 수 있는 것'이 형태의 정의이다. 분류하면 김[長], 짧음[短], 네모짐[方], 둥금[圓], 높음[高], 낮음[下], 평평함[正], 평평하지 않음[不正]의 여덟이다. 여기서 네모진 것은 사각형이고, 둥근 것은 원 또는 구의 형태이다. 평평한 것은 균일한 형태 또는 넓은 면이고, 평평하지 않은 것은 균일하지 않은 또는 좁은 면 같은 것이다.『구사자석』에서 다음과 같이 설한다.

> 여기서 평평한 것은 균일한 형태이다. 평평하지 않은 것은 균일하지 않은 형태이다.**73**

이와 같이 색처의 분류를 합치면 스무 가지가 된다. 이 또한『구사자석』에서 다음과 같이 설한다.

---

72 『Abhidharmakośaṭīkā-sputārtha』. 데게, 논소, 아비달마, gu, 제1품, 21b; 교정본 No.80, p.51.

73 데게, 논소, 아비달마, ku, 제1품, 30a; 교정본 No.79, p.74. (T.41.1821.203c.18)

또 색처는 스무 가지이다. 즉 파랑, 노랑, 하양, 빨강, 김, 짧음, 네모짐, 둥금, 높음, 낮음, 평평함, 평평하지 않음, 구름, 연기, 먼지, 안개, 그림자, 햇빛, 밝음, 어둠이다.**74**

여기서는 색처를 스무 가지로 분류하지만 색처라고 반드시 스무 가지 안에 포함되어야 하는 것은 아니다. 예를 들면 녹색과 검정 등도 색처이지만 스무 가지 안에 포함되지는 않는다.

『대승아비달마집론』에서는 색처가 스물다섯 가지라고 설한다. 이는 색깔 자체의 본성의 측면에서 파랑, 노랑, 하양, 빨강의 네 가지, 색깔의 배치와 머무는 형태의 측면에서 김, 짧음, 네모짐, 둥금, 미세입자, 거친 입자, 평평함, 평평하지 않음, 높음, 낮음의 열 가지, 이로움과 해로움의 측면에서 그림자, 햇빛, 밝음, 어둠, 구름, 연기, 먼지, 안개의 여덟 가지, 그리고 안식이 건너편에 있는 물질을 볼 때 필요한 소의의 측면에서 극형색極逈色, 동기를 드러내는 특성의 측면에서 몸의 특별한 형색을 지닌 표색表色, 장엄의 측면에서 허공의 단일색[空一顯色]이다. 이를 지나뿌뜨라 논사는 『대승아비달마잡집론』에서 다음과 같이 설하였다.

파랑 등 스물다섯 가지 색은 본성, 존재, 이해利害, 작용의 소의, 작용의 특성, 장엄 등 여섯 가지로 확립됨을 알

---

74 위의 논, 30a; 교정본 No.79, p.74. (T.29.1558.2b.26)

제2장 소지所知인 대상의 체계

아야 한다. 넷, 열, 여덟, 하나, 하나, 하나의 차례대로이
다.**75**

'극형색'이라는 것은, 안식이 건너편 산의 색을 볼 때 반드시 필요한 막힘과 접촉을 여읜, 투명하게 보이는 영상이다. '허공의 단일색'이라는 것은 멀리서 안식에 허공의 쪽빛 등으로 보이는 하나의 색이다. '표색'은 내적인 의도를 드러내는 몸의 형태이다. 예를 들면 즐거워서 웃는 얼굴의 표정 같은 것이다. 이를 『대승아비달마잡집론』에서는 다음과 같이 설하였다.

'극형색'이라는 것은 그것 이외의 다른 것을 장애하는
접촉을 여읜 것이다. '허공'이라는 것은 위쪽에 파랗게
보이는 것이다.**76**

또한 아쌍가 논사는 『유가사지론』의 「본지분」에서, 색처에는 세 가지 근본 분류가 있고, 자세하게 분류하면 서른두 가지로 나뉜다고 설하였다. 논서에서 다음과 같이 나온다.

안식의 인식 대상은 무엇인가? 보여질 수 있고, 막힘을

75 데게, 논소, 유식, li, 제1품, 3b; 교정본 No.76, p.961. (T.31.1606.696a.25)

76 데게, 논소, 유식 li, 제1품, 3b; 교정본 No.76, p.961. (T.31.1606.696a.28)

수반한 색이다. 이에 여러 가지가 있다. 요약하면 색깔과 형태, 표색이다. 색깔은 무엇인가? 즉 파랑, 노랑, 빨강, 하양, 그림자, 햇빛, 밝음, 어둠, 구름, 연기, 먼지, 안개, 허공의 단일색이다. 형태란 무엇인가? 즉 김, 짧음, 네모짐, 둥금, 미세 입자, 거친 입자, 평평함, 평평하지 않음, 높음, 낮음이다. 표색은 무엇인가? 즉 받음, 놓음, 굽힘, 폄, 섬, 앉음, 누움, 감, 되돌아옴 등이다.**77**

2) 성처聲處

이식耳識이 듣는 대상을 성처라고 한다. 예를 들면 물소리와 피리소리 같은 것이다. 소리를 분류하면 유집수有執受의 대종에서 생긴 네 가지 소리와 무집수無執受의 대종에서 생긴 네 가지 소리를 합하여 여덟 가지가 있다.**78**『구사자석』에서 다음과 같이 설한다.

소리에는 여덟 가지의 종류가 있다. 유집수 혹은 무집수의 대종을 원인으로 한 것과 아울러 유정명有情名과 비유정명非有情名의 구분에 따라 네 가지가 되며, 이는 다시 듣기에 즐거운 것[可意]과 불쾌한 것[不可意]의 구

---

77 데게, 논소, 유식 tshi, 제1품, 2b; 교정본 No.72, p.673. (T.30.1579. 279b.3)

78 신체 내의 4대종은 수受로써 인식되므로 유집수有執受인데, 신체 바깥의 4대종은 수受로써 인식되지 않으므로 무집수無執受이다. (역자주)

제2장 소지所知인 대상의 체계

분에 의해 여덟이 된다.**79**

유집수有執受의 대종에서 생긴 네 가지 소리는, 유집수의 대종에서 생긴 유정명의 듣기 즐거운 소리와 듣기 불쾌한 소리 두 가지, 유집수의 대종에서 생긴 비유정명의 듣기 즐거운 소리와 듣기 불쾌한 소리 두 가지이다. 그것의 사례는 차례대로 사람이 감미로운 노래를 부르는 소리, 사람이 욕하는 소리, 뻐꾸기의 소리, 주먹으로 치는 소리이다. 무집수無執受의 대종에서 생긴 네 가지 소리는, 무집수의 대종에서 생긴 유정명의 듣기 즐거운 소리와 듣기 불쾌한 소리 두 가지, 무집수의 대종에서 생긴 비유정명의 듣기 즐거운 소리와 듣기 불쾌한 소리 두 가지이다. 그것의 사례는 차례대로 텔레비전에서 나는 듣기 좋은 소리, 텔레비전에서 나는 욕하는 소리, 비파琵琶의 소리, 바위가 갈라지는 소리이다. 이에 대해 『구사자석』에서 다음과 같이 설한다.

> 여기서 유집수인 대종을 원인으로 히여 생긴 것은 이와 같다. 손과 입으로 내는 소리이다. 무집수인 대종을 원인으로 하여 생긴 것은 이와 같다. 바람, 숲, 물소리이다. 유정명은 어표語表의 소리이며, 그 밖의 것은 비유정명이다.**80**

---

79 데게, 논소, 아비달마, ku, 제1품, 30a; 교정본 No.79, p.75. (T.29.1558.2c.11)

80 데게, 논소, 아비달마, ku, 제1품, 30a; 교정본 No.79, p.75. (T.29.1558.2c.13)

유정명과 비유정명은 주제의 의미를 드러내거나 드러내지 않는 것이다. 유집수와 무집수는 유색근有色根으로 집수하는 것과 집수하지 않는 것을 각각 의미한다. 유색근으로 집수한다는 것은 이에 이로움과 해로움을 주었을 때 근에 이로움과 해로움이 있다는 의미이고, 유색근으로 집수하지 않는다는 것은 이에 이로움과 해로움을 주었을 때 근에 이로움과 해로움이 없다는 의미이다. 뿌리를 제외한 머리카락, 손톱 등은 무집수이다.

『구사자석』에서 이와 같이 설한다.

> 다른 것은 무집수이다. 즉 뿌리를 제외한 머리카락, 털, 손톱, 이빨 등과 대변, 소변, 침, 콧물, 피 등과 지地·수水 등이다. '유집수'란 무슨 의미인가? 이해利害로써 상호 수순하는 것이다.**81**

또한『대승아비달마집론』에 따르면 소리를 다음과 같이 열한 가지로도 설하였다. 즉 이로움과 해로움을 주는 측면에서 감미로운 것 등의 세 가지, 원인의 측면에서 유집수의 대종에서 생겨난 것 등의 세 가지, 해설과 교설의 측면에서 세간의 명언名言 등의 세 가지, 명칭의 측면에서 성자가 말한 명언과 성자 아닌 이가 말한 명언의 두 가지 등이다. 같은 논서에서 다음과 같이 설하였다.

---

81 데게, 논소, 아비달마, ku, 제1품, 43a; 교정본 No.79, p.105. (T.29.1558.8b.21)

제2장 소지所知인 대상의 체계

소리는 무엇인가? 사대종을 원인으로 하고, 이근耳根의
대상이 되는 것이다. 듣기 즐거운 것, 듣기 불쾌한 것, 둘
다 아닌 것, 유집수의 대종을 원인으로 하여 생긴 것, 무
집수의 대종을 원인으로 하여 생긴 것, 둘 다인 것, 세간
의 명언, 교의의 명언, 가설된 명언, 성자가 말한 명언,
성자 아닌 이가 말한 명언이다.**82**

이 가운데 유집수와 무집수의 대종 둘 모두에서 생긴 소리는 손과 북
이 만나서 나는 소리 같은 것이다. 세간의 명언이란 세간에서 '기둥',
'항아리'라고 하는 등의 명칭들이다. 교의의 명언이란 '제행무상'이라
고 하는 등의 교의에서 설한 명언이다. 가설된 명언이란 '소리는 항상
이다'라고 증익增益하거나 '전후생은 없다'라고 손감損減하는 등의 명
언이다. 성자가 말한 명언이란 '본 것을 보았다', '들은 것을 들었다',
'지각한 것을 지각했다', '인식한 것을 인식했다', '보지 않은 것을 보지
않았나', '듣시 않은 것을 듣지 잃있다', '지각하지 않온 것 을 지각하지
않았다', '인식하지 않은 것을 인식하지 않았다'라고 하여 전도됨 없
이 말하는 성자의 여덟 가지 명언을 의미한다. 성자 아닌 이가 말한
명언이란 '본 것을 보지 않았다', '들은 것을 듣지 않았다', '지각한 것
을 지각하지 않았다', '인식한 것을 인식하지 않았다', '보지 않은 것을
보았다', '듣지 않은 것을 들었다', '지각하지 않은 것을 지각했다', '인

---

82 데게, 논소, 유식, ri, 제1품, 46b; 교정본 No.76, p.121. (T.31,1605,663c,4)

불교 과학 철학 총서1 물질세계

식하지 않은 것을 인식했다'라고 하여 전도되게 말하는 성자가 아닌
이의 여덟 가지 명언을 의미한다.

『구사자석』에서 다음과 같이 설한다.

> 경에서 설한 열여섯 가지 명언 중 '보지 않은 것을 보았
> 다'라고 말하는 것과 '듣지 않은 것을 들었다', '지각하지
> 않은 것을 지각했다', '인식하지 않은 것을 인식했다'라
> 고 말하는 것과, '본 것을 보지 않았다'라고 말하는 것부
> 터, '인식한 것을 인식하지 않았다'라고 말하는 것까지의
> 여덟 가지는 성자가 아닌 이의 명언이다. '본 것을 보았
> 다'고 말하는 것부터, '인식한 것을 인식했다'라고 말하는
> 것까지와 '보지 않은 것을 보지 않았다'라고 말하는 것부
> 터 '인식하지 않은 것을 인식하지 않았다'라고 말하는 것
> 까지의 여덟 가지는 성자의 명언이다. 여기서 보는 것,
> 듣는 것, 인식하는 것, 지각하는 것의 정의는 무엇인가?

> 안식眼識, 이식耳識, 의식意識과
> 세 가지 식이 인식함으로써
> 보고[見], 듣고[聞], 인식하고[知],
> 지각하는[覺] 순서대로 말한다.

> 안식으로 인식하는 것을 '본다'라고 말한다. 이식으로
> 인식하는 것을 '듣는다'고 말한다. 의식으로 인식하는

것을 '인식한다'라고 말한다. 비식鼻識과 설식舌識과 신
식身識으로 인식하는 것을 '지각한다'라고 말한다.**83**

부가적으로 '능전能詮의 소리'를 설명함

능전의 소리란 '자신이 표현하고자 하는 의미(소전所詮)를 알게 하는
개별적 소리'를 말한다. 기호에 의해서 자신이 표현하고자 하는 의미
를 알게 하는 소리가 '능전의 소리'의 정의이다. 예를 들면 '항아리'라
고 말하는 소리 같은 것이다. 능전의 소리는 본성, 소전, 표현 방식, 배
제의 측면에서 분류하는 네 가지 방식이 있다.

첫째, 본성의 측면에서 분류하면 명칭, 구절, 문자 세 가지가 있다.

대상의 본성만을 드러내는 것이 명칭[名]이고, 그것의 특성을 드
러내는 것이 구절[句], 아무것도 드러내지 않는 소리가 문자[文]이다.
예를 들면 '집'이라는 말은 본성을 표현하는 명칭이고, '하얀 집'이라
는 말은 그 집의 특성을 드러내는 구절이며, 'ㄱ'은 아무것도 드러내
지 않는 문자이다. 이를 구나쁘라바(Guṇprabha, 功德光) 논사는 『오온론
주五蘊論註』에서 다음과 같이 세밀하게 다루고 있다.

> 명신名身은 무엇인가? 제법의 본성을 나타내는 호칭이
> 다. 예를 들어 눈[眼]이라고 하는 등이다. 구신句身은 무
> 엇인가? 제법의 특성을 나타내는 호칭이다. 예를 들면

---

83 데게, 논소, 아비달마, ku, 제4품, 205a; 교정본 No.79, p.504. (T.29.1559.242c.11)

'아아! 제행은 무상이다'라고 하는 등이다. 어느 정도 말
하고자 하는 의미가 갖추어진 것이다. 동작, 성질, 시제
와 관련된 특성을 알게 하는 말이다. 예를 들면 '항아리
는 유위이다'라고 하는 말은 동작과 관련된 특성을 알
게 하는 것이다. '데바닷따가 검거나, 희거나, 파랗다'고
하는 것은 성질과 관련된 특성이다. '데바닷따가 요리한
다, 요리할 것이다, 요리했다'라고 하는 것은 시제와 관
련된 특성을 알게 하는 것이다. 이와 같이 구절이란 '자
상自相을 표현한다'고 한다. 동작, 성질, 시제와 관련된
특징을 표현하는 것이다. 문신文身은 무엇인가? 문자들
이다. (왜냐하면) 두 가지를 밝히기 때문이다. 이 두 가지
란 제법의 본성(명칭)과 특성(구절)이다. '밝힌다'고 하는
말은 '드러나게 한다'는 말이다.**84**

따라서 대상의 본성만을 드러내는 말이 명칭의 정의이며, 이에 실명
과 가명 둘, 혹은 원시임의명칭과 후자성립명칭의 두 가지가 있다. 실
명, 주요명칭, 원시임의명칭은 모두 유의어이고, 가명, 부차명칭, 후자
성립명칭도 유의어이다. 목적이나 이유가 있든 없든 상관없이 대상
에 처음으로 붙인 명칭이 '실명'이다. 예를 들면 온난하고 태우는 것
을 '불'이라고 하는 것과 같다. 실명이 붙은 대상에 유사성과 관계성

---

84 『Pañcaskandhavivaraṇa』. 데게, 논소, 유식, si, 24a; 교정본 No.77, p.725.

을 이유로 하여 이후에 붙인 명칭을 '가명'이라고 한다. 여기에는 관계성을 이유로 한 가명과, 유사성을 이유로 한 가명 두 가지가 있다. 첫째, 생기는 관계를 이유로 한 가명, 본질이 하나인 관계를 이유로 한 가명 둘이 있다. 생기는 관계를 이유로 한 것은 햇빛을 해라고 하는 것과 같다. 본질이 하나인 관계를 이유로 한 것은 방석의 한쪽 모서리가 탄 것을 방석이 탔다고 말하는 것과 같다. 둘째, 유사성을 이유로 하는 가명은 입이 크고 코가 넓적한 사람을 '사자獅子'라고 부르는 것과 같다. 이를 『양평석』에서 다음과 같이 설한다.

> 마음이 착란하지 않고 대상을 지칭하는 것이
> 언제나 실명이다.
> 브라만의 아들에게 사자獅子라고 부르는 것은 가명假名
> 이며
> 그렇게 지칭하는 것도 세간에 존재한다.
>
> 대상이 없어도 세간에 알려진
> 처음 붙인 이름은 실명實名이며
> 의미와 유사하기 때문에
> 착란한 분별에 의해 붙여진 것이 부차명칭이다.**85**

---

85 『Pramāṇavārttika』. 데게, 논소, 인명, ce, 현량품現量品, 119b:36-37; 교정본 No.97, p.529.

'사자'라는 명칭은 짐승의 왕에게는 언제나 실명이지만, 바라문의 아들에게는 가명이다. 이렇게 부르는 것도 세간에는 존재한다. 외도인 바이쎼쒸까 학파(勝論學派, Vaiśeṣika) 등이 주장하는 대로, 명칭의 대상인 공상共相 같은 다른 의미가 없지만 세간에서 어떤 대상에 대해 처음 알려져서 붙인 이름은 그 대상의 실명이고, 실명을 붙인 대상과 유사하기 때문에 착란된 분별을 가지고 이후에 붙인 명칭은 그 대상의 부차명칭 또는 가명이라고 한다.

대상의 본성과 특성을 결합하여 표현하는 말이 구절의 정의이다. 예를 들면 "아아! 제행은 무상이다."라고 하는 말과 같다. 문자의 정의는 명칭과 구절의 기본 구성 요소가 되는 어조語調이다. 우리가 쓰는 문자의 모양은 실제 문자가 아니며, 문자의 본질은 어조이다. 문자를 분류하면 자음과 모음 둘로 나뉜다. 위에서 말한 명칭, 구절, 문자의 정의는 셋으로 분류한 측면에 국한된 것으로 일반적인 명칭, 구절, 문자의 정의와는 다르다.

성처聲處와 관련된 한 가지 의문점은 불교경론에서 소리에는 동류상속同類相續이 존재하지 않는다고 설한 것이다. 일반적으로 모든 유위의 질質의 상속에 있어 시초는 '이것'이라고 정립할 수 없는데, 이에 대해서는 뒤에서 설명할 것이다. 다른 물질에 질의 상속이 존재하는 것처럼 소리도 마찬가지이다. 소리는 여러 찰나를 부분으로 가진 유위법이기 때문에 상속이 있어야 한다. 만약 소리가 상속을 가지지 않는다면, 소리는 시변제찰나時邊際刹那 정도밖에 머물지 않게 되므로 이식耳識이 현량으로 알지 못하게 될 것이다.

그러나 소리에는 동류상속이 존재하지 않는다고 여러 논서에서 밝히고 있다. 예를 들면 『대승아비달마잡집론』에서 다음과 같이 설한다.

> 소리는 상속이 단절되기 때문에 이어서 다른 대상으로
> 이동하지 않고, 즉 제자리에 머물며 순간순간 발생하는
> 것이다.**86**

또한 『구사론』에서 다음과 같이 말한다.

> 외부의 사계四界라 함은
> 자르는 것[能斫]이고, 아울러 잘라지는 것[所斫]이다.
> 태워지는 것[所燒]과 재는 것[能燒]도 그와 같다.**87**

이에 대해 『구사자석』에서도 아래와 같이 설한다.

> "자르는 것과 잘라지는 것이 외부의 사계인 것처럼, 태
> 워지는 것과 재는 것도 그와 같다. 그것은 태워지는 것
> 이고, 그것은 재는 것이다. 오근은 그렇지 않다. 빛처럼
> 투명하기 때문이다. 소리도 그렇지 않다. 단절되기 때문

---

86 데게, 논소, 유식, li, 제2품, 12b; 교정본 No.76. p.983. (T.31.1606.703a.9)

87 데게, 논소, 아비달마, ku, 제1품, 3a:36; 교정본 No.79, p.6. (T.29.1558.9a.3)

이다."**88**

이처럼 소리에는 동류상속이 없다고 설한 것을 분석해보면, 위 논서들의 의도는 다음과 같다고 본다. 성처를 제외한 다른 유색처들은 자신과 같은 종류의 미진이 쌓여 거친 단계의 취합체를 형성하고, 이것은 그것의 전 찰나가 후 찰나의 본질이 되어 동류상속이 존재할 수 있는데, 이는 유색법 자체가 미세한 것이 축적되어 거친 단계로 확대되기 때문이다. 이와는 달리 성처는 자신을 형성하는 동류의 극미가 쌓여도 소리 자체의 크기는 커지지 않으며, 소리의 크기는 그것이 의지하고 있는 공기 파동의 크기로 성립된다. 따라서 소리 자체의 크기가 크고 작다는 표현이 존재하지 않는다는 의도를 가진 것으로 보이며, 이 점은 아직 더 분석할 필요가 있다.

여하간 소리는 파동의 본질을 가졌기 때문에 바다의 파도를 예로 들어 설명하자면, 일반적으로 전前의 파도가 후後의 파도로 변한 것처럼 보이지만, 실제로는 이전 파도의 힘으로 후의 파도가 새로 생겨난 것일 뿐 결코 이전 파도 자체가 후의 파도가 되어 해안에 도달하는 것이 아니다. 마찬가지로 징을 쳐서 큰 소리가 생길 경우 첫 찰나의 소리 크기로부터 그 소리가 얼마나 오래갈 수 있을지 결정되고, 후 찰나의 소리는 전 찰나의 힘으로 공기가 진동하며 나아가는 힘에 의해 발생한다는 것을 앞서 제시한 파도의 비유를 통해 유추할 수 있지

---

88 데게, 논소, 아비달마, ku, 제1품, 44a:4; 교정본 No.79, p.108. (T.29.1558.9a.10)

제2장 소지所知인 대상의 체계

만, 이에 대해서는 더 분석할 필요가 있다.

3) 향처香處

비식이 냄새 맡는 대상이 향처이다. 예를 들면 전단향이나 사프란 등의 냄새이다.

냄새는 좋은 냄새[好香]와 나쁜 냄새[惡香] 둘로 나뉘며, 이도 각각 균등한 냄새[等香]와 불균등한 냄새[不等香] 둘로 구분하므로 총 넷으로 분류한다. 이를 『구사자석』에서 다음과 같이 설하였다.

> 냄새는 넷이다. 좋은 냄새와 나쁜 냄새 둘과 균등한 냄새와 불균등한 냄새가 있기 때문이다.**89**

여기서 균등한 것은 좋은 냄새와 나쁜 냄새가 약한 것이고, 균등하지 않은 것은 두 가지 냄새가 강한 것이다.**90**

또, 『대승아비달마집론』에서는 냄새를 여섯 가지로 설명한다.

> 좋은 냄새, 나쁜 냄새, 균등한 냄새, 천연天然의 냄새, 인

---

89 데게, 논소, 아비달마, ku, 제1품, 30b; 교정본 Np.79, p.75. (T.29.1558.2c.20)

90 이와 관련하여 인식대상인 냄새의 양이 비식의 의지처(소의신所依身)인 비근보다 적거나 균등하게 나타날 때 이를 등향等香이라 하고, 반대로 많을 경우 부등향不等香이라고 하는 해석이 있다.

조人造의 냄새, 변이로 생기는 냄새이다.**91**

이 중 뒤의 세 가지 냄새의 사례에 대해 『대승아비달마잡집론』에서 다음과 같이 설한다.

여기서 천연의 냄새는 전단향과 같은 냄새를 말한다. 인 조의 냄새는 향 등 혼합된 것의 냄새이다. 변이로 생기 는 냄새는 익은 과일 등에서 나는 냄새이다.**92**

또한 쁘리티비반두(Pṛthivībandhu, 地親) 논사는 『오온석』에서 아래와 같이 설한다.

이것을 나누면 셋이 있다. 여기서 좋은 냄새는 근根과 사대四大를 이롭게 하는 것이다. 사향麝香과 전단향, 사 프란 등의 냄새이다. 나쁜 냄새는 근과 사대에 해를 끼 치는 것이다. 역겨운 토한 냄새 등이다. 이외에 다른 것 은 오근과 사대에 도움도 되지 않고 해도 되지 않는 것 이다. 즉, 좋은 냄새도 아니고 나쁜 냄새도 아닌 것들이 다. 이것은 소라와 조개 등의 냄새이다. 좋은 냄새에도

91　데게, 논소, 유식, ri, 제1품, 46b; 교정본 No.76. p.122. (T.31.1605.663c.9)

92　데게, 논소, 유식, li, 제1품, 4a; 교정본 No.76. p.962. (T.31.1606.696b.15)

셋이 있다. 천연의 냄새, 인조의 냄새, 변이로 생기는 냄새이다. 여기서 전단향이나 사프란 등의 냄새는 천연의 냄새이다. 향환香丸 등은 인조의 냄새이다. 익은 망고열매 등의 냄새는 변이로 생기는 냄새이다. 좋지 않은 냄새도 천연의 냄새와 인조의 냄새, 변이로 생기는 냄새에 적용할 수 있다.93

이처럼 위 논서에서는 근과 사대에 이로운 것과 해로운 것, 이로움과 해로움 어느 것도 주지 않는 것으로서 차례대로 좋은 냄새[好香], 나쁜 냄새[惡香], 좋지도 나쁘지도 않은 냄새[平等香]의 분류 방식을 설명하였다.

4) 미처味處

설식舌識이 맛보는 대상이 미처이다. 예를 들면 시탕수수의 맛이다. 맛을 구분하면 여섯 가지가 있다. 『구사자석』에서 다음과 같이 설한다.

맛에는 여섯 가지가 있으니, 단맛, 신맛, 짠맛, 매운맛,

---

93 『Pañcaskandhabhāṣya』. 데게, 논소, 유식, si, 39b; 교정본 No.77. p.769.

쓴맛, 떫은맛**94**이다.**95**

그것의 사례를『오온석』에서 다음과 같이 설한다.

> 단맛은 설탕과 사탕수수, 꿀 등이다. 신맛은 산酸과 식
> 초 등이다. 짠맛은 소금의 다섯 가지 맛이다. 쓴맛은 쓸
> 개나 제정蒂丁**96** 등이다. 매운맛은 필발蓽茇이나 후추,
> 생강 등의 맛이다. 떫은맛은 가자訶子와 모가자毛訶子
> 등의 맛이다.**97**

『명료의석』에서 아래와 같이 말한다.

> 맛을 여섯 가지로 설한 것은 토대가 되는 6종을 주로 말
> 한 것이며, 여섯 가지 맛이 서로 접촉함으로써 다양한
> 맛이 생겨난다.**98**

---

94 일부 한역 아비달마 논서에서 '담백한맛[淡]'이라고 번역하였는데, 여기서는 원본 그대
로 떫은 맛이라고 번역하였다. (역자주)

95 데게, 논소, 아비달마, ku, 제1품, 30b; 교정본 No.79, p.75. (T.29,158,2c,19)

96 제정蒂丁(gentiana chiretta). 용담과 쓴풀속에 속하는 약초. 아유르베다에서 간질환의 치료
제로 쓰인다. (역자주)

97 데게, 논소, 유식, si, 40a; 교정본 No.77, p.770.

98 데게, 논소, 아비달마, ku, 제1품, 23a; 교정본 No.80, p.55.

위 논서에서는 여섯 가지 맛을 각각 단맛의 단맛, 단맛의 신맛 등으로 여섯을 다시 여섯씩 세분해서 36가지 맛이 있다고 하였고, 또 36가지 맛을 각각 경험할 때 '설식舌識에 이로운 맛', '소화될 때 신식身識을 해치지 않는 맛', '소화된 후 심식에 이로운 맛'으로 셋씩 분류하여 총 108가지 맛을 설명하였다.

또한 『대승아비달마집론』에서는 다음과 같이 열두 가지의 맛을 언급하고 있다.

> 쓴맛, 신맛, 매운맛, 떫은맛, 짠맛, 단맛, 좋은 맛, 좋지 않
> 은 맛, 둘 다 아닌 맛, 천연의 맛, 인조의 맛, 변이로 생기
> 는 맛에서 생기는 것이다.**99**

이 열두 가지 분류는 본질의 측면에서 처음의 여섯 가지, 이로움과 해로움의 측면에서 좋은 맛, 안 좋은 맛 등 세 가지, 근원적 측면에서 마지막 세 가지로 구분한다. 마지막 셋의 사례를 들면 가자訶子의 맛은 천연의 맛이고, 국수의 맛은 인조의 맛, 익은 망고의 맛은 변이로 생기는 맛이다.

이밖에도 인도의 의학문헌에서는 여섯 가지 맛 각각이 형성되는 이치와 작용 등을 설명하고 있다. 짠드라난다나(Candranandana, 月喜) 논사는 『의관팔지심요석구의월광醫觀八支心要釋句義月光』에서

---

99 데게, 논소, 유식, ri, 제1품, 46b; 교정본 No.76, p.122. (T.31,1605,663c,11)

(…) 지수地水 등이다. 지수란 지와 수의 능조가 우세한 것에서 단맛이 생긴다는 것이다. 화지火地란 화와 지가 우세한 것에서 신맛이 생긴다는 것이다. 수화水火란 수와 화의 능조가 우세한 것에서 짠맛이 생긴다는 것이다. 공풍空風이란 허공과 풍이 우세한 것에서 쓴맛이 생긴다는 것이다. 화풍火風이란 화와 풍이 우세한 것에서 매운 맛이 생긴다는 것이다. 지풍地風이란 지와 풍의 능조가 우세한 것에서 떫은맛이 생긴다는 것이다. 그렇기에 두 가지 능조에서 생기는 것이다. '우세한'이라고 하는 것은 모든 맛이 소조임을 가리키는 것이다.**100**

라고 하였고, 여섯 가지 맛의 작용도 같은 논서에서 다음과 같이 설하였다.

단맛은 풍風과 담즙膽汁을 없애고, 가래를 생성한다. 신맛은 풍을 없애고, 담즙과 가래를 생성한다. 짠맛은 풍을 없애고, 가래와 담즙을 생성한다. 매운맛은 가래를 없애고, 풍과 담즙을 생성한다. 쓴맛은 가래와 담즙을 없애고, 풍을 생성한다. 떫은맛은 가래와 담즙을 없애

---

100 『Candrikāprabhāsa-aṣṭāṅgahṛdayavivṛtti』. 데게, 논소, 의방명醫方明, ko, 제10품, 132a; 교정본 No.113, p.316.

제2장 소지所知인 대상의 체계

고, 풍을 생성한다.**101**

5) 촉처觸處

신식身識의 접촉 대상이 촉처이다. 예를 들면 사대이다. 촉처에는 두 가지 근본 분류가 있는데, 스티라마띠(Sthiramati, 安慧) 논사는 이에 대해『대승광오온론大乘廣五蘊論』에서 다음과 같이 설한다.

촉처는 두 가지이다. 대종大種과 소조색所造色이다.**102**

원인인 촉처는 대종이며, 결과인 촉처는 소조라고 한다. 대종은 뒤에서 자세히 설명하기로 하고, 소조에 대해 먼저 말하자면, '소조'란 그것의 원인인 대종으로 이루어진 것 혹은 대종에서 생긴 것이기 때문에 소조所造라고 한다.

　『대승아비달마집론』의 한 주석에 의하면 소조에는 1) 대종을 원인으로 한 소조, 2) 그 명칭이 궁극적으로 대종에 의지한 소조, 3) 대종을 인식 대상으로 하여 현현한 소조, 이 세 가지가 있다.

　이 중 첫째는 사대를 원인으로 하여 생겨난 결과의 색인 항아리와 기둥 같은 것이다. 둘째, 그 명칭이 궁극적으로 대종에 의지한 소

---

101 위의 논, 제1품, 10a; 교정본 No.113, p.23.

102 데게, 논소, 유식, shi, 제1품, 202a; 교정본 No.77, p.540. (T.31.1613.854c.19)

조는 극미極微 같은 것이다. 대종이 있으면 '색'이라 지칭하는 어떤 것이 존재하고, 그것이 존재하면 '극미'라고 하는 명칭도 생기게 된다. 따라서 '극미'라는 명칭도 궁극적으로 대종에 의지해야 하므로 '소조'라고 칭하며, 항아리처럼 대종의 취합으로 이루어진 것은 아니다. 법처색인 극형색과 수소인색受所引色 둘을 소조로 안립하는 방식도 이와 유사하다. 셋째, 대종을 인식 대상으로 하여 현현한 소조는 예를 들면 정자재소생색定自在所生色이다. 이를 「섭결택분」에서 다음과 같이 설하였다.

> 법처색인 삼매의 결과들도 오로지 삼매에 의지함을 알아야 한다. 대종大種에 의지한 것이 아니다. 그것과 동종인 영상을 인식한 삼매로부터 성립하기 때문에, 대종을 원인으로 한다고 하여 그것으로 인해 생기는 것은 아니다.[103]

이처럼 정자재소생색은 삼매가 대종을 인식 대상으로 삼아 나타난 것이기 때문에 소조라고 지칭한 것이고, 대종을 의지하는 측면에서 성립한 소조가 아니라고 한다. 소조색의 일곱 가지 분류는 『구사자석』에서 다음과 같이 설하였다.

---

[103] 데게, 논소, 유식, zhi, 제6품 53b; 교정본 No.74, p.125. (T.30.1579.599b.16)

매끄러움, 거칢, 무거움, 가벼움, 차가움, 배고픔, 목
마름**104**

이 일곱 가지의 본질에 대해서 구나쁘라바 논사는 『오온론주』에서 아
래와 같이 설한다.

> 매끄러움은 유연하고 탄성이 있으며 피부로 문질러서
> 알 수 있다. 거칢은 까칠까칠한 것이고, 촉에 해당될 뿐
> 이며 만짐으로써 느껴지는 것이다. 무거움과 가벼움은
> 저울로 재서 아는 것이다. 차가움은 바람이 모여 느끼는
> 것이고, 그것은 따뜻함을 원하게 한다. 배고픔은 먹기를
> 바라는 것이고, 목마름은 마시기를 바라는 것이다.**105**

이 일곱 가지 소조는 근본적으로 사대의 촉각적 특성을 지칭할 뿐이
며, 대종의 촉처와 별개인 본질은 존재하지 않고, 모든 감촉은 매끄러
움, 거칢, 중간의 셋으로 포괄된다고 한다.

   일곱 개의 소조가 그것의 원인인 대종으로부터 생기는 것에 대
해 『대승광오온론』에서 다음과 같이 설하고 있다.

---

104 데게, 논소, 아비달마, ku, 제1품, 30b; 교정본 No.79, p.76. (T.29.1558.2c.23)

105 데게, 논소, 유식, si, 6b; 교정본 No.77, p.682.

매끄러움 등도 각기 다른 위치로 인해 서로 구분된다.
수水와 화火의 요소가 많으면 매끄럽다. 지地와 풍風의
요소가 많으면 거칠다. 지와 수의 요소가 많으면 무겁
다. 화와 풍의 요소가 많으면 가볍다. 이러한 이유로 시
체는 주로 무거운 성질의 것이다. 수의 요소가 많은 것
은 차갑다. 풍의 요소가 많은 것은 배고픔이다. 화의 요
소가 많은 것은 목마름이다.**106**

또『아비달마집론』에서는 다음과 같이 설하였다.

매끄러움, 거칢, 가벼움, 무거움, 유연함, 느슨함, 느슨하
지 않음, 차가움, 배고픔, 목마름, 포만감, 건장함, 허약
함, 혼절함, 소름끼침, 미끄러움, 아픔, 늙음, 죽음, 피로,
회복, 활력이다.**107**

이처럼 소조를 스물두 가지로 설한 것도, 일곱 소조에 포괄된다. 유연
함은 폭신해 보이는 솜의 촉처 같은 것이며, 느슨함은 비틀었을 때 뻑
뻑하지 않은 양털의 촉처 같은 것이기에 이러한 것들은 매끄러움과
가벼움에 속한다. 느슨하지 않은 것은 비틀었을 때 수축하지 않는 쇠

와 돌의 촉처 같은 것이다. 포만감은 먹고 마시는 것으로 만족할 때의 촉처이고, 사대가 균형이 맞을 때의 촉처이다. 건장함은 몸에 힘이 있고 건강할 때의 촉처 같은 것이다. 허약함은 몸에 힘이 약해질 때의 촉처 같은 것이다. 그러므로 이 넷은 거칢 또는 무거움에 속한다. 혼절함은 심과 심소의 거친 단계의 움직임이 단절됨으로써 신체 주요 부위가 영향을 받는 것으로 인해 생긴 촉처이기 때문에 거친 것 또는 매끄러운 것에 속한다. 소름끼침은 피[血]에 해로운 자극을 줌으로써 참을 수 없게 만드는 것을 말한다. 예를 들면 쇠를 쇠로 긁는 소리로 인해 몸에 소름이 끼치는 촉처 같은 것으로, 거친 것에 속한다. 미끄러움은 수水와 지地가 모여서 생기는 특정한 촉처로, 무거움에 속한다. 아픔은 머리의 통증 같은 것으로, 거친 것에 속한다. 늙음의 촉처는 몸이 무거워지는 것을 말하기 때문에, 무거움에 속한다. 죽음의 촉처는 몸의 마디를 자르는 듯한 촉처 같은 것이고, 피로는 몸이 지쳐 행동이 자유롭지 못할 때의 촉처 같은 것이므로, 이 둘은 거칢 또는 무거움에 속한다. 회복은 피로에서 벗어나 몸의 행동이 자유로울 때의 촉처 같은 것이므로 가벼움에 속한다. 활력은 몸에 힘이 있고 안색이 좋을 때의 촉처 같은 것이므로 가벼움 또는 무거움에 속한다.

이를 또한 『대승광오온론』에서 다음과 같이 설하였다.

> 다른 곳에서 혼절함과 건장함, 허약함 등 촉처의 부류를
> 언급하는 것도, 여기에 속하기 때문에 별도로 언급하지
> 않는다. 혼절함은 매끄러움과 별도로 존재하지 않는다.
> 건강함은 거칢 또는 무거움과 별도로 존재하지 않는다.

그와 같이 다른 논서에서 언급한 촉처의 부류들도 이 가운데 속한다.[108]

그러므로 하부 아비달마 논서에서는 20종의 색처, 8종의 성처, 4종의 향처, 6종의 미처, 사대 및 일곱 소조인 11종의 촉처를 설하였고, 상부 아비달마 논서에서는 25종의 색처, 11종의 성처, 6종의 향처, 12종의 미처, 사대를 비롯한 22가지 소조인 26종의 촉처를 설하였다.

---

108 데게, 논소, 유식, shi, 제1품, 203a; 교정본 No.77, p.542.

제2장 소지所知인 대상의 체계

4
안眼 등 오근五根

안 등의 오근은 빛처럼 투명하기 때문에 여러 조각으로 자르거나, 저울로 달 수 없는 투명한 내색內色의 본질로 성립하며, 각각의 소의인 부진근扶塵根에 의지하고, 자신의 결과인 근식을 발생시킨다. 예를 들면 거울에 영상이 나타나는 것처럼, 안근에도 색깔과 형태의 영상이 떠오르고, 안식이 발생한다. 자신의 결과인 안식의 비공통적인 증상연增上緣의 종류에 속하는 내부의 투명한 색[淨色]이 안근의 정의이다. 이를 통해서 이근耳根 등 나머지 넷의 정의도 알 수 있다.

이를 『대승아비달마집론』에서 다음과 같이 설하였다.

> 안근은 무엇인가? 사대를 원인으로 하고 안식의 소의가 되는 투명한 색이다. 이근은 무엇인가? 사대를 원인으로 하고 이식의 소의가 되는 투명한 색이다. 비근은 무엇인가? 사대를 원인으로 하고 비식의 소의가 되는 투명한 색이다. 설근은 무엇인가? 사대를 원인으로 하고 설식의 소의가 되는 투명한 색이다. 신근은 무엇인가? 사대를 원인으로 하고 신식의 소의가 되는 투명한 색이다.**109**

---

109 데게, 논소, 유식, ri, 제1품, 46a; 교정본 No.76, p.120. (T.31.1605.663b.24)

안 등 오근 각각에는 구의具依(Tib. rten bcas)와 상동相同(Tib. de mtshungs) 둘이 존재한다. 색을 보고 있을 때의 안근은 구의이며, 잠을 자거나 눈을 감았을 때의 안근은 상동이다. 뿌르나와르다나 논사는 이를 『상수순』에서 다음과 같이 설한다.

> 여기서 자세하게 설한 안근의 극미란, 어떤 때에는 모두 구의이다. 원하는 마음으로 파악하고자 하는 사물을 볼 경우, 그때는 모두 구의이다. 어떤 때에는 상동이다. 잠을 자거나, 눈을 감았을 때의 경우이다. 어떤 때에는 일부 구의이다. 원하는 마음 없이 그냥 볼 경우 그때는 일부 구의이고, 일부 상동이다.[110]

안근과 관련한 구의와 상동의 구별법은 나머지 근들에도 똑같이 적용된다. 오근의 본성, 작용, 형태 등은 쁘리티비반두 논사의 『오온석』에서 명확하게 설명하고 있다. 이를 인용하면 다음과 같다.

> 안근의 대상은 파랑, 노랑, 하양, 빨강 등이다. 예를 들어 거울, 유리, 물 등이 투명하고 맑기 때문에 영상이 떠오르는 것처럼 안근도 투명하고 맑아서 색과 만나면 색의 영상이 나타나고, 그 색의 성질이 어떠하든 그것과 일치

---

[110] 데게, 논소, 아비달마, cu, 제1품, 95a; 교정본 No.81, p.234.

하는 안식을 발생시키는 원인이 된다. 그러므로 '투명한 색'이라고 한다. 안근의 입자는 안구眼球 내에 참깨의 꽃이 피어 있는 것처럼 존재한다.

묻는다. 그렇다면 '투명한'이라고 하면 충분한데 '색'이라고 말할 필요가 있는가?

답한다. '색'이라 말하지 않고 '투명한'이라고만 한다면, 심소에 대한 설명에서 '신심信心은 무엇인가? 투명한 마음이다'라고 할 때, 그 투명한 마음을 '안근'으로 생각하는 착오가 생길 수 있기 때문에 '색'을 말한 것이다. 신심은 투명하지만 심소이므로 색의 성질이 아니다. 안근은 색의 성질이기도 하고, 투명한 성질이기도 한 까닭이다.

묻는다. 그렇다면 '색'이라고 하면 충분한데 '투명한'이라고 말할 필요가 있는가?

답한다. '투명한'이라 말하지 않고 '색'이라고만 한다면 돌과 나무 등의 색도 안근이라고 생각하는 착오가 생길 수 있으며, 백내장을 앓는 이나 맹인들에게도 안근이 존재하게 되는 오류가 생기기 때문에 '투명한'을 말한 것이다. 돌, 나무 등과 백내장이 있는 눈, 맹인의 눈 등은 색이지만 투명함이 없기 때문에 안근이 아니다.

다시 묻는다. 그렇다면 '투명한 색'이라고 하면 충분한데 '대상은 색깔'이라고 말할 필요가 있는가?

답한다. 그것도 두 가지 의미가 있기 때문에 '대상은 색깔'이라고 말하지 않으면 안 된다. '투명한 색'만을 말하고 '대상은 색깔'이라고 말하지 않으면, 이근 등도 투명한 색이기 때문에 그것 역시 안근이라고 오해할 수 있다. 마찬가지로 거울과 유리, 물도 투명한 색이기 때문에 이 또한 안근이라고 오해할 수 있다. 이것들은 투명한 색이지만 그것의 대상은 색깔이 아니다. 그렇기 때문에 색이고, 투명한 것이기도 하며, 대상이 색깔인 것이 안근의 정의이다. 이근 등 나머지에 대해서도 이와 같이 적용하여 설명한다.

이근의 정의를 설하기 위해 '이근은 무엇인가?'라고 묻는 것은, '이근의 정의는 무엇인가?'라는 의미이다. 그것의 정의를 설명하기 위해 '대상은 소리이고, 투명한 색이다'라고 말한다. 이근은 유리와 거울 등과 같이 투명하고 맑은 색이며, 그것의 대상은 듣기 좋은 소리와 듣기 싫은 소리 등이다. 이처럼 맑기 때문에 이식을 발생시키는 원인이 된다. 그것의 입자는 귀의 내부에 자작나무를 묶어 만든 매듭처럼 존재한다.

비근의 정의를 설하기 위해, '비근은 무엇인가?'라고 묻는 것도, '비근의 정의가 무엇인가?'라는 의미이다. 그에 대한 답으로 '대상은 냄새이고, 투명한 색이다'라고 말한다. 비근은 유리와 거울 등과 같이 투명하고 맑은 색이며, 그것의 대상은 좋은 냄새와 나쁜 냄새 등이다. 그렇기 때문에 비식을 발생시키는 원인이 된다. 그것의 입자는 안약을 바른 쇠숟가락처럼 코 내부에 전반적으로 존재한다.

설근의 정의를 설하기 위해, '설근은 무엇인가?'라고 묻는 것은, '설근의 정의는 무엇인가?'라는 의미이다. 그에 대한 답으로 '대상은 맛이고, 투명한 색이다'라고 말한다. 설근은 유리와 거울 등과 같이 투명하고 맑은 색이며, 그것의 대상은 단맛과 신맛 등이다. 그렇기 때문에 설식을 발생시키는 원인이 된다. 설근의 입자는 반달과 같으며, 혀의 중앙에 머리카락 굵기 정도의 지점에는 퍼져 있지 않다. 만약 설근이 혀 전체에 퍼져 있다면 지속적으로 뇌척수액이 유출되기 때문에 이로 인해 구역감을 느낄 것이다. 신근의 정의를 설하기 위해 '신근은 무엇인가?'라고 묻는 것도, '신근의 정의는 무엇인가?'라는 의미이다. 그에 대한 답으로 '대상은 감촉이고, 투명한 색이다'라고 말한다. 신근의 대상은 매끄러움, 거칢 등의 촉처이다. 이것도 유리나 거울 등과 같이 투명하고 맑은 색이다. 그렇기 때문에 신식을 발생시키는 원인이 된다. 그 입자는 피부나 가죽처럼 몸 전체에 걸쳐 퍼져 있다.**111**

위 논서에서는 오근의 형태를 차례대로 참깨의 꽃(안근), 자작나무로 묶은 매듭(이근), 안약용 금속수저의 열刂(비근), 반달(설근), 피부(신근)와 같다고 설하였다.

---

111 데게, 논소, 유식, si, 37a; 교정본 No.77, p.763.

5

법처색法處色

앞서 말한 바와 같이 일반적으로 색에는 근식의 대상이 되는 색, 의식만의 대상이 되는 색 두 가지가 있다. 법처색은 후자에 속한다. 예를 들어 미진微塵의 취합체와 같은 거친 색을 각각의 부분으로 나누면 점차 미세해져서 근식의 인식 대상이 아니게 되더라도, 그것은 색이 아닌 것이 되지 않는다. 그와 같은 색들은 색 등의 오경과 안 등의 오근 중 어느 것도 아니기 때문에 법처색에 속한다. 그러므로 법처색의 정의는 '의식에만 현현하고, 소의인 근의 요소가 아닌, 색으로 적합한 것'이다. '의식에만 현현하고'라는 구절로 오근식의 인식 대상인 색·성·향·미·촉을 배제하고, '소의인 근의 요소가 아닌 것'이라는 구절로 의식에만 현현하지만 법처색이 아닌 안·의·비·설·신의 오근을 배제하였다. 법처색이 의식에만 현현하고 소의인 근의 요소가 아니라는 것은 바쑤반두(Vasubandhu, 世親) 논사의 『석궤론釋軌論』에 밝혀져 있다.

> 의식의 대상을 법처색이라고 한다. 이것은 의식만의 대
> 상이고, 단지 대상일 뿐이며, 소의가 아니다.**112**

아쌍가 논사의 『대승아비달마집론』에서는 법처색을 다섯 가지로 분

---

112 『Vyākyāyukti』. 데게, 논소, 유식, shi, 제1품 36a; 교정본 No.77. p.98.

류했다.

> 법처색은 무엇인가? 이것은 다섯으로 보아야 한다. 극
> 략색極略色, 극형색極迥色, 수소인색受所引色, 변계소기
> 색遍計所起色, 정자재소생색定自在所生色이다.**113**

① 극략색極略色은 거친 색을 각각의 부분으로 나누어 생긴, 의
  식에만 현현하는 극미이다. 거친 색을 부분으로 나누면 미세
  해지고, 결국 의식만으로 인식할 수 있는 대상인 극미가 된다.
  의식으로 취합체를 부분으로 분할하여 물질의 최소 단위에
  이르기 때문에 '극략색'이라고 한다.
② 극형색極迥色은 의식에만 현현하는 투명한 영상이다. 일반적으
  로 안식이 먼 산의 색을 보기 위해 반드시 필요한 투명한 영상
  을 극형색이라 하지만, 여기서는 의식에만 현현하는 투명한 영
  상을 말한다. 안식에 현현하는 투명한 영상은 색처에 속한다.
③ 수소인색受所引色은 무표색 같은 것이다. 별해탈율의別解脫律
  儀에 속한 무표색, 불율의不律儀에 속한 무표색, 둘 다 아닌 무
  표색 세 가지가 있다. 이것은 자신의 내적 의도를 다른 이에게
  드러내지 않기 때문에 '무표색'이라고 한다. 별해탈율의는 계
  사戒師의 앞에서 의궤를 통해 바르게 수지受持하는 것에서부

---

113 데게, 논소, 유식, ri, 제1품, 47a; 교정본 No.77, p.122. (T.31.1605.663c.15)

터 생기기 때문에 그러한 측면에서 '수소인색'이라고 이름하였다. 혹은 '등等'자를 붙여서 '수소인등색受所引等色'이라 불러야 한다고도 한다.

④ 변계소기색遍計所起色은 부정관不淨觀 삼매시 현현한 대지에 해골이 뒤덮인 영상과 의식에 명료하게 현현한 꿈의 마소와 집 등 오경五境의 영상같은 것이다. 부정관을 수습하는 의식에 대지가 해골로 뒤덮인 것이 현현할 뿐이고 실제로 대지가 해골로 뒤덮인 것은 아니며, 꿈의 의식에 말과 소 등이 현현할 뿐 꿈에 말과 소 등이 실재하는 것은 아니기 때문에 이와 같이 현현하는 색을 변계소기색이라고 한다.

⑤ 정자재소생색定自在所生色은 화변처火遍處와 수변처水遍處 삼매에 현현한 불과 물 같은 것이다. 삼매의 자재함을 얻은 힘으로 불과 물로 가득차거나 불과 물 등으로 변한 색이기 때문에 정자재소생색이라고 한다.

이에 대해 『대승아비달마잡집론』에서 다음과 같이 설한다.

> 극략색은 극미의 색이다. 극형색은 그것 외에 다른 막힘의 접촉을 여읜 것이다. 소수인색은 무표색이다. 변계소기색은 영상의 색이다. 정자재소생색은 해탈삼매의 대상인 색이다.**114**

---

114 데게, 논소, 유식, li, 제1품, 123a; 교정본 No.76, p.1278. (T.31.1606.696b.28)

위에서 다섯 가지 법처색은 오직 의식에만 현현한다고 할 때, 여기서 의식은 무분별에 해당한다. 분별의식에 현현하는 부분은 항상한 것이기 때문에 법처색이라 할 수 없다.

　이 논점에 있어, 옛 불교학자들은 법처색을 의식만의 인식 대상이 되는 색으로 정립하는 것에 의견이 일치했다. 하지만 이를 다섯 가지 분류로 정립하는지와 이 다섯 가지를 색으로 인정하는지의 여부에 대해서는 의견이 일치하지 않는다. 비바사사는 법처색에 대해 무표색 외에 다른 것을 언급하지 않는다. 『구사론』에서는 다음과 같이 설한다.

　　색은 오로지 오근과 오경, 그리고 무표無表이다.**115**

이처럼 오근과 오경, 무표색의 열한 가지로 색온을 설명하였고, 그 외에 다른 법처색을 설하지 않았다.

　마찬가지로 『상수순』에서도

　　무표는 법처에 속하고, 오경에 속하지 않으므로 오근의
　　대상이 되지 않는다. 그러므로 별도로 설한 것이다. '오
　　로지'란 분명하게 확정하는 말로 '오로지 무표색'이라는
　　뜻이며, 이는 경량부 등이 주장한 변계소기의 법처색을

---

115 데게, 논소, 아비달마, ku, 제1품, 2a:9; 교정본 No.79, p.4. (T.29,1558,2b,7)

제외한 것이다.**116**

라고 하여, 오로지 무표색만이 법처색임을 설하였다.

반면 바쑤반두 논사께서 『구사자석』에서 제시한 경량부의 주장에 따르면, 무표색도 색으로 인정하지 않음이 드러난다. 『구사자석』에서 다음과 같이 설한다.

> 경량부가 말하기를 "(무표는) 실유가 아니다. 서약에 한할 뿐 행하지 않기 때문이며, 과거의 대종으로 인해 가설된 것이기 때문이고, 그것도 자체의 본성이 존재하지 않기 때문이며, 또한 색의 특성이 존재하지 않기 때문이다."라고 한다. 비바사사가 말하기를 "이것은 실유이다. 어떻게 아는 것인가? 세 가지 색과 무루색을 설하기 때문이고, 복업의 증장과 직접 행하지 않아도 완성되는 업 등이 존재하기 때문이다."**117**

경량부의 이러한 주장은 신라 원측 대사의 『해심밀경소解深密經疏』에서도 찾아볼 수 있다.

---

116 데게, 논소, 아비달마, cu, 제1품, 26a; 교정본 No.81 p.63.

117 데게, 논소, 아비달마, ku, 제4품, 169a; 교정본 No.79, p.416. (T.29.1558.68c.26)

여덟 가지 색도 설일체유부의 문헌에서는, 여덟 중 사대 종은 촉처에 포섭되고, 파랑 등 넷은 색처에 포섭된다고 한다. 이 문헌에서 법처색은 색 중에 오로지 무표색만을 포섭한다고 주장하기 때문이다. 경량부의 문헌은 『성실론成實論』에서와 마찬가지로 무표는 색도 아니고, 식도 아닐 따름이라고 설명한다.**118**

유식학파는 수소인색의 율의가 심소心所인 사유[思]나 그 종자에 해당하고, 색이 아니라고 주장한다. 바쑤반두 논사는 『대승성업론大乘成業論』에서 아래와 같이 설한다.

> 만약 사유만이 신업이 된다고 하면 마음이 산란하거나 의식이 없는 이들에게는 사유가 존재하지 않으므로 율의와 비율의 둘이 어떻게 존재할 수 있겠는가? 사유의 특별한 습기가 괴멸되지 않으므로 율의와 불율의 둘이 존재한다.**119**

중관학파인 짠드라끼르띠 논사는 『입중론자석入中論自釋』에서

---

118 데게, 논소, 경소, thi, 제36권, 103b; 교정본 No.78, p.97. (X.21.369.304c.9)

119 데게, 논소, 유식, shi, 144b; 교정본 No.77, p.379. (T.31.1608.781a.11)

의식의 파악 대상인 법처에 속한 색은 꿈속에 존재한
다.**120**

라고 하여, 의식에 명료하게 현현하는 꿈속의 마소 등과 같은 변계소
기색이 법처색이라 설하였다. 또한 짠드라끼르띠 논사의 저서라고
알려진『오온품류론五蘊品類論』에서는 다음과 같이 설한다.

무표는 무엇인가? 색 중에 법처색이며, 보여줄 수 없고,
막힘이 없는, 의식만의 인식 대상이다. 율의와 불율의,
둘 다 아닌 것에 포섭되는 선과 불선의 상속의 본질, 이
것이 무표이다.**121**

이처럼 짠드라끼르띠 논사는 무표색을 율의와 불율의 등의 법처색으
로 설하였고, 다른 세 가지 법처색도 색이라 주장한다.

---

120 데게, 논소, 중관, 'a, 제6품, 265a; 교정본 No.60, p.708.

121 데게, 논소, 중관, ya, 242b; 교정본 No.60, p.1543.

6
원인인 사대종四大種

많은 불교경론에서 색의 체계를 설명할 때 색에는 원인인 대종(능조能造)과 이를 원인으로 하여 생긴 결과인 색(소조所造) 둘이 있다고 설한다. 『대승아비달마집론』에서도

> 색온은 무엇인가? 색으로 적합한 것 모두이다. 사대와
> 사대를 원인으로 한 것이다.[122]

라고 하여, 모든 색이 이 둘에 속한다고 주장한다. 즉 원인의 색에는 사대종이 있고, 그것들이 모여서 생긴 결과의 색 혹은 소조의 색에는 색 등 오경과 안 등 오근이 있다고 한다. 그리고 유색법의 성립 과정에 대해 미세한 것이 쌓여서 거친 것이 성립되고, 수많은 극미가 모여서 다양한 거친 색들이 형성된다고 날란다 논사들은 공통적으로 주장한다. 유색법들이 형성되는 과정의 핵심을 이해하기 위해서는 원인인 대종의 체계에 대한 바른 이해가 중요하기 때문에 인도의 불교경론에서 설한 대종의 이치를 여기 다소 광범위하게 설명하고자 한다.

    대종이 소조의 원인으로 작용하는 방식에는 ① 발생의 원인, ②

---

[122] 데게, 논소, 유식, ri, 제1품, 46a; 교정본 No.76, p.120. (T.31.1605.663b.19)

지지支持의 원인, ③ 주처住處의 원인, ④ 유지의 원인, ⑤ 증장의 원인이 있다. 씨앗이 없으면 싹이 날 수 없는 것처럼 원인인 대종이 없으면 결과인 색, 즉 소조가 생기지 않기 때문에 대종은 소조의 '발생의 원인'이다. 그릇이 없으면 그것에 의지하는 음식을 담을 수 없는 것처럼 대종을 의지하지 않고서는 결과인 색들이 별도로 존재할 수 있는 힘이 없기 때문에 대종은 소조의 '지지의 원인'이다. 나무를 자르면 그림자가 없어지는 것처럼 대종이 사라지면 결과인 색도 사라지기 때문에 대종은 소조의 '주처의 원인'이다. 노인이 지팡이를 의지해 가는 것처럼 대종에서 생긴 결과인 색의 후 찰나 상속이 단절되지 않고 발생하게 하므로 대종은 소조의 '유지의 원인'이다. 대종이 증장되면 결과인 색도 증장되기 때문에 대종은 소조의 '증장의 원인'이다.

이를 쁘리티비반두 논사는 『오온석』에서 다음과 같이 설하였다.

> 여기서 사대종은 다섯 가지 원인으로서 소종의 원인이 된다. 다섯 가지 원인은 발생, 지지, 주처, 유지, 증장이다. 씨앗이 없으면 싹이 생기지 않는 것처럼 사대종이 없으면 결과인 소조색이 생기지 않기 때문에 발생의 원인이 된다. 사대종을 의지하지 않는다면 결과인 소조색이 별도로 존재할 수 없기 때문에 지지의 원인이 된다. 나무를 자르면 그 그림자가 없어지는 것처럼 사대종이 없어지거나 손상된다면 결과인 소조색들도 쇠퇴되기 때문에 주처의 원인이 된다. 노인이 지팡이를 의지하여 걸어가는 것처럼 사대종으로 인해 후 찰나의 상속이 생

기고 결과인 소조색의 찰나 상속도 끊임없이 이어가게
되기 때문에 유지의 원인이 된다. 대종이 증장하고 성숙
한다면 결과인 소조색도 증장되기 때문에 증장의 원인
이 된다.**123**

'대종'이라는 용어의 의미에 대해 『상수순』에서 다음과 같이 설하
였다.

대종이 다양한 형태의 색으로 나타나는 것이 그것과 그
것의 특성을 형성하기 때문에 대종이라고 한다….
혹은 대종이 발생하는 사물의 본질이 되기 때문에 대종
이라고 한다. 사물의 존재와 중생의 탄생을 증장시킨다
는 의미이다.**124**

다양한 결과의 색이 형성될 경우 견고함 등이 그것과 그것의 본질로
생기기 때문에 '대종'이라고 하며, 또는 대종 자체의 후 찰나의 상속
과 중생의 탄생이 증장되기 때문에 '대종'이라고 하는 것으로, 대종이
라는 말의 의미와 두 가지 석명釋名을 밝혔다.
'대종'이라고 함에 있어 '대(大, Tib. chen po)'의 의미는, 지·수·화·

---

123 데게, 논소, 유식, si, 35a; 교정본 No.77, p.758.
124 데게, 논소, 아비달마, cu, 제1품, 34a; 교정본 No.81, p.82.

풍 넷이 차례대로 지니고, 모으고, 성숙시키고, 움직이게 하는 강한 작용의 힘[增上力]을 가진다는 것이다. 이에 대해 구나쁘라바 논사는 『오온론주』에서 다음과 같이 설한다.

> 혹은 지·수·화·풍의 요소가 지니고, 모으고, 성숙시키고, 움직이게 하는 작용을 하기에 '대大'라고 한다.125

이밖에 대종의 또 다른 의미를 스티라마띠 논사는 『대승광오온론』에서 다음과 같이 설하였다.

> 대종은 결과인 모든 색의 소의所依이므로 방대하기 때문이다. 혹은 색 등 모든 집합체에 견고함 등이 존재하기 때문에, 혹은 존재하는 곳이 광대하기 때문에 '대'라고 한다.126

요약하면 색 등 오경과 같은 거친 유색법을 형성하는 원인이 되는 사대라는 것은 유색법을 지니고, 모으고, 성숙시키고, 움직이게 하는 작용을 하는 것으로 정립해야 한다. 대종을 계界라고도 하는 것은 지대地大 등이 모인 계가 각자 견고함 등의 성질을 지니고, 형성의 토대가

---

125 데게, 논소, 유식, si, 4a; 교정본 No.77, p.675.
126 데게, 논소, 유식, shi, 제1품, 197b; 교정본 No.77, p.528.

되어 안眼 등을 생성하기 때문이다. 야쑈미뜨라 논사는 『명료의석』에서 아래와 같이 설하였다.

'자신의 성질과 결과의 색을 지니기 때문에 계이다'라고 하는 것은 자신의 성질인 견고함 등을 지니고, 결과의 색인 안 등을 이끌기 때문에 '계'라는 것이다. 18계는 자상自相과 공상共相을 가지기 때문에, 또는 그것에 의존한 '종류'의 의미가 계의 의미이다. 6계를 설함에 있어 또한 계의 의미는 '윤회의 종자'이다. 윤회[有]를 증장시키기 때문이다.**127**

이처럼 '계'의 의미는 자성과 원인 둘 다에 해당한다.

그밖에도 대종에는 뿌드갈라의 심상속心相續에 속하지 않는 외부 대종과 뿌드갈라의 심상속에 속하는 내부 대종의 두 갈래가 있으며, 이것도 거친 사대종과 미세한 사대종으로 각각 양분된다. 또한 일반적으로 세간에 잘 알려져 있는 지·수·화·풍과 논서에서 설하는 유색의 원인이 되는 지·수·화·풍의 사대가 있다. 전자는 일반적인 땅·물·불·바람이며, 후자는 '계界'자를 덧붙여 지계, 수계 등으로 설하는 경우도 있다. 예를 들면 『구사자석』에서 설하기를

---

127 데게, 논소, 아비달마, gu, 제1품, 28b; 교정본 No.80, p.68.

지와 지계의 차이는 무엇인가? "세간의 언설에서 색깔과 형태를 지라고 한다." 이처럼 지를 가리키는 경우 색깔과 형태를 가리키는 것이다. 지와 마찬가지로 "수와 화의 경우도 역시 그러하다." 세간의 언설에서 색깔과 형태 자체를 표현한 것이다. "풍은 바로 계이니" 풍계 자체를 세간에서 풍이라고 지칭한다. "역시 그와 같다고도 한다." 세간의 언설에서 색깔과 형태를 지라고 하는 것처럼, 풍 또한 '푸른 바람', '소용돌이 바람'이라고 말한다.**128**

라고 하였다. 이와 같이 지·수·화·풍이라는 말로써 서로 간에 뿐만 아니라 안 등 결과의 색과 구별하였고, '계'라는 말로써 세간에 알려진 색깔과 형태가 대종이라는 인식을 배제하며, 또한 논서에서 말하는 촉처의 특성 자체가 대종임을 드러냈다. 세간에서 흔히 지地의 색깔과 형태를 지라고 말하는 것은 예를 들면, '푸른 땅[靑地]', '사각형 땅[四方地]' 등과 같다.

대종을 본질로써 분류하면 지·수·화·풍의 사대가 있다. 결과인 색에 있어서도 네 가지 작용 방식으로 정립되기 때문에 대종의 수數를 네 가지로 확정하였다. 단지 지·수·화·풍 넷만으로 대종의 작용인 지니고, 모으고, 성숙시키고, 움직이는 행위가 원만하며, 이 중 어

---

128 데게, 논소, 아비달마, ku, 제1품, 32a; 교정본 No.79, p.79. (T.29.158.3b.13)

제2장 소지所知인 대상의 체계

느 하나라도 부족하게 되면 대종의 작용이 원만하지 못하게 되기 때문이다.

이를 『아비달마대비바사론』에서 다음과 같이 설한다.

혹자가 말하길 넷보다 적으면 작용이 완전하지 못하고, 넷보다 많으면 작용이 없다. 예를 들면 네모난 탁자에는 오로지 다리가 네 개뿐인 것과 같다고 한다. 대종의 의미는 무엇인가? 답한다. 줄어들게 하고[減], 늘어나게 하며[增], 해로움을 주고[損], 이로움을 주며[益], 발생과 소멸을 본질로 갖춘 것이 '종'의 의미이다. 본성과 형상, 크기 등이 모든 방면에 충족되어 있고, 크나큰 작용[事業]을 성취하는 것이 '대'의 의미이다.**129**

또한 『상수순』에서 다음과 같이 설한다.

어느 하나라도 갖추지 못하면 소조가 생길 수 없기 때문에 더도 아니고 덜도 아닌 오로지 넷이라고 설한다.**130**

마찬가지로 『대승광오온론』에서도 다음과 같이 언급한다.

---

129 앞의 논. 제127품, p.935, 근대중국의 역경사 법존(法尊)에 의해 한역으로부터 재번역하였다. (T.27,1545,663a,9)

130 데게, 논소, 아비달마, cu, 제1품, 34b; 교정본 No.81, p.83.

이것들은 넷뿐이다. 작용을 할 수 없거나 불필요하게 되기 때문에 넘치거나 부족함이 없다. 대종의 작용은 단지 지니고, 모으고, 성숙시키고, 움직이게 하는 것이다. 이것으로 그 작용이 원만하고, 다른 작용이 없기 때문에 대종은 오직 넷뿐이다.**131**

대종 각각의 본질에 대해 바쑤반두 논사는 『대승오온론大乘五蘊論』에서 견고성, 습윤성, 온난성, 가벼움과 운동성이 차례대로 지·수·화·풍 사대종의 본질이라고 설하였다. 앞의 세 가지는 하나씩밖에 언급하지 않았지만, 풍에 대해 가벼움과 운동성 두 가지로 설명한 것은, 소조인 가벼움이 풍인 것을 배제하기 위해 운동성을 말하였고, 심소인 '사유[思]'가 풍인 것을 배제하기 위해 가벼움을 말한 것이다.

쁘리티비반두 논사는 『오온석』에서 다음과 같이 설한다.

사대종의 정의를 드러내기 위해 '지계란 무엇인가? 견고성이다'라는 등을 말한다. '지계란 무엇인가?'라고 하는 것은 '지계의 정의가 무엇인가?'라고 묻는 말이다. 견고성과 단단함, 무거움이 지계의 정의이다. '수계란 무엇인가?'라고 하는 것은 '수계의 정의는 무엇인가?'라고 묻는 것이다. '습윤성이다'라고 하는 것은 습윤성과

---

131 데게, 논소, 유식, shi, 제1품, 197b; 교정본 No.77, p.529.

미끄러움, 축축함이 수계의 정의라는 것이다. '화계란 무엇인가?'라고 하는 것은 '화계의 정의는 무엇인가?'라고 묻는 것이다. '온난성이다'라고 하는 것은 온난성과 따뜻함, 태움이 화계의 정의라는 것이다. '풍계란 무엇인가?'라고 하는 것은 '풍계의 정의는 무엇인가?'라고 묻는 것이다. '가벼움과 운동성이다'라고 하는 것이 풍계의 정의이다. 즉 가벼움은 움직이게 하는 것이고, 운동성은 사물의 상속이 다른 곳으로 이동하여 생기게 하는 것이다.

대론자들이 말하길, '지, 수, 화 셋은 각각 하나의 정의로 설명하고, 풍계는 어째서 가벼움과 운동성의 두 가지 정의를 말하는가? 답하길, 만약 가벼움만을 말하고 운동성을 말하지 않는다면, 신식의 대상이 되는 소조인 매끄러움, 거칢, 무거움, 가벼움이라고 하는 결과의 색이 존재하는데, 이것을 풍계라고 의심하는 오류가 생기게 된다. 만약 운동성만을 말하고 가벼움을 말하지 않는다면, 심소의 법을 설명할 때 '사유[思]란 무엇인가? 마음이 움직이는 것이다'라고 하는, '사유'가 풍계라고 의심하는 오류가 생기게 된다. 그렇기 때문에 가벼움과 운동성의 두 가지를 가지는 것이 풍계의 정의이다.[132]

132 데게, 논소, 유식, si, 35면, ba; 교정본 No.77, p.759.

따라서 원인인 사대종 각각의 본질과 작용을 표로 나타내면 다음과 같다.

명칭	본질	작용
지대종	견고성	지님(보지(保持))
수대종	습윤성	모음(화섭和攝)
화대종	온난성	성숙
풍대종	가벼움, 운동성	증장

사대종의 미세함과 거칢에 대해 아쌍가 논사는 차례대로 전자가 후자보다 더 거칠다고 설하였다. 『유가사지론』 「섭결택분」에서 다음과 같이 설한다.

> 지 등의 사대종은 순서대로 거칢을 알아야 한다. 여기서 지계와 그 결과는 소의이기 때문에 주요소가 된다. 수, 화, 풍의 작용은 축축함, 타오름, 움직임이며, 이것들은 그로 인해 활동한다.**133**

사대의 작용에 대해서도 쁘리티비반두 논사는 『오온석』에서 아래와 같이 설하였다.

---

133 데게, 논소, 유식, zhi, 제6품, 52b; 교정본 No.74, p.124. (T.30,1579,599a,20)

제2장 소지所知인 대상의 체계

사대종의 본질을 설하였고 이제 작용을 말한다. 작용은 지님[保持], 모음[和攝] 성숙, 증장이다. 지계의 작용은 지니는 것이다. 수계의 작용은 모으는 것이다. 화계의 작용은 성숙시키는 것이다. 풍계의 작용은 증장시키는 것이다. 그렇다면 계界의 의미는 무엇인가? 계는 지닌다는 뜻으로 결과인 열한 가지 색을 지니기 때문에 지계, 수계, 화계, 풍계라고 한다.**134**

사대의 본질과 작용을 요약하여 정리하면, 견고하고 단단한 것을 지, 습윤하고 축축한 것을 수, 온난하고 태우는 것을 화, 가볍고 움직이는 것을 풍이라고 한다.

바쑤반두 논사의 『구사론』과 같은 하부 아비달마 문헌에서는 사대 각각의 취합체에 다른 대종이 빠짐없이 존재하더라도 강하고 우세한 것이 드러나고 다른 것은 드러나지 않는 상태로 존재한다고 한다. '지地'와 더불어 돌 하나를 일례로 들면 그것에도 응집성, 건조성, 운동성이 있기 때문에 수, 화, 풍 셋이 함께 존재한다. 마찬가지로 '수水'도 나무를 띄우고, 꽃을 피우고, 움직임이 있으며, '화火'도 불꽃을 날리고, 모으고, 움직이게 하며, '풍風'도 떠오르게 하고, 차가움과 따뜻함의 촉감이 있기 때문에, 이 세 가지 대종은 각각 다른 세 가지 대종과 공존한다고 주장한다.

---

134 데게, 논소, 유식, si, 35b; 교정본 No.77, p.760.

이처럼 취합된 색은 모두 사대의 작용을 갖추고 있기 때문에 그것에 사대가 존재하지만, 어떤 작용이 우세하면 그것이 주가 되기 때문에 그러한 측면에서 그 대종의 명칭으로 부르는 것이다. 마치 붉은 불꽃이 타오를 때 다른 세 가지 대종이 존재하지만 불이 주가 되기 때문에 불이라고 하는 것과 같다. 이것들은 작용의 측면에서 정립한 것이다.

『아비달마대비바사론』에서 이를 다음과 같이 설한다.

사대종은 어떻게 서로 분리되지 않고 항상 공존하는가? 이를테면 본질과 작용은 모든 취합체에 존재하기 때문이다. 이와 같이 견고함의 취합 속에 지계의 본질이 현량으로 보이기 때문에 존재함을 알 수 있다. 이 취합에 만약 수계가 없다면 금, 은, 주석 등은 녹지 않을 것이다. 또 수가 없다면 이것은 흩어질 것이다. 그 취합에 만약 화계가 없다면 돌들이 부딪칠 때 불꽃이 생기지 않을 것이다. 또 화가 없다면 성숙되지 못하므로 부패할 것이다. 그 취합에 만약 풍계가 없다면 움직임이 없게 될 것이다. 또 풍이 없다면 증장되지 않을 것이다.

습윤함의 취합에 수계의 본질이 현량으로 보이기 때문에 존재함을 알 수 있다. 그 취합에 만약 지계가 없다면 극한의 추위에서도 얼음이 얼지 않을 것이다. 또 지가 없다면 배가 가라앉게 될 것이다. 그 취합에 만약 화계가 없다면 따뜻할 때가 없어질 것이다. 또 화가 없다면 그것은 부패할 것이다. 그 취합에 만약 풍계가 없다면 움직임이 없게 된다. 또 풍이 없으면 증장하지 못하게 된다.

온난함의 취합에 화계의 본질이 현량으로 보이기 때문에 존재함을 알 수 있다. 그 취합에 만약 지계가 없다면 등불 등의 불꽃이 꺼지지 않을 것이다. 또 지가 없다면 물질을 지니지 못할 것이다. 그 취합에 만약 수계가 없다면 상속을 이어가지 못할 것이다. 또 수가 없다면 불끝이 모이지 못할 것이다. 그 취합에 만약 풍계가 없다면 움직임이 없게 될 것이다. 또 풍이 없다면 증장되지 않을 것이다.

움직임의 취합에 풍계의 본질이 현량으로 보이기 때문에 존재함을 알 수 있다. 그 취합에 만약 지계가 없다면 벽 등의 장애물에 부딪칠 때 되돌아오지 않을 것이다. 또 지가 없다면 물질을 지니지 못할 것이다. 그 취합에 만약 수계가 없다면 차가운 바람은 존재할 수 없을 것이다. 또 수가 없다면 그것들은 흩어질 것이다. 그 취합에 만약 화계가 없다면 따뜻한 바람은 존재할 수 없을 것이다. 또 화가 없다면 그것은 부패할 것이다.**135**

하부 아비달마 문헌에서 설한 바와 같이 비바사사는 하나의 미취에

---

135 역경사 법존의 원고에서 인용. 제131품, p.196. (T.27.1545.683a.28)

도 사대종과 색·향·미·촉의 네 가지 질質, 즉 팔진질八塵質을 갖추어야 하고, 또한 이러한 입자들이 실제의 지, 수 등이라고 주장한다. 경량부는 물질이 팔진질의 취합이지만, 팔진질은 능력 혹은 종자 같은 것이고, 특정 질質이 보인다면 이것은 현전한 것이며, 보이지 않으면 종자로 존재하니, 반드시 현전해야 할 필요는 없다고 주장한다. 그러므로 유색들은 지, 수 등을 능력 또는 종자의 형태로 가지로 있지만 실제 지, 수 등이 실재할 필요는 없다고 한다. 이를 『명료의석』에서 다음과 같이 설한다.

> '다른 이는 그것에서 그것은 종자로서 존재한다'라고 하며, 이는 경량부 논사들이다. '종자로서'라는 것은 '능력으로서'라는 뜻이며, '효력으로서'라는 말이다. '자신의 본질로서는 아니다'라고 하는 것은 '질質로서는 아니다'라고 하는 말이다.**136**

아쌍가 논사와 그를 따르는 이들의 논서에서는 어떤 대종이 강하고 우세할 때 그 대종의 이름으로 지칭하고, 약하고 열세할 때 '계界'라고 지칭하여 사대종과 사대종의 계를 구분하였다. 이처럼 모든 취합색에는 사대의 계가 구족되어 있지만, 실제 사대를 갖출 필요가 없다고 주장한다. 『유가사지론』 「본지분本地分」에서 다음과 같이 설한다.

---

136 데게, 논소, 아비달마, gu, 제2품, 113b; 교정본 No.80, p.270.

모든 취합색에는 항상 모든 대종의 계界가 존재한다. 이
와 같다. 마른 나무를 비비면 불이 발생하고, 그처럼 돌
을 부딪치면 불꽃이 생기며, 그처럼 쇠, 금, 은 등을 은은
한 불로 달구면 늘어나고, 그처럼 월애주月愛珠(월장석)
에서 물이 흘러나온다.**137**

또한 『오온석』에서도

예를 들어 어떤 곳에 지가 있으면 거기에 수, 화, 풍도 존
재하고, 수가 있으면 지, 화, 풍도 존재한다. 지가 강하고
우세한 것을 '지'라고 이름한다. 거기서 수, 화, 풍은 약
하고 열세하게 존재하며 이를 '계'라고 한다. 또한 예를
들어 곡식가루 한 움큼과 소금 한 움큼을 섞었을 때 소
금의 힘이 강하고 우세하기 때문에 짠맛이 나며 또한 그
와 같이 이름하지만, 그 혼합체에 곡식의 요소[界]가 없
는 것이 아니다.**138**

라고 하였고, 또한 같은 논論에서 다음과 같이 설한다.

---

137 데게, 논소, 유식, tshi, 제3품, 28b; 교정본 No.72, p.736. (T.30.1579.290c.17)

138 데게, 논소, 유식, si, 36a; 교정본 No.77, p.760.

논리적으로 분석하더라도, 하나가 존재하는 곳에 모두
가 존재한다는 것이 확실하다. 돌 혹은 나무 등 취합체
는 부분이 합쳐져 있고 분리되지 않기 때문에 지계에는
수계가 존재한다. 돌과 나무 등이 움직이고 흔들리기 때
문에 풍계가 존재한다. 두 개의 돌이 서로 부딪치면 불
꽃이 생기기 때문에 화계가 존재한다. 수계는 배와 꽃잎
등을 지니고 떠받치기 때문에 수계에 지계가 존재한다.
물속에 떨어진 나뭇잎과 풀이 썩고, 따뜻한 물도 있기
때문에 수계에 화가 존재한다. 아래로 흘러가고 움직이
기 때문에 풍이 존재한다. 풍계는 나뭇잎과 풀을 지니고
들어올리기 때문에 지계가 존재한다. 따뜻한 풍이 존재
하고, 풍이 습윤한 물질을 건조시키기 때문에 화계가 존
재한다. 소용돌이와 풍이 하나로 합쳐지고 변형되기 때
문에 수계도 존재한다. 화계는 불끝이 서로가 서로를 붙
잡고, 불끝으로 나뭇잎과 풀 등을 잡고 들어올리기 때문
에 지계가 존재한다. 불끝이 각각 흩어지지 않고 하나로
타오르기 때문에 수계가 존재한다. 움직이고 흔들리기
때문에 풍계가 존재한다.**139**

더 나아가 취합색에는 실제 지대 등의 대종을 하나만 가진 것에서부

---

139 데계, 논소, 유식, si, 36a; 교정본 No.77, p.761.

터 넷 모두를 가진 것까지 있으며, 또한 색·성·향·미·촉 중 색처 하나만 가진 것에서부터 다섯을 모두 가진 것까지 존재함을 설하였다.

『대승아비달마집론』에서 아래와 같이 설한다.

> 어떤 취합에서 어떤 대종이 인식되면, 이것은 그것에 존재한다고 말한다. 단일 대종으로 이루어진 것과 두 가지 대종으로 이루어진 것에서부터 모든 대종으로 이루어진 것까지 존재한다.[140]

『명료의석』에서도 다음과 같이 설했다.

> 유가행자瑜伽行者들은 취합에 대종과 소조가 반드시 존재한다고 말한다. 어떤가 하면, 답한다. 하나의 대종으로 이루어진 취합도 있으니, 마른 흙덩어리와 같은 것이다. 두 가지 대종으로 이루어진 것도 있으니, 그것이 축축한 것과 같다. 세 가지 대종으로 이루어진 것도 있으니, 그것이 따뜻한 것과 같다. 모든 대종으로 이루어진 것도 있으니, 그것이 움직이는 경우이다.
> 소조색에 있어서도, 어떤 취합색에서 어떤 소조가 인식되면 그것이 거기에 존재함을 알아야 한다. 하나의 소조

---

140 데게, 논소, 유식, ri, 제2품, 77a; 교정본 No.76, p.195. (T.31.1605.675b.20)

색을 가진 취합색이 존재하니, 빛 같은 것이다. 두 가지 소조색을 가진 취합색이 존재하니, 소리와 향을 내는 바람 같은 것이다. 세 가지 소조색을 가진 취합색이 존재하니, 연기 같은 것이다. 그것은 색, 향, 촉의 특성을 가지기 때문이다. 그것의 촉의 특성은 가벼움임을 알아야 한다. 네 가지 소조색을 가진 취합색도 존재하니, 침향목 같은 것이다. 다섯 가지 소조색을 가진 취합색도 존재하니, 그것은 소리가 나는 침향목 같은 것이다.**141**

중관학의 논서에서도 취합색에 사대의 계가 갖추어져 있다고 한다. 나가르주나 논사는 『보만론寶鬘論』에서 다음과 같이 설했다.

대종들도 아我와 같이 허망하다.

지, 수, 화 그리고 풍
각각 또한 본성으로 존재하지 않는다.
셋이 없으면 각각의 하나 역시 존재하지 않고
하나가 없으면 셋 역시 존재하지 않는다.
만일 셋 없이는 각각의 하나가 없고
하나 없이는 셋도 없다면

---

141 데게, 논소, 아비달마, gu, 제2품, 115a; 교정본 No.80, p.274.

각각이 자성으로 존재하지 않는데
어떻게 취합이 자성으로 발생할 수 있겠는가?**142**

사대를 자성으로 성립하지 않는 허망한 것으로 능립할 때, 지 등 대종 각각의 집합에도 다른 세 가지 계가 반드시 구족되어야 한다. 만일 각 각에 대종계 중 하나밖에 없거나, 넷을 갖추지 못한다면 취합색이 성 립할 수 없다고 한다.

짠드라끼르띠 논사는 『사백론석』에서 다음과 같이 설한다.

> 그러므로 갈라람이 아래로 떨어질 수 있기 때문에 지계 가 보지保持한다. 만약 수계가 없다면 그때는 덩어리가 되지 못하니, 수계가 화섭和攝하여 덩어리의 본질을 이 루고, 모래처럼 입자가 하나씩 흩어지지 않는다. 만약 화계가 없다면 그때 갈라람은 부패하게 되니, 화계가 건 조시킴으로써 그것은 부패하지 않는다. 만약 풍계가 없 다면 그때 갈라람은 성장하거나 발달하거나 증장되지 않으니, 풍계로 증장될 수도 있는 것이다.**143**

요약하면 하부 아비달마의 논서에서는 사대종四大種과 사대종의 계

---

142 『Ratnāvali』. 데게, 논소, 본생부와 서간부, 제1품, 110a:84-85; 교정본 No.96, p.295.

143 『Catuḥśatakaṭīkā』. 데게, 논소, 중관, ya, 제2품, 52a; 교정본 No.60, p.1058.

불교 과학 철학 총서 1 물질세계

界 사이에는 차이가 없으며, 모든 취합색에는 사대의 모든 작용이 구족되어 있기 때문에 실제 사대종이 존재한다고 설명한다. 상부 아비달마와 중관학의 논서에서는 사대종과 사대종의 계를 구별하여 모든 취합색에 사대종의 계가 구족되어 있지만 실제 사대종이 존재할 필요는 없으며, 극미의 취합에 있는 수질水質은 수계 또는 수의 에너지일 뿐 실제 수는 아니라고 설명한다.

또한 대종들이 상호의존하는 이치를 『불설불모보덕장반야바라밀경佛說佛母寶德藏般若波羅蜜經』에서 다음과 같이 설한다.

풍은 허공에 의지하고, 수는 풍에 의지하며,

지는 수에 의지하고, 중생들은 그것에 의지한다.**144**

『명료의석』에서도 경문을 인용하여 다음과 같이 밝히고 있다.

"오! 고따마시여, 지는 무엇에 의지합니까?" "오! 바라문이여, 지는 수에 의지하느니라." "오! 고따마시여, 수는 무엇에 의지합니까?" "바라문이여, 수는 풍에 의지하느니라." "오! 고따마시여, 풍은 무엇에 의지합니까?" "바라문이여, 풍은 허공에 의지하느니라." "오! 고따마시여, 허공은 무엇에 의지합니까?" "바라문이여, 그대가 너

---

144 데게, 불설, 제반야諸般若, ka, 11b; 교정본 No.34, p.26. (T.8.229.681b.1)

무 지나친 것이니라. 허공은 소의가 없으므로, 무상無相이고, 소연所緣이 아니니라."라고 세존께서도 자세하게 설하셨다.**145**

또한 콩의 둥근 모양과 가시의 날카로움 등이 원인 없이 본성에서 성립되었다는 일부 학파의 주장에 대해 아리야데바 논사는 『미란최괴정리인성취迷亂摧壞正理因成就』에서 다음과 같이 논파하였다.

> 만약 허공의 소의가 없는데도
> 콩과 가시 등이 자성으로 존재한다면
> 원인 없이 본성에서 성립된 것으로 보게 되니
> (실은) 이들은 지 등에 의지해서 생기는 것이다.

> 또한 물이 위 아래로 흐르고
> 태양이 사방을 똑같이 비춘다면
> 원인 없이 본성으로 생긴 것이 진실이 되니
> (실은) 물은 지의 힘으로 흐르는 것이다.**146**

이처럼 둥근 모양의 콩은 지를 의지하여 생기고, 물이 아래로 흘러내리

---

145 데게, 논소, 아비달마, gu, 제1품, 12b; 교정본 No.80, p.30.

146 『Skhalitapramathanayuktihetusiddhi』. 데게, 논소, 중관, tsha, 20a; 교정본 No.57, p.827.

는 것도 중력에 의한 것이므로 원인 없이 생기는 것이 아님을 설하였다.

이밖에도 『깔라짜끄라 딴뜨라』 등에서는 지·수·화·풍·허공의 오대종五大種이 있다고 설하였다. 일부 의학문헌에서는 목木·지·수·화·풍·허공의 여섯 가지 외부 대종이 있으며, 이것들은 중생에게 질병을 유발할 수 있음을 설명한다. 목대종의 독이 근육과 혈맥에 들어가면 몸이 굳고 위축되는 병, 지대종의 독이 뼈와 살에 들어가면 심신이 무겁고 혼미한 병, 수대종의 독이 피 또는 림프액에 들어가면 냉병, 화대종의 독이 몸의 온기로 들어가면 열병, 풍대종의 독이 기식氣息에 들어가면 풍병, 허공대종의 독이 의식으로 들어가면 환각 등 정신병이 생긴다고 한다. 따라서 대종의 본질과 개수에 대해 문헌마다 차이가 있음을 알아야 한다.

또한 무상요가 딴뜨라의 문헌 중 『구햐싸마자 딴뜨라』에서는 외부 대종의 미세하고 거친 체계뿐만 아니라 지·수·화·풍·허공의 내부 오대종의 체계도 설하였고, 특히 깔라짜끄라의 경론에서는 내부와 외부 대종 간의 관계를 보다 명확하게 해석하고 있다. 뿐만 아니라 외부의 태양과 달의 운행으로 인해 중생의 몸 내부에서 일어나는 일반적인 변화와 특히 호흡과 관련된 변화, 그리고 요가수행의 수습력으로 내부 대종을 자재自在함으로써 외부 대종 또한 자재할 수 있는 방법 등을 설명한다.

이상에서 설명한 바와 같이, 오위 중 첫 번째인 색의 체계와 관련하여 유색의 본질, 유대인 열 가지 유색, 법처색을 정립하는 법, 대종과 소조색의 구분, 사대의 질은 반드시 덩어리일 필요 없이 에너지(능력)의 본질로도 존재하는 것 등을 이해해야 한다.

7
불상응행법不相應行法

유위법에는 색·식·불상응행의 세 가지가 있다. 색과 식 둘 중 어느 것도 아닌 유위가 불상응행의 정의이다. 심과 상응하지 않는 행온行蘊이기 때문에 불상응행이라고 한다. 그 예는 항아리의 생·주·멸 세 가지와 시時, 년年, 월月, 일日, 뿌드갈라(pudgala, 補特伽羅), 습기習氣, 사물, 무상, 항아리가 물을 담는 작용, 동남서북의 방향 등이다.

항아리의 생·주·멸이란 항아리가 새로 생긴 것, 항아리가 자신의 시간 동안 머무는 것, 항아리가 자신의 시時 외에 다음 찰나에 머물지 않는 것이다. 이것들은 항아리와 동일한 원인의 집합에서 생성된 결과이기 때문에 유위이다. 만약 이것들이 색이라면 항아리의 색 외엔 다른 색이 될 수 없으므로 색이 아니고, 식 또한 아니므로 항아리의 생주멸은 항아리의 특성인 불상응행으로 정립한다.

시, 년, 월 등에 대해서는 4장에서 설명할 것이다. 뿌드갈라는 오온 또는 사온을 가립한 측면에서 시설한 법이며, 시설한 토대에 색·식·불상응행 셋이 모두 존재하지만 색, 식 중 어느 것에도 해당되지 않기 때문에 오직 불상응행으로만 정립할 수 있다. 자세한 사항은 뒤에서 다시 설명할 것이다.

습기 또한 불상응행이라 정립한다. 예를 들면 어떤 사람을 인식하고 난 뒤 그 의식이 소멸되더라도 심상속心相續에 그 사람에 대한 기억을 불러일으키는 능력이 남아 있는데 이와 같은 것을 습기라고 한다. 습기는 색이 아니고, 단지 식이 남긴 공능일 뿐이므로 식 또한 아니며, 유위이기 때문에 불상응행에 해당된다.

소작, 무상, 사물에는 모두 색·식·불상응행 셋이 존재하지만, 그 자체는 색과 식 어느 것도 아닌 유위이기 때문에 불상응행으로 정립한다.

이밖에도 나무꾼이 나무를 베는 행위, 일련의 인과가 생기는 차례, 사람이 공덕을 가지는 점 등 색도 아니고 식도 아닌 불상응행인 유위가 무한하게 존재한다.

비바사사에서는 불상응행을 다음의 열네 가지로 분류한다.

① 득得, ② 비득非得, ③ 동분同分, ④ 무상과無想果, ⑤ 무상정無想定, ⑥ 멸진정滅盡定, ⑦ 명命, ⑧ 생生, ⑨ 주住, ⑩ 이異, ⑪ 멸滅, ⑫ 명신名身, ⑬ 구신句身, ⑭ 문신文身

이를 『구사론』에서는 다음과 같이 설한다.

불상응행법이란
득得과 비득非得, 동분同分과
무상과無想果와 두 가지 정定과
명命과 네 가지 상相과
명신名身 등도 **147**

---

147 데게, 논소, 아비달마, ku, 제2품, 5a:35; 교정본 No.79, p.11. (T.29.1560.312c.18)

비바사사의 종의에서는 상위 학파와는 다르게 14종의 불상응행이 다른 법의 부분에 가설된 것에 불과하지 않고 각자 별도의 본질로 존재한다고 주장한다.

이 중 득得이란 획득한 대상의 법을 당사자의 마음속에 지니게 하는 질質의 한 종류이다. 짐을 묶는 줄이 짐과 별도로 존재하는 것처럼, 이것 역시 획득한 대상의 법과 별개의 본질로 존재한다.

비득非得은 획득하지 않은 법을 지니지 않게 하는 질의 한 종류이다.

동분同分은 유정들의 행위와 마음, 본질을 동등하게 하는 질이다.

무상과無想果는 무상천[非想非非想天]에 태어난 천신의 마음속에 심과 심소가 잠시 일어나지 않게 차단하는 질이다.

무상정無想定은 그 결과인 무상천의 원인이 되며, 선정에 들었다가 나오기 전까지 심과 심소가 일어나지 않게 차단하는 질이다.

멸진정滅盡定은 유정 중에 가장 미세한 심식인 유정심有頂心에 의해 성자의 마음속에 심과 심소가 잠시 일어나지 않게 차단하는 질이다.

명命은 뿌드갈라의 수명을 말하며, 체온 또는 의식의 의지처[所依]이다.

이를 『구사론』에서 다음과 같이 설하였다.

> 명命은 수명壽이며,
> 체온과 의식의 소의所依이다.**148**

---

148 데게, 논소, 아비달마, ku, 제2품, 5a:45; 교정본 No.79, p.12. (T.29.1560.313a.9)

『구사자석』에서도 다음과 같이 설하였다.

> 수명이라고 하는 법을 잘 알지 못하기에 "체온과 의식의
> 소의이다."라고 하였다. 세존께서 이와 같이 설하셨다.
> "수명과 체온과 의식이
> 언젠가 몸을 버리게 되나니
> 버려진 그때 남는 것은
> 마음이 없는 나무와도 같다."
> 그러므로 체온과 의식의 소의가 되는 법으로서 유지하
> 는 원인이 수명이다.**149**

과거의 지자들 중에서는 명과 수명이 다르다고 주장하는 이도 있다.
『아비달마대비바사론』에서는 다음과 같이 설하고 있다.

> 어떤 이가 말하길 이것 때문에 사는 것은 '명'의 행行이
> 라고 하고, 이것 때문에 죽는 것은 '수명'의 행이라고 한
> 다. 어떤 이가 말하길 제자리에 두는 것은 명의 행이라
> 고 하고, 버리는 것이 수명의 행이라고 한다. 어떤 이가
> 말하길 생길 수 있는 법은 명의 행이라고 하고, 생길 수
> 없는 법은 수명의 행이라고 한다. 어떤 이가 말하길 잠

---

149 데게, 논소, 아비달마, ku, 제2품, 78b; 교정본 No.79, p.195. (T.29.1558.26a.26)

시 머무는 것은 명의 행이라고 하고, 동류로 머무는 것은 수명의 행이라고 한다. 어떤 이가 말하길 동분은 명의 행이라고 하고, 피동분은 수명의 행이라고 한다. 어떤 이가 말하길 수습의 결과는 명의 행이라고 하고, 업의 결과는 수명의 행이라고 한다. 어떤 이가 말하길 무루업의 결과는 명의 행이라고 하고, 유루업의 결과는 수명의 행이라고 한다. 어떤 이가 말하길 명明의 결과는 명의 행이라고 하고, 무명無明의 결과는 수명의 행이라고 한다. 어떤 이가 말하길 신업新業의 결과는 명의 행이라고 하고, 구업舊業의 결과는 수명의 행이라고 한다. 어떤 이가 말하길 결과를 발생시키는 업의 결과는 명의 행이라고 하고, 결과를 발생시키지 않는 업의 결과는 수명의 행이라고 한다. 어떤 이가 말하길 가까운 업의 결과는 명의 행이라고 하고, 먼 업의 결과는 수명의 행이라고 한다. 고샤까(Ghoṣaka, 妙音) 존자는 순현법수업順現法受業의 결과는 명의 행이라고 하고, 순차생수업順次生受業과 순후차수업順後次受業, 순부정수업順不定受業**150**의 결과는 수명의 작용이라고 한다. 이것들은 명의 행과 수

---

150 순현법수업順現法受業 : 업을 지은 바로 그 생에 결과를 발생시키는 업.
순차생수업順次生受業 : 곧 바로 다음 생에 이숙과를 발생시키는 현생에 지은 업.
순후차수업順後次受業 : 다음 생 이후에 이숙과를 발생시키는 업.
순부정수업順不定受業 : 이숙과가 확실하지 않은 업. (역자주)

명의 행의 차이이다.**151**

경량부는 다음과 같이 반론을 제기하며 비바사사의 주장을 부정한다. "몸과 의식이 명에 의지한다고 하면, 명 또한 소의 없이 머물 수 없기 때문에 어디에 의지하는가? 만일 명 역시 몸과 의식에 의지한다고 하면, 수명이 다하지 않으면 다른 두 가지도 소멸하지 않게 되고, 두 가지가 소멸하지 않으면 목숨도 다함이 없게 되므로, 명이 영원히 소멸하지 않게 될 것이니, 이들이 상호의존하는 것은 불가능하다."고 하였다.

이에 대해 『구사자석』에서는 다음과 같이 설한다.

> 수명의 소의는 무엇인가? 바로 체온과 의식이다. 그렇다면 서로 의지해서 행하므로 이 중 어떤 것으로 말미암아 다른 것들이 소멸되어야 하는데, 어떤 것이 먼저 소멸하겠는가? 그러므로 이들은 영원히 소멸하지 않게 될 것이다.**152**

이는 경량부의 입장을 고수하면서 비바사사의 견지를 반박하는 것이다. 이와 관련한 경량부의 종의는 『구사자석』에서 다음과 같이 밝히

---

151 역경사 법존의 원고에서 인용, 126품, p.847 (T.27.1545.657c.13)

152 데게, 논소, 아비달마, ku, 제2품, 78b; 교정본 No.79, p.195. (T.29.1558.26b.2)

제2장 소지所知인 대상의 체계

고 있다.

> 그렇다면 그것은 무엇을 일컫는가? 삼계의 업에 의해
> 동분이 머무는 동안 야기[引起]되는 것이다. 그때까지
> 머문다는 것은 업에 의해 동분이 야기된 그만큼 머무는
> 것이며, 이를 수명이라 한다.**153**

이와 같이 경량부는 업에 의해 의식과 그 씨앗 등이 동류로 머무는 것
을 '명근命根'이라 지칭한다고 주장한다.
  그밖에도 명이 풍風이라 주장하는 교설도 존재한다. 『구사자석』
에서는 다음과 같이 설한다.

> 명命이란 몸과 마음으로 인해 작용하는 풍風이다.**154**

쌰꺄붓디(Śākyabuddhi, 釋迦慧) 논사는 『양평석주소[量釋註疏]』에서 다
음과 같이 설하였다.

> 명命은 숨을 내뱉는 것이다. '등'이라는 말은 숨을 들이

---

153 데게, 논소, 아비달마, ku, 제2품, 79a; 교정본 No.79, p.196. (T.29.1558.26b.15)

154 데게, 논소, 아비달마, ku, 제4품, 203b; 교정본 No.79, p.500. (T.29.1558.86c.7)

쉰다는 의미도 포함한다.**155**

「섭결택분」에서는 아래와 같이 설한다.

> 명근命根이란 무엇인가? 과거의 업에 의해 어느 장소에
> 서 몸이 성립되고부터 머무는 기간에 한해 야기되는 것
> 을 수명, 명, 명근이라고 한다.**156**

그리고 『대승아비달마집론』에서는 업에 의해 아뢰야식이 동류로 머
무는 것을 명이라고 지칭한다.

이렇듯 위에서 말한 바와 같이 수명과 명은 체온과 의식의 소의
이고, 몸과 마음으로 인해 작용하는 풍, 혹은 삶의 상속, 또는 의식이
동류로 머무는 것이라고 주장하는 등 여러 논서에서 다양한 관점을
언급하였다. 일부 의학문헌들에서는 혼魂, 명, 수명 세 가지를 언급하
며, 몸의 광택이 가장 좋은 상태가 혼이고, 심신의 결합이 함께 하는
기간을 수명, 풍과 심이 각각으로 분리되지 않은 상태를 명이라고 한
다. 유등油燈에 비유하면 혼은 기름이고, 명은 심지이며, 수명은 유등
의 빛과 같다.

생·주·이·멸은 해당 법이 유위임을 드러내기 때문에 유위 4상

---

155 『Pramāṇavārttikaṭikā』. 데게, 논소, 인명, nye, 제1품, 제33권, 18a; 교정본 No.99, p.42.

156 데게, 논소, 유식, zhi, 제3품, 22b; 교정본 No.74, p.52.(T.30.1579.587a.21)

제2장 소지所知인 대상의 체계

相이라고 한다. 이는 생기게 하는 생生, 머물게 하는 주住, 변이하게 하는 이異, 소멸하게 하는 멸滅이다. 이 네 가지는 그 유위법과 동시에 일어나고, 그것의 본질은 유위와 별개의 실질로 존재한다고 한다.

그다음 불상응행으로는 명신名身·구신句身·문신文身 셋이 있다. 이 중 '명'은 단지 대상의 본성 정도를 표현하는 것으로, '색'이라는 단어가 그 예이다. '구'는 대상의 본성과 특성을 엮어서 표현하는 것으로, '색은 무상이다'라는 문장이 그 예이다. '문'은 명과 구의 구성 요소가 되는 것이며, 예를 들면 'ㄱ' 등이다. '신身(kāya)'은 그것의 집합을 말한다. 비바사사는 명·구·문 세 가지를 불상응행이라고 주장한다. 이를 『구사자석』에서 다음과 같이 설한다.

> 이 세 가지는 말[語]의 본질이 아니다. 왜냐하면 말은**157** 음성이므로, 오로지 음성만으로 그 뜻을 알게 할 수는 없는 것이다. 그렇다면 어떻게 알게 되는 것인가? 말은 명名을 표현하고, 명은 의미가 드러나게 한다.**158**

이처럼 '항아리'라고 말로 표현할 경우 항아리의 의미가 마음에 현현하는 부분을 '명'이라고 하며, 이것으로써 그 뜻을 이해하게 하는 것이다. 단지 말만으로는 의미를 이해하게 할 수는 없는데, 예를 들면

---

157 이 단락은 북경판과 나르탕판을 참고하여 수정하였다.

158 데게, 논소, 아비달마, ku, 84b; 교정본 No.79, p.210. (T.29.1558.29a.25)

황소의 울음소리가 의미를 전달하지 못하는 것과 같다.

그러므로 비바사사는 명·구·문 셋과 이것의 집합[身]은 분별에 나타난 공상이기 때문에 불상응행이라 주장하며, 경량부는 이 셋이 소리를 본질로 하므로 색이라고 주장한다.

『대승아비달마집론』과 같은 상부 아비달마 논서에서는 앞의 열네 가지 불상응행에 다음의 아홉 가지를 추가하여 총 스물세 가지의 불상응행을 설했다. ① 유전流轉, ② 정이定異, ③ 상응相應, ④ 세속勢速, ⑤ 차제次第, ⑥ 시時, ⑦ 방方, ⑧ 수數, ⑨ 화합和合

이 논서에서 '비득'은 '이생異生'으로, '동분'은 '중동분衆同分'이라는 명칭으로 표현하였고, 이 모두가 타법의 상태[分位]에 시설한 것일 뿐이라고 설명한다. 이에 대해 『대승아비달마집론』에서 다음과 같이 설한다.

> 심불상응행이란 무엇인가? 득得, 무상정無想定, 멸진정滅盡定, 무상이숙無想異熟, 명근命根, 중동분衆同分, 생生, 노老, 주住, 무상無常, 명신名身, 구신句身, 문신文身, 이생異生, 유전流轉, 정이定異, 상응相應, 세속勢速, 차제次第, 시時, 방方, 수數, 화합和合이다.**159**

이러한 스물세 개의 불상응행을 설명하면 다음과 같다. '득'은 어떤 법의 증감增減하는 상태에 시설한 것이다. '무상정', '멸진정', '무상이

---

159 데게, 논소, 유식, ri, 제1품, 52a; 교정본 No.76, p.134. (T.31.1605.665b.28)

숙'은 의식이 차단된 상태에 시설한 것이다. '명근'은 수명이 지속되는 상태에 시설한 것이다. '중동분衆同分'은 중생의 각 부류가 유사한 상태에 시설한 것이다. '생·노·주·무상'의 넷은 유위법의 자상의 상태에 시설한 것이다. '명신·구신·문신'의 셋은 언어적 상태에 시설한 것이다. '이생'은 성도聖道를 얻지 못한 상태에 시설한 것이다. '유전', '정이', '상응', '세속', '차제', '시', '방', '수', '화합'의 아홉은 인과의 순간에 시설한 것이다.

이에 대해 『대승아비달마집론』에서 설한 것을 인용하면 다음과 같다.

> 득得이란 무엇인가? 선과 불선, 무기無記 법의 증감에 득得, 획득, 지님이라고 시설한다.
> 무상정無想定이란 무엇인가? 변정천遍淨天의 욕망에서 벗어나고 그 상계의 욕망에서 벗어나지 못한 상태에서 출리상出離想을 먼저 일으켜 견고하지 않은[不恒行] 심과 심소의 법을 차단하는 것을 무상정이라고 시설한다.
> 멸진정滅盡定이란 무엇인가? 무소유처無所有處의 욕망에서 벗어나고 유정有頂을 초월하고자 적정에 머물겠다는 마음을 먼저 일으켜 견고하지 않은[不恒行] 심과 심소를 비롯해 견고한[恒行] 심과 심소의 일부 법들을 차단하는 것을 멸진정이라고 시설한다.
> 무상이숙無想異熟이란 무엇인가? 무상유정천無想有情天에 천신으로 태어나 견고하지 않은 심과 심소의 법들을

차단하는 것을 무상이숙이라고 시설한다.

명근命根이란 무엇인가? 예전의 업에 의해 야기되어 중동분으로 확정된 기간에 머무는 것을 수명이라고 시설한다.

중동분衆同分이란 무엇인가? 중생의 동일 부류 내에서 육체가 서로 비슷한 것을 중동분이라고 시설한다.

생生이란 무엇인가? 중동분에서 유위가 전에 없던 것이 지금 생겨난 것을 생이라고 시설한다.

노老란 무엇인가? 중동분에서 유위의 상속이 변이하는 것을 노라고 시설한다.

주住란 무엇인가? 중동분에서 유위가 상속하여 소멸되지 않는 것을 주라고 시설한다.

무상無常이란 무엇인가? 중동분에서 유위의 상속이 소멸하는 것을 무상이라고 시설한다.

명신名身이란 무엇인가? 제법의 본성을 나타내는 호칭을 명신이라고 시설한다.

구신句身이란 무엇인가? 제법의 특성을 나타내는 호칭을 구신이라고 시설한다.

문신文身이란 무엇인가? 명과 구의 기초[소의]가 되는 모든 문자들을 문신이라고 시설한다. 그 둘을 분명하게 드러내기 때문이다. 나타낸다[顯]고 하는 것도 그것이니, 뜻하는 바를 능히 나타내기 때문이다. 문文은 자字라고도 하니, 같은 개념의 것이 변하여 달라지지 않게 하기 때문이다.

이생異生이란 무엇인가? 성도의 법을 얻지 못한 자를 이생이라 시설한다.

유전流轉이란 무엇인가? 인과의 흐름이 끊어지지 않는 것을 유전이라고 시설한다.

정이定異란 무엇인가? 인과에 차별이 있는 것을 정이라고 시설한다.

상응相應이란 무엇인가? 인과가 서로 순응하는 것을 상응이라고 시설한다.

세속勢速이란 무엇인가? 인과가 신속하게 생기는 것을 세속이라고 시설한다.

차제次第란 무엇인가? 인과가 각각으로 일어나는 것을 차제라고 시설한다.

시時란 무엇인가? 원인과 결과가 상속으로 생기는 것을 시라고 시설한다.

방方이란 무엇인가? 동, 남, 서, 북, 아래, 위 등 시방의 모든 곳에 인과가 존재하는 것을 방이라고 시설한다.

수數란 무엇인가? 일체 유위가 하나씩 차별된 것을 수라고 시설한다.

화합和合이란 무엇인가? 인과의 여러 가지 연緣이 모인 것을 화합이라고 시설한다.[160]

---

[160] 데게, 논소, 유식, ri, 제1품 52a; 교정본 No.76, p.135. (T.31.1605.665c.2)

이 스물세 가지의 법은 확정된 분류의 개수가 아님을 여러 주석서에서 밝히고 있으므로 위에서 제시한 것 외에도 다른 불상응행법이 있다는 것을 알아야 한다.

유식학파 등은 불상응행이란 색, 심, 심소 셋의 측면에 시설한 가유로서 비바사사의 주장과는 다르게 그것의 가립 토대인 색, 식 등과 별개의 질로 존재하는 것은 아니지만, 색도 아니고 식도 아닌 유위라고 주장한다. 이처럼 불상응행이 가유라는 점은 앞서 인용한 『대승아비달마집론』을 비롯해 『대승오온론』에서도 다음과 같이 명시하고 있다.

> 심心과 상응하지 않는, 행온에 속한 법이란 무엇인가?
> 색과 심, 심소의 상태에 가설하며, 이것 외에 다른 것에
> 가설하지 않는다.**161**

---

161 데게, 논소, 유식, shi, 46b; 교정본 No.77, p.42. (T.31.1612.849b.29.)

8
원인과 결과의 체계

1) 원인

앞서 설명한 색, 식, 불상응행은 유위법이므로 반드시 그것의 원인과 조건에 의해 생겨나게 된다. 그렇기에 여기서 원인과 결과의 체계에 대해 간략하게 설명하고자 한다.

원인의 뜻은 '결과를 발생시키는 것'이다. 다시 말하면 원인에 의해 결과가 발생함에 있어, 결과의 발생처 혹은 생성 토대가 되는 것을 원인이라고 한다. 『양평석』에서 다음과 같이 설명한다.

> 이것이 존재하면 저것이 생기고
> 이것이 변하면 저것도 변하니
> 이것을 저것의 원인이라고 한다.**162**

일반적으로 '원인'이라는 단어는 경론의 각 처에서 다양하게 언급되고 있다. 예를 들면 ① 세 가지 연緣이 모여 의식이 생긴다는 것과 같은 '발생의 원인', ② 사식四食으로 신체를 유지한다는 것과 같은 '지속의 원인', ③ 땅은 싹의 의지처라고 하는 것과 같은 '의지의 원인', ④ 등불이 대상을 밝히는 것과 같은 '밝힘의 원인', ⑤ 불이 장작을 변

---

162 『Pramāṇavārttika』. 데게, 논소, 인명, ce, 성량품成量品, 114b:183; 교정본 No.97, p.516.

형시키고 금세공인이 금을 두드려 변형시키는 것과 같은 '변화의 원인', ⑥ 약이 병을 막는 것과 같은 '예방의 원인', ⑦ 약이 병에서 벗어나 안락을 얻게 하는 것과 같은 '획득의 원인', ⑧ 직접적인 원인과 같은 '가까운 원인', ⑨ 간접적인 원인과 같은 '먼 원인', ⑩ 연기를 이유로 하여 불이 있음을 추론하거나 능립함으로써 타인의 의도를 알 수 있는 것과 같은 '지각의 원인[能知因]' 등이 있다.

보통 '지각의 원인'이라 함은 이유를 의미하지만, 경론에서 간혹 원인이란 말은 '지각의 원인'과 '발생의 원인' 둘 다에 해당한다. 예를 들면 귀류논증학파의 논서에서 등유의 소진은 등불이 꺼짐의 '발생의 원인'이자 '지각의 원인' 둘 다임을 설하였다.

또한 불교경론에서는 인因과 연緣을 언급하는데, 여기서 특정 법의 '인'이라고 하는 것은 그 법을 생성하는 주된 원인, 즉 근취인近取因이고, '연'이라고 하는 것은 그 법의 발생을 돕는 요인, 즉 구유연具有緣으로 이해해야 하는 경우도 있다.

까말라씰라(Kamalaśīla, 蓮華戒) 논사는 『불설대승도간경광석佛說大乘稻竿經廣釋』에서 다음과 같이 설한다.

> 여기서 인因은 근취인이다. 공통되지 않기 때문이다. 연緣은 구유연이다. 공통되기 때문이다.**163**

163 『Śālistambakaṭikā』. 데게, 논소, 경소, ji, 5a:155; 교정본 No.67, p.403.

일반적으로 인과 연 둘은 동의이지만, 한 법에 있어 그것의 인과 연을 분류하면 그 인과 연은 동의가 아니다.

인과 연의 분류와 관련하여 비바사사는 여섯 가지 인因과 네 가지 연緣을 주장한다. '6인因'의 분류는 비바사사 특유의 주장이므로 차후에 철학 체계의 부분에서 설명할 것이다. 또한 인연因緣, 소연연所緣緣, 증상연增上緣, 등무간연等無間緣의 '4연緣'은 식이 생기는 방식과 밀접한 관계가 있기 때문에 나중에 인식의 체계를 설명할 때 논할 것이다.

보통 원인은 시時의 측면에서 직접인과 간접인 두 가지, 생성 방식의 측면에서 근취인과 구유연 두 가지로 분류한다. 직접인의 뜻은 '결과를 직접적으로 생성하는 것'이다. 예를 들면 불은 그 결과인 연기의 직접인이다. 불과 연기 사이에 다른 원인이 개입되어 있지 않고 불이 연기를 직접적으로 생성하기 때문이다.

간접인의 뜻은 '결과를 간접적으로 생성하는 것'이다. 예를 들면 장작은 그 결과인 연기의 간접인이다. 장작은 연기를 직접 생성하지 못하고 불을 통해서 연기를 발생시키기 때문이다. 모든 사물의 직접인과 간접인은 이와 같이 적용한다.

근취인의 뜻은 '결과를 자신의 실질 상속으로 생기게 하는 것' 혹은 '본질과 특성 둘 중 주로 본질을 발생시키는 것'이다. 예를 들면 벼의 씨앗은 그 결과인 벼싹의 근취인이고, 점토는 그 결과인 도자기의 근취인이다. 이를 『양평석』에서 다음과 같이 설한다.

근취인의 변화 없이

근취과가 변하는 것은 불가능하다.

예를 들면 점토의 변화 없이

도자기 등이 변할 수 없는 것과 같다.**164**

구유연의 뜻은 '그 결과를 자신의 실질 상속이 아닌 것으로 생기게 하
는 것' 혹은 '본질과 특성 둘 중 주로 특성을 발생시키는 것'이다. 예를
들면 물과 거름은 새싹의 구유연으로, 씨앗과 더불어 새싹의 조건이
되기 때문에 새싹의 구유연이라고 한다. 이를 『양평석』에서 다음과
같이 설한다.

근취인과 함께

결과를 생성하는 것이 구유연이다.

마치 불과 녹은 구리와 같다.**165**

논에서 설하길, 현재의 몸과 마음 둘은 각각의 근취인이 서로의 구유
연이 되어 함께 머문다고 한다.

이는 마치 원인의 취합 중 불과 구리의 전 찰나인, 불과 녹은 구
리 둘은 비록 서로가 서로의 근취인은 아니지만 (구유연이 되어) 함께
머무는 것과 같다.

---

164 『Pramāṇavārttika』. 데게, 논소, 인명, ce, 성량품成量品, 109b:61; 교정본 No.97, p.505.

165 『Pramāṇavārttika』. 데게, 논소, 인명, ce, 성량품成量品, 109b:63; 교정본 No.97, p.505.

이렇듯 근취인은 그 결과를 생성함에 있어 구유연의 도움을 필요로 한다. 근취인과 구유연은 그 결과를 자신의 실질 상속으로 발생시키는지의 여부에서 차이가 있을 뿐만 아니라, 근취인은 공통되지 않은 원인이고 구유연은 공통된 원인이라는 점에서 차이가 있다. 예를 들어 보리씨앗은 보리싹의 원인이 될 뿐 벼싹의 원인이 되지 못하고, 마찬가지로 볍씨는 벼싹의 원인이 될 뿐 보리싹의 원인이 되지 못한다. 그러므로 씨앗은 공통되지 않은 원인이고, 물과 거름은 두 싹 모두의 원인이 되기 때문에 공통된 원인이다. 또한 근취인은 본질을 주로 생기게 하고, 구유연은 특성을 주로 생기게 한다. 예를 들어 보리싹이나 벼싹 등 어떤 싹이 생기는지는 주로 근취인에 달려 있고, 싹의 크고 작음과 좋고 나쁨 등의 특성은 주로 구유연에 달려 있다.

그렇다면 어떤 사물의 원인이 되는 방식은 어떠한가? 어떤 것이 결과를 생성하는 능력을 갖추면 그때 이것은 그것의 원인이 되는 것이다. 이를 『양평석』에서 다음과 같이 설한다.

싹의 생성에 있어 지地 등은
본질이 전변轉變하면 원인이 된다.
그것을 잘 다스리면
그것의 특성이 보이기 때문이다.[166]

---

166 위의 논, 성량장, 108b:26; 교정본 No.97, p.502.

논서에서는 밭을 예로 들어 설명하길, '밭이 겨울철과 같이 싹을 틔우지 못하는 상태에서 생산할 수 있는 본질로 전변하면 그때 싹의 원인이 된다. 밭을 일구는 등 잘 다스리게 되면 결과인 풍성한 수확물과 같은 특성을 보이기 때문이다'라고 하였다.

내외의 어떤 사물이든 반드시 근취인과 구유연 둘로 인해 생겨야 한다. 예를 들면 싹이 발생하는 것은 싹의 근취인인 씨앗과 구유연인 물과 거름 등 여러 가지 인과 연의 취합에 의해서만 생길 수 있다. 씨앗만으로는 싹이 생길 수 없으며, 씨앗 없이 물과 거름만으로도 싹이 생기지 않는 것과 같다. 이러한 이치는 모든 유위법에 적용된다.

『팔천송반야경八千頌般若經』에서 다음과 같이 설하였다.

선남자여, 이와 같다. 예를 들면 비파琵琶의 소리도 어디서 와서 생기는 것도 아니고, 어디론가 가거나 옮겨가서 소멸하는 것도 아니다. 인과 연의 취합으로써 생기며 인에 달려 있고 연에 달려 있다.

이와 같다. 비파의 공명통共鳴筒에 의지하고, 가죽에 의지하고, 현弦에 의지하고, 경頸에 의지하고, 술대에 의지하고, 줄걸이에 의지하고, 연주자의 노력에 의지하여 이와 같이 비파에서 소리가 나는 것이다. 선남자여, 이처럼 불세존의 몸을 성취하는 것도 인에 달려 있고 연에 달려 있으며 수많은 가행으로 성취된 것이다. 하나의 인으로는 아니고, 하나의 연으로는 아니다. 하나의 선근으로 불신佛身이 생기는 것이 아니고, 원인 없이 생기는 것

도 아니다. 많은 인과 연의 취합에서 생기는 것이다.**167**

마찬가지로 데벤드라붓디(Devendrabuddhi, 帝釋慧) 논사는 『양평석난어석量評釋難語釋』에서 다음과 같이 설한다.

> 하나의 사물에서 많은 결과가 생기지 않는다. 그렇다면 어떠한가? '여럿은 여러 가지 원인에서 생긴다'라고 하는 것이 자종自宗의 주장이다. 그것이 그러하다면 하나에서 하나가 생기는 것이 어찌 불가능하겠는가? 그러나 취합으로부터 모든 것이 생기니, 하나의 취합에서 다른 하나의 취합이 생긴다는 말이다.**168**

2) 결과

결과의 정의는 '자신의 원인에서 생긴 것'이다. 예를 들면 싹은 씨앗의 결과, 연기는 불의 결과이다. 이를 다르마끼르띠 논사는 『양평석』에서 다음과 같이 말한다.

---

167 데게, 불설, 반야, 『팔천송반야경』, ka, 제11품, 278b; 교정본 No.33, p.667.
(T.6,220,1069b,21.)

168 『Pramāṇavārttikapañjikā』. 데게, 논소, 인명, che, 제3품, 제35책, 266b; 교정본 No.98, p.647.

연기는 불의 결과이다.

결과의 법을 따르기 때문이다.

만약 그것 없이도 이것이 존재한다면

이것은 원인을 가지는 것에서 벗어나게 될 것이다.**169**

연기는 불에 의지하고 불의 도움이 없으면 생기지 않는 결과의 법성을 따르기 때문에 불의 결과이다. 그와 같이 불의 도움 없이 연기가 생긴다면 연기는 원인을 가지는 것에서 벗어나게 되므로 결과는 반드시 원인에 의지해야 한다고 한다.

결과는 시時의 측면에서 직접과直接果와 간접과間接果 두 가지, 상속의 측면에서 근취과近取果와 구유과俱有果 두 가지로 분류한다.

직접과의 뜻은 '직접적으로 생기는 것'이다. 예를 들면 연기는 불의 직접과이다. 불로 인해 연기가 생길 때 그 사이에 다른 결과가 개입되지 않고 직접적으로 발생하기 때문이다.

간접과의 뜻은 '간접적으로 생기는 것'이다. 예를 들면 연기는 장작의 간접과이다. 장작에서 연기가 생길 때 사이의 불을 통해서 발생하기 때문에 간접과라고 한다.

근취과의 뜻은 '자신이 실질 상속으로 주로 생기는 것'이다. 예를 들면 도자기는 자신의 원인인 점토의 근취과이다. 근취인인 점토가 자신의 실질 상속인 도자기(의 본질)로 변하기 때문에 도자기를 근취

---

169 『Pramāṇavārttika』. 데게, 논소, 인명, ce, 자의품自義品, 96a:36; 교정본 No.97, p.472.

과라고 한다.

구유과의 뜻은 '자신이 실질 상속이 아닌 것으로 주로 생기는 것'
이다. 예를 들면 도자기는 자신의 원인인 도공陶工의 구유과이다. 도
공이 도자기의 본질로 변하는 것이 아니고, 결과인 도자기가 도공에
의해 생성되기 때문에 구유과라고 한다.

이와 같이 양털과 실에서 모직물, 점토에서 도자기, 금에서 금항
아리, 씨앗에서 싹이 생기는 것 등은 근취인에서 근취과가 생기는 사
례이며, 방직사, 도공, 금공예가, 농부, 물과 거름 등에서 앞에 나열한
것들이 차례대로 생기는 것은 구유연에서 구유과가 생기는 사례이다.

그렇다면 원인과 결과에는 어떤 차이가 있는가? 논리적으로는
원인과 결과는 동의이다. 예를 들면 항아리는 그것의 원인의 결과이
고, 자신의 결과의 원인이다. 그와 같이 아침은 지난밤의 결과이고,
뒤이은 오후의 원인이라는 등 모든 유위는 이와 같다.

그러나 한 토대에 있어서 원인과 결과는 모순이다. 예를 들면 불
은 자신의 결과인 연기의 원인이지만 그것의 결과가 아니며, 연기는
자신의 원인인 불의 결과일 뿐 그것의 원인은 아니라는 등 다른 법 또
한 이와 같다.

9
무위법無爲法

일반적으로 법에는 인과 연에 의해 모이고 변화를 갖는 한 종류와 인과 연에 의해 모이는 것이 아니며 변함이 없는 한 종류가 있다. 그 첫째는 유위이고, 둘째는 무위이다. 무위의 정의는 생·주·멸 세 가지가 불가능한 법이며, 무위법과 항상은 동의이다.

하부 아비달마의 『구사론』에서는 무위법을 허공, 택멸擇滅, 비택멸非擇滅의 세 가지로 설한다. 비바사사는 허공이란 장애가 없고 유색에게 공간을 내어주는 것을 말한다. 또한 허공은 다른 유색을 장애하지 않을 뿐만 아니라 다른 유색에 의해 장애받지 않는 항상한 질이며, 육계 중 허공계는 밝음[明]과 어둠[暗] 중 하나의 본질인 색처라고 주장한다. 경량부를 비롯한 상위학파들은 허공이란 단지 막힘과 접촉을 여읜 무차無遮(Tib. med dgag)의 법이라고 주장한다.

간택簡擇의 지혜[慧]로써 자신의 개별적 소단이 되는 번뇌를 소멸한 것을 일컬어 택멸이라고 한다. 예를 들면 도를 수습한 힘으로 성냄을 완전히 제거한 멸滅이다. 인연을 완전히 갖추지 않았기 때문에 미래법이 생겨나는 것을 영원히 장애하는 것을 일컬어 비택멸이라고 한다. 예를 들면 도를 수습한 힘으로 성냄을 완전히 제거한 것이 아니라 성냄을 일으키는 인연을 완전히 갖추는 것이 불가능한 상태의 멸이다.

이를 『아비달마구사론』에서 다음과 같이 설하였다.

세 가지 무위는

허공과 두 가지 멸滅이니
허공은 장애를 갖지 않는 것이다.

택멸은
이계離繫로서 각기 다른 것이다.
생함[生]을 영원히 장애하고
택멸 아닌 것이 비택멸이다.**170**

허공은 공간을 내어주고 풍의 소의이며, 택멸은 자신의 소멸 대상인 유루법을 소멸한 것이고, 비택멸은 자신의 소멸 대상이 생기는 것을 방해하는 것이다. 그러므로 비바사사는 이 세 가지가 무위인 실질이라고 주장한다.

바쑤반두 논사의 『대승오온론』에서는 무위법을 허공, 택멸, 비택멸, 진여眞如의 네 가지로 설명한다. 이 논서에선 다음과 같이 설한다.

무위는 무엇인가? 허공과 비택멸, 택멸, 진여眞如이다.
그 중 허공은 무엇인가? 색에 공간을 제공하는 것이다.
비택멸은 무엇인가? 멸이고, 여읜 것은 아니다. 번뇌에
대한 대치 없이 일체 온蘊이 영원히 생기지 않는 것이
다. 택멸은 무엇인가? 멸이고, 여읜 것이다. 번뇌에 대한

---

170 데게, 논소, 아비달마, ku. 제2품, 2a:56; 교정본 No.79, p.4. (T.29.1558.1c.2)

대치로 인해 온이 완전히 생기지 않는 것이다. 진여는 무엇인가? 제법의 법성이고, 제법의 무아이다.**171**

『대승아비달마집론』에서는 무위법을 선법진여善法眞如, 불선법진여 不善法眞如, 무기법진여無記法眞如, 허공, 택멸, 비택멸, 부동不動, 상수 멸想受滅의 여덟 가지로 설명한다. 이 논서에선 다음과 같이 설한다.

> 무위법에는 여덟이 있다. 선법진여, 불선법진여, 무기법 진여, 허공, 비택멸, 택멸, 부동, 상수멸이다. 선법진여란 무엇인가? 두 가지 무아無我와 공성空性, 무상無相, 실제 實際, 승의勝義이고, 법성法性이다. 어찌하여 진여를 진 여라 일컫는가? 다른 것으로 변하지 않기 때문이다. 어 찌하여 공성이라 일컫는가? 잡염雜染이 작용하지 않기 때문이다. 어찌하여 무상이라 일컫는가? 상相이 적멸하 기 때문이다. 어찌하여 실제라고 일컫는가? 전도되지 않은 인식 대상이기 때문이다. 어찌하여 승의라고 일컫 는가? 성자의 무루지의 대상이기 때문이다. 어찌하여 법성이라고 일컫는가? 성문과 연각, 제불의 모든 법의 원인이기 때문이다. 선법진여와 같이 불선법진여와 무 기법진여 역시 그러함을 알아야 한다.

---

171 데게, 논소, 유식, shi, 16a; 교정본 No.77, p.45. (T.31.1612.850a.18)

허공이란 무엇인가? 색이 없고, 모든 행위를 수용하기 때문이다. 비택멸이란 무엇인가? 멸이고, 여읜 것은 아니다. 택멸이란 무엇인가? 멸이고, 여읜 것이다. 부동이란 무엇인가? 변정천의 욕망을 여의고 그 상계의 욕망을 여의지 않았으며, 고락을 멸한 것이다. 상수멸이란 무엇인가? 무소유처의 욕망을 여의고 유정有頂을 초월하고자 적정에 머물겠다는 마음을 먼저 일으켜 견고하지 않은 심과 심소를 비롯해 견고한 심과 심소의 일부 법들을 멸한 것이다.**172**

이상의 여덟 가지 중 처음의 세 가지는 진여라는 점에서는 차이가 없지만, 토대가 되는 소의가 다르기 때문에 구분한다. 그리고 번뇌와 그 근원인 수受(감수) 중 번뇌를 소멸한 것을 택멸이라고 한다. 수에도 신심身心을 변화시키는 고락과 신심을 변화시키지 않는 불고불락(사수捨受) 두 가지가 있는데, 이 중 전자를 소멸한 것을 부동, 후자를 소멸한 것을 상수멸이라 한다.

　부동은 세간도로써 삼선三禪 이하의 욕망을 여의고, 사선四禪의 욕망을 여의지 못한 상태에서 소멸 대상인 고락을 멸한 것을 말한다. 이는 여덟 가지 허물로 흔들리지 않고, 특히 고락에 동요하지 않기 때문에 부동이라고 한다. 상수멸은 무소유처 이하의 욕망을 여의고 유정심에 의해 상과 수를 멸한 것을 말한다. 앞서 언급한 『대승아비달

---

172 데게, 논소, 유식, ri, 제1품, 53a; 교정본 No.76, p.138. (T.31,1605,666a,20)

마집론』의 스물세 가지 불상응행 중 상수멸은 비차(非遮, Tib. ma yin dgag)이며, 여기서 말한 상수멸은 무차(無遮, Tib. med dgag)이다.**173**

이밖에도 불교 인명학의 대논사들의 주장에 의하면 오직 분별로써 정립하는 법, 예를 들면 소립법과 논제, 공통 기반과 보편, 정의와 정의 대상, 하나와 여럿, 소립과 능립 등의 보편적 범주들은 변계소집성이며, 무위법이다. 『양평석』에서 다음과 같이 설하였다.

> 소립법所立法과 논제의 체계
> 여럿과 여럿이 아닌 어떤 것이든
> 진여의 의미를 분석하지 않고
> 세간에 알려진 것처럼
> 오로지 그것에 의지해서
> 소립과 능립을 세우니
> 승의로 이끌기 위해
> 지자들이 하는 것이다.**174**

논서에서 설한 바로 미루어 보아, 무위법이라면 반드시 앞서 언급한 『대승아비달마집론』의 여덟 가지 유형 중 하나에 해당되어야 하는 것이 아님을 알 수 있다.

---

173 비차와 무차에 대해서는 뒤이은 '6)부정과 정립의 체계'에서 자세히 설명할 것이다. 본서 274쪽 참고.

174 『Pramāṇavārttika』. 데게, 논소, 인명, ce, 자의품自義品, 98a:87~88; 교정본 No.97, p.477.

10

소량所量의 기타 체계

1) 정의[性相]·정의 대상[名相]·사례[例]

논리학자들은 제법의 실상을 탐구할 때 승의의 의미를 깨닫는 방편으로, 앞서 『양평석』의 인용문에 나온 바와 같이, 한 대상에 세속제 혹은 명언제의 측면에서 소립법과 논제, 소립과 능립, 정의 대상과 정의 등의 체계를 확립하였다. 이는 식이 대상을 인식하는 방식과 밀접하게 관련되어 있기 때문에 고전 문헌들에서도 '인식의 체계'에 관한 주제로 다루었지만, 본 저서에서는 입문자들이 쉽게 이해할 수 있도록 '대상의 체계'의 장에서 설명하고자 한다.

먼저 정의와 정의 대상에 대해 말하자면, 마이뜨레야(Maitreya, 彌勒) 논사는 『대승장엄경론』에서 다음과 같이 설하였다.

> 세존께서는 중생에게
> 이익을 주기 위해 사례와
> 정의와 정의 대상을
> 잘 분류하여 올바르게 설하셨다.**175**

이렇듯 정의, 정의 대상, 사례의 세 가지가 있는데, 이는 차례대로 ①

---

175 데게, 논소, 유식, phi, 제12품, 14b:36; 교정본 No.70, p.834. (T.31.1604.613b.29)

드러내는 '정의', ② 드러나야 하는 대상인 '정의 대상', ③ 드러나는 토대인 '사례'이다. 예를 들면 '항아리'는 드러나는 토대인 사례이고, '소지'는 드러나야 하는 정의 대상이며, '식의 대상으로 적합한 것'은 드러내는 정의이다. 항아리(③)가 '식의 대상으로 적합한 것'(①)임을 앎으로 인해 항아리가 '소지(②)'라는 것을 알 수 있다. 이 정의로써 항아리가 소지인 것을 식이 알아차리도록 하는 것이다.

일반적으로 '정의'라는 말은 다음과 같이 다양한 의미에 적용된다.

① 개별적 특성[自相] : 불의 뜨거움은 불이 다른 것과 공통되지 않게 드러내기 때문에 불의 자상이다.

② 공통적 특성[共相] : 무상은 불과 불이 아닌 유위법 모두에 충족되기 때문에 불의 공상이다.

③ 분류하는 정의 : 항아리와 같은 하나의 사물을 의미상 차이는 없지만 항상이 아닌 점에서 무상, 무위가 아닌 점에서 유위로 정립하는 등이다.

④ 다른 종류를 배제하는 정의 : '배가 불룩하고 바닥이 평평하고 물을 담는 작용을 하는 것'을 항아리의 정의라고 하는 것과 같이, 이러한 정의의 정립은 불충족[不遍]과 과충족[過遍]을 배제한다.

⑤ 사견을 제거하는 정의 : 의심을 제거하기 위해 정의를 세운 것이다.

정의, 정의 대상, 사례의 셋으로 분류할 때의 '정의'는 이 중 주로 다른 종류를 배제하는 정의이며, 여기에는 사견을 제거하는 정의도

내포되어 있다.**176**

　'다른 종류를 배제하는 정의'는 반드시 다음의 세 가지 과실을 여의어야 한다. ① 불충족 과실, ② 과충족 과실, ③ 사례에 존재하지 않는 과실.

　예를 들어 만약 '향나무의 가지와 잎을 가진 것'을 나무의 정의로 삼으면, 이것은 나무의 모든 개체에 충족되지 않기 때문에 충족의 미비, 즉 불충족의 과실이 된다. 또 '땅에서 생기는 것'을 나무의 정의로 삼으면, '땅에서 생기는 것'은 나무뿐만 아니라 다른 생물에도 해당되기 때문에, 과충족의 과실이 된다. 그리고 만약 '배가 불룩하고 바닥이 평평하고 물을 담는 작용을 하는 것'을 나무의 정의로 삼으면, 이는 나무의 한 예인 버드나무에는 존재하지 않기 때문에 사례에 존재하지 않는 과실이 된다. 그러므로 이것들은 모두 나무의 정의로 타당하지 않다.

　일반적으로 정의를 정립하는 방식에는 작용의 측면에서 정립하는 것과 작용과 본질 둘 다의 측면에서 정립하는 것이 있다. 첫째는, '대들보를 지탱하는 역할을 하는 것'을 기둥의 정의로 삼는 것과 '자신의 결과를 생성하는 것'을 원인의 정의로 삼는 것 등이다. 둘째는, '온난하고 태우는 것'을 불의 정의로 삼는 것과 '명료하고 인식하는

---

176 챠빠 논사가 저술한 인명의 주석서 『구의암량론驅意闇量論』 2품 12-23쪽에서는 '다른 종류를 배제하는 정의'의 측면에서 정의·정의 대상·사례 세 가지를 정립하는 방식, 정의 대상이면 가유의 삼법을 갖추어야 함, 정의이면 실유의 삼법을 갖추어야 함 등을 해석하고 능립하였다.

것'을 식의 정의로 삼는 것 등이다. 여기서 '온난함'은 불의 본질이고, '태우는 것'은 불의 작용이다. 그리고 '명료함'은 식의 본질이며, '인식하는 것'은 식의 작용이다.

가유삼법체假有三法體(Tib. btags yod chos gsum tshang ba)는 정의 대상의 정의이다. 삼법三法은 ① 자신이 정의 대상임, ② 자신이 사례에 존재함, ③ 자신의 정의 외에 다른 어떤 것의 정의 대상이 되지 않음이다. '사물'을 예로 들면, '사물' 자신이 정의 대상이며, 자신의 사례인 항아리에 존재하고, 자신의 정의인 '작용할 수 있는 것' 외에 다른 것의 정의 대상이 되지 않는다.

실유삼법체實有三法體(Tib. rdzas yod chos gsum tshang ba)는 정의의 정의이다. 이 삼법은 ① 자신이 정의임, ② 자신의 사례에 존재함, ③ 자신의 정의 대상 외에 다른 어떤 것의 정의가 되지 않음이다. '작용할 수 있는 것'을 예로 들면, '작용할 수 있는 것' 자신이 정의이며, 자신의 사례인 항아리에 존재하고, 자신의 정의 대상인 '사물' 이외에 다른 것의 정의가 되지 않는다.

요약하면 '작용할 수 있는 것'은 '사물'의 능상能相(Tib. mtshon byed) 혹은 정의이며, '사물'은 '작용할 수 있는 것'의 소상所相(Tib. mtshon bya) 혹은 정의 대상이다. 항아리는 작용할 수 있기 때문에 사물이 현시顯示되는 토대이다.

'작용할 수 있는 것'과 '사물' 사이에는 긍정상호 충족 둘, 부정상호 충족 둘, 존재상호 충족 둘, 비존재상호 충족 둘, 즉 팔충족이 있다. 이렇듯 모든 정의와 정의 대상은 팔충족을 갖추어야 한다. 또한 정의와 정의 대상 둘을 지각할 때 정의를 먼저 지각한 후 이로써 정의 대상을 이해해야 하므로 반드시 전후의 순서를 갖추어야 한다.

2) 하나와 여럿

소지에는 '하나'와 '여럿'의 두 분류가 있다. 모든 소지는 이 둘에 포섭된다.

'하나'의 정의는 '각각이 아닌 법'이다. '각각이 아닌'이라고 함은 분별식에 떠오르는 방식에 있어 각각이 없다는 것이며, 말로 표현하는 방식에 있어 별개가 없다는 것을 의미한다. 예를 들면 '기둥'이라는 말은 기둥 외에 항아리 등 다른 법을 표현하지 않으며, 기둥을 인식하는 분별식에 기둥 외에 항아리 등 다른 법이 떠오르지 않기 때문에 기둥은 '하나'이다. 지·수·화·풍 등은 각각이 '하나'라고 주장하는 것도 이와 같다. 토끼뿔은 말의 표현 방식이나 분별식에 떠오르는 방식에서는 각각이 없지만, 존재하지 않기 때문에 '하나'가 아니다.

'여럿'의 정의는 '각각인 법'이다. '각각'이라고 함은 분별식에 떠오르는 방식 또는 말로 표현하는 방식에 있어 별개가 있다는 것이다. 예를 들면 '지와 수 둘', '소작과 무상 둘' 등이다. 소작과 무상 둘은 비록 본질은 하나이지만, 분별식에 이 둘의 공상이 별개로 떠오르고 둘의 명칭이 각각이므로 별개로 이해된다. 그래서 소작과 무상 둘은 '각각'인 것이다. 이처럼 '하나'와 '여럿'은 말과 분별식에 의해 정립되기 때문에 이것은 반체反體가 하나인지 혹은 여럿인지를 말하는 것이다.

불교 논리학의 논서에서는 본질이 하나와 여럿, 질質이 하나(질일質一)와 여럿(질이質異), 반체가 하나와 여럿 등의 체계도 설하고 있다.

'본질이 하나'의 정의는 '본질이 각각이 아닌 법'이다. 예를 들면 소지와 존재 둘, 소작과 무상 둘, 기둥과 소지 둘이다. '그 법과 본질이 하나'의 정의는 '그 법과 본질이 각각이 아닌 법'이다. '본질이 하나', '자성이 하나', '본성이 하나'는 동의이다. 기둥이 소지와 '본질이 하나' 인 것은 기둥 자체가 성립되는 것만으로 소지의 본질로 성립되기 때문이다. 동의이면 반드시 본질이 하나이어야 한다. 또한 그 법의 개체라면 그 법과 본질이 하나이어야 한다. 비존재에는 본질이 하나와 여럿이라는 체계를 적용하지 않는데, 왜냐하면 그것들은 본질이 없기 때문이다.

'본질이 여럿'의 정의는 '본질이 각각인 법'이다. 예를 들면 지와 수 둘, 기둥과 항아리 둘이다. 무위법에 있어서는 '본질이 여럿'이 없다고 주장하는 이도 있다. '본질이 여럿'이라면 분별식에 떠오르는 방식이나 말로 표현하는 방식이 개별로 존재해야 할 뿐만 아니라, 양자가 서로의 본질로 성립되지 않아야 한다. 그러므로 '본질이 여럿'이면 '여럿'인 것을 충족하지만, '여럿'이면 '본질이 여럿'인 것을 충족하지 않는다. 예를 들면 '소작과 무상'이다.

'질일質一'의 정의는 '본질이 각각 아닌 것으로 생기는 법'이다. '본질이 하나인 유위'와 '질일'은 동의이다. 예를 들면 '기둥과 금기둥 둘', '소작과 무상 둘'이다. 이것들은 자신이 떠오르는 현량에 각각으로 떠오르지 않는 유위이기 때문에 '질일'이다. 무위법은 '본질이 하나'인 것은 될 수 있지만 '질일'인 것은 불가능하기 때문에, 본질이 하나이면 질일이어야 하는 것은 아니며, 질일이면 반드시 본질이 하나이어야 한다.

질일, 성주질일成住質一, 불가분의 성주질일, 성주동일成住同一은 다르다.

질일의 의미는 앞서 설명하였다. '성주질일'의 정의는 '질이 하나이고, 생·주·멸이 동시인 것'이다. 예를 들면 기둥과 기둥의 취합 속의 팔질八質 같은 것이다. 그러므로 '질일'이면 반드시 '성주질일'인 것은 아니다. '오늘의 항아리'와 '항아리' 둘은 '질일'이지만 생·주·멸이 동시가 아니기 때문에 '성주질일'인 것은 아니다.

'불가분의 성주질일'의 정의는 '생·주·멸이 동시이고, 현량에 둘 중 하나가 떠오르면 다른 하나도 떠올라야 하며, 질이 하나인 것'이다. 『양평석』에서는 다음과 같이 설하고 있다.

> 그렇기 때문에 사물을 봄으로써
> 모든 특성을 본다.**177**

그 사례를 들자면 기둥과 기둥의 무상이다. 기둥이 떠오르는 무분별 현량에 반드시 기둥의 무상이 떠올라야 하고, 기둥의 무상이 떠오르는 무분별 현량에도 기둥이 떠올라야 한다. 이 둘은 생·주·멸이 동시일 뿐만 아니라, 질이 하나이기 때문에 불가분의 성주질일이다.

'성주질일'이면 반드시 '불가분의 성주질일'인 것은 아니다. 예를 들면 '항아리와 항아리의 취합 속의 풍미진 둘'이다. 이 둘은 질이 각

---

177 『Pramāṇavārttika』. 데게, 논소, 인명, ce, 자의품自義品, 96b:47; 교정본 No.97, p.473.

각이 없지만 항아리가 떠오르는 현량에 항아리의 풍미진이 반드시 떠오르는 것은 아니기 때문에 '불가분의 성주질일'은 아니다.

'성주동일'이란 '동시에 생기고, 소멸하고, 머무름'을 말한다. 성주동일이면 반드시 성주질일인 것은 아니다. 예를 들면 항아리의 취합에 존재하는 팔질이다. 이 팔질은 생, 주, 멸이 동시이기 때문에 성주동일이지만, 질이 각각이므로 성주질일이 아니다.

'질종일質種―'의 정의는 '하나의 근취인에서 생긴 여럿인 유위법'이다. 그 사례는 근취인인 한 알의 보리에서 생긴 크고 작은 보리 낟알 둘이다. '질종일'이라고 할 때의 '질'은 근취인 혹은 질의 이전 상속을 의미한다. 『양평석』에서 다음과 같이 설하였다.

> 다르다는 것은 원인이 다름에서 비롯되는 것이다.**178**

이에 대해 싸꺄붓디 논사는 『양평석주소』에서 다음과 같이 설한다.

> 그러므로 종류가 같거나 같지 않은 상속이 각각으로 정립된 것은 근취인에 의한 것이다.**179**

질종일이 반드시 질일인 것은 아니다. 근취인인 한 알의 보리에서 생

---

178 위의 논, 자의품, 125b:184; 교정본 No.97, p.472.

179 『Pramāṇavārttikaṭīkā』. 데게, 논소, 인명, nye, 제3품, 46책, 125b; 교정본 No.99, p.312.

제2장 소지所知인 대상의 체계

긴 크고 작은 두 보리 낱알은 질종일이지만, 이 둘은 실명이 다르기 때문에 개별로 이해하는 대상이므로 하나가 아닐 뿐만 아니라, 안식에 각각으로 떠오르기 때문에 질일도 아니다.

'질이質異'의 정의는 '본질이 각각으로 생기는 유위'이다. '본질이 여럿인 유위'와 '질이'는 동의이다. 이것의 사례는 기둥과 항아리 둘이다. 이 둘은 무분별식에 떠오를 때 별개의 본질로 떠오르는 유위법이기 때문에 '질이'인 것이다.

위대한 논리학자 다르마끼르띠 논사의 저서인 『양평석』에서 하나와 여럿, 본질이 하나와 여럿, 본질은 하나이고 반체가 여럿 등의 체계를 다음과 같이 설하였다.

> 모든 사물이 자성으로
> 각각의 본질로 머물기 때문에
> 동류와 동류 아닌 사물로부터
> 배제된 것에 의존한다.

> 그러므로 그것과 그것 아닌 것으로 배제된 것을
> 원인으로 가진 사물이
> 각종으로 구별되며 그 특성으로써
> 차례대로 지각되는 것이 성립된다.

> 그러므로 어떠한 특성의 법을
> 어떤 식이 지각하는 것은

이외 다른 식이 지각할 수 없다.

그렇기 때문에 여러 반체가 존재한다.**180**

사물들은 자신의 본질이 다른 것과 섞이지 않고 머물기 때문에 동류
同類나 이류異類인 모든 법이 아닌 것(시역是逆)으로 머무는 것이다.
그렇기 때문에 예를 들면 '소리'와 같은 하나의 토대에는 사물로서 동
류인 항아리의 시역, 사물로서 동류 아닌 허공의 시역 등 여러 반체
가 존재한다. '소리의 소작'과 '소리의 무상'이 반체로 구별되는 토대
는 소리 자신이고, 소리상에서 소작과 무상은 '반체가 여럿'인 것이
다. 소리상의 소작과 무상은 배제한 대상이 각각이기 때문에 거기에
서 배제된 반체도 각각인 법이다. 이러한 연유로 '소리의 소작'과 '소
리의 무상'은 본질이 하나이며, 반체는 여럿으로 구별된다. 소리 자체
가 '소리가 아님', '무작', '항상' 등 모든 이류의 시역으로 존재하기 때
문에, 소리는 그 시역을 가진 만큼의 많은 반체 또한 특성으로 가지고
있다. 여러 가지 반체 중 소작을 예로 들면, '소작'이라는 말로써 소작
을 이해할 수 있지만 무상을 이해할 수 없으며, 마찬가지로 다른 반체
의 법들도 이와 같기 때문에, 소리 상에서 소작, 무상 등의 법들은 비
록 본질이 하나이지만 말과 분별의 대상에 있어 각각으로 존재한다
고 한다.

---

180 『Pramāṇavārttika』. 데게, 논소, 인명, ce, 자의품, 96a:42-44; 교정본 No.97, p.423.

시역是逆과 비역非逆

아울러 시역과 비역을 설명하겠다. '시역'과 '아닌 것'은 동의이고, '비역'과 '인 것'은 동의이다. 따라서 '인 것이 가능한 소지'에는 비역이 존재하지만 '인 것이 불가능한 소지'에는 비역이 존재하지 않는다.

예를 들자면, '사물의 시역'과 '사물이 아닌 것'은 동의이고, '사물의 비역'과 '사물'은 동의이다. 이와 같이 '항아리의 비역'과 '항아리'는 동의이고, '항아리의 시역'과 '항아리가 아닌 것'은 동의이다. '항아리의 시역의 시역'이라고 짝의 배수로 세우면, '항아리인 것'과 동의이며, '항아리의 비역의 비역'이라고 몇 번을 세우더라도 처음의 '항아리의 비역'과 동의이다. 요약하면 '한 법의 시역의 시역의 시역'이라고 '시역'을 두서너 번 덧붙일 때 그 횟수가 짝의 배수이면 '그 법인 것'이며, 홀의 배수이면 '그 법이 아닌 것'이다. 비역은 짝의 배수이든 홀의 배수이든 수차례 반복하더라도 그 법 '인 것'이다. 이것은 부정과 정립의 체계와 관련이 깊다. 이에 대해 『양평석』에서 다음과 같이 설한다.

> 이에도 타他로부터의 반체와
> 타에서 배제된 것181

이러한 반체와 시역 등은 타자부정에 대한 논술에서 자주 볼 수 있다.

---

181 『Pramāṇavārttika』. 데게, 논소, 인명, ce, 자의품, 97a:61; 교정본 No.97, p.475.

3) 보편과 개체

'보편'이 '개체'와 별개의 본질로 존재하는지의 여부, '보편'의 정의, '보편'과 그 소변이 되는 '개체' 간의 관계 등은 고대 인도의 논리학자들이 심층적으로 고찰한 요점 중 하나이다. 이것에 대해서는 철학 체계의 부분에서 디그나가 논사와 다르마끼르띠 논사의 주장에 따라 '타자부정(TIb. gzhan sel)'과 '명名182이 대상에 입각하는 방식'을 설명할 때 자세히 해석하도록 하겠다. 여기서는 입문자들이 논리를 학습하는 점을 고려하여 챠빠 최끼 쎙게 논사의 『섭류학攝類學』(Tib. bsdus grwa)에 나와 있는 대로 보편과 개체의 체계에 대해 간략하게 설명하고자 한다.

'보편'의 정의는 '자신의 명례明例를 수행隨行하는 법'이다. 여기서 '명례'는 '개체'와 동의이다. 이것의 예는 기둥, 사물, 소지, 존재, 항아리를 인식하는 분별식에 항아리로 떠오르는 현상 등이다.

기둥은 어떻게 자신의 명례를 수행하는가? 전단 기둥, 향나무 기둥, 돌기둥 등은 모두 기둥의 명례 또는 개체이고, 기둥은 이 모든 개체를 충족하기 때문에 기둥이 자신의 명례를 수행한다고 한다. 따라서 '기둥을 수행하는 법'이 '기둥의 보편'의 정의이며, 그 예는 무상, 색, 소지 등이다.

보편의 언전분류言詮分類에는 세 가지가 있다. 종種보편(Tib. rigs spyi), 취聚보편(Tib. tshogs spyi), 의義보편(Tib. don spyi)이다. '종보편'의

---

182 티베트어로 '다(Tib. brda)'는 한국어로 '명名'인데, 이는 일반적으로 명칭을 뜻하고, 논리학에서는 이름뿐만 아니라 분별식도 포함되어 있다. (역자주)

정의는 '자신의 종류를 수행하는 법'이다. 그 예는 기둥, 사람, 존재, 사물이다. '자신의 명례를 수행하는 것'과 '자신의 종류를 수행하는 것'은 동의이기 때문에, '종보편'과 '보편'은 동의이다. '취보편'의 정의는 '자신의 여러 부분이 취합된 거친 색'이다. '취보편'과 '거친 색'은 동의이다. 그 예로는 항아리, 나무, 강물이 있다. 항아리는 그것의 여러 부분인 주둥이, 바닥, 배 등 여러 부분의 취합으로 성립된 취합체이기 때문에 취보편이다. '의보편'은 나무를 예로 들면, '나무와 하나가 아님에도 불구하고 나무를 인식하는 분별식에 나무와 하나인 것처럼 떠오르는 현상'이 나무의 의보편의 정의이다. 단지 나무의 관념적 상이 분별식에 보편적 상으로 나타나기 때문에 의보편이라고 한다. 이 것에 대한 예를 들자면 누군가가 다른 장소에 있으면서 자신의 집의 모습을 떠올리는 것과 같다.

'개체'의 정의는 '자신의 능변能遍이 되는 대상의 종種을 가진 법'이다. 이것의 예는 항상, 무상, 지·수·화·풍 등이다. 수水를 예로 들어 설명하면, 수는 개체이며 사물은 그것의 능변이다. 즉, 다시 말하면 수이면 사물임을 충족하고, 사물이면 수인 것을 충족하지 않기 때문에 수는 소변所遍이며, 사물은 그것의 능변이다. 또한 사물은 수의 종種이며, 수는 사물의 종을 가진 것이다.

한 법의 개체이면 반드시 세 가지 특성을 갖추어야 한다. 소지와 그것의 개체인 기둥을 예로 들면, ① 기둥은 소지이고, ② 기둥은 소지와 본질이 하나인 관계이며, ③ 기둥이 아니고 소지인 것의 공통 기반이 많이 존재한다. 그렇기 때문에 기둥은 소지의 개체이다. 다른 모든 개체에도 이와 같이 적용한다.

보편과 개체는 사구四句가 된다. 보편이고 개체가 아닌 것은 예를 들면 소지이다. 개체이고 보편이 아닌 것은 예를 들면 '기둥과 항아리 둘'이다. 둘 다인 것은 예를 들면 기둥이다. 둘 다 아닌 것은 예를 들면 토끼뿔이다. 항아리는 금항아리의 보편이자 사물의 개체이기 때문에, 보편과 개체 둘 다인 것이다.

또한 색은 항아리의 보편, 사물은 색의 보편, 존재는 사물의 보편이 되는 등 충족의 범위가 보다 넓은 것이 보편이고, 충족의 범위가 보다 작은 것이 개체이다.

4) 실법實法과 반법反法

인도 불교의 양론量論에서 '실법'이란 주로 자상의 법을 가리키며, 이와 반대로 '반법'이란 소리와 분별식으로 해당 법이 아닌 것(시역)을 배제함으로써 정립된 특성의 측면에서 세워진 법을 가리킨다. 또한 '실'은 실유를 의미하고, 반대로 '반'은 가유를 의미한다고 하는 등의 해석도 있다.

그러나 챠빠 논사의 『섭류학』에서 말하는 실법과 반법이란 여덟 가지 체계의 실법과 반법으로 이해해야 한다. 이것을 간략히 소개하자면, 실법의 정의는 ① 자신이 성립이고, ② 자신이 자신이며, ③ 자신이 아닌 것은 자신이 아니고, ④ 자신의 반체가 실법과 모순되지 않는 것이다. 항아리를 예로 들면, 항아리는 성립이고, 항아리는 항아리이며, 항아리가 아닌 것은 항아리가 아니고, 항아리의 반체가 실법과 모순되지 않으므로 항아리는 실법의 네 가지 특성을 가지기 때문에 실법이다.

반법에는 '자신인 것의 반법'과 '자신 아닌 것의 반법', '제3의 순반법'의 세 가지가 있다. 예를 들어 '정의'는 '자신 아닌 것의 반법'이다. 왜냐하면 ① 자신이 성립이고, ② 자신이 (자기) 자신이 아니며, ③ 자신이 아닌 것은 자신이 아니고, ④ 자신의 반체가 자신이 아닌 것의 반법과 모순되지 않는 것이기 때문이다. 첫째, 정의는 소지이므로 성립이다. 둘째, 정의는 자신의 정의가 있기 때문에 정의 대상이지 정의가 아니다. 셋째, 정의가 아닌 것은 정의 대상을 가지지 않기 때문에 정의가 아니므로 자신이 아닌 것은 자신이 아니다. 넷째, 정의의 반체는 '정의 아닌 것의 반체'와 모순되지 않는다.

이상의 실법과 반법의 체계는 자반체自反體와 기반체基反體 간의 차이를 더욱 쉽게 이해할 수 있게 하는 새로운 논리적 기술이기 때문에 여기서 간략하게 소개했으며, 자세히 알고 싶다면 『섭류학』의 논서를 참조해야 한다.

5) 모순과 관계

① 모순

모순의 정의는 '여럿이고 공통 기반이 없는 법'이다. 분류하면 양립불가능모순과 상호배제모순 둘이 있다. 이를 까말라씰라 논사는 『중관명론中觀明論』에서 다음과 같이 설하였다.

이와 같이 사물의 모순은 두 가지이다. 양립불가능모순
과 상호배제모순이다.**183**

어떤 것이 인연을 빠짐없이 갖춤으로써 이것이 존재하
면 어떤 것을 반드시 소멸하게 되는, 이 둘을 첫째 모순
이라고 하며, 마치 차가움과 뜨거움 둘 같은 것이다.**184**

어떤 법의 해가 강력함으로써 해를 입는 대상의 상속을 끊어지게 하
기 때문에 이 두 법을 양립불가능모순이라고 한다. 또한 『중관명론』
에서 상호배제모순 또는 직접모순에 대해 아래와 같이 분명하게 설
하였다.

어떤 것을 앎으로써 다른 어떤 것이 배제되는 이 둘을
둘째 모순이라 하며, 마치 한 유법이 사물로 존재함과
그 법이 사물로 존재하지 않음과 같다.**185**

두가지 모순을 자세히 설명하자면, '양립불가능'이란 서로 저해하는
힘에 의해 동등하게 머물 수 없음을 의미한다. 예를 들면 뜨거움과 차

---

183 『Madyamakāloka』, 데게, 논소, 중관, sa, 135b; 교정본 No.62, p.1119.

184 데게, 논소, 중관, sa, 135b; 교정본 No.62, p.1119.

185 데게, 논소, 중관, sa, 135b; 교정본 No.62, p.1119.

제2장 소지所知인 대상의 체계

가움 둘은 '직접양립불가능모순'이며, 강하게 피어오르는 연기와 차가운 촉감은 '간접양립불가능모순'이다. 강하게 피어오르는 연기는 비록 차가운 촉감에 직접적으로 해가 되지는 않지만, 간접적으로 해를 입힐 수 있다. 강한 연기가 피어나는 곳이라면 마땅히 그곳에 불이 있어야 하고, 불이 차가운 촉감을 직접적으로 없앨 수 있기 때문에 연기도 차가움과 양립불가능모순이다.

차가움과 뜨거움이 직접 해를 주고받는 방식은 이와 같다. 뜨거움의 수많은 찰나 지분支分을 가진 유분인 뜨거움과 차가움의 수많은 찰나 지분을 가진 유분인 차가움 둘은 서로 직접적으로 해를 주고받는 자이다.

다르못따라(Dharmottara, 法上) 논사는 『정리적론대소正理滴論大疏』에서 다음과 같이 말한다.

> 생기는 사물(소생所生)과 생기게 하는 사물(능생能生)이기 때문에 두 상속은 모순이고, 둘의 찰나는 모순되지 않다.[186]

밝음과 어둠 둘과 차가움과 뜨거움 둘은 해를 주고받는 방식이 다르다. 밝음과 어둠 같은 경우는 밝음의 생성과 어둠의 소멸이 동시이기 때문에 서로 해를 주는 자[能害]와 해를 입는 자[所害]가 된다. 한 자리

---

[186] 『Nyāyabinduṭīkā』. 데게, 논소, 인명, we, 76b; 교정본 No.105, p.204.

에 밝음이 생기기 직전과 그 자리에 어둠이 사라지는 직전이 동시이며, 그 자리에 밝음이 생겨난 시점과 그 자리에 어둠이 사라진 시점은 동시이다. 따라서 이 둘은 상속의 세력이 동등하므로 한 장소에 함께 존재할 수 없는 것이다.

차가움과 뜨거움의 경우 뜨거움이 차가움에 해를 끼쳐 해를 입는 대상이 사라지는 시기는 빠르면 세 번째 찰나이다. 첫 찰나에는 뜨거움과 차가움 둘이 만나고, 둘째 찰나에는 차가움의 세력이 쇠퇴되며, 셋째 찰나에는 차가움의 상속이 끊어진다. 이것은 속도가 빠른 경우이며, 일련의 수많은 찰나를 거치는 동안 해를 주는 쪽의 세력이 점차 강해지고, 해를 입는 쪽의 세력은 점차 약해지는 것도 가능하다.

이를 또한 다르못따라 논사는 『결정량논소決定量論疏』에서 다음과 같이 설한다.

> 어떤 것이 어떤 것으로 제거된다고 하는 것은 빠르면 셋
> 째 찰나에 제거된다.**187**

여기서 찰나라고 하는 것은 '시변제찰나時邊際刹那'가 아니라 수많은 찰나가 모인 상속인 '성사찰나成事刹那'를 말하는 것이다.

『결정량논소』에서 다음과 같이 말한다.

---

187 『Pramāṇaviniścayaṭīkā』. 데게, 논소, 인명, dze, 제2품, 205a; 교정본 No.104, p.1263.

제2장 소지所知인 대상의 체계

그렇기 때문에 이 모순은 찰나의 대상이 아닌 상속의 대
상을 가진 것이다.**188**

양립불가능모순은 또한 색법의 양립불가능모순과 식법의 양립불가
능모순 둘로 나눌 수 있다. 뜨거움과 차가움 둘, 밝음과 어둠 둘은 전
자이며, 성냄과 자애 둘은 후자이다.

　함께 머무는 것이 불가능하다고 하여 반드시 양립불가능모순인
것은 아니다. 예를 들어 씨앗과 그의 결과인 싹 둘은 원인과 결과이기
때문에 함께 머무는 것이 불가능하지만, 둘은 소생所生과 능생能生이
고 소해所害와 능해能害가 아니기 때문에 양립불가능모순이 아니다.
그러므로 차가움과 뜨거움 둘과 같은 경우에 함께 머물 수 없다는 것
은 이 둘의 상속이 서로 해를 끼치지 않고 함께 머물 수 없음을 말한
다. 『이만오천송반야경二萬五千頌般若經』에서

　수보리여, 이와 같다. 마치 태양의 법륜이 떠오를 때 어
둠이 사라지는 것과 같다.**189**

라고 하여, 밝음과 어둠 둘을 양립불가능모순의 예시로 설하였다. 양
립불가능모순과 관련하여 어떤 종류의 식이 다른 종류의 식에 해가

---

188 데게, 논소, 인명, dze, 제2품, 205a; 교정본 No.104, p.1263.

189 데게, 불설, 반야, 『이만오천송반야경』, ka, 제8품, 184a; 교정본 No.26, p.406.
　　(T.7.220.468b.3)

되는 방식을 아는 것이 매우 중요하므로 이는 총서의 2권에서 설명할 것이다.

상호배제모순은 식이 어떤 것을 지각하면 다른 한쪽이 필연적으로 배제되는 두 법을 말한다. 이것의 예는 존재와 비존재, 항상과 무상, 소작과 무작, 하나와 여럿, 항아리와 항아리 아닌 것, 불이 존재인 것과 불이 비존재인 것 등이다.

존재와 비존재 둘을 예로 들면 항아리 같은 한 법이 존재임을 알면 그 마음에 항아리가 비존재임이 배제된다. 항아리가 비존재 아님을 직접적으로 알게 되면 항아리가 존재임을 간접적으로 알게 되기 때문에 존재와 비존재 둘은 직접모순이다. 그와 같이 항상과 무상을 예로 들면 허공이 항상임을 알면 이 식이 허공이 무상임을 배제하여 허공이 무상 아님을 알아야 한다. 허공이 무상임을 배제하거나 무상 아님을 알면 이 식이 허공이 항상임을 알아야 하기 때문에 항상과 무상은 부정성립의 측면에서 모순이라고 한다.

또한 모순에는 직접모순과 간접모순 둘이 있다. 전자는 항상과 무상, 후자는 항아리와 기둥 같은 경우이다. 항상과 사물 둘은 직접모순이 아니다. 항상과 사물은 둘 다 아닌 법이 없기 때문에 제3의 법이 없지만, 둘은 한 토대 상에서 한쪽이 배제되면 다른 쪽이 성립됨으로써 제3의 법의 존재에 대한 의심을 제거할 수 있는 것이 아니기 때문에 직접모순이 아니다.

② 관계

'그 법과 관계'의 정의는 '그 법과 여럿이며, 그 법이 없으면 자신도 없어져야 하는 것'이다. 관계를 분류하면 '본질이 하나인 관계'와 '생기는 관계' 둘이 있다.

'그 법과 본질이 하나이고, 그 법과 여럿이며, 그 법이 없으면 자신도 없어져야 하는 것'이 '그 법과 본질이 하나인 관계'의 정의이다. 『양평석』에서 다음과 같이 설한다.

> 자성(정인正因)에도 없으면 생기지 않는 (관계가 있어)
> 단지 존재만으로 관계가 있다.
> 그것이 없으면 이것의 존재도
> 없어지게 되니, 본질이 별도로 없기 때문이다.**190·191**

소작은 존재만으로도 본질적으로 무상과 관계가 있고, 무상이 없으면 소작도 없어지게 되므로 소작은 무상과 본질이 하나인 관계라고 한다. 본질이 하나인 관계에는 취합과 지분의 관계, 소변所遍과 능변能遍의 관계, 동의의 관계 등이 있다. 첫째는 항아리와 항아리의 지분 둘의 관계이며, 둘째는 나무와 향나무 둘의 관계이고, 셋째는 무상과

---

190 『Pramāṇavārttika』. 데게, 논소, 인명, ce, 자의품自義品, 96a:39; 교정본 No.97, p.473.

191 과정인뿐만 아니라 자성정인에도 소립법과 논증인 둘 사이에 없으면 생기지 않는 관계가 있다. '소리는 무상이다. 소작이기 때문이다'라는 논리에서 논증인인 소작은 존재만으로 소립법인 무상과 본질로 관계가 있다. 왜냐하면 소작은 무상과 여럿이며, 무상이 없으면 소작도 없어지게 되기 때문이다. 소작이 무상과 본질이 별도로 없는 까닭이다. 겔찹 린뽀체의 『양평석』 주석서인 『해탈도작명量評註釋解脫道作明』(Tib.thar lam gsal byed)을 참고했다. (역자주)

소작 둘의 관계이다.

'그 법과 본질이 여럿이고, 그 법이 없으면 자신도 없어져야 하는 것'이 '그 법과 생기는 관계'의 정의이다. 씨앗과 싹, 불과 연기 등 원인과 결과의 관계는 '생기는 관계'이다.

『불설대승도간경佛說大乘稻芉經』에서 다음과 같이 설한다.

> 이것이 존재하기 때문에 그것이 존재하고, 이것이 생겼기 때문에 그것이 생긴다.**192**

또한『양평석』에서 다음과 같이 설한다.

> 수전隨轉과 수차隨遮이므로
> 이것이 그것을 따라감이 보이네.
> 이것의 자성은 그것을 원인으로 가지니
> 그렇기에 다른 것에서 생기지 않는다.**193**

이러한 이치로써 어떤 법이 이로움을 주는 벗으로 존재하면 이에 따라서 생기는 법은 그 결과이고, 벗이 되는 어떤 법은 그 결과의 원인이 되는 것이다. 예를 들면 싹 등 후後의 법이 생기려면 씨앗 등 전前

---

192 데게, 불설, 경집, tsha, 116a; 교정본 No.62, p.315. (T.16.712.823c.6).

193 『Pramāṇavārttika』. 데게, 논소, 인명, ce, 자의품自義品, 96a:38; 교정본 No.97, p.473.

제2장 소지所知인 대상의 체계

의 법의 도움이 반드시 있어야 하고 씨앗의 도움이 없으면 싹이 생기지 못하기 때문에 싹과 씨앗은 수전·수차의 관계이다. 또한 연기가 생기는 것은 불의 도움이 있어야 하기 때문에 연기는 불의 수전의 법이며, 불의 도움이 없으면 연기가 생기지 못하기 때문에 연기는 불의 수차의 법이다.

요약하면 연기와 불 등 모든 인과의 법들은 수전수차의 관계이며 연기를 비롯한 결과들은 자신과 부합하지 않는 원인에서 생기지 않고, 무인無因에서도 생기지 않으므로 반드시 해당 원인의 결과인 것이 확실하다.

6) 부정과 정립의 체계

부정과 정립194의 체계는 대상의 실상과 식이 인식하는 방식을 올바르게 이해하기 위해서 반드시 알아야 하는 '차타遮他'와 '차견추입遮遣趣入', 그리고 논리로써 부정하거나 정립할 때 부정되는 범위 등 많은 요소들과 밀접한 관계가 있다. 그렇기 때문에 여기서 부정과 정립의 체계를 설명하고자 한다.

---

194 정립定立은 티베트어로 둡빠(Tib, sgrub pa)이다. 이것을 한역과 한글 번역에서 성립成立으로 번역하는 경우가 많은데 이는 성립이 아니라 정립이다. 부정과 정립은 법의 분류로서, 이는 부정 대상[所破]을 부정하는지의 여부에 따라 나뉜다. 만약 둡빠를 성립으로 번역할 경우에 일체법이 성립에 해당되기 때문에 성립에 해당되지 않은 부정이 없으므로 법에 대해 부정과 성립으로 분류할 수 없다. 부정 대상을 부정하는 것과는 상관없이 법이면 성립에 속한다. (역자주)

어떤 법이든 '그 법인 것'이 있으면 그 법이 아닌 것을 배제하는 '그 법의 비역'이 있어야 한다. 근식의 대상이 되는 법인 항아리, 기둥, 나무, 꽃 등은 정립의 법이다. 이러한 법들의 다른 종류를 배제하는 것, 즉 항아리의 비역과 기둥의 비역 등은 자신의 부정 대상을 배제하는 측면에서 안립하기 때문에 부정의 법이다.

또한 '항아리가 아닌 것이 아닌 것(항아리의 비역)' 또는 '기둥이 아닌 것이 아닌 것(기둥의 비역)'이라고 할 때 "두 번의 부정으로 긍정을 이해한다."라는 말과 같이 그것은 항아리와 기둥을 가리키는 것임을 알아야 한다. 항아리의 비역과 기둥의 비역, 이 둘은 차례로 '항아리 아닌 것'과 '기둥이 아닌 것'을 부정하기 때문에 부정의 법이다. 그와 같이 '항아리 없음'은 부정 대상인 항아리를 배제하는 측면에서 안립할 뿐 자신의 본질의 측면에서 안립할 수 없기 때문에 '항아리 없음'은 부정이다. 반대로 '항아리' 같은 경우는 부정 대상을 배제함에 의지할 필요 없이 자신의 본질의 측면에서 안립할 수 있기 때문에 '항아리'는 정립이다.

먼저 부정과 정립의 정의를 말하자면 다음과 같다. 부정의 정의는 '자신195을 직접적으로 지각하는 식이 자신을 지각할 때 자신의 부정 대상[所破]을 직접적으로 배제함으로써 알아야 하는 법'이다. 부정, 차견, 차타는 동의이다. 예를 들면 항아리 없음, 기둥 아닌 것, 사람 없는 집 등이다. 식이 부정 대상을 직접적으로 배제하여 지각하는 방

---

195 논리의 체계에서는 어떤 법이든 주어로 삼으면 '자신'이라고 표현한다. (역자주)

식은 식에 대상이 떠오를 때 부정 대상을 배제한 상相으로 떠올리는 것이다. 예를 들면 '항아리 없음'은 자신의 부정 대상인 항아리를 떠올리고 그것을 배제함으로써 알아야 하는 것이다.

정립의 정의는 '자신을 직접적으로 지각하는 식이 자신을 지각할 때 자신의 부정 대상을 직접적으로 배제함으로써 알아야 하는 것이 아닌 법'이다. 예를 들면 기둥, 색, 식, 소작 등이다. 기둥을 예로 들어 설명하면, 기둥은 기둥을 직접적으로 지각하는 식이 기둥의 부정 대상을 직접적으로 배제함으로써 아는 것이 아니며, 기둥이 그 식의 파악 대상이 되기 때문에 정립이다.

이어서 부정의 분류를 간략히 설명하겠다. 부정에는 무차無遮와 비차非遮의 두 종류가 있다. 이 둘의 차이는, '무차'는 부정 대상을 부정하는 동시에 다른 법을 드러내지 않는 것이고, '비차'는 부정 대상을 부정하는 동시에 다른 법을 드러내는 것이라는 점이다. 이와 관련하여 바비베까(Bhāviveka, 淸辯) 논사는 『반야등론석』에서 나가르주나 논사의 『세간분별론世間分別論』196을 인용하여 다음과 같이 설하고 있다.

> 이것은 존재를 부정하는 것이니
> 비존재를 취하는 것이 아니다.
> '검지 않다'라는 말은

---

196 『Lokaparīkṣa』(Tib. 'jig rten brtag pa). 티베트에서는 나가르주나 논사의 저술로 알려져 있으나, 티베트어로 역경된 적 없으며, 인도에서도 실전된 것으로 보인다. (역자주)

'희다'는 표현이 아닌 것과 같다.**197**

이처럼 어떤 것이 '검지 않다'는 말은 단지 '검지 않음'을 가리키는 것일 뿐 그 외 '희다' 등 다른 것을 표현하는 말이 아니다. 마찬가지로 '이것은 무자성이다'라는 말은 단지 자성으로 존재함을 부정하거나 자성으로 비존재임을 가리키는 것일 뿐, '무자성이 존재한다'는 등을 능립하는 것이 아니다. 만일 '이것은 무자성이다'라는 말이 부정 대상을 부정할 뿐만 아니라 그 외에 다른 것을 표현한다면 무자성은 비차가 되어버릴 것이다. 이 같은 설명으로써 두 가지 부정의 차이를 이해할 수 있다.

또한 모든 부정은 무차와 비차 둘에 포함된다. 이를 쌴따락쒸따(Śāntarakṣita, 寂護) 논사는 『진실섭송眞實攝頌』에서 다음과 같이 설한다.

이와 같이 부정은 둘이다.
무차와 비차이다.**198**

무차의 정의는 '자신을 직접적으로 지각하는 식이 자신을 지각할 때 자신의 부정 대상을 직접적으로 배제함으로써 알아야 하는 법이며, 자신을 표현하는 소리로써 자신의 부정 대상을 배제하는 동시에 다

---

197 데게, 논소, 중관, tsha, 제5품, 94a; 교정본 No.57, p.1032. (T.30.1566.72c.3)

198 『Tattvasaṃgraha』. 데게, 논소, 인명, ze, 제20품, 37b:139; 교정본 No.102, p.92.

제2장 소지所知인 대상의 체계

른 법을 드러내지 않는 것'이다. 이것의 예는 '이 지역에 코끼리가 없음'이다. '이 지역에 코끼리가 있는가?'라는 물음에 '코끼리가 없다'라고 답할 경우, 코끼리가 없다는 말은 단지 코끼리가 있음을 부정할 뿐, 코끼리 외에 호랑이 등 다른 것의 존재 여부를 드러내지 않기 때문에 이것은 무차이다. 이처럼 막힘과 접촉을 부정하는 '허공' 또한, 비록 그것의 명칭에 부정의 용어가 들어 있지 않다고 하더라도 그것이 마음에 떠오를 때 그저 막힘과 접촉의 부정일 뿐 그 외 다른 것이 떠오르지 않기 때문에 무차이다.

이를 『사택염思擇炎』에서 다음과 같이 비유를 들어 설하였다.

> 무차는 사물의 본질만을 부정할 뿐 그와 비슷한 다른 사물을 능립하는 것이 아니다. 예를 들면, "바라문이 술을 마시지 않는다."라는 말은 단지 술을 마시는 것을 부정할 뿐, 그 외 다른 것을 마시거나 마시지 않음을 표현하지 않는 것과 같다.[199]

무차를 분류하면 ① 부정 대상이 존재하는 무차, ② 부정 대상이 존재하지 않는 무차의 두 가지가 있다. 전자는 '기둥이 없음', '집이 없음' 등이다. '기둥이 없음'의 부정 대상인 '기둥이 있음'과 '집이 없음'의 부정 대상인 '집이 있음', 이 둘이 존재하는 까닭이다. 후자는 '토끼뿔이

---

[199] 『Tarkajvālā』. 데게, 논소, 중관, dza, 제3품, 제3책, 59b; 교정본 No.58, p.150.

없음' 등이다. 그것의 부정 대상인 '토끼뿔이 있음'이 존재하지 않는 까닭이다.

비차의 정의는 '자신을 직접적으로 지각하는 식이 자신을 지각할 때 자신의 부정 대상을 직접적으로 배제함으로써 알아야 하는 법이며, 자신을 표현하는 소리로써 자신의 부정 대상을 배제하는 동시에 다른 법을 드러내는 것'이다. 그 예는 항아리의 비역이다. 항아리의 비역은 자신을 직접적으로 지각하는 식이 자신을 지각할 때 자신의 부정 대상을 직접적으로 부정함과 동시에 항아리를 지각하고, 자신을 표현하는 소리로써 자신의 부정 대상을 배제하는 동시에 항아리를 드러내기 때문에 비차이다.

이를 『사택염』에서 다음과 같이 비유를 들어 설하였다.

> 비차는 사물의 본질을 부정함으로써 그와 비슷한 다른
> 사물의 본질을 능립하는 것이다. 예를 들면, '이 사람은
> 바라문이 아니다'라는 말은 바라문임을 부정함으로써
> 바라문과 유사하거나 바라문이 아닌, 고행과 수학 등의
> 면에서 더 열등한 수드라(sudra) 등임을 능립하는 것과
> 같다.[200]

비차는 다른 법을 드러내는 방식에 따라 네 가지로 분류한다. ① 다른

---

[200] 위의 논, 제3품, 제3책, 59b; 교정본 No.58 p.149.

제2장 소지所知인 대상의 체계

법을 직접 드러냄, ② 간접적으로 드러냄, ③ 직·간접적으로 드러냄, ④ 순간적으로 드러냄이다.

첫째의 사례는 '산이 없는 평지'이다. '산이 없는 평지'라는 말은 그것의 부정 대상인 '산이 있음'을 직접 부정하여 평지임을 직접 드러낸다.

둘째의 사례는 '뚱뚱한 철수가 낮에 음식을 먹지 않음'이다. '뚱뚱한 철수가 낮에 음식을 먹지 않음'이라는 말은 그것의 부정 대상인 낮에 음식을 먹는 것을 직접 부정하고, '뚱뚱한'이라는 말로 음식을 먹는다는 것을 알 수 있으며, 음식을 먹는 시간은 낮 또는 밤인 것이 확실하기 때문에 낮에 먹지 않는다는 말로써 밤에 음식을 먹는 것을 간접적으로 드러낸다.

셋째의 사례는 '뚱뚱한 철수는 낮에 음식을 먹지 않으며, 마르지 않았음'이다. 이 말은 낮에 음식을 먹는 것을 부정함으로써 밤에 음식을 먹는 것을 간접적으로 드러내고, 마르지 않은 것을 직접적으로 표현한다.

넷째의 사례는 '그 사람은 바라문이나 왕족 둘 중 하나인 것이 확실하고, 그는 바라문이 아님'이다. 이 말은 순간적으로 그 사람이 왕족이라는 것을 알게 한다.

이를 아발로끼따브라따(Avalokitavrata, 觀誓) 논사는 『반야등론광석般若燈論廣釋』에서 다음과 같이 말한다.

부정은 의미로써 드러내고
하나의 구句로써 정립하며

구句로써 드러내고 드러내지 않으니

이와 다른 것은 다른 것이다.201

또한 나비다르마(Navidharma) 논사는 『섭전집설시송攝轉集說示頌』에서
다음과 같이 설한다.

의미로써 알게 하고

하나의 구句로써 정립하며

그것을 가진 부정과

자신의 말로 표현하지 않는 것이다.202

'의미로써 알게 하고'라는 구절은 자신을 표현하는 말이 자신의 부정
대상을 부정하는 동시에 다른 정립법을 간접적으로 드러내는 비차를
가리킨다. '하나의 구句로써 정립하며'라는 구절은 자신을 표현하는
말이 자신의 부정 대상을 부정하는 동시에 다른 정립법을 직접적으로
드러내는 비차를 가리킨다. '그것을 가진 부정'이라는 구절은 자신을
표현하는 말이 자신의 부정 대상을 부정하는 동시에 다른 정립법을
직·간접적으로 드러내는 비차를 가리킨다. '자신의 말로 표현하지 않
는 것'이라는 구절은 자신을 표현하는 말이 자신의 부정 대상을 부정

---

201 『Prajñāpradīpaṭīkā』. 데게, 논소, 중관, wa, 제1품, 제7책, 63b; 교정본 No.58, p.1018.

202 『Piṇḍanivartana』. 데게, 논소, 성명, she, 252b:8; 교정본 No.109, p.1750.

제2장 소지所知인 대상의 체계

하는 동시에 다른 정립법을 순간적으로 드러내는 비차를 가리킨다.

바쑤반두 논사의 『연기초별석緣起初別釋』에서는 다음과 같이 부정을 일곱 가지 분류로 설명한다.

> 있음을 부정함과
> 다름과 유사함
> 비하, 적음, 여윔
> 대치에 이것이 존재한다.**203**

이 중에 첫 번째는 무차이며, 나머지는 비차이다. 첫째, '있음 부정'의 예는 '그 장소에 사람이 없음'이다. 그것을 표현하는 말이 그 장소에 사람이 있는 것을 부정할 뿐 그 외에 다른 것을 표현하지 않는다.

둘째, '다름 부정'의 예는 '뚱뚱한 사람이 낮에 음식을 먹지 않음'이다. 그것을 표현하는 말이 낮에 음식을 먹는 것을 부정할 뿐만 아니라 낮에 먹는 것 외에 밤에 먹는 것을 간접적으로 드러내는 것이다.

셋째, '유사 부정'의 예는 '아수라(asura)**204**'이다. 그것을 표현하는 말이 천신을 부정하는 무차를 표현한 것이 아니라 부정 대상인 '천신'과 유사한 뿌드갈라를 표현한 것이다.

---

203 『Pratītyasamutpādādivibhaṅganirdeśa』. 데게, 논소, 경소, chi, 무명별품無明別品, 7b; 교정본 No.66, p.730.

204 아수라阿修羅는 산스크리트어 asura의 음역이다. 아(a)는 아님을 뜻하는 부정의 접두어이며, 수라(sura)는 '천신'을 뜻한다. 즉 천신이 아니라는 뜻이다.

넷째, '비하 부정'의 예는 악한 사람에 대해 '그는 사람이 아님'이라고 하는 것이다. 그것을 표현하는 말이 단지 그가 사람이 아닌 것만을 가리키는 것이 아니라 그 사람이 저열함을 드러내는 것이다.

다섯째, '적음 부정'의 예는 '그 사람의 머리에 머리카락이 없음'이다. 그것을 표현하는 말이 단지 머리카락이 없음의 무차를 가리키는 것이 아니라, 머리카락이 적음을 드러내는 것이다.

여섯째, '여읨 부정'의 예는 '옷을 여읜 사람'이다. 그것을 표현하는 말이 단지 옷을 여읜 것을 표현할 뿐만 아니라, 옷이 없는 사람을 표현하는 것이다. '물이 없는 사원'도 그와 같다.

일곱째, '대치 부정'의 예는 무탐無貪이다. 그것을 표현하는 말이 단지 '욕심이 없음'만을 표현하는 것이 아니라, 탐욕의 모순 대상이자 대치인 무탐 선근을 가리키는 것이다. 무명과 박복薄福도 그와 같다.

또한 실명에 부정어를 적용하는 방식에 따라 자세하게 구분하면 열다섯 가지의 분류가 있다. 『섭전집설시송』에서 다음과 같이 설한다.

> 없음과 다름과 유사함
> 비하와 미약함과 열등
> 미세함과 적음과 빠름
> 작음과 무잉여
> 몇몇일 뿐 전부 아님
> 불화와 대치와 여읨으로

열다섯을 설명한다.205

논서에서 언급한 바와 같이, 열다섯 가지 부정을 나타내는 열다섯 가지 부정어가 있다.

① '없음'을 나타내는 부정어의 예는 '사람이 없는 장소에 사람이 없음'이라는 말이다. 이 말은 단지 그 장소에 사람이 있는 것을 부정할 뿐 그밖에 다른 것을 나타내지 않는다.

② '다름'을 나타내는 부정어의 예는 '뚱뚱한 사람이 낮에 음식을 먹지 않음'이라는 말이다. 이 말은 낮에 음식을 먹는 것을 부정할 뿐만 아니라 밤에 음식을 먹는 것을 간접적으로 나타내는 것이다.

③ '유사함'을 나타내는 부정어의 예는 '아수라'라는 말이다. 이 말은 천신을 부정하는 무차를 표현한 것이 아니라 '천신'과 유사한 뿌드갈라를 나타내는 것이다.

④ '비하'를 나타내는 부정어의 예는 악한 사람에 대해 '그는 사람이 아님'이라고 하는 말이다. 이 말은 단지 그가 사람인 것을 부정하는 것이 아니라 그가 저열함을 나타내는 것이다.

⑤ '미약함'을 나타내는 부정어의 예는 '무의식의 수면'이라는 말이다. 이 말은 잠에 들 때 마음이 대상을 강하게 인식하는 것을 부정하고 인식하는 것이 미약함을 나타내는 것이다.

---

205 『Piṇḍanivartana』. 데게, 논소, 성명, she, 251a:4-5; 교정본 No.109, p.1749.

⑥ '열등함'을 나타내는 부정어의 예는 말이 빨리 달리지 못하는 것을 보고 '말이 달리지 못함'이라고 하는 말이다. 이 말은 단지 말이 달리는 것을 부정하는 것이 아니라 달리는 행위에 있어 열등함을 나타내는 것이다.

⑦ '미세함'을 나타내는 부정어의 예는 '무상정無想定'이라는 말이다. 이 말은 생각이 전혀 없음을 표현하는 것이 아니라 거친 생각을 부정함으로써 미세한 생각을 나타내는 것이다.

⑧ '적음'을 나타내는 부정어의 예는 왕래가 적은 사람에 대해 '왕래가 없다'라고 하는 말이다. 이 말은 왕래를 부정하는 것이 아니라 왕래가 없다고 표현함으로써 왕래가 적음을 나타내는 것이다.

⑨ '빠름'을 나타내는 부정어의 예는 한 장소에서 오래 머물지 않고 빨리 떠난 사람에 대해 '그 장소에 머물지 않았음'이라고 하는 말이다. 이 말은 단지 그 사람이 그 장소에 머문 것을 부정하는 것이 아니라 짧은 기간 머문 것을 나타내는 것이다.

⑩ '작음'을 나타내는 부정어의 예는 몸집이 작은 사람에 대해 '몸이 없음'이라고 하는 말이다. 이 말은 그 사람이 몸이 전혀 없음을 표현하는 것이 아니라 몸집이 큰 것을 부정함으로써 몸집이 작은 것을 나타내는 것이다.

⑪ '무잉여'를 나타내는 부정어의 예는 옷이 한 벌뿐 여분이 없는 사람에게 다른 이가 옷을 달라고 할 경우 '나는 옷이 없음'이라고 하는 말이다. 이 말은 그 사람에게 옷이 전혀 없다는 것이 아니라 옷이 없다고 표현함으로써 여벌의 옷이 없다는 것

을 나타내는 것이다.

⑫ '몇몇일 뿐 전부 아님'을 나타내는 부정어의 예는 '모든 여성에게서 아들이 태어나지는 않음'이라는 말이다. 이 말은 몇몇 여성에게서 아들이 태어남을 부정하는 것이 아니라 여성이면 반드시 아들을 낳는 것이 아님을 나타내는 것이다.

⑬ '불화'를 나타내는 부정어의 예는 '화목하지 않음'이라는 말이다. 이 말은 화목함을 부정할 뿐만 아니라 화목함의 반대를 나타내는 것이다.

⑭ '대치'를 나타내는 부정어의 예는 밝음이 어둠을 대치하는 것임을 나타내기 위해 '어둠이 아님'이라고 하는 말이다. 이 말은 단지 밝음이 어둠이 아님을 표현하는 것이 아니라 어둠과 모순되는 대치법인 밝음을 나타내는 것이다. 이처럼 '무탐無貪', '무진無瞋', '무애無癡'라고 하는 말도 대치를 나타내는 부정어이다.

⑮ '여읨'을 나타내는 부정어의 예는 옷을 여읜 사람에 대해 '옷이 없다'라고 하는 말이다. 이 말은 옷이 없음을 표현할 뿐만 아니라 옷이 없는 사람을 표현한 것이다. 마찬가지로 '물이 없는 사원'과 '사람이 없는 방'이라는 말도 여읨을 나타내는 부정어이다.

이 중 첫 번째는 무차를 나타내는 부정어이고, 나머지 열네 가지는 비차를 나타내는 부정어이다.

또한 『섭전집설시송』에서는 이 열다섯 가지 부정을 포괄하여 여덟에서부터 둘로 분류하는 것까지 설명하고 있다. 먼저 여덟 가지로 분류하는 것에 대해 다음과 같이 말한다.

> 미약함과 열등은 비하에 포섭되고
> 미세함 등의 여섯을 하나로 합하면
> 부정의 개수는 여덟이다.**206**

미약함, 열등함의 두 가지 부정은 모두 비하의 부정에 속하기 때문에, 둘은 '비하 부정'에 포섭된다. 미세함 등의 여섯 가지는 미세함의 부정에 속하기 때문에, 모두 하나로 합쳐 미세함의 부정이라고 한다. 그리하여 여덟 가지 부정은 ① 없음 부정, ② 다름 부정, ③ 유사 부정, ④ 비하 부정, ⑤ 미세 부정, ⑥ 불화 부정, ⑦ 대치 부정, ⑧ 여읨 부정이다.

    미약함의 부정과 열등함의 부정 둘을 비하부정으로 포섭하는 까닭은 이 셋이 특성의 부분을 부정한다는 점에서 같기 때문이다. 미세함 등의 여섯을 미세함의 부정으로 포섭하는 까닭은 이것들 모두 거친 부분을 부정한다는 점에서 같기 때문이다.

    일곱 가지로 분류하는 방식에 대해서는 『섭전집설시송』에서 다음과 같이 말한다.

> 불화와 대치를 합쳐서 일곱이다.**207**

---

206 『Piṇḍanivartana』. 데게, 논소, 성명, she, 251a:6-7; 교정본 No.109, p.1750.

207 위의 논, 251a:7; 교정본 No.109, p.1750.

이처럼 여덟 가지 분류 중 '불화'와 '대치'의 부정을 합쳐서 일곱 가지가 된다.

여섯 가지로 나누는 방식은 다음과 같다.

비하와 미세를 저상沮喪으로 하여
부정의 개수는 여섯이다.**208**

이렇듯 부정의 일곱 가지 분류 중 '비하'와 '미세함'의 부정 둘을 '저상'의 부정으로 묶어서 다음과 같은 여섯 가지의 부정이 된다. ① 없음 부정, ② 다름 부정, ③ 유사 부정, ④ 저상 부정, ⑤ 대치 부정, ⑥ 여읨 부정

다섯으로 분류하는 법에 대해서는 『섭전집설시송』에서 다음과 같이 말한다.

뜻으로써 알게 하고
하나의 구절로써 능립되는 것
이를 가진 것은 자신의 말로 드러나지 않으며
그와 다른 것은 다른 것이다.**209**

---

208 위의 논, 251a:7; 교정본 No.109, p.1750.

209 위의 논, 251a:8; 교정본 No.109, p.1750.

따라서 다섯 가지 부정은 ① 없음 부정, ② 자신의 부정 대상을 부정하는 동시에 다른 정립법을 직접적으로 드러내는 부정, ③ 자신의 부정 대상을 부정하는 동시에 다른 정립법을 간접적으로 드러내는 부정, ④ 자신의 부정 대상을 부정하는 동시에 다른 정립법을 직접과 간접적으로 드러내는 부정, ⑤ 자신의 부정 대상을 부정하는 동시에 다른 정립법을 순간적으로 드러내는 부정이다.

넷으로 분류하는 방식은 다음과 같다.

> 가설됨을 부정,
> 자신의 토대에서 저상,
> 다름과 모순의 넷이다.**210**

이처럼 네 가지 부정은 ① 가설됨을 부정하는 부정, ② 저상 부정, ③ 다름 부정, ④ 모순 부정이다.

무차는 첫 번째에 해당한다. 이것의 예를 들면 '소리가 항상임이 존재하지 않음'이다. '소리가 항상임'은 변계소집 또는 가설된 것이고, '소리가 항상임이 존재하지 않음'은 그것을 부정하기 때문에 '가설됨을 부정하는 부정'이라고 한다. 모든 무차는 이와 같다.

두 번째는 '열등함'의 부정에서부터 '몇몇일 뿐 전부가 아님'을 표현하는 부정까지 포함한다. 이 모두는 각자 부정 대상인 크거나 거친

---

210 위의 논, 251a:9; 교정본 No.109, p.1750.

제2장 소지所知인 대상의 체계

특성의 부분 등을 부정한다는 점에서 같기 때문에 저상의 부정이라고 한다.

세 번째는 '뚱뚱한 사람이 낮에 음식을 먹지 않음'과 같다. 이를 표현하는 말은 낮에 음식을 먹는 것과 달리 밤에 음식을 먹는 것을 드러내기 때문에 다름의 부정이라고 한다.

네 번째는 '무명', '무탐', '무진', '무애'와 같다. 각각을 표현하는 말은 양립불가능모순을 나타내는 부정어이기 때문에 모순의 부정이라고 한다.

셋으로 분류하는 방식은 다음과 같다.

> 없음과 다름
> 대치 부정의 셋이다.211

이처럼 세 가지 분류는 ① 없음 부정, ② 다름 부정, ③ 대치 부정이다. 둘로 분류하는 방식은『섭전집설시송』에서 다음과 같이 말한다.

> 부정의 모든 갈래는
> 무차와 비차 둘에 포섭된다.212

---

211 위의 논, 251a:10-11; 교정본 No.109, p.1750.

212 의 논, 251a:11; 교정본 No.109, p.1750.

이처럼 두 가지 분류는 무차와 비차이다. 이 둘의 정의 및 사례는 앞에서 이미 설명하였다.

　　부정과 정립의 체계는 불교경론의 전반과 특히 중관학 및 인식론의 문헌에서 중요하게 다루고 있는데, 이는 '식이 대상을 파악하는 방식'을 올바르게 이해하기 위해서이다. 이 체계는 또한 '말과 분별식이 어떻게 대상에 부정 또는 정립의 방식으로 작용하는지'를 명확하게 구별하고, '논리로써 부정 또는 정립할 때 부정 방식의 분류와 논리로써 부정되는 범위'를 이해하는데 도움을 주는 등 많은 핵심들과 깊이 관련되어 있다. 그렇기 때문에 여러 논서에서 부정의 분류를 확립하고 강조한 것이다.

7) 삼소량三所量

소량에는 현전現前, 소비현전少非現前, 극비현전極非現前의 세 가지가 있다. 현전은 범부가 현량으로 알 수 있는 법이며, 소비현전은 범부가 현량으로 알 수 없고 사세논리로써 알 수 있는 법이며, 극비현전은 범부가 현량과 사세논리로써 알지 못하고 성언량으로써 알아야 하는 법이다. 이로써 소량은 현전과, 비현전인 소비현전과 극비현전으로 나뉘어 세 가지로 확정된다. 이는 아주 일찍부터 불교경론에서 논의되어 왔다.

　　예를 들면『해심밀경解深密經』에서 다음과 같이 설한다.

　　　모든 유위는 찰나성이고, 내생의 세간이 존재하며, 선업

과 불선업이 소실되지 않음이 무상으로 타당함을 현량
으로 인식할 수 있다. 각종 중생이 각종 업에 머무는 것
을 현량으로 인식할 수 있고, 고락을 경험하는 중생이
선업과 불선업에 머무는 것을 현량으로 인식할 수 있고,
현량으로 인식할 수 없는 것은 비량比量으로 인식해야
한다.213

색은 범부가 현량으로 알 수 있지만, 색이 찰나로 변하는 무상과 같은
색의 특성은 범부가 현량으로 알 수 없으므로 비량에 의해 알아야 한
다. 또한 『구사자석』에서 다음과 같이 설한다.

어떤 법이든 존재하는 것은 장애가 없으면 현량으로 인
식할 수 있다. 예를 들면 육경六境과 의意와 같다.214

이처럼 어떤 대상이든 현량으로 인식함에 있어 장애가 없다면 현량
의 인식 대상이 될 수 있다. 또한 논서에서는 현량으로 인식할 수 있
는 대상을 '현전'이라 하고, 현량으로 인식할 수는 없지만 현량으로
지각한 대상을 토대로 하여 사세비량으로써 알 수 있는 대상을 '소비
현전'이라 하며, 사세논리에 의해서도 알 수 없고 타인의 올바른 말에

---

213 데게, 불설, 경집, ca, 제10품, 51b; 교정본 No.49, p.120. (T.16.676.709b.28)

214 데게, 논소, 아비달마, khu, 제9품, 82a; 교정본 No.79, p.876. (T.29.1558.3b.24)

의해서만 알아야 하는 대상을 '극비현전'이라 이름하였다.

　이를 『양평석』에서 다음과 같이 설한다.

　　현량과 비량比量의 대상 외에
　　다른 소량은 존재하지 않는다.215

그러므로 양量의 인식 대상은 현전과 비현전 둘로 나뉘고, 비현전은
다시 소비현전과 극비현전으로 나뉘므로, 소량은 이 세 가지로 확정
된다고 한다. 첫째, 현전의 정의는 범부가 정인正因에 의존하지 않고
현량으로 알 수 있는 법이다. 예를 들면 우리가 현량의 경험으로써 알
수 있는 색·성·향·미·촉 등의 외부의 법과 고락의 감수 등 거친 내
부의 법들이다.

　둘째, 소비현전의 정의는 사세논리에 의지하여 알아야 하는 법이
다. 그의 사례는 색 등의 찰나소멸성이다. 색은 현량으로 알 수 있지
만 색을 지각한 현량이 색의 찰나 소멸성을 지각할 수 없으므로 색의
찰나소멸성은 사세논리에 의해 알아야 한다. 여기서 사세논리는 다
음과 같다. "색 등의 법들은 자체의 괴멸이 이후에 일어나는 다른 원
인에 의존하지 않는다. 원인과 조건에 의지하므로 타력을 가지기 때
문이다." 마찬가지로, 길을 걸어가는 사람이 맞은편 산꼭대기에 짙은
연기가 피어오르는 것을 보고, 이것을 근거로 그곳에 불이 있다고 유

---

215 『Pramāṇavārttika』. 데게, 논소, 인명, ce, 현량품現量品, 121a:63; 교정본 No.97, p.531.

추할 수 있다. 이 같은 추론은 불과 연기 둘 사이에 '생기는 관계'가 있음을 이미 알고 있고, 당시 맞은편 연기를 현량으로 보기 때문에 도출된 것이다. 밤에는 그와 반대로 불이 있으면 멀리서 현량으로 볼 수 있지만, 연기는 있다 하더라도 볼 수 없으므로 이때는 불이 없음을 이유로 하여 연기가 없음을 추론할 수 있다. 이 두 가지 경우에 당사자가 불의 존재와 연기의 부재라는 두 가지 사실을 현량의 경험으로 알 수 없는 것은 이 둘이 당시 그 사람에게 비현전이기 때문이다.

셋째, 극비현전의 정의는 현량과 사세비량으로는 알 수 없으며, 세 가지 분석에 의해 청정한 경설(삼찰청정교언三察淸淨敎言)의 정인으로 인해 능립해야 하는 법이다. '세 가지 분석에 의해 청정함'이란 ① 그 경설이 현전을 설명함에 있어 현량으로 오류가 없고, ② 그 경설이 소비현전을 설명함에 있어 사세비량으로 오류가 없으며, ③ 그 경설이 극비현전을 설명함에 있어 전후의 문장과 문장의 직·간접적 주제들 사이에 모순이 없는 등 성언량으로 오류가 없는 것을 의미한다. 예를 들면 일반적으로 원인인 업을 지음으로써 상응하는 결과가 일어난다는 것은 원인이 그에 부합하는 결과를 가져온다고 하는 일반적 인과의 원리에 의거한 사세비량으로 알 수 있다.

그러나 결과의 미세한 특성들이 각기 어떤 개별적 원인에서 생기는지 등은 지극히 미세한 인과의 원리로서, 극비현전이기 때문에 세 가지 분석으로 청정한 경설에 의지해서만 알 수 있다. 소량의 세 번째 범주인 극비현전은 과거에 일어난 많은 사건들은 역사적 기록을 통해 알아야 하고, 누군가의 생일은 그의 부모와 같은 다른 사람들의 신뢰할 수 있는 말을 통해 알아야 하는 것처럼 몇몇 특별한 경우 불세존의 올바른 말씀을 근거로 능립해야 하는 것이다. 『양평석』에서 다음과 같이 설한다.

사세비량이 대상을 지각하는 것은
경에 의지하지 않는다고 한다.
그것으로 성립하면 바르게 성립되는 것이니
그러므로 논서에 의지하지 않는다.**216**

대상이 소비현전일 경우 사세비량에 의해 성립하기 때문에 그것을 지각하는 것은 경설에 의지할 필요가 없다. 대상이 세 번째 소량에 해당하는 극비현전일 경우 이 또한 『양평석』에서 다음과 같이 설한다.

세 번째 소량은 경설을 취하는 것이 타당하다.**217**

따라서 극비현전과 관계가 있을 경우에는 경설에 의지하는 것이 타당한 원칙이다.

경설이 타당하다고 받아들이는 방식은 다음과 같다. 예를 들면 '보시를 행하면 재물을 얻는다. 경에서 이와 같이 설하기 때문이다'라고 하여, 경설 자체를 논증인으로 내세우는 것이 아니다. '보시를 행

---

216 위의 논, 타의품他義品, 141a:48; 교정본 No.97, p.578.

217 위의 논, 타의품, 141a:51; 교정본 No.97, p.578.

제2장 소지所知인 대상의 체계

하면 재물을 얻는다는 경설은 주제에 대해 속임이 없는 것이다. 세 가지 분석에 의해 청정한 경설이기 때문이다'라고 하는 것처럼 세 가지 분석에 의해 청정한 경설임을 근거로 제시함으로써 주제에 대해 속임이 없음을 능립해야 한다.

이와 관련하여 『양평석』에서 다음과 같이 설한다.

> 취사의 관계와 적합한 방편
> 사람의 이로움을 설하는 말은[218]

이 구절은 앞서 제시한 신허정인信許正因의 논제(유법)를 가리키며, 또한

> 경설이 보이고 보이지 않는
> 삼소량을 설함에 있어
> 현량과 두 비량으로써
> 해가 없기에 속임이 없는 것이다.[219]

라는 구절은 앞서 제시한 신허정인의 논증인을 가리키는 것이다.

경설이 타탕함을 능립하는 또 다른 방식도 있다. 세존께서 현전

---

218 위의 논, 자의품自義品, 102b:216; 교정본 No.97, p.488.

219 위의 논, 자의품, 102b:217; 교정본 No.97, p.488면. 겔찹린뽀체의 주석을 참조하여 의역하였다. (역자주)

과 사성제와 같은 소비현전에 대해 설한 경설이 세 가지 분석에 의해 청정하므로 그 주제와 관련하여 속임이 없다고 성립한 것을 예로써 제시하여, 이로써 세 번째 소량인 극비현전에 대해 설한 경설 또한 그 주제와 관련하여 속임이 없다고 간접적으로 능립할 수 있다. 이를 『양평석』에서 다음과 같이 설한다.

> 신뢰하는 말이 속임 없는 것은
> 보편으로부터 추론할 수 있다.[220]

아리야데바 논사의 『사백론』에서도 다음과 같이 설한다.

> 세존께서 극비현전에 대해 설하신 것을
> 누군가 의심을 일으킨다면
> 그는 공성에 의지하여
> 확고한 신뢰를 가져야 한다.[221]

또한 『양평석』에서 아래와 같이 설하였다.

> 구호자께서 자신이 깨달은 도를 설하시니

---

220 위의 논, 자의품, 102b:216; 교정본 No.97, p.488면.

221 데게, 논소, 중관, tsha, 제12품, 13a:5; 교정본 No.57, p.809. (T.30.1570.184a.13)

자타의 이익이 없기에 거짓을 설하지 않는다.

자비를 가지시니 행하는 모든 사업은

타인을 위해 행한 것이다.**222**

논서에서 설한 바와 같이 세존께서는 중생에게 진정으로 자비로우신 분이며, 극비현전을 설함에 있어 거짓을 말할 이유가 없기 때문에 세존의 말씀을 성언량으로 능립한다. 그렇기 때문에 불교의 관점에서는 세존의 말씀이 바르다고(성언량) 인정하지만, 경이 성언량이 됨에 있어 앞서 언급한 것처럼 경의 주제에 대해 현량이나 논리로써 해가 없고, 경의 문맥상 모순이 없으며, 설법자에게 다른 목적이 없는 등 여러 조건이 갖춰져야 하므로, 이러한 핵심을 아는 것은 중요하다.

---

222 『Pramāṇavārttika』. 데게, 논소, 인명, ce, 성량품成量品, 113a:146; 교정본 No.97, p.513.

제 3 장

유색을 형성하는 극미의 체계

1
총설

보통 색色의 거칠고 미세함은 그 크기와 근根에 보이는 방식으로 구별하지, 거친 무상과 미세한 무상처럼 이해하기 쉽거나 어렵다는 측면에서 구별하지 않는다. 거친 색은, 크게는 기세간器世間의 대지에서부터 작게는 빛의 입자에 이르기까지 그 크기가 다양하다. 미세한 색에도 많은 종류가 있지만, 무엇보다 가장 미세한 것은 극미極微이다. 거친 색을 형성하는 극미의 궁극적 실상, 미세한 것이 쌓여서 거친 색을 형성하는 방식, 그리고 극미가 근식根識에 보이는지의 여부, 극미가 부분을 가지는지의 여부 등에 대해 고대 인도학자들의 다양한 주장이 있었다. 미세한 법이 쌓이거나 모임으로써 거친 법이 형성되는 방식에 대해서는 일반적으로 고대 인도 불교학파나 외도학파 모두 공통으로 인정한다. 그러나 역사적인 측면에서 보면 인도 사상계에서 아주 오래전부터 미진에 대해 가장 상세하게 설한 학파는 인도의 양대 외도종파인 바이쎼쒸까(Vaiśeṣika, 勝論學派)와 니야야(Nyāya, 正理學派) 두 학파라고 알려져 있다.

2

색色의 최소 단위

극미|極微

외도인 바이쎼쒸까 학파와 니야야 학파는 일체법이 육구의六句義에 포섭된다고 주장한다. 육구의는 ① 실체[實, dravya], ② 속성[德, guṇa], ③ 작용[業, karma], ④ 보편[同, samānya], ⑤ 특수 혹은 개체[異, viśeṣa], ⑥ 내속[和合, samavāya]이다. 실체는 독립적으로 존재할 수 있으므로 다른 것에 의존할 필요가 없고, 속성[德]의 의지처가 되기 때문에 실체[實]라고 한다. 실체는 행위를 가지고, 속성을 가지며, 화합和合의 원인이라는 세 가지 특징을 가진다. '행위를 가진다'는 것은 움직임이 있다는 뜻이며, '속성을 가진다'는 것은 많은 특성이 있다는 뜻이며, '화합의 원인이다'라는 것은 사물을 서로 만나게 하는 원인이라는 뜻이다. 실체에는 편재하지 않는 실체와 편재하는 실체 두 가지가 있다. 전자는 사대四大와 의意이고, 후자는 아我·시時·방향方向·허공虛空이다. 또한 실체에는 항상한 실체와 무상한 실체 두 가지가 있는데, 아我·시時·방향方向·허공虛空의 네 가지는 모든 면에서 항상한 실체이다. 사대에는 거친 것과 극미 두 가지가 있어, 거친 것은 무상한 실체고, 극미는 항상한 실체이다. 만일 극미가 무상한 실체라고 한다면, 그것을 형성하는 미세 입자가 있어야 하는데 그러한 것은 없기 때문이다. 그러므로 바이쎼쒸까 학파와 니야야 학파 모두 극미로 형성된 거친 것들은 무상한 실체라고 주장한다.

제3장 유색을 형성하는 극미의 체계

또한 그들은 전前의 기세간이 소멸되었을 때, 사대의 극미들은 사라지지 않고 존재했다고 주장하는데, 만일 그때 거친 것들이 존재하지 않았듯이 극미들도 존재하지 않았다면, 거친 것들이 다시 형성될 원인이 없어지게 되기 때문이다. 그러므로 그때 극미들은 존재할지라도 어떤 원인도 가지고 있지 않았기 때문에 상주하는 것이다. 기세간과 중생세간이 처음 형성될 때, 허공에 사대의 극미가 상주하고, 무방분으로 각각의 방향에 머무는 가운데 대자재천大自在天이 중생들을 발출發出하고자 함으로써 기세간과 중생세간이 연이어 생겨났다. 그러므로 두 학파 모두 근본적 원인이 되는 극미는 무방분이고 항상임을 인정한다. 이것은 짠드라끼르띠(Candrakīrti, 月稱) 논사가 『사백론석四百論釋』에서 명확하게 설하고 있다. 『사백론석』에서 다음과 같이 설하였다.

> 극미들은 거친 것을 생기게 하는 종자의 본성에 가깝기 때문에 오직 상주한 것이다.**223** 만약 그것들이 없다면 거친 것들은 종자 없이 생겨나게 될 것이다. 이처럼 첫 겁에 극미로부터 거친 색이 생겨나고 소멸될 때 부분을 가진 모든 실체는 흩어지고 극미정도만이 남아 있을 때 거친 것들은 존재하지 않는다. 만일 이때 거친 것들과 함께 극미도 없어지게 된다면, 거친 것들은 원인 없이

---

223 타종他宗을 부정하기 위해 세운 반론자의 주장에 해당한다. (역자주)

생겨나게 될 것이다. 유분인 물질의 원인이 되는 극미들
은 존재하지만 원인을 갖고 있지 않기 때문에 실로 존재
하는 것이며, 또한 상주하는 것이다.**224**

까말라씰라(Kamalaśīla, 蓮華戒) 논사의 『진실섭송난어석眞實攝頌難語
釋』에서도 다음과 같이 설한다.

> 극미들은 항상한 것이기 때문에 지地 등 극미의 본질들
> 은 항상한 것이다. 원인을 가진 것은 무상하다고 하는
> 것이 타당하기 때문에, 그 극미로부터 형성된 것은 무
> 상한 것이다. **225**

또한 바이쎄쒸까와 니야야 학파의 교리에서는 사대와 그 극미들이
차례로 각각 네 가지 속성에서부터 한 가지 속성을 가진다고 주장한
다. 지地와 지의 입자[地塵]**226**는 색色, 향香, 미味, 촉觸의 네 가지 속성
을 갖고, 수水와 수의 입자[水塵]는 향이 없기 때문에 나머지 세 가지
속성을 가진다. 화火와 화의 입자[火塵]는 미味와 향香 둘이 없기 때문
에 나머지 두 가지 속성을 가지며, 풍風과 풍의 입자[風塵]는 촉觸만을

---

224 『Catuḥśatakaṭīkā』, 데게, 논소, 중관, ya, 제9품, 15b; 교정본 No.60, p.1296.

225 『Tattvasaṃgraha-pañjikā』, 데게, 논소, 인명, ze, 제15품, 257b; 교정본 No.107, p.669.

226 티베트어 '뒬(Tib. rdul)'은 진塵, 먼지, 입자 등으로 번역할 수 있는데, 여기서는 단독으로
쓰일 경우 '입자'로, 합성어로 쓰일 경우 '진'으로 번역하였다. (역자주)

갖기 때문에 하나의 속성을 가진다고 주장한다. 이에 대해 『사택염思擇焰』에서

지·수·화·풍의 극미들도 항상한 것이다. 그리고 차례대로 네 가지 속성, 세 가지 속성, 두 가지 속성, 한 가지 속성을 가진다.**227**

라고 하였고, 또한 같은 논서에서

색, 미, 향, 촉을 갖는 것은 지地의 실체이다. 색, 미, 촉을 가진 것은 수水이며, 그것은 습濕하고 축축하다[潤]. 화火는 색과 촉을 가지며, 풍風은 촉을 가진다.**228**

라고 두 학파의 견해를 밝히고 있다.

불교경론 가운데 아비달마칠론阿毘達磨七論에서는 사대를 원인으로 유색의 법들이 생긴다고 설했고, 2세기 무렵에 출현한 아비달마 논사인 다르마쒸리(Dharmaśrī, 法勝)의 『아비담심론阿毘曇心論』**229**과 설일체유부(Sarvāstivādin, 說一切有部)의 아비달마체계를 상세히 설한

---

227 『Tarkajvālā』. 데게, 논소, 중관, dza, 제7품, 242b; 교정본 No.58, p.590.

228 위의 논, 제7품, 242b; 교정본 No.58, p.593.

229 극초기에 저술된 아비달마 논서로, 티베트 대장경에는 수록되어 있지 않지만, 한역에는 포함되어 있다.

『아비달마대비바사론阿毘達磨大毘婆沙論』에서 극미에 대해 광범위하게 설하였다. 또한 바쑤반두(Vasubandhu, 世親) 논사는 『아비달마대비바사론阿毘達磨大毘婆沙論』의 핵심을 잘 요약해서 정리한 『아비달마구사론』의 본송과 주석을 저술했다.

그렇다면 이러한 하부 아비달마 논서에서는 거칠고 미세한 극미의 체계를 어떻게 설하는가? 그에 따르면 지·수·화·풍의 사대와 함께 색·향·미·촉의 네 가지 소조 즉 팔진질八塵質의 취합을 기반으로 해서 유색들이 성립된다. 이러한 측면에서 거칠고 미세한 유색의 체계를 논하였다. 또한 유분의 유색들을 계속해서 분할하면 결국 극미의 본성에 이르며, 많은 극미가 모임으로써 점차 거친 유색들이 성립된다고 한다.

팔진질八塵質이 함께 모여서 유색들이 성립되는 방식을 가령 물에 비유하면, 물은 나무 등을 떠받치고 초목草木을 성장시키며 움직이기 때문에 지地의 입자, 화火의 입자, 풍風의 입자와 함께 생기며, 그 자체가 물이기 때문에 수水의 입자와도 함께 생긴다. 또한 안식이 물의 색깔을, 비식이 물의 향기를, 설식이 물의 맛을, 신식이 물의 촉감을 경험하기 때문에, 색·향·미·촉의 입자들도 함께 생긴다. 이는 다른 유색의 경우에 있어서도 마찬가지다.

극미는 입자들 중 가장 미세하고, 유색들을 형성하는 최초의 요소이다. 뿐만 아니라, 하부 아비달마의 논서에서는 극미가 무방분無方分이며, 하나를 다수의 극미들이 둘러싸고 있고, 서로 접촉하지 않은 채 머문다고 한다. 이는 즉 ① 극미는 방분方分과 지분支分으로 분리할 수 없고, ② 중심에 있는 한 극미를 다른 극미가 둘러싸고 있으며,

③ 만약 접촉한다고 하여, 전 방향에서 접촉한다고 하면 서로 뒤섞이게 되어버릴 것이며, 한 방향에서만 접촉한다고 하면 유방분이 되어버릴 것이라는 뜻이다.

일반적으로 극미에는 질극미진質極微塵(Tib. rdzas rdul phra rab)과 취극미진聚極微塵(Tib. bsags rdul phra rab) 둘이 있다. 전자는 색色의 최소 단위이며, 후자는 취색聚色의 최소 단위이다. 질극미진은 무방분이며, 취극미진은 유방분이다. 질극미진이란 유대有對인 유색법의 일종이며 다른 유색법으로 부술 수 없을 뿐만 아니라 인식으로도 각 부분으로 분리할 수 없고, 색 중 가장 작은 무방분입자이다. 취극미진이란 인식으로써 각 부분으로 분리할 수 있지만 다른 유색법으로 부술 수 없으며, 그보다 더 미세한 수준의 다른 취색이 존재하지 않는 입자이다. 예를 들면 사대인 지·수·화·풍의 네 가지 무방분입자와 소조인 색·향·미·촉의 네 가지 무방분입자 즉, 무방분의 팔진질 각각이 질극미진이고, 그 여덟 가지가 모인 가장 작은 입자는 취극미진이다. 진질塵質에 대종과 소조 두 종류가 존재하는 것은, 팔진질에 대한 해설로 인해 성립되는 것이다. 이에 대해 『아비달마대비바사론阿毘達磨大毘婆沙論』에서 다음과 같이 설한다.

극미는 매우 미세한 물질임을 알아야 한다. 자르거나 부수거나 뚫지 못하며, 가지거나 버리거나 올라타거나 누르거나 잡거나 당길 수 없으며, 길거나 짧은 것이 아니며, 모나거나 둥근 것도 아니며, 평평하거나 평평하지 않은 것도 아니며, 높거나 낮은 것도 아니며, 부분이 없고, 분할할 수 없고, 볼 수 없고, 들을 수 없고, 냄새 맡을 수 없고, 맛볼 수 없고, 접촉할 수 없기 때문에 극미는 매우 미세한 색이라고 한다. 일곱 개 극미가 하나의 미진이 된다. 그것은 안근眼根과 안식眼識으로 파악되는 색 중에서 가장 미세한 것이다.230

『상수순相隨順』에서도 다음과 같이 설했다.

극미는 두 종류다. 질극미진과 취극미진이다. 질극미진은 가장 미세하고, 유대색有對色의 일종이며, 다른 유색 또는 인식으로도 더 이상 나눌 수 없다. 따라서 부분이 없기 때문에 그것을 '색의 궁극窮極'이라고 한다. 찰나는 부분이 없기 때문에 찰나를 '시의 변제邊際'라고 하는 것과 같다. 취극미진은 그보다 더 미세한 다른 쌓인 것이 없는 취합의 일종이다. 다른 색에 의해 부서질 수 없는 것이다.231

아쌍가(Asaṅga, 無着) 논사 등이 저술한 상부 아비달마 논서의 본송과 주석에서는 거칠고 미세한 극미의 체계를 어떻게 설하는가? 그에 따

---

230 근대 중국의 역경사 법존法尊법사의 원고. 제136품, p.354. (T.27.1545.702a.4)

231 『Abhidharmakośaṭīkā-lakṣaṇānusāriṇī』. 데게, 논소, 아비달마, cu, 제2품, 131a; 교정본 No.81, p.329.

르면 '극미'라는 것은 아무리 분할하더라도 끝이 없고, 인식으로 거친 색을 나눌 수 있을 때까지 완전히 나누어 마음속에 현현하는 극소極小인 유방분의 색이라고 한다. 『대승아비달마집론大乘阿毘達磨集論』에서 다음과 같이 설한다.

> '극미가 모인 것이 취합색이다'라는 말에서 극미는 형체가 없음을 알아야 한다. 인식으로 변제까지 분석하여 극미를 안립한다. 이는 덩어리라는 생각을 제거하고, 색으로 실질로 성립하는 것이 없음을 깨닫기 위해서이다.[232]

『대승아비달마집론석大乘阿毘達磨集論釋』에서도 다음과 같이 설한다.

> 분할하더라도 끝이 없기 때문이다. '인식으로 변제까지 분석하여 극미를 안립한다'는 것은 인식이 분할할 수 있을 만큼 분할한 끝에 나눠진 그만큼을 극미로 안립한다는 것이다.[233]

극미에 형태가 있는지의 여부는 다음과 같다. 항아리 같은 취합체에서의 극미들은 서로 별개의 질이지만, 모두 형태가 둥글다는 점에서

---

232 데게, 논소, 유식, ri, 제2품, 77b; 교정본 No.76, p.196. (T.31.1605.675b.25)

233 『Abhidharmasamuccayavyākhyā』. 데게, 논소, 유식, li, 제4권, 38b; 교정본 No.76, p.1048.

는 차이가 없다. 이를 디그나가(Dignāga, 陳那) 논사는 『관소연연론 觀所
緣緣論』에서 다음과 같이 설한다.

> 극미들은 별개의 질이지만 둥글다는 점에서 차이가
> 없다.234

비니따데바(Vinītadeva, 律天, 調伏天) 논사도 『관소연론주觀所緣論注』에
서 다음과 같이 설한다.

> 항아리와 그릇 등의 극미들은 별개의 질이지만, 둥근
> 점에서는 차이가 없기 때문에 극미들을 구별하지 않
> 는다.235

극미의 분류에 대해서는 『유가사지론瑜伽師地論』의 「섭결택분攝決擇
分」에서 다음과 같이 설한다.

> 요약하면 극미는 열다섯 가지가 있는데, 안眼 등 근根의
> 다섯 가지 극미와 색 등 경境의 다섯 가지 극미, 지地 등
> 대종의 네 가지 극미와 실유實有인 법처색法處色의 한

---

234 데게, 논소, 인명, ce, 86b, 교정본 No.97, p.433. 티베트역과 한역이 동일하지 않다.
   (T.31.1624.888c.11)

235 『Alambanaparīkṣāṭīkā』. 데게, 논소, 인명, zhe, 181b; 교정본 No.106, p.483.

가지 극미이다.**236**

안근의 극미부터 법처색의 극미까지 극미에는 열다섯 분류가 있고,
그것들은 법처색의 범주에 속한다고 한다.

　중관학의 논서에서는 극미를 어떻게 설하는가? 자립논증학파의
바비베까(Bhāviveka, 淸弁) 논사는 유색들은 지·수·화·풍 넷과 색·향·
미·촉 넷의 팔진질의 취합으로 이루어졌을 뿐만 아니라, 구성 요소인
극미들도 독립적으로 머물지 않으며 팔진질의 취합이자 실유實有라
고 하였다. 이를 『사택염』에서는 다음과 같이 설한다.

　　이처럼 극미는 팔질八質의 본질이기 때문에, 그것도 질
　　質이라고 주장한다.**237**

또한 극미는 모든 입자 중에서 가장 미세하다고 주장하였는데, 이는
아발로끼따브라따(Avalokitavrata, 觀誓) 논사의 『반야등론광석 般若燈論
廣釋』에 다음과 같이 나온다.

　　극미들이라고 하는 것은 지극히 미세한 입자들로 그
　　것보다 더 미세한 다른 것이 없는 것을 '극미'라고 한

---

236 데게, 논소, 유식, zhi, 제6품, 50a; 교정본 No.74, p.117. (T.30.1579.597c.22)

237 데게, 논소, 중관, dza, 제5품, 209b; 교정본 No.58, p.510.

다.238

한편 귀류논증학파인 아리야데바(Āryadeva, 聖天) 논사와 짠드라끼르
띠 논사 등이 저술한 중관 논서에서는 극미에 대해 다음과 같이 해석
한다. 극미들은 제 위치에 다른 극미가 발생하는 것을 장애하기 때문
에 유대有對이며, 유대의 사물인 이상 항아리 등의 거친 색들과 다를
바 없이 '항상하다'고 결코 인정할 수 없고, 단지 의존하여 가립되었
을 뿐인 가유이며, 팔진질의 취합이다. 이에 대해 『사백론四百論』에서
다음과 같이 말한다.

> 유대의 사물이 항상한 것은
> 어디에서도 보이지 않는다.
> 그러므로 제불(諸佛)께서는 결코
> 미진을 '항상한 것'이라고 말씀하시지 않는다.239

이를 『사백론석』에서 아래와 같이 해석한다.

> 극미는 항상한 것이 아니다. 어찌하여 그러한가? '유대
> 의 사물이 항상한 것은 어디에서도 보이지 않는다.' 극

---

238 『Prajñāpradīpaṭīkā』. 데게, 논소, 중관, wa, 92b; 교정본 No.58, p.1089.

239 데게, 논소, 중관, tsha, 제9품, 11a:19; 교정본 No.57, p.803. (T.30,1570,182c.4)

미는 자신의 위치에 다른 극미가 들어올 수 없기 때문에 유대이며, 유대인 항아리 등과 같이 항상한 것이 아니다. 그러므로 극미는 항상한 것이 아니다. '그러므로 제불께서는 결코 미진을 항상한 것이라고 말씀하시지 않는다.' 전도됨 없이 보시는 분은 어떤 것이든 여실하게 아신다. 팔질八質의 극미가 무상으로 존재하기 때문에, 그것은 존재하는 것이며, 또한 가립된 것으로 존재하는 것인데 항아리처럼 팔질에 의해 가립되었기 때문이다.**240**

---

240 데게, 논소, 중관, ya, 제9품, 154a; 교정본 No.60, p.1298.

3.
극미가 쌓여서
거친 색이 성립되는 방식

하부 아비달마 논서에서는 극미가 쌓여 거친 색들이 성립되는 방식에 대해 다음과 같이 설명한다. 색의 최소 단위는 무분극미이고, 명칭[名]의 최소 단위는 문자[字]이며, 시간의 최소 단위는 시변제찰나이다. 극미로부터 시작해서 7극미가 쌓이면 1미진(Aṇu, 微塵)의 크기가 되고, 7미진은 1금진(Loharajas, 金塵), 7금진은 1수진(Abrajas, 水塵), 7수진은 1토모진(Śaśarajas, 兎毛塵), 7토모진은 1양모진(Avirajas, 羊毛塵), 7양모진은 1우모진(Gorajas, 牛毛塵), 7우모진은 1일광진(vātāyanacchidrarajaḥ, 隙遊塵)**241**의 크기가 된다. 이 중 일광진은 눈으로 볼 수 있지만 그 전 단계의 미진들은 눈으로 직접 볼 수 없다고 설한다. 요약하면 비바사사와 경량부의 학자들은 구성 요소인 무분의 입자가 쌓이거나 모임으로써 유색들이 성립된다고 주장한다. 슈바굽따(Śubhagupta, 善護) 논사는 『성외경의成外境義』에서 다음과 같이 설한다.

> 서로 접촉하지 않고
> 무분無分으로 머문다.

---

241 티베트어 원문 그대로 일광진日光塵(Tib. nyī zer gyī rdul)이라고 번역하였다. 한역에서는 극유진隙遊塵으로 번역되어 있다. (역자주)

그러므로 지륜地輪 등은
쌓임으로써 생기는 것이다.**242**

또한 『구사자석』에서 다음과 같이 설하였다.

"색과 명칭과 시의 궁극은
극미와 문자와 찰나이고"

색을 줄인 궁극은 극미고, 시의 궁극은 찰나이며, 명칭
의 궁극은 문자이다.

또한 같은 논서에서

"극미가 미진과 같이
금金,수水,토兎,양羊,우牛,
일광진日光塵과 기(Likṣā, 蟻), 지절(Aṅguliparvan, 指節)이라
는 것도
후자가 전자의 일곱 배가 된다."

---

242 『Bāhyārthasiddhi』. 데게, 논소, 인명, zhe, 191b:56; 교정본 No.106, p.514.

극미 등 이것들은 일곱 배씩 증가함을 알아야 한다.**243**

라고 설하였다. 『방광대장엄경方廣大莊嚴經』에서는 이에 대해 다음과 같이 설하고 있다.

> 보살이 답하였다. 7극미는 1미진이 되고 7미진은 1소진 小塵이 된다.**244** 7소진은 1일광진이 되고, 7일광진은 1 토모진이 되고, 7토모진은 1양모진이 되고, 7양모진은 1우모진이 되고, 7우모진은 1기蟣가 되고, 7기는 1겨자 (Sarṣapa, 芥子)가 되고, 7겨자芥子는 1맥(Yava, 麥)이 되고, 7맥은 1지절(Aṅguliparvan, 指節)이 되고, 12지절은 1걸수 (Vitasti, 磔手)가 되고, 2걸수는 1주(Hasta, 肘)가 되고, 4주 는 1궁(Dhanus, 弓)이 된다.**245**

목련 존자의 『입세간론立世間論』에서는 다음과 같이 설한다.

> 일광진의 1/49이 극미이다. 7극미는 1미진이다. 7미진 은 1일광진이다. 7일광진은 1토모진이다. 7토모진은 1

---

243 데게, 논소, 아비달마, ku, 제3품, 154b; 교정본 No.79, p.381. (T.29,1558,62a,17)

244 한역에서는 미진은 아뇩진阿耨塵 소진은 도치진都致塵으로 번역하였다. (역자주)

245 데게, 불설, 경집, kha, 제12품, 77a; 교정본 No.46, p.185. (T.3,187,563b,16)

제3장 유색을 형성하는 극미의 체계

양모진이다. 7양모진은 1우모진이다. 7우모진은 1기이다. 7기가 1아바가나(Avagaṇa)이다. 7아바가나는 1바띠까(vaṭika)이다. 7바띠까는 1맥이다. 7맥은 1기절이다. 24지절은 1주이다.**246**

『근본설일체유부비나야根本說一切有部毘奈耶』에서 다음과 같이 설한다.

6극미가 1미진이다. 6미진이 1수진水塵이다. 6수진이 1금진金塵이다. 6금진이 1토모진이다. 6토모진이 1양모진이다. 6양모진이 1우모진이다. 6우모진이 1일광진이다. 6일광진이 1기蟣이다. 6기가 1슬虱이다. 6슬이 1맥이다. 6맥이 1지절이다. 6지절이 1주肘이다.**247**

또한,『율경근본律經根本』에서는 다음과 같이 설한다.

극미, 미진, 수水, 금金, 토모, 양모, 우모, 일광진日光塵, 기蟣, 슬虱, 맥, 지절指節 순서로, 전자의 여섯 배가 후자이다.**248**

---

246 『Lokaprajñapti』. 데게, 논소, 아비달마, i, 9b:4; 교정본 No.78, p.650.

247 데게, 불설, 율, nya, 239a; 교정본 No.8, p.562.(T.23.1442.739a.6)

248 『Vinayasūtra』. 데게, 논소, 율, wu, 26a; 교정본 No.88, p.898.

위에서 인용한 바에 따르면, 『아비달마구사론』의 본송과 주석에서 설한 일광진에는 823,543개의 극미가 있으며, 『근본설일체유부비나야』에서는 여섯 배씩 증가하는 것으로 계산하기 때문에 일광진에 279,936개의 극미가 있다. 또한 『방광대장엄경』에서 설한 일광진에는 343개의 극미가 있고, 『입세간론』에서 설한 일광진에는 49개의 극미가 있다. 그러나 각기 다른 이 설명들은 서로 모순되지 않는다. 『아비달마구사론』의 몇몇 주석에서, 극미 등이 취합된 단계에 따라 그와 같이 이름 붙인 것일 뿐 그것들이 실제 동물의 털끝 크기로 계산된 것은 아니기에 서로 모순되지 않는다고 설하였다.

이밖에 토끼털 끝에 묻은 먼지가 토모진, 양털 끝에 묻은 먼지가 양모진, 소털 끝에 묻은 먼지가 우모진이라는 해설도 있다. 토끼털과 양털과 소털은 굵기의 차이가 있기 때문에 그 끝에 묻은 먼지에도 크기의 차이가 있다는 것이다.

『깔라짜끄라 딴뜨라 심수心髓』에서는 극미가 8중으로 쌓여 1미진의 양이 되고, 미진이 8중으로 쌓여 머리카락 끝의 원圓 하나의 양이 되며, 원이 8중으로 쌓여 1흑겨자씨의 양이 되고, 흑겨자씨가 8중으로 쌓여 1이[虱]의 양이 되며, 이가 8중으로 쌓여 1보리알의 양이 되고, 보리알이 8중으로 쌓여 1지절의 양이 되며, 24지절은 1주肘의 양이 되고, 4주가 1궁弓의 양이 되며, 2000궁이 1구로사(krośa, 俱盧舍)의 양이 되고, 4구로사는 1유선나(yojana, 踰繕那, 由旬)의 양이 된다고 설하였다.**249**

---

249 『Kālacakra-laghutantra』. 데게, 불설부, 밀교, ka, 제1품, 23b:13; 교정본 No.77, p.60.

하부 아비달마에서는 일반적으로 항아리 같은 색취色聚가 형성될 때 반드시 지·수·화·풍과 색·향·미·촉의 8진질이 함께 모여야 하기 때문에 그 중 하나라도 부족하면 생길 수 없다고 설한다. 예를 들면 『상수순』에서 다음과 같이 나온다.

8진질八質이 생긴다고 하여. 그 중 하나라도 부족하면
생기지 않음을 가리킨다.250

근根들은 외부의 진질塵質과 다른 질이므로 어떠한 근이 형성될 때에는 8진질뿐만 아니라 근의 입자도 모여야 한다. 따라서 신근身根이 생길 때는 신근의 입자를 더한 9질이 함께 생기고, 안근眼根이 생길 때는 안근의 입자를 더한 10질이 함께 생긴다. 안근과 같이 이근耳根, 비근鼻根, 설근舌根들도 각각의 입자가 더해져서 10질이 함께 생긴다[俱生]고 한다. 『아비달마구사론』에서 다음과 같이 설하였다.

욕계에서 근根이 없고 소리[聲]가 없는 극미는
8진질이 함께 생기며
신근을 갖는 것은 9질,
그 외의 근을 갖는 것은 10질이 함께 생긴다.251

---

250 데게, 논소, 아비달마, cu, 제2품, 131b; 교정본 No.81, p.329.

251 데게, 논소, 아비달마, ku, 제2품, 4a:22; 교정본 No.79, p.10. (T.29.1558.18b.20)

이에 대해 순서대로 예를 들어 설명하자면, 소리를 가지지 않은 외부의 법法인 항아리와 같은 취합체의 취극미진들은 8진질이 모인 것이다. 모태母胎에 있을 때 명색名色은 생기고, 안眼 등의 연기가 생기지 않은 상태에서, 신근身根의 취극미진들은 9진질이 모인 것이다. 우리의 안근, 이근, 비근, 설근의 취극미진은 10진질이 모인 것이다.

그와 같이 소리[聲]를 가진 취극미진도 근을 갖지 않지 않으면, 8진질에 소리의 입자를 더한 9진질이 생기고, 신근을 가지면 10진질이 생기며, 여기에 설근 등 하나를 더 가지면 모두 11진질이 함께 생긴다고 설하셨다. 이를테면 『상수순』에서 다음과 같이 설한다.

> '그 극미들은 소리를 가진 것으로'라는 것에 대해 광범위하게 설명한다. 근根이 없는 것은 9질이고, 신근을 가진 것은 10질이며, 다른 근을 가진 것은 11질이다. 그것들은 가끔 소리의 입자가 없기도 하다. 소리는 대종의 부딪침에서 생겨나는 까닭에 색 등과 같이 항상 존재하는 것은 아니기 때문이다.[252]

이를 순서대로 사례를 들어 설명하자면 물소리와 바람소리를 가진 취극미진들은, 9진질이 모인 본질이다. 사람이 손뼉 치는 소리의 취극미진들은 신근의 진질塵質을 더한 10진질의 본질이며, 사람이 혀를

---

252 데게, 논소, 아비달마, cu, 제2품, 131b; 교정본 No.81, p.330.

제3장 유색을 형성하는 극미의 체계

차는 소리의 취극미진들은 신근과 설근의 진질 둘을 더해서 11진질을 가진다.**253**

　팔진질이 함께 생긴다는 설명과 관련해서, 만약 질質을 처질處質이라고 주장한다면, 사대종은 촉처觸處의 질에 속하므로 질을 넷으로 계산하면 될 것이며, 여덟이라고 한 것은 너무 많다는 과실이 생긴다. 만약 질을 그저 단순한 질 정도일 뿐이라고 주장한다면, 형태와 경중 등 여러 질들이 존재하기 때문에 여덟은 그 수가 적다는 과실이 생긴다.

　이와 같은 의심이 생긴다면 그 답으로, 여기서 소리와 근의 진질塵質을 제외한 극미의 질을 여덟이라 설한 것은 의지처[所依]인 대종의 질과 의지자[能依]인 처處의 본성에 주로 의거한 것으로, 모든 유색에 존재하는 진질을 헤아린 것이 아니라고 하였다. 이를 바쑤반두 논사의 『구사자석』에서 다음과 같이 설하였다.

　　여기서 일부는 단지 질質만을 질質로서 여기는데, 이를
　　테면 소의所依가 되는 모든 것이 그것이다. 여기서 일
　　부는 처處의 질質을 질質로서 여기는데, 이를테면 능의

---

253 달라이 라마 성하께서 말씀하시길, "『아비달마구사론』에서는 7우모진이 1일광진이 된다는 것부터 7미진이 1금진이 되고, 7극미가 1미진이 된다는 등 이와 같이 계산한 극미를 궁극적 미세한 것이라 해석한다. 이는 현대과학의 해석과 비교하면 매우 거친 것이다. 뿐만 아니라 유색들이 지·수·화·풍의 4대와 색·향·미·촉의 4처 즉, 8진질이 함께 모임으로써 생긴다고 설한 것도, 당시 유행한 학설에 맞춘 대략적인 설명정도라고 생각한다."라고 하셨다.

能依가 되는 모든 것이 그것이다. 그렇다면 대종의 질들
이 많아져야 할 것이니, 대종을 원인으로 한 색들은 각
각 사대에 의지하기 때문이다. 여기서는 유형을 질로 파
악한 것이니, 다른 사대들 또한 유형에서 벗어나지 않기
때문이다.**254**

상부 아비달마 경론에서는 비바사사와 경량부의 주장하는 무방분의
극미와 그것이 쌓여 성립된 외경의 색을 부정하고, 색취는 여러 극미
들의 축적으로부터 시작되기 때문에 축적과 취합 둘 사이에도 차이
가 없다고 한다.
　『대승아비달마집론』에서는 다음과 같이 설한다.

　　극미가 축적된 것이 색취色聚이다.**255**

색취를 분류하면 열네 가지로, 지·수·화·풍의 넷과 색·성·향·미·촉
의 다섯, 그리고 안근부터 신근까지 다섯의 유색근 등이다. 여기에 법
처색은 제외된다. 이를 「본지분本地分」에서 다음과 같이 설한다.

　　그 색취들도 요약하면 열네 가지의 질이 있다. 이는 곧

---

254 데게판, 논소, 아비달마, ku, 제2품, 64a; 교정본 No.79, p.159. (T.29,1558,18c,22)

255 데게, 논소, 유식, ri, 제2품, 77b; 교정본 No.76, p.196. (T.31,1605,667c,15)

지·수·화·풍, 색·성·향·미·촉과 안 등의 다섯 가지 유색
근이며, 의식의 대상이 되는 색[意所行色]은 제외한다.**256**

바비베까 논사는 축적(Tib. bsag pa)과 취합(Tib. 'dus pa) 둘은 차이가 있
다고 명확하게 주장한다. 동질류의 많은 극미가 한 토대상에 모인 것
은 축적이고, 여러 토대에 의지하는 이질류의 많은 극미가 한 처에 모
인 것을 취합이라고 한다. 가령 항아리처럼 자체의 구성 요소가 되는
동질류의 많은 극미가 결합하는 방식으로 모인 경우는 축적이고, 코
끼리와 말, 마차 등이 모인 군대나 황경나무, 박달나무 등이 모인 숲
과 같이 토대가 여럿인 이질류가 모인 경우는 취합이라고 한다.

　『사택염』에서 다음과 같이 설한다.

　　축적과 취합은 어떠한 차이가 있는가? 동질류의 극미들
　　이 한 토대에 의지하는 것을 축적이라고 한다. 코끼리,
　　말 등과 황경나무, 박달나무 등의 이질류의 모임에 군
　　대, 숲 등이라 칭하는 것은 취합이라고 한다.**257**

또한 거친 유색들은 기본 구성 요소인 극미로부터 성립되고, 구성 요
소인 극미들도 원인 없이 생긴 것이 아니라 그 질質의 상속이 무시이

---

256 데게 논소, 유식, tshi, 제3품, 27a; 교정본 No.72, p.733. (T.30,1579,290b,6)

257 데게, 논소, 중관, dza, 제5품, 210a; 교정본 No.58, p.512.

래로부터 이어져 왔다. 그러므로 어떤 결과이든 그 최초의 원인이 이것이다, 라고 누구도 짚어낼 수 없는 것이다. 이를 아리야데바 논사는 『사백론』에서 아래와 같이 설하였다.

> 하나의 결과라 하더라도
> 최초의 원인은 보지 못한다.[258]

요약하면, 고대 인도의 불교학자들은 유색법들이 자신을 구성하는 기본적 요소가 되는 미세한 것들이 쌓여 거친 형태로 성립되며, 이 기본적 구성 요소들은 사대의 극미라고 주장하였다.

그리고 그 극미가 모여 미진微塵이 성립되고, 많은 미진의 적취로 인해 다양한 형태의 거친 유색들이 생겨난다는 점에서는 의견이 일치하는 것으로 보인다.

---

[258] 데게, 논소, 중관, tsha, 제7품, 8b:10; 교정본 No.58, p.798.

4.
무방문 극미의
유무에 대한 분석

외도학파인 바이쎄쒸까 등은 극미가 무방분無方分이며 지분을 가진 실체들의 원인이고, 형태는 둥글며, 무방분인 극미가 거친 것을 형성할 때 서로 접촉하지 않는다고 주장하였다. 이 학파의 주장에 대해 짠드라끼르띠 논사는 『사백론석』에서 다음과 같이 설하였다.

> 원인이며, 원형圓形이고, 무방분이라고 하는 것은 극미
> 의 실체에 대한 정의를 말하는 것이다**259**

보디바드라(Bodhibhadra, 菩提賢) 논사의 『혜심요집론석주慧心要集論釋注』에서도 다음과 같이 나온다.

> 또한 외도학파인 바이쎄쒸까는 이와 같이 말한다. '이
> 세간이 소멸할 때, 지·수·화·풍의 극미들은 무방분이
> 고 항상하며 각각으로 머묾으로써'**260**

---

259 데게, 논소, 중관, ya, 제9품, 152b; 교정본 No.60, p.1294.
260 『Jñānasārasamuccyanibandhana』. 데게, 논소, 중관, tsha, 38b; 교정본 No.57, p.883.

또한 외도학파의 교리에서 무방분의 극미가 거친 것을 형성할 때 서로 접촉하지 않는다는 주장에 대해 『사택염』에는 다음과 같이 나온다.

> 그것들은 접촉하지 않고 동류에 의존해 자신과 일치하
> 고 일치하지 않는 활동을 한다.**261**

불교도인 비바사사는 '구성 요소인 극미들은 무방분이기 때문에 서로 접촉하지 않으며, 무방분의 극미 하나를 다수의 극미가 둘러쌀 경우 서로 간격이 있다고 한다. 만약 접촉한다고 하면 전 방향에서 접촉한다면 서로 뒤섞이게 될 것이며, 한 방향에서 접촉한다면 방분을 가진 것이 되는 오류가 생기기 때문이다. 만일 취극미진들이 서로 접촉하지 않는다고 한다면, 어째서 흩어지지 않겠는가? 비바사사는 이에 답하길 풍風으로 붙잡고, 질質의 힘으로도 서로 연결되어 있기에 흩어지지 않는다'고 하였다. 『성외경의』에서

> 그 때문에 방분方分의 특성으로
> 그것은 많은 것으로 둘러싸여 있다고
> 표현할 뿐이며, 극미들은
> 유방분의 본질이 아니다.**262**

---

261 데게, 논소, 중관, dza, 제7품, 242b; 교정본 No.58, p.590.

262 데게, 논소, 인명, zhe, 191a:46; 교정본 No.106, p.513.

라고 하였고, 또한

> 서로에게 도움이 되는 특성으로
> 엮여 있는 것과 같이,
> 금강 등 그 미진들은
> 끊어지지 않는다.

> 진언의 힘으로
> 귀신과 뱀 등을 잡는 것과 같이
> 어떤 이는 질質의 힘으로
> 미진이 함께 존재한다고 하고
> 다른 이는 힘이 약하다고 한다네.**263**

라고 설하였다. 『구사자석』에서

> 극미들은 서로 접촉하는가, 접촉하지 않는가? 까쒸미리
> (Kaśmiri, 迦濕彌羅)의 비바사사는 접촉하지 않는다고 한
> 다. 그 이유가 무엇인가? 만약 모든 면이 접촉한다고 하
> 면 질質들이 뒤섞이게 될 것이다. 또 만약 한 면으로 접
> 촉한다고 하면, 부분을 가진 것들이 되어버릴 것인데,

---

263 데게, 논소, 인명, zhe, 191a:57-58; 교정본 No.106, p.514.

그러나 극미는 부분을 가지지 않는다.

라고 설하였고, 또한

취합체가 부딪칠 때, 어떻게 흩어지지 않는 것인가? 풍
계로써 붙잡히기 때문이다.**264**

라는 등으로 자세히 설하였다.

경량부의 바단따(Bhadanta, 大德) 논사는 극미들이 서로 접촉한다
면 부분을 가지는 것이 되고, 극미들 사이에 간격이 있다면 낮에는 빛
의 입자가, 밤에는 어둠의 입자가 그 틈으로 들어가게 되기 때문에,
'간격이 없더라도 접촉하지 않는다'고 주장하였다. 이를 『구사자석』
에서는 다음과 같이 설한다.

바단따가 말하길 '접촉이 없는데, 가까이 머무는 것을
접촉한다고 생각할 뿐이다'라고 하였다.**265**

까말라씰라 논사의 『중관장엄론난어석中觀莊嚴論難語釋』에서도 다음
과 같이 나온다.

---

264 데게, 논소, 아비달마, ku, 제1품, 49b; 교정본 No.79, p.122. (T.29,1558,11c,4)

265 데게, 논소, 아비달마, ku, 제1품, 49b; 교정본 No.79, p.123. 티베트역과 한역이 약간 상
이하다. (T.29,1558,11c,23)

다른 이가 말하길 서로 접촉하지도 않고, 간격도 없이, 단지 근접하는 것으로 존재한다고 말한다. 이는 곧, 바단따 논사가 말하길, 입자들은 접촉하지 않지만 간격이 없기 때문에 접촉한다고 생각한다고 한 것과 같다.**266**

극미들이 서로 접촉하지 않는다면, 열촉熱觸이 냉촉冷觸에 해를 가하거나, 빛이 어둠을 없애는 것이 불가능하지 않은가? 그러나 경량부는 열촉과 빛의 입자들이 가까이 있을 때 냉촉과 어둠 등의 입자들의 활동이 사라지는 것을 냉촉과 어둠에 '해를 끼친다'고 말할 뿐이며, 이 것을 취합된 극미들이 서로 접촉하는 것이라 주장하지 않는다. 이를 『성외경의』에서는 다음과 같이 설한다.

> 어떤 것이 가까워짐으로써
> 활동하는 어떤 것의 활동이 사라진다면
> 그것을 그것의 장애라고 말하며
> 다른 부분에 의한 것은 아니다.**267**

따라서 비바사사와 경량부 둘은 극미가 무방분이며 서로 접촉하지 않는다고 주장하는 점은 유사하지만, 비바사사는 간격이 있다고 주

---

266 『Madhyamakālaṃkārapañjikā』. 데게, 논소, 중관, sa, 제1품, 92b; 교정본 No.62, p.1002.

267 데게, 논소, 인명, zhe, 191b:52; 교정본 No.106, p.514.

장하고, 경량부는 간격이 없다고 주장한다는 점에서 차이가 있다. 무방문의 극미를 주장하는 자의 관점은 이러하다. 흙이나 돌과 같은 거친 색을 조각조각으로 자르고, 부분 부분으로 나누면, 보다 더 작은 것이 없는 어떤 '궁극의 입자'에 도달하게 된다. 만약 이 입자가 유방분이라면 여전히 더 분할할 수 있게 되고, 그렇다면 궁극적으로 최소인 것이 아니게 되는 오류가 생긴다. 그러므로 '무방분'임을 인정하거나, '분할할 수 있는 부분이 무한하다'고 인정해야만 한다. 만일 부분이 무한하다고 인정한다면, 미세한 물방울 하나조차도 부분으로 나누는 것에 끝이 없게 되기 때문에, 무방분임을 인정할 수밖에 없다고 주장한다.

따라서 외도인 바이쎼쒸까에서부터 불도인 경량부에 이르는 학파들은 거친 색들을 각각의 부분으로 나눌 때 거친 색을 형성하는 궁극적인 요소는 무방분無方分의 극미에 귀결된다고 인정하지만, 바이쎼쒸까 학파 등은 그것이 항상하다고 주장하고, 비바사사와 경량부 둘은 무상하다고 주장한다.

중관과 유식의 논사는 무방분입자를 인정하지 않는다. 그들의 논서에 그와 같은 무방분극미를 부정하는 논리가 많이 등장한다. 바쑤반두 논사의 『유식이십론唯識二十論』에서 무방분입자를 부정하는 논리는 다음과 같다.

무방분이라고 주장하는 극소極小의 입자도 분석하고 연구해보면 유방분이라고 인정해야 한다. 입자 중 극소極小인 극미 하나를 사방과 상하의 여섯 극미가 둘러싼다고 할 때 중앙의 극미는 유방분이 되는데, 중앙에 있는 극미의 동쪽에서 보이는 면은 남쪽과 서쪽 등에서는 볼 수 없기 때문이다. 만약 그렇지 않다면, 동쪽 극미의 위치에 다른 다섯 방향의 극미들도 존재하게 될 것이며, 그렇다면 이 여섯 극미의 위치가 뒤섞이는 문제가 생긴다. 위치가 뒤섞이면 극미는 아무리 쌓이더라도 거친 덩어리가 되지 않고, 극미 하나와 크기와 같게 되는 오류가 발생한다고 한다. 『유식이십론』에서는 다음과 같이 설한다.

> 여섯 개와 동시에 결합한다면,
> 극미는 여섯 부분이 있게 될 것이다.
> 여섯이 하나의 위치라고 한다면
> 덩어리는 극미 정도가 될 것이다.**268**

『유식이십론자주唯識二十論自注』에서도 다음과 같이 나온다.

> 만일 각각의 극미에 다른 방분方分이 없다고 한다면, 해가 떴을 때 어떻게 다른 면에 그림자가 지겠는가? 그것에는 해가 비치지 않는 다른 방향이 없기 때문이다. 만약 다른 방향을 인정하지 않는다면, 극미에 어떻게 다른 극미가 장애될 수 있겠는가? 어떤 극미에도 다른 부분이 없다고 한다면, 하나가 하나를 어떻게 막을 수 있겠는가? 막힘이 없다면, 모두 하나의 위치가 되기 때문에

---

268 데게, 논소, 유식, shi, 3b:12, 교정본 No.77, p.9. (T.31.1590.75c.27)

쌓인 모든 것들은 극미 정도가 될 것이다.**269**

논에서는 극미에 막힘이 없다면, 아무리 쌓더라도 그저 극미 정도의 크기가 될 것이며 그것에 각각의 방분方分이 없다면, 유색의 한 면에 햇볕이 내리쬘 때 다른 면에 그늘이 질 수 없게 되기 때문에 극미는 방분方分을 가진 것이고 막힘이 있는 것(유대)으로 능립하였다. 아쌍가 논사는 극미가 유방분이지만 지분을 가진 것은 아니라고 하였는데, 이를 「본지분本地分」에서는 다음과 같이 설하였다.

> 취합체라는 것은 곧 방향이 있고, 극미도 방향이 있지만 취합체는 지분을 가지며, 극미는 그렇지 아니하다. 어째서 그러한가? 극미가 곧 지분이며, 그것도 취합체에 있는 것이지 극미가 다른 극미에 존재하는 것이 아니다. 그러므로 극미는 지분을 가진 것이 아니다.**270**

아쌍가 논사는 극미와 취합체 둘 다 방향을 갖기 때문에 유방분이며, 취합 미진에 지분이 되는 극미가 존재하기 때문에 취합 미진은 지분을 가진 것이지만, 극미는 취합 미진의 지분이기 때문에 지분이지 지

---

269 데게, 논소, 유식, shi, 7b; 교정본 No.77, p.20면. (T.31.1590.76a.17) 티베트 대장경에서는 『유식이십론』과 『유식이십론자주』를 구분하지만, 한역에서는 이 둘을 함께 묶어 『유식이십론』이라고 한다. (역자주)

270 데게, 논소, 유식, tshi, 제3품 26b; 교정본 No.72, p.732. 티베트역과 한역이 약간 상이하다. (T.30.1579.290a.20)

분을 가진 것은 아니라고 하였다.

유가행중관학파의 논사인 쌴따락쒸따(Śāntarakṣita, 寂護)와 그 제자의 논서에서 무방분의 극미를 부정하는 방식은 다음과 같다. 『중관장엄론자주中觀莊嚴論自注』에서 다음과 같이 설한다.

> 까나다(Kaṇāda)[271]의 추종자들이 말하길, 접촉하고 집합함으로써 목적을 이룬다고 한다. 혹은 말하길, 서로의 힘으로 붙잡고, 서로 접촉하지 않는 성질이며, 간격이 있고, 둘러싸여 있다고 한다.
>
> 어떤 이가 말하길, 다른 방향에서 다수가 어떤 것을 완전히 둘러싸는 것을 말할 뿐이며, 그 극미는 부분을 가진 본질이 아니라고 한다.
>
> 혹은 많은 이들은 간격이 없다고 하며 말하길, 극미들은 접촉하지 않는데 간격이 없기 때문에 접촉한다고 생각하는 것이라 하였다. 이와 같이 안립한 모든 논술들은 단지 분별한 것일 뿐 타당하지 않다.
>
> 만약 모든 면에서 붙는다면 질들이 뒤섞이게 될 것인데, 한쪽에서 극미와 붙으면 다른 쪽과도 붙게 되기 때문이다.
>
> 만약 한쪽 면으로 붙는다면 부분을 가진 것이 될 것인데,

---

271 바이쎄쒸카 학파의 창시자 (역자주)

다른 면들이 다른 극미와도 붙을 것이기 때문이다.

또한 간격이 있다는 것도, 그 간격에 빛과 어둠의 입자들이 존재할 기회가 생기게 된다. 간극은 밝음과 어둠 자체이기 때문에 그 입자들과 붙게 될 것이다.

간격이 없다는 것도 붙는다는 것과 다르지 않다. 간격이 없다는 것은 사이에 틈이 없다는 것이기 때문이다. '접촉한다'는 것과 '붙는다'는 것은 그 의미가 다르지 않은데, 이미 대마차大馬車**272**들에 의해 대도大道가 개척되었다.**273**

혹자는 무방분 입자들이 간격이 없다고 주장하고, 혹자는 하나를 여럿이 둘러싸고 있으며 간격이 있다고 주장한다. 또 혹자는 접촉하지는 않지만 간격이 없기 때문에 접촉하는 것처럼 보일 뿐이라 하였다. 이 모든 주장은 그저 증익增益**274**일 따름이다. 간격이 없다고 주장하는 자들은 접촉하지 않는다고 말하지만 간격이 없으면 접촉해야만 한다. 그리하여 만약 모든 면에서 접촉한다고 하면, 뒤섞여서 분리할 수 없게 될 것이고, 한 면은 접촉하고 다른 면은 접촉하지 않는다고

---

272 일반적으로 대승학파의 대마차는 두 분이다. 중관학의 개척자 나가르주나 논사와 아쌍가 논사이다. 그러나 각 학파의 개척자들도 그 학파의 대마차라고 칭한다. 예를 들면 바비베까 논사는 자립논증학파의 대마차이고, 쌴따락쉬따 논사는 유가행자립논증학파의 대마차이며, 다르마끼르띠 논사는 귀류논증학파의 대마차이다.

273 『Madhyamakālaṃkāravṛtti』. 데게판, 논소, 중관, sa, 59a; 교정본 No. 62, p.912.

274 없지만 '있다'고 인식하거나, 아니지만 '~이다'라고 인식함(역자주)

제3장 유색을 형성하는 극미의 체계

한다면, 유분으로 인정해야 할 것이다. 그리고 간격이 있다고 주장하더라도, 그 간격에 밤에는 어둠의 입자가 낮에는 빛의 입자가자가 들어가게 된다고 논파하였다. 쏸따락쒸따 논사는 이와 같은 방식으로 무방분의 극미를 부정함으로써 결국 극미라는 것은 동쪽과 남쪽 등의 방분이 있어야 하기 때문에 유방분으로 정립된다고 분명하게 설하였다.

마찬가지로 까말라�씰라 논사는 『성무자성론成無自性論』에서 다음과 같이 설하였다.

> 이처럼 극미들은 유색이기 때문에 반드시 여러 방분方
> 分을 인정해야 한다. 그렇지 않으면 동쪽, 북쪽 등의 여
> 러 방분이 있을 수 없으므로 산 등은 쌓인 것이 될 수
> 없다.275

중관학의 아리야데바 논사는 그의 저서 『사백론』에서 무방분의 극미를 다음과 같은 논리로 부정하였다. 극미가 접촉하여 지분을 가진 질質이 형성된다면 극미의 모든 부분이 접촉한다면 크기가 커질 수 없게 되고, 일부분은 접촉하고 일부분은 접촉하지 않는다고 하면 접촉하는 부분은 원인이 되고, 접촉하지 않는 부분은 원인이 되지 않는다. 따라서 극미는 유방분이어야 한다.

---

275 Sarvadharmāsvabhāvasiddhi』. 데게, 논소, 중관, sa, 288b; 교정본 No.62, p.1516.

불교 과학 철학 총서1 물질세계

이처럼 극미는 자신이 여러 지분을 가진 것이 되기 때문에 항상하다고 주장하는 것은 타당하지 않다. 또한 극미에 방향이 없다고 하면 그것의 사방에 극미가 존재할 수 없다는 오류가 생기게 되고 방향이 있다고 하면 어떤 극미에 동쪽 등의 방향이 있을 때, 동쪽을 향하는 방분도 있어야 하기 때문에 무방분의 극미를 주장하는 것은 타당하지 않다. 게다가 극미가 무방분이라면 그것들은 한 위치에서 다른 곳으로 이동하지 못하기 때문에 다른 극미와 결합할 수 없게 되고, 지분을 가진 질質을 결코 형성하지 못하게 된다. 길을 가는 이는 앞쪽에 취하는 곳과 뒤쪽에 떠나오는 곳 즉 두 방분을 가지는데, 무방분의 입자는 그와 같이 취사取捨의 두 방분을 확립할 수 없다. 이처럼 다양한 논리로써 무방분의 극미를 부정하였다. 『사백론』에서 다음과 같이 설한다.

> 어떤 부분은 원인이고
> 어떤 부분은 원인이 아니기에
> 이것은 다양한 것이 될 것이니
> 다양한 것은 항상한 것으로 타당하지 않다.

> 원인의 둥근 형태는
> 결과에 존재하지 않는다.
> 그러므로 모든 면이 붙는 것은
> 극미로서는 타당하지 않다.

> 한 극미의 위치를

다른 미진의 위치라고 주장할 수 없다.

그러므로 원인과 결과 둘의

크기가 같다고 주장하지 않는다.

어떤 것에 동쪽의 방향이 있으면

거기에 동쪽의 부분도 있다.

어떤 입자에 방향이 있다면

그로 인해 그 입자는 극미가 아니라고 한다.

앞으로는 취하고

뒤로는 버린다고 하면

이 둘이 어디에도 존재하지 않는

그것은 행인조차도 아니게 된다.**276**

이에 대해 짠드라끼르띠 논사는 『사백론석』에서 다음과 같이 해석하였다.

극미가 모든 면에서 결합하지 않을 때, 그것의 일부인

다른 극미와 결합하는 부분은 원인이고, 결합하지 않는

---

276 데게, 논소, 중관, tsha, 제9품, 10b:12-16; 교정본 No.57, p.803. 본 논서의 한역에 대응하는 현장역 『대승광백론석론大乘廣百論釋論』에는 위의 내용에 대응하는 게송이 없다.
(역자주)

부분은 원인이 아니다. 이처럼 어떤 쪽은 원인이고 어떤 쪽은 원인이 아닌 그것은 본질이 여럿이기 때문에 다양한 것이다. 따라서 그림처럼 항상하지 않음을 설하기 위해 "다양한 것은 항상한 것으로 타당하지 않다."고 말한다.

극미는 부분이 없기 때문에 방분으로 결합하지 않을 뿐이고, 모든 면에서 결합한다고 생각하여, 서로 접촉하는 성질을 가지고 방분을 가지지 않는다고 한다면, 그에 대한 답으로 "원인의 둥근 형태는 결과에 존재하지 않는다. 그러므로 모든 면에서 붙는 것은 극미로서는 타당하지 않다."고 한다.

원인이며, 원형이고, 방분이 없는 것이 극미의 질의 정의라고 하여, 만약 극미가 모든 면에서 다른 극미와 결합하고 한 방향으로 결합하는 것이 아니라고 한다면, 원인인 극미가 가진 둥근 형태는 결과인 두 번째 미진 등에도 성립되어야 한다. 그렇다면 지분支分을 가지는 모든 것은 극미정도가 될 뿐이므로 근식의 대상에서 벗어나게 되는데, 그것들은 극미정도인 것이 아니다. 따라서 극미들이 모든 면에서 결합하는 것은 타당하지 않다. 나아가 다른 극미들과 모든 면에서 결합하지 않는데 "한 극미의 위치를 다른 극미의 위치라고 주장할 수 없다. 그러므로 원인과 결과 둘의 크기가 같다고 주장하지 않는다."

따라서 그처럼 다른 극미와 모든 면에서 결합하지 않기

때문에 지분을 가진 질들은 근의 대상에서 벗어나지 않게 되지만 극미가 방분을 가진다는 점에는 흔들림이 없다. 방분을 가졌기 때문에 이것은 또한 다양한 것이다. 그러므로 항상하지 않다는 것이 성립된다. 여기서, (반론자가) 결과의 질이 형성될 때 그와 같은 허물이 생기지만 결과를 형성하기 전의 시점에 극미는 부분이 없기 때문에 위에서 말한 허물이 생기는 과실은 없다고 말한다. 그러나 그때도 동쪽 등의 방분으로 나눌 수 있다. 그때 확실하게, "어떤 것에 동쪽의 방향이 있다면, 거기에 동쪽의 부분도 있다."고 한다. 그렇다면, (반론자가) 방향을 가지기 때문에, 항아리 등과 같이 극미가 되지 않는다고 하여, "어떤 입자에 방향이 있다면, 그로 인해 그 입자는 극미가 아니라고 한다."

만약 극미가 부분을 갖지 않는다면 행行이 없기 때문에 다른 극미와 결합하지 않을 것이며, 지분을 가진 질을 형성할 수 없다. 이처럼 행할 때 몸을 가진 것이기에 "앞으로는 취하고 뒤로는 버린다고 하면, 이 둘이 어디에도 존재하지 않는 그것은 '행인'조차도 아니게 된다."[277]

지금까지 살펴본 바와 같이 상하부 아비달마와 중관학의 논서에서,

---

277 데게판, 논소, 중관, ya, 제9품, 152b; 교정본 No.60, p.1294.

'거친 색들의 기본적 구성요소가 되는 극미에 방분이 존재하는지의 여부'와 '극미가 쌓여 구성된 색들이 외경으로 성립하는지의 여부'에 대해서는 이견을 보이지만, 그 외 거칠고 미세한 색에 대한 일반적 설명에 있어서는 큰 차이가 없다. 외경실재론자인 비바사사와 경량부가 '색의 최소 단위인 무방분의 입자'라고 주장하는 그것도 중관학파와 유식학파 입장에서는 유방분이다. 두 학파는 유대有對의 색인 이상, 반드시 부분을 가진다고 주장하며, 또한 유방분 입자들의 부분과 그 부분의 부분이라고 수 겁 동안 분석하더라도 궁극적 원인 혹은 무방분이라고 내세울 수 있는 입자는 찾을 수 없기 때문에, 그 입자는 유분의 성질에서 벗어나지 못한다. 이렇게 부분으로 분할하는 것도 의식으로 분석한 것일 뿐이며 물질을 물리적으로 직접 분할하지 않았다는 점도 반드시 알아야 한다.

요약하면 중관과 유식의 지자들에 의하면 극미라는 것은 아무리 분할해도 끝이 없고, 거친 색을 식으로 나눌 수 있을 때까지 부분으로 나누어 식에 현현하는 극소極小의 색이다. 그것은 형태가 있으며, 제 위치에 다른 극미가 들어오는 것을 방해하기 때문에 유대有對이며, 독립적으로 있지 않고 적어도 사대의 진질塵質이 모인 본질이며, 방분을 가지고 있으며, 미취의 부분이기 때문에 지분이지만, 지분을 가진 것은 아니다. 그리고 소조색에 속한 법처색으로 인정한다.

그처럼 중관학파와 유식학파의 교의자들은 무방분입자를 인정하지 않는다는 점에서는 비슷하지만, 인정하지 않는 궁극적 이유는 다르다. 유식학파는 극미라고 하는 것은 처음부터 외경外境으로 성립하여 존재하는 것이 아니라, 식에 현현顯現한 것을 식으로 분할한 미세한 입자 상태라고 주장한다. 이러한 입자가 많이 모여서 형성된 거친 유색들도 그저 심식의 현현일 뿐 외경外境으로는 성립되지 않는다고 하였다.

이 주장은 유가행중관학파의 논사들인 쌴따락쒸따와 그 제자의 주장과도 유사하다. 짠드라끼르띠 논사를 비롯한 귀류논증학파의 대논사들은 극미와 거친 색 등 어떤 법이라도 제 부분과 명명命名의 토대[施設處]에 의지해서 '이것이다', '저것이다'라고 식이 가립한 것일 뿐, 그 외에 '이 법' 또는 '저 법'이라고 대상의 측면에서 성립하거나 명명대상 가운데 찾아서 발견되는 것이 없다고 주장한다. 따라서 이 논사들이 '무방분의 극미'와 '무찰나분의 식識' 등 무분의 체계를 전혀 인정하지 않는다는 것은 그들의 저서에서도 확연히 드러난다.

그에 반해, 외도인 바이쎼쒸까 학파와 니야야 학파, 내도인 외경 실재론자들(비바사사와 경부)이 유색의 궁극적 구성 요소인 무방분의 극미를 주장하는 방식은 다음과 같다. 외경의 법들이 존재하는 것은 바른 경험을 통해 성립되고, 그것의 존재 방식을 논리적으로 분석했을 때 거친 법들은 자체를 구성하는 미세한 부분이 쌓임으로써 형성되어야 한다. 그리고 거친 단계에서부터 부분을 분리해서 점차 미세한 단계를 거치면서 결국 부분으로 더 이상 나눌 수 없는, 궁극적 어떤 물질을 안립해야 한다. 그런한 궁극적인 법이 없다면 미세한 것이 쌓여서 거친 것을 이룬다는 해석은 할 수 없다고 주장한다. 이 같은 관점의 바탕에는 작용할 수 있는 어떤 법이든 그것의 명명대상을 찾을 경우 어떤 실체가 발견될 수 있다고 인정하는 교의가 깔려 있다. 그러나 이 교의는 '제법의 무자성의 실상을 알지 못함에서 비롯된 것이다'라며 나가르주나(Nāgārjuna, 龍樹) 논사와 그의 제자, 그리고 특히 대덕 짠드라끼르띠 논사와 쌴띠데바(Śāntideva, 寂天) 논사 등 귀류논증 중관학파로 알려진 논사들에 의해 부정당했다.

중관논사들의 관점에서는 내외의 어떤 법이든 존재 방식은 명칭에 의거해서 안립할 수 있지만, 승의적인 면에서는 하나와 여럿, 부분과 유분, 지분과 지분을 가진 것 등의 체계를 절대 안립할 수 없기 때문에 무방분의 극미의 본성과 특성 등 어떤 것도 인정할 수 없다고 주장한다. 또한 명칭의 측면에서는 다른 이가 무방분이라고 주장하는 가장 미세한 극미도 연기이고 모든 면에서 오직 다른 것과 관계하는 것이므로 독립적인 것으로서 실제로 존재하는 사물은 실로 없을 뿐만 아니라 인식으로도 세울 수 없기 때문에 어떤 법이든지 연기의 본질에서 벗어나지 않는다고 한다.

제
4
장

시時의 체계

1
시의 본질

시時**278**는 앞서 언급한 불상응행 중에서 반드시 알아야 할 중요한 주제이기 때문에 이 징에서 해설하고자 한다. 인도 사상가들은 제법의 체계를 확립할 때 시의 본질을 확립하는 것을 매우 중시하였으나, 시의 본질이 무엇인지에 대해서는 견해를 각기 달리하였다. 예를 들면, 외도인 바이쎄쒸까 학파는 소지를 육구의六句義로 분류하고, 이 중 실체를 편재하는 실체와 편재하지 않는 실체, 둘로 나눈다. 시·자아·방향·허공은 그 중 편재하는 실체이며, 불생不生이자 항상한 실체라고 주장한다. 또한 다음과 같이 말한다.

> 시時는 능조能造를 성숙시킨다.
> 시는 유정有情을 섭수한다.
> 시는 잠에서 깨어나게 한다.
> 시에서 벗어나는 것은 극히 어렵다.**279**

그래서 '시'라는 것은 시가 적용되는 사물들과 본질이 별개이며, 모든

---

278 시에 대한 논술은 앞에서 설명한 불상응행의 내용에서 이어진다.

279 여기서 나오는 바이쎄쒸까 학파의 주장은 까말라씰라(Kamalaśīla, 蓮華戒)의 『진실섭송난어석眞實攝頌難語釋』에서 인용한 내용을 근거로 설명한 것이다. 『Tattvasaṃgraha-pañjikā』. 데게, 논소, 인명, ze, 제6품, 192a; 교정본 No.107, p.501.

작용의 행위자이자, 항상한 실체이고, 찰나, 초, 분, 밤낮 등에 의해 드러나거나 구현된다고 주장한다.

인도의 불교학자 가운데 비바사사는 삼세三世가 유위의 본성을 가지므로 항상한 법이 아니며, 시는 시가 적용되는 사물과는 별개의 질質이라고 주장한다. 또한 모든 유위법에는 생·주·멸 세 가지가 있기 때문에 삼세가 존재하고, 삼세가 존재하는 모든 사물은 실질로 성립한다고[實有] 말한다.

어떻게 실유라고 하는가? 비바사사는 어떤 법이든 그 자체의 개별적 본질이 별도로 존재한다고 주장한다. 이는 모든 법이 다른 법의 부분에 시설될 뿐이라는 것을 정립하지 못하기 때문이며, 그렇기에 일체법이 실유라고 주장하는 것이다. 특히 삼세는 다른 법의 부분에 시설된 것이 아니라 자체의 본성이 별도로 존재하며, 나아가 싹과 같은 각각의 사물에도 삼세가 있어 싹 미래와 싹 과거의 시점에도 싹이 존재한다고 주장한다. 그러므로 삼세가 실유라고 하는 것이다. 이렇듯 이들이 삼세를 실유라고 주장하기 때문에 '비바사사(Vaibhāṣika, 毘婆沙師)'라고 칭한다. 이 명칭은 이 논사들이 삼세를 그것의 건립 토대가 되는 실유 사물의 개체라고 주장함을 의미하는데, 예를 들면 싹에는 싹인 삼세가 존재하여, 싹은 보편이고 싹인 삼세는 싹의 개체라고 하는 것과 같다.

항아리를 일례로 들면, 항아리가 과거와 미래에 존재하는 방식, 그리고 과거 항아리와 미래 항아리를 항아리로 주장하는 방식은 다음과 같다. 누군가가 항아리를 보려고 할 때 그의 마음속 안근과 그 대상인 항아리 둘은 모두 형성되는 중이므로 미래이고, 항아리를 보고 있을 때 그의 마음속 안근과 그 대상인 항아리 둘은 현재이며, 항아리를 보고 난 직후 그의 마음속 안근과 그 대상인 항아리는 과거이다. 그렇기 때문에 항아리가 항아리의 과거와 항아리의 미래 시점에서도 존재한다고 주장하는 것이며, 이는 오늘의 항아리가 어제 존재했었고 내일도 존재할 것이라 주장하는 것이 아니다. 또한 과거의 항아리는 항아리로 '존재했던 것'이고, 미래의 항아리는 항아리로 '존재할 것'이며, 이 둘 모두 현재의 항아리와 동일한 종류이기 때문에 항아리라고 주장한다. 비유하자면, 숲속의 일부 나무들은 아직 땔감이 되지는 않았지만 땔감과 동일한 종류이기 때문에 '땔감'이라고 부르는 것과 같으며, 젖소의 몸속에 있는 우유가 젖에서 짜낸 우유와 동일한 종류이기 때문에 '우유'라고 부르는 것과 같다. 이를 『구사자석』에서 다음과 같이 설한다.

> 과거와 미래의 사물은 실유인가, 실유가 아닌가? 만일 실유라고 한다면 모든 시에 존재하기 때문에 유위법은 항상하게 될 것이다. 그러나 만일 실유가 아니라고 한다면, 어떻게 이로서 가지거나 벗어나는 것인가? 비바사사는 유위법이 유위의 본성을 가지기 때문에 항상한 것이라 주장하지 않는다. 시가 모든 세에 존재함을 확고하게 주장한다. 어찌하여 그러한가? 말하길, '설하였기 때문이다.' 세존께서 "비구들이여, 만일 과거의 색이 존재하는 것이 아니라면 다문多聞의 성문(Śrāvaka) 성자가 과거의 색을 보지 않는 것이 아니게 될 것이니, 과거의 색이 존재하기 때문에 다문의 성문 성자가 과거의 색을 보지 않

는 것이다. 만일 미래의 색이 존재하지 않는 것이라고 한다면 다문의 성문 성자가 미래의 색을 좋아하지 않는 것이 아니게 될 것이니, 미래의 색이 존재하기 때문에…." 라고 자세하게 설하였다. 또한 말하길, '둘이기 때문이다.' 의식은 둘에 의존하여 생겨나니, 그 둘은 무엇인가? 안眼과 색色 내지 의意와 법法이다. 과거와 미래가 존재하지 않는다고 한다면, 이를 인식하는 식은 둘에 의존하는 것이 아니게 된다. 이상은 과거와 미래가 존재한다고 설하는 경의 근거이다. 또한 논리적으로도, '대상이 존재하기 때문이다.' 대상이 존재하면 의식이 생겨나며, 존재하지 않으면 의식이 생겨나지 않는다. 만일 과거와 미래가 존재하지 않는다면 소연경이 없어지게 될 것이다. 그러므로 소연경이 없기 때문에 의식 또한 존재하지 않게 될 것이다. '결과이기 때문이다.' 만일 과거가 존재하지 않는다면 내생에 선과 악 두 업의 결과는 어떻게 생기는 것인가? 결과가 발생할 때 현재 이숙과의 원인이 존재하지 않는다. 그러므로 비바사사는 과거와 미래가 반드시 존재한다고 말한다. 설일체유부라면 반드시 이것을 인정해야 함이 알려져 있으니, 이와 같다. "이를 실유로 인정하기 때문에 '일체一切가 존재[有]함을 말하는 자'라고 한다네." 만일 어떤 이가 과거, 미래, 현재가 모두 존재한다고 말한다면 설일체유부이며, 만일 어떤 이가 현재와 결과가 발생하지 않은 업 과거의 일부는 존재하고, 미래

와 결과가 이미 발생한 과거의 일부는 존재하지 않는다
고 구별分別하여 말한다면 분별설부分別說部이다.**280**

이처럼 위 논서에서는 해당 논리까지 분명하게 밝히고 있다.

그러므로 '과거와 미래가 실유라고 한다면 유위법은 항상하게 될
것이다'라는 반론에 대해 다음과 같이 답한다. 유위법은 네 가지 특성
(四相 : 생·주·이·멸)을 가지기 때문에 항상임을 인정할 수 없다. 또한 시
는 항상한 법이 아니며, 과거와 미래를 인식하는 현재 식에는 대상이
존재하고, 의식은 대상과 근 둘로 인해 생기며, 과거업의 결과인 현재
의 이숙이 존재한다. 이와 같이 설일체유부의 일곱 부파 중 분별설부
를 제외한 나머지 학파들은 과거와 미래가 실유라고 주장한다. 분별
설부는 현재와 결과가 생기지 않은 과거는 실유이고, 미래와 결과가
이미 발생한 과거는 실유가 아니라고 구별하여 말한다.

『구사론』의 주석인 『상수순相隨順』에서도 다음과 같이 설한다.

삼세에 '일체'라는 말을 반드시 적용하기 때문에, '일체'
라는 말이 삼세를 표현한다. 생기지 않은 결과가 존재한
다고 하는 다른 부파는 분별설부이다. 경량부는 오직 현
재만이 존재한다고 말한다.**281**

---

280 데게, 논소, 아비달마, ku, 제5품, 239a; 교정본 No.79, p.586. (T.29.1559.257b.29)

281 『Abhidharmakośaṭīkā-lakṣaṇānusāriṇī』. 데게, 논소, 아비달마,chu, 제5품, 112b; 교정
본 No.81, p.1199. 이 문장은 데게, 나르탕판, 베이징판 등 판본마다 차이가 있는데, 본서

2
의존하여 성립하는 시와
가유의 법으로 성립하는 시

일반적으로 '시'라는 것은 색과 식의 어떤 부분에 시설된 존재이며, 모든 유위법에 충족된 변화의 본성을 가진 불상응행법이다. 다시 말해 유위법의 세 가지 상태 즉, 아직 생겨나지 않은 상태, 생겨나서 멸하지 않은 상태, 생겨나서 멸한 상태에 시설하여 안립할 뿐이며, 그 밖에 실유의 독립된 사물로 안립하지 않는다. 이렇듯 상태를 일컬어 '시'라고 하는 것은 시를 가진 인과의 법이 왔었고, 오고 있고, 올 예정이거나, 혹은 무상이므로 소멸되기 때문에 이와 같이 시설하는 것이다. 『대승아비달마집론』에서 다음과 같이 설한다.

> 시는 무엇인가? 인과가 끊임없이 일어남에 시라고 지칭한다.**282**

또한 마이뜨레야(Maitreya, 彌勒) 논사는 『변중변론송辯中邊論頌』에서 다음과 같이 설하였다.

에서는 주로 나르탕과 베이징 두 가지 판본에 근거하였다.

282 데게, 논소, 유식, ri, 제1품, 53a; 교정본 No.76, p.136. (T.31,1605,665c,27)

결과와 원인이 이미 소비된 것과, 그처럼 소비되지 않은 것과 그 외에 다른 것이다.**283**

바쑤반두 논사는 『변중변론술기辯中邊論述記』에서 이와 같이 설한다.

'다른 것'은 무엇인가? 삼세이다. 다양하게 적용된다. 과와 인이 소비되었기 때문에 과거의 시이다. 과와 인이 소비되지 않았기 때문에 미래의 시이다. 인이 소비되고 과가 소비되지 않았기 때문에 현재의 시임을 알아야 한다.**284**

이와 같이 과거, 미래, 현재의 삼세는 차례대로 인과에 속한 유위법들이 이미 생겨난 것, 생겨날 것, 그리고 그 외에 다른 것 즉, 생기고 있는 것, 이 셋에 건립됨을 분명하게 설하고 있다.

나가르주나 논사와 그를 따르는 제자들은 '시時'라는 것을 전적으로 의존하여 성립하는 법이라 주장하며, '시'가 시를 가지는 법에 의존하지 않는 독립된 존재임을 인정하지 않는다. 그렇다 하더라도 세간의 언어적 관점에서 그리고 개별적 상황과 관련하여 공통된 시를 설정할 수 있다. 예를 들어 년, 월, 일, 시, 분, 초 등은 시를 가진 수

---

283 데게, 논소, 유식, phi, 제3품, 42b; 교정본 No.70, p.908. (T.31.1601.479a.11)

284 데게, 논소, 유식, bi, 제3품, 14b:20; 교정본 No.71, p.35. (T.44.1835.20c.2)

많은 사물의 축적을 바탕으로 건립된 것이며 년, 월, 일, 시, 분, 초 등은 시 그 자체의 측면에서 건립된 것이 아니다. 나가르주나 논사는 삼세三世가 각각 자성으로 존재하는 본성을 가진다면, 시가 서로 뒤엉킬 것이라고 설하였다.

『중론中論』에서 다음과 같이 설한다.

> 현재와 미래가 만일 과거에 의존한다면
> 현재와 미래는 과거에 존재하게 되네.**285**

만일 '현재'와 '미래'의 시가 자성으로 성립한다면, 이 두 시는 과거 시에 의존하는 것인가, 의존하지 않는 것인가? 만약 과거에 의존한다면, 이 둘은 과거 시점에 존재하게 될 것이다. 왜냐하면 자성으로 성립하는 법이라면 의존 대상[所依]과 의존하는 법[能依] 둘은 동시에 존재해야 하기 때문이다. 이 두 가지 시가 과거 시점에 존재한다고 하면 그것은 타당하지 않다. 현재로부터 이미 지나간 것은 '과거'이고, 현재에 아직 오지 않은 것은 '미래'라고 건립해야 하기 때문이다. 따라서 이 둘이 자성으로 존재하는 본성을 가진다면, 이 둘이 과거에 의존한다는 것은 이치에 맞지 않게 될 것이다. 만약 이 두 가지 시가 과거에 언설로라도 의존하지 않는다고 주장한다면, 이에 대해『중론』에서 다음과 같이 반박하였다.

---

285 데게, 논소, 중관, tsa, 제19품, 11a:1; 교정본 No.57, p.27. (T.30,1564,25c.6)

과거에 의존하지 않고 이 둘은 성립하지 않는다.
그러므로 현재와 미래 시 또한 존재하지 않을 것이다.**286**

만일 현재와 미래가 과거에 의존하지 않는다면 이 둘은 존재할 수 없다. 이와 같은 논리로써 과거와 미래 둘은 현재에 의존하여 성립하며, 과거와 현재 둘도 미래에 의존하여 성립된다. 그러므로 삼세는 매우 상호의존적인 법이라고 분명하게 설한 것이다. 이를 아리야데바 논사는 『사백론四百論』에서 다음과 같이 설한다.

미래의 항아리에 현재의 항아리가
존재하지 않으며 과거 [항아리] 역시 존재하지 않는다.
이 둘은 오지 않았기 때문이다.
그러므로 미래는 존재하지 않을 것이다.**287**

이에 대해 짠드라끼르띠 논사는 『사백론석四百論釋』에서 다음과 같이 설명한다.

삼세 이것들은 서로 의존함으로써 머문다. 둘, 둘에 의
존하지 않는 하나, 하나는 없기 때문이다. 과거와 현재

---

286 데게, 논소, 중관, tsa, 제19품, 11a:3; 교정본 No.57, p.27. (T.30,1564.26a,6)

287 데게, 논소, 중관, tsha, 제11품, 12a:1; 교정본 No.57, p.806. (T.30,1570,183b,12)

에 의존하지 않고서 미래의 시를 건립할 수 없다. 미래
는 아직 오지 않았기 때문에 미래이고, 오지 않은 본성
이기에, 그것이 오지 않은 시점은 반드시 과거와 현재
이어야 한다. 이것(과거와 현재)이 없다면 어느 시점에 오
지 않은 것으로서 이것(미래)이 미래로 어떻게 성립되겠
는가? 다른 두 가지 시의 체계도 이와 같이 알아야 한
다.288

---

288 『Catuḥśatakaṭīkā』. 데게, 논소, 중관, ya, 제11품, 171b: 교정본 No.60, p.1339.

3
삼세를 건립하는 방식

유위법은 각자의 원인과 조건에 의해 미래에서 현재로, 현재에서 과거의 본성으로 변하는 것이며, 이렇게 변한 각각의 상태를 차례대로 미래, 현재, 과거로 건립한다. 예를 들면, 나무의 경우 그것의 원인 시점에 생기지 않은 상태를 미래, 생겨서 아직 마르지 않은 상태를 현재, 나무가 말라서 본질이 소멸함을 과거라고 한다.

불교의 각 학파에서 삼세를 건립하는 방식은 다음과 같다.

비바사사의 전통에서 삼세를 건립하는 방식은 네 분 존자의 견해에 따라 조금씩 다르다는 것이 잘 알려져 있고, 이 중 바쑤미뜨라(Vasumitra, 世友) 존자의 주장이 일반적으로 가장 대표적인 것으로 여겨지고 있다. 그에 따르면 행위가 생기지 않은 것은 미래, 행위가 생겨나 소멸하지 않은 것은 현재, 행위가 소멸한 것은 과거로 건립된다. 예를 들면, 씨앗을 밭에 심어서 아직 싹이 생기지 않은 시점에 싹은 미래이고, 싹이 생겨서 소멸될 때까지 싹은 현재이며, 소멸했을 때 싹은 과거라고 건립한다. 또한 미래에서 현재로 변한 것이며, 현재에서 과거로 변한 것이라고 주장한다. 네 분 존자들의 서로 다른 주장은 『아비달마구사론』에서 다음과 같이 명시하고 있다.

네 종류의 학설이 있어, 사물[類], 양상[相]
상태[位], 관계[待]가 다른 것으로 변함이라고 한다.**289**

따라서 삼세에 대해 ① 사물[類, bhāva]이 다른 것으로 변함, ② 양상[相, lakṣaṇa]이 다른 것으로 변함, ③ 상태[位, avasthā]가 다른 것으로 변함, ④ 관계[待, apekṣā]가 다른 것으로 변함의 네 가지로 설명한다.

① '사물이 다른 것으로 변함'은 다르마뜨라따(Dharmatrāta, 法救) 존자의 주장이다. 그의 주장에 따르면 삼세는 식[能知]과 명칭을 붙이는[能詮] 차이에 따라 구별된다. 예를 들어 싹이 미래에서 현재로, 현재에서 과거로 들어갈 때 질質 자체는 변하지 않지만 사물이 다른 것으로 변한다. 이를 『구사자석』에서 다음과 같이 설명한다.

> 사물이 다른 것으로 변함을 말하는 자는 다르마뜨라따 존자이다. 그는 다음과 같이 말했다. "제법이 삼세에 들어갈 때 사물이 다른 것으로 변한 것이지 질이 다른 것으로 변한 것이 아니다. 마치 금 그릇을 깨뜨려 다른 물건을 만들 때 형태가 다른 것으로 변한 것이지 색깔이 다른 것으로 변한 것이 아닌 것과 같으며, 또한 우유가 변하여 발효유가 될 때 맛과 효능, 숙성 정도 등은 없어지더라도 색깔은 없어지지 않는 것과 같다. 이와 마찬가지로 제법이 미래 시로부터 현재의 시로 들어갈 때 미래의 사물만을 버린 것이지 질을 버린 것은 아니며, 마찬가지로 현재로부터 과거 시로 들어갈 때도 현재의 사물

---

289 데게, 논소, 아비달마, ku, 제5품, 16b:26; 교정본 No.79, p.38. (T.29.1560.319c.2)

을 버린 것이지 질의 존재를 버린 것은 아니다."**290**

② '양상이 다른 것으로 변함'은 고쌰까(Ghoṣaka, 妙音) 존자의 주장이다. 그의 주장에 따르면 하나의 싹도 과거, 미래, 현재의 세 가지 양상을 가지고 있지만, 어떤 양상이 우세함으로써 과거 등으로 건립한다. 이를 『구사자석』에서 다음과 같이 설명한다.

> 양상이 다른 것으로 변함을 말하는 자는 고쌰까 존자이다. 그는 다음과 같이 말했다. "제법이 삼세에 들어갈 때 과거는 과거의 양상을 가지며, 미래와 현재의 양상을 가지지 않는 것이 아니다. 미래는 미래의 양상을 가지며, 과거와 현재들을 가지지 않는 것이 아니다. 그와 같이 현재 또한 과거와 미래들을 가지지 않는 것이 아니다. 예를 들면 어떤 이가 한 명의 여성을 좋아할 때 다른 여성에 대한 애착을 여의지 않은 것과 같다."**291**

③ '작용하는 상태가 다른 것으로 변함'은 바쑤미뜨라 존자의 주장이다. 그의 주장은 앞에서 간략히 설명한 바와 같이, 삼세는 상대적으로 우세한 상태에 따라 이름을 붙인다. 예를 들면 싹은 미래에서 현재로,

---

290 데게, 논소, 아비달마, ku, 제5품, 239b; 교정본 No.79, p.588. (T.29.1558.104c.2)

291 데게, 논소, 아비달마, ku, 제5품, 239b; 교정본 No.79, p.588. (T.29.1558.104c.8)

현재에서 과거로 들어갈 때 작용을 행하지 않은 상태를 미래, 작용을 행하여 소멸하지 않은 상태를 현재, 작용을 행해서 소멸한 상태를 과거라고 한다. 따라서 명칭만이 다른 것으로 바뀔 뿐이며, 자상의 본질이 다른 것으로 변한 것은 아니라고 주장한다. 이 또한 『구사자석』에서 다음과 같이 설한다.

> 상태가 다른 것으로 변함을 말하는 자는 바쑤미뜨라 존자이다. 그는 다음과 같이 말했다. "제법이 삼세에 작용할 때 어떤 상태로부터 어떤 상태에 이르면서 각기 다른 상태의 차별에 의해 다른 것과 다른 것이라고 설하며, 본질 자체에 차이가 있는 것이 아니다. 마치 주판 알292이 일의 위치에 놓이면 일로 불리고, 백의 위치에 놓이면 백으로 불리며, 천의 위치에 놓이면 천으로 불리는 것과 같다."293

④ '관계가 다른 것으로 변함'은 붓다데바(Buddhadeva, 覺天) 존자의 주장이다. 그의 주장에 따르면 삼세는 전, 후 두 가지에 의지하여 이름을 붙인다. 한 사물이 삼세에 들어갈 때 이전에 일어난 과거와 현재에 의지하여 미래라고 하고, 이후에 일어날 현재와 미래에 의지하여 과

---

292 한역에서는 산가지[籌]라고 번역하였다. 수를 계산하는 방식이라는 점에서 같은 맥락으로 보인다. 여기서는 티베트 원문 그대로 '알'이라고 번역하였다. (역자주)

293 데게, 논소, 아비달마, ku, 제5품, 240a; 교정본 No.79, p.588. (T.29.1558.104c.14)

거라고 하며, 이전에 일어난 것과 이후에 일어날 것에 의지하여 현재라고 한다. 이 또한 『구사자석』에서 다음과 같이 설한다.

> 관계가 다른 것으로 변함을 말하는 자는 붓다데바 존자이다. 그는 다음과 같이 말했다. "제법이 삼세에 들어갈 때 전후의 상호관계에 따라 다른 것과 다른 것이라고 한다. 마치 한 여인을 어머니라 부르고, 딸이라고 부르는 것과 같다." 이렇게 하여 넷은 설일체유부이다.**294**

비바사사는 시와 유위법이 동의라고 주장한다. 이를 『구사자석』에서 다음과 같이 설한다.

> "이것들은 시(adhvan, 時:世路)와 말의 토대(kathāvastu, 言依) 여읨을 가진 것(sanihsāra, 有離)과 원인을 가진 것(savastuka, 有事)이라고 한다."

> 이것들이란 유위법이다. 지나갔거나, 가고 있거나, 갈 것이기 때문에, 혹은 무상에 의해 탄식吞食되기 때문에 시이다.**295**

---

294 데게, 논소, 아비달마, ku, 제5품, 240a; 교정본 No.79, p.589. (T.29.1558.104c.17)

295 데게, 논소, 아비달마, ku, 제1품, 29a; 교정본 No.79, p.71. (T.29.1559.162c.11)

경량부와 유식학파, 자립논증학파 등이 삼세의 체계에 대해 주장하는 방식은 비슷하다. 그들은 과거와 미래는 반드시 항상이고 무차이며, 현재와 사물은 동의라고 주장한다. 예를 들면, 싹과 같은 하나의 사물이 소멸하였을 때 싹의 모든 본성이 소멸하고 다른 사물을 획득하지 못하는 상태를 싹 과거라고 한다. 이는 단지 부정 대상[所破]을 부정할 뿐이기 때문에, 사물이 아니다. 또한 싹 미래는 원인과 조건을 완벽하게 갖추지 못했기 때문에 잠시 생기지 못한 부분에 불과하며, 그 외에 다른 어떠한 사물도 그 사례로 세울 수 없기 때문에 사물이 아니라고 한다. 예를 들면, 『양평석』에서

비존재라고 함은 비사물이라고도 하는 것이다.**296**

라고 설한 것은 '괴멸'과 '과거'는 사물이 아니라고 가리키는 것과 같다.

과거와 과거의 시는 다르다. 과거는 항상이고 비사물이지만, 과거의 시는 시이기 때문에 사물이며 불상응행이다. 미래와 미래의 시도 이와 같다. 항아리를 예로 들어 설명하면, 항아리의 과거는 보통 과거이지만 항아리의 측면에서는 미래이며, 항아리의 미래는 미래이지만 항아리의 측면에서는 과거이다. 그리고 항아리는 현재이지만 현재의 시가 아니다. 이러한 차이점들을 구별해야 한다.

이 학파들에 따르면 '자신의 부정 대상인 사물이 소멸한 부분'이

---

296 『Pramāṇavārttika』. 데게, 논소, 인명, ce, 자의품自義品, 105a:281; 교정본 No.97, p.494.

과거의 정의이다. 과거, 소멸, 괴멸은 동의이다. 예를 들면, '나무의 소멸'과 '항아리의 과거 시점에 항아리가 없음'이다. '생겨나서 소멸하지 않은 것'이 현재의 정의다. 현재, 사물, 유위는 동의이다. 예를 들면, 항아리와 기둥 등이다. '어떤 사물이 생기는 원인이 있지만 조건을 모두 갖추지 않았기 때문에 잠시 생기지 않은 부분'이 미래의 정의이다. 예를 들면, 겨울철의 밭에 싹이 생기지 않은 것, 항아리의 원인 시점에 항아리가 생기지 않은 것과 같다.

싹을 사례로 들어 설명하면, 싹이 소멸한 시간은 싹의 과거 시이며, 겨울철 동쪽 밭과 같은 특정 장소와 시기에 원인과 조건이 완전히 갖춰지지 않음으로써 그 장소와 그 시기에 싹이 잠시 생기지 않는 시간은 싹의 미래 시이다. 싹이 존재하는 시간은 싹의 현재 시이다. 그러므로 그 법의 과거와 미래의 두 가지 시는 그 법의 현재 시에 의존하여 건립한다.

이를 『대승아비달마집론』에서 다음과 같이 설한다.

어떻게 과거인가? 과거는 몇 개인가? 왜 과거라고 하는가? 생겨나 소멸한 자상이며, 원인과 결과가 작용하였으며….
어떻게 미래인가? 미래는 몇 개인가? 왜 미래라고 하는가? 원인이 있지만 생겨나지 않은 것이며, 아직 자상을 얻지 못한 것이며, 원인과 결과가 작용하지 않은 것….
어떻게 현재인가? 현재는 몇 개인가? 왜 현재라고 하는가? 생겨나 소멸하지 않은 자상이며, 원인이 작용했고 귀류논증학파는 과거, 미래, 현재의 삼세 모두 사물이며, 과거와 미래 둘은 무차가 아니라 오히려 비차의 법이라고 주장한다는 점에서 경량부, 유식학파, 자립논증학파와 다르다. 또한 삼세를 사물로 인정하지만, 싹 미래와 싹 과거 시점에 싹이 존재함을 인정하지 않기 때문에 비바사사와도 관점이 다르다.

　이 학파의 주장에 따르면, 과거의 정의는 '어떤 사물이 소멸한 부분'이며, 싹의 소멸이 그 사례이다. 미래의 정의는 '어떤 사물이 자신을 발생시키는 원인은 있지만 조건을 완전히 갖추지 않았기 때문에 생기지 않은 부분'이며, 싹의 원인 시점에 싹이 생기지 않은 것이 그 사례이다. 현재의 정의는 '어떤 사물이 소멸한 부분도 아니고, 오지 않은 부분도 아닌, 생겨나 소멸하지 않은 것'이며, 싹이 그 사례이다.

　싹에 비유하면, 싹 자체는 현재이고, 싹의 소멸은 과거이며, 싹의 원인은 있지만 어떤 경우에 원인과 조건이 완전히 갖춰지지 않아서 싹이 생기지 않은 것은 미래라고 건립한다.

　따라서 어떤 사물이 소멸한 측면에서 과거, 어떤 사물이 생기는 원인은 있지만 조건을 갖추지 못한 측면에서 미래라고 한다. 현재는 어떤 사물이 소멸하거나 생기지 않은 측면에서 건립할 필요 없이, 사물 자체가 생겨나 소멸하지 않은 것에 건립한다. 그렇기 때문에 삼세

---

297 데게, 논소, 유식, ri, 제1 집품集品, 60b; 교정본 No.76, p.155. (T.31,1605,669a,7)

중 현재가 주主이며, 나머지 둘은 부차적인 것으로 본다. 예를 들면, 싹 미래와 싹 현재, 싹 과거라고 삼세를 건립하는 토대는 오로지 싹이다. 싹이 오지 않았다고 할 때(미래) 오지 않은 시점은 싹 현재의 시이고, 싹이 지나갔다고 할 때(과거) 지나간 시점 또한 싹 현재의 시이다. 그렇기에 싹 현재가 싹의 삼세 중 주가 되는 것이다.

이를 『선비보살청문경善臂菩薩請問經』에서 다음과 같이 설한다.

> 삼세를 잘 알아야 한다. 세 가지는 무엇인가? 과거의 시와 미래의 시, 현재의 시이다. 이것들을 삼세라고 한다. 어떤 행이 소멸한 것을 '과거의 시'라고 한다. 어떤 행이 오지 않고 생기지 않은 것은 '미래의 시'라고 한다. 어떤 행이 현재 생겨나 현존하는 것은 '현재의 시'라고 한다.[298]

『사백론석』에서도 다음과 같이 설한다.

> 미래는 현재의 시점에 지나가지 않은 것이다. 과거는 그것에서 지나간 것이다. 현재는 생겨나서 소멸하지 않은 것이다. 현재는 현존하기 때문에 주된 것이며, 거기에 오지 않은 것과 지나간 것으로서 미래와 과거로 건립한 두

---

298 데게, 불설, 보적, ca, 제2부部, 175b; 교정본 No.43, p.485. 『대보적경大寶積經』 「선비보살회善臂菩薩會」 (T.11.310.535b.13)

시는 주된 것이 아니다.**299**

귀류논증학파의 논서에서 괴멸이 사물임을 능립하는 방식에 대해서는, 『불교 과학 철학 총서』의 후속권에서 철학 체계를 다룰 때 보다 광범위하게 설명할 것이다.

요컨대 나가르주나 논사와 그의 제자의 주장에 따르면, 싹과 같은 하나의 유법은 그것의 상태에 따라 현재, 과거, 미래가 된다. 싹이 생겨나 소멸하지 않은 시점에 싹은 현재이며, 싹이 생기는 시점에 싹은 미래이며, 싹이 생겨나 소멸한 시점에 싹은 과거이다. 따라서 싹이 생기고 소멸되지 않은 시기는 현재의 시이며, 싹이 생기는 시기는 미래의 시이며, 싹이 생겨나 소멸된 시기는 과거의 시이다. 그러므로 토대가 되는 한 논제의 여러 상태의 측면에서 삼세를 건립한다.

즉, '과거, 미래, 현재'라는 것은 서로 의존해서 분별에 의해 가립되고, 세간에 알려진 바에 따라 확립되는 것이지, 그 외에 자상으로 성립되는 '삼세'는 없다. 또한 한 토대를 기준으로 년, 월, 일, 시, 분, 초 등을 계산할 때 '그 이전은 과거이고, 그 이후는 미래'라는 것을 배제하면 현재라는 것을 건립하기가 어렵다.

---

299 『Catuḥśatakaṭīkā』. 데게, 논소, 중관, ya, 제11품, 171b; 교정본 No.60, p.1338.

4

최단 시간에 관한 분석

일반적으로 불교경론에서는 찰나에 시변제찰나時邊際刹那와 성사찰나成事刹那, 두 가지가 있다고 설한다. 시변제찰나는 일반적으로 말하면 시간 중 가장 짧은 순간이다. 그 기간에 대해 불교학자들은 각기 다양한 방식으로 설명하였다. 바쑤반두 논사는 그의 저서인 『아비달마구사론』과 『구사자석』에서 색의 최소 단위는 무분극미이고, 명칭[名]의 최소 단위는 문자[字]이며, 시간의 최소 단위는 시변제찰나라고 설한다. 시변제찰나는 어떤 힘센 사람이 손가락을 한번 튕기는(彈指, finger snap) 시간의 65분의 1이라고 한다. 그리고 120시변제찰나는 1달찰나(怛刹那, takṣaṇa)라고 하고, 60달찰나는 1납박(臘縛, lava), 30납박은 1모호율다(牟呼栗多, muhūta: 須臾), 30모호율다는 1주야(晝夜), 30주야는 한 달(一月)이라고 하였다.

　　이를 『아비달마구사론』에서 다음과 같이 설한다.

　　　120찰나는
　　　1달찰나이며,
　　　그것의 60배는 1납박이다.
　　　모호율다, 주야, 달[月] 이 세 가지는
　　　차례대로 전자의 30배씩 증가한다.**300**

또한『구사자석』에서 다음과 같이 설한다.

> 색을 쪼개면 극미에 이른다. 시간의 극소는 찰나이다.
> 명칭의 극소는 문자이니, 이를테면 구(瞿, go)라는 말과
> 같다. 또, 무엇을 일컬어 한 찰나의 시간이라 하는가? 조
> 건이 모여 어떤 법이 그 자체의 본성을 획득하거나, 혹
> 은 운동하고 있는 어떤 법이 한 극미에서 다른 극미로
> 이동하는 데 걸리는 시간이다. 아비달마 논사들이 말하
> 기를, 어떤 힘센 사람이 손가락을 한 번 튕기는 동안에
> 만 65찰나가 소요된다고 하였다.**301**

다르마끼르띠 논사와 짠드라끼르띠 논사 또한 이와 같이 주장한다.
예를 들면,『양평석』에서 다음과 같이 설하였다.

> 한 작은 극미가 회전하는 시간을
> 시변제찰나로 인정한다.**302**

이렇듯 한 극미가 자리를 옮기거나, 위아래가 뒤바뀌는 기간을 시변

---

300 데게, 논소, 아비달마, ku, 제3품, 10a:88-89; 교정본 No.79, p.22. (T.29,1558,62b,13)

301 데게, 논소, 아비달마, ku, 제3품, 154b; 교정본 No.79, p.381. (T.29,1558,62a,18)

302 『Pramāṇavārttika』. 데게, 논소, 인명, ce, 현량품現量品, 137a:495; 교정본 No.97, p.570.

제찰나라고 하였다. 또한 『사백론석』에서는 다음과 같이 말한다.

> 찰나는 시간이 궁극적으로 쪼개진 것을 의미한다. 어떤
> 힘센 사람이 손가락을 튕기는 동안에만 65찰나가 지나
> 가며, 65의 하나가 찰나의 시간이다. 이 한 찰나는 의식
> 찰나이다.**303**

이처럼 짠드라끼르띠 논사는 성사찰나의 65분의 1이 '시변제찰나'라
고 설하였다.

　『현관장엄론석명구소現觀莊嚴論釋明句疏』에서 다음과 같이 설하
고 있다.

> 여기서 찰나의 의미를 어떻게 보아야 하는가? 어떤 이
> 는 손가락을 한 번 튕기는 순간에도 유위법의 신속한 찰
> 나가 셀 수 없이 멸한다고 교의에서 가르친다. 성문 성
> 자들은 그 순간에 368찰나가 지나간다고 주장한다.**304**

이와 같이 성문학파는 힘센 사람이 손가락을 튕기는 시간의 368분의
1이 시변제찰나라고 주장한다. 또 다른 논서에서는 고통의 온[苦蘊]

---

303 『Catuḥśatakaṭīkā』. 데게, 논소, 중관, 야, 제1품, 38a; 교정본 No.60, p.1025.
304 『Prasphuṭapadā』. 데게, 논소, 반야, nya, 제7품, 89a; 교정본 No.52, p.916.

이 마치 물거품이나 가파른 산의 폭포수처럼 한 찰나도 머물지 않고 지나가며, 손가락을 튕기는 동안에 365찰나가 지나감을 사유하여 믿을 만한 것이 조금도 없다는 상을 수습해야 한다고 말씀하였다. 이처럼 손가락을 한 번 튕기는 시간을 365등분하는 방식도 있다.

　대승학파에서는 (손가락을 튕기는 시간의) 365분의 1보다 더 짧은 시변제찰나가 없다고 주장하지 않는다. 예를 들면 『화엄경』에서 설하길, 가루다보다 더 빠른 마차의 바퀴가 한 번 도는 시간에 독사가 일곱 번을 돌 수 있다고 한다. 그리고 독사가 한 번 도는 찰나에 아난 존자가 열 개의 법을 설하여 그 뜻을 이해하게 하며, 그가 한 법을 설하는 찰나에 사리불 존자가 천 개의 법을 설하여 그 뜻을 이해하게 하며, 그가 한 법을 설하는 찰나에 목련 존자가 팔천만 세간계를 넘나들 수 있으며, 그가 한 세간을 넘나드는 찰나의 시간에 여래께서는 일체의 세간에서 12행을 행하면서 삼밀三密의 행위를 무량하게 보여주실 수 있음을 설하였다. 나가르주나 논사는 그의 『경집론經集論』에서 『화엄경』의 구절을 다음과 같이 인용하였다.

　　어떤 사람이 천 개의 살이 있는 바퀴가 달린 쇠 마차를 가지고 있는데, 가루다보다 힘세고 빠른 말이 … 독사가 그 마차를 한 번 도는 찰나에 아난 비구가 열 개의 법을 설하여 그 뜻까지 이해하게 한다. 아난 비구가 한 법을 설하는 찰나에 사리불 비구가 천 개의 법을 설하여 그 뜻까지 이해하게 한다. 사리불 비구가 한 법을 설하는 찰나에 목련 비구가 팔천만 세간계를

넘나든다.**305**

둘째, 성사찰나는 한 행위가 시작되어 완료될 때까지의 시간을 의미하며, 이에 대한 길고 짧은 다양한 기간이 있다. 예를 들면, 1일부터 30일까지의 기간은 한 달이고, 어떤 이가 손가락을 튕기는 시간은 아주짧은 순간인 것과 같다. 이에 대해 경론에서 설하는 방식도 다양하다.

『대방광보살장문수사리근본의궤경 大方廣菩薩藏文殊師利根本儀軌經』에서는 이를 다음과 같이 설한다.

> 눈을 열 번 깜빡이는 것을
> 단지 찰나라고 분별한다.**306**

이와 같이 눈을 열 번 깜빡이는 시간이 성사찰나라고 설하였다.

또한『금강공행 딴뜨라[金剛空行續]』에서 다음과 같이 설한다.

> 눈을 감는 것은 곧 눈을 깜빡이는 것이니,
> 여섯 번 깜빡이는 것을 한 부분이라고 하여
> 6수유는 찰나이다.

---

305 『Sūtrasamuccaya』. 데게, 논소, 중관, ki, 제5품, 213a; 교정본 No.64, p.595. 한역 『화엄경』에서는 해당 대목을 찾을 수 없다.

306 『Mañjuśrīmūla-tantra』. 데게, 불설, 밀교, na, 제18품, 201b; 교정본 No.88, p.626. 한역 『대방광보살장문수사리근본의궤경』에서는 해당 대목을 찾을 수 없다.

6찰나는 납박이며,

6납박은 극소極小이다.307

이처럼 눈을 여섯 번 깜빡이는 것을 '한 부분'이라고 하여, 수유 여섯 개가 성사찰나이며, 성사찰나 여섯 개가 1납박, 납박 여섯 개가 1극소라고 건립하였다.

나가르주나 논사는 『오차제五次第』에서 다음과 같이 설한다.

찰나는 손가락을 튕기는 시간이라 한다.

납박은 겨자가 도는 것이며,

수유는 들숨과 날숨 정도이다.308

따라서 힘센 사람이 손가락을 튕기는 시간을 성사찰나, 겨자씨가 회전하는 시간을 납박, 숨을 들이쉬고 내쉬는 시간 정도를 수유라고 설하였다. 이와 같이 성사찰나에 관한 다양한 해석들이 존재한다.

소요 시간이 길고 짧은 다양한 행위들을 고려하면 성사찰나의 정량은 확정되지 않지만, 그 최단 시간은 손가락을 튕기는 것과 눈을 깜빡이는 것, 짧게 '아' 음절을 내뱉는 것, 혹은 일반 사람이 가장 짧은 동작을 하는 기간 등으로 확립한다. 마찬가지로, 시변제찰나는 극미

---

307 『Vajraḍāka-tantra』. 데게, 불설, 밀교, ka, 제26품, 64b; 교정본 No.78, p.152.

308 『Pañcakrama』. 데게, 논소, 밀교소, ngi, 제2차제, 49a:29; 교정본 No.18, p.139.

의 위치가 이동하거나, 한 극미의 위아래가 뒤바뀌는 시간, 그리고 손가락을 한 번 튕기는 시간의 1/65의 시간이라는 점은 상하학파들의 공통된 의견이다.

그러므로 불교경론에서는 힘센 사람이 손가락을 한번 튕기는 시간을 성사찰나의 최단 시간이라 하며, 이 시간의 '65분의 1' 혹은 '365분의 1'이나 '68분의 1'의 부분이 시변제찰나라고 설한다. 그러나 궁극적 짧은 시간이란 것이 반드시 앞서 말한 시변제찰나의 시간이어야 하는 것은 아니다. 이것은 앞서 인용한 『경집론』 속 『화엄경』의 구절로부터 알 수 있다. 더 나아가 자세히 분석해 보면, 시변제찰나라고 해서 그보다 더 짧은 시간이 없어야 하는 것이 아니며, 모든 시간 중에 최단 시간이어야 하는 것도 아니다.

그러나 성문학파들은 유색법의 기본 구성 요소가 되는 극미들이 무분인 것처럼, 유색이 아닌 유위의 식들 또한 전후의 부분을 분리한 궁극적 시의 경우 더 이상 이전 또는 이후의 부분을 나눌 수 없기 때문에 무분 시라고 주장한다.

중관학파와 유식학파는 시변제찰나가 최단 시간이며, 극미진이 최소 색임을 인정하지만, 무분임을 인정하지 않는다. '최단'과 '최소'라는 것이 그보다 더 미세한 부분으로 나눌 수 없음을 의미한다면, 어떻게 그것이 무분이 되지 않는 것인가? 그리고 부분으로 쪼개서 궁극에 도달할 수 없다면, '최단'과 '최소'라고 함의 의미는 무엇인가? 이 질문에 대해 학자들이 답하는 방식 또한 다양하다.

나가르주나 논사는 『보행왕정론寶行王正論』에서 다음과 같이 설한다.

찰나에 끝이 있는 것처럼

그와 같이 처음과 중간을 살펴라.

그와 같이 세 찰나를 본질로 하는 까닭에

세간은 한 찰나도 머무는 것이 아니다.**309**

시변제찰나라고 하더라도 처음, 중간, 끝의 세 부분을 가지기 때문에 무분이 아닌 것으로 능립한다. 궁극적으로 짧은 시간의 단위를 이만큼이라고 어떠한 주장을 세우더라도 시라는 것이 찰나의 본질로 성립하는 한, 자성으로 성립된 시는 있을 수 없다. 그렇기 때문에 시의 찰나를 분별로써 분석할 경우 이에 대해 처음·중간·끝의 세 부분이 존재함을 반드시 인정해야 한다고 주장하는 것이다.

그러므로 유색법을 구성하는 궁극적 요소인 극미가 무분으로 성립할 수 없는 것처럼, 시의 궁극적 찰나의 시간 또한 무분으로 인정하지 않으며, 이는 중관학자와 유식학자 모두의 공통된 주장이다.

---

309 데게, 논소, 본생本生, ge, 제1품, 109b:69; 교정본 No.96, p.294. (T.32.1656.494c.23)

5

미세한 무상

일반적으로 항상과 무상은 변함이 있는지의 여부로써 안립한다. 유위법이 변하는 것은 원인과 조건에 의한 것이다. 원인과 조건이 있으면 변할 수 있고, 원인과 조건이 없으면 변할 수 없으며, 이 변함도 주로 자신을 생겨나게 한 원인으로 인한 것이다. 그러므로 유위법은 찰나도 머물지 않고 언제나 변해간다.

예를 들면, 나뭇잎이 변해서 겨울철 땅에 떨어지는 것은 겨울의 한기가 들어와서 갑자기 변하는 것이 아니라 하루하루, 일주 이 주, 시시각각으로 변하여 결국 땅에 떨어지는 것이다. 이처럼 여러 날에 걸쳐 변하는 것은 나뭇잎이 단지 성립되는 것만으로 변함의 성질을 가지기 때문이다. 그러므로 찰나로 변해가는 것을 육안으로는 볼 수 없지만, 찰나의 변화는 실제로 끊임없이 일어나고 있으며, 이 미세한 찰나의 변화 없이는 거시적인 변화도 불가능하다.

이러한 유위의 상相과 관련하여, 비바사사는 유위 4상을 주장한다. 생生·주住·멸滅 3상으로 어떤 색온 하나가 유위임을 보일 경우, 색온 자체가 생生 등이기 때문이 아니라 그것을 생기게 하는 원인 등 다른 법이 존재하기 때문에 유위라고 하는 것이다. 그래서 이 생·주·멸 3상을 생 등의 행위가 아니라, 생기게 하는 주체[能生者], 머물게 하는 주체[能住者], 멸하게 하는 주체[能滅者]인 별도의 질質이라고 주장한다.

색 등 사물에는 유위 4상이 동시에 존재하지만, 이것들이 특정 토대에서 발생할 때 처음에 생겨나고, 다음에 머물며, 후에 쇠퇴하고, 끝에 소멸하는 행위들이 순차적으로 일어난다고 한다. 또한 생·주·이·멸의 유위 4상을 생 등의 행위라고 보지 않고 각각 유위를 생기게 하는 주체, 머물게 하는 주체, 쇠퇴하게 하는 주체, 소멸하게 하는 주체인 별도의 질이라고 주장한다. 더욱이 '유위[행行]'라고 하는 것이, 원인과 조건이 모이기 때문에 '유위'라고 일컫는 것이라면, 이는 행위자와 관련된 행위임을 말하는 것이다.

이를 『구사자석』에서 다음과 같이 설한다.

> 생으로써 그 법이 생기게 하며, 주로써 머물게 하고, 노로써 쇠퇴하게 하며, 무상으로써 소멸하게 하는 것이다.310

『아비달마구사론』의 주석 『명료의석明了義釋』에서도 다음과 같이 설한다.

> 여기에서 유위상이 이질異質의 본질임을 주장하기 때문에 311

---

310 데게, 논소, 아비달마, ku, 제2품, 80b; 교정본 No.79, p.200. (T.29,1558,27a,16)

311 『Abhidharmakośaṭīkā-spuṭārtha』. 데게, 논소, 아비달마, gu, 제2품, 158b; 교정본 No.80, p.378.

그러므로 시의 가장 짧은 찰나에는 이러한 상들을 건립하지 않는다. 이 또한 『구사자석』에서 다음과 같이 설한다.

> 세존께서는 유위의 상속은 유위 그 자체이고, 의존의 관계로 생기는 것이니, "이 세 가지는 유위상이다."고 설하였던 것이며, 찰나에서는 아니니, 찰나에는 생 등이 드러나지 않는다.**312**

경량부에서는 유위법은 첫 찰나에 생겨나고, 중간 찰나에서는 머물며, 그다음 소멸의 원인을 만나서 소멸하는 것이 아니라, 첫 찰나에 생기는 순간부터 한 찰나도 머물지 않는 본성을 가진다고 주장한다. 첫 찰나가 둘째 찰나에 머물지 않는 것은 첫 찰나가 자신의 시점에서 머물지 않는 본질로 성립되어 있기 때문에 둘째 찰나에 머물지 않게 되는 것이다. 첫 찰나 자체가 자신의 시점에 머물지 않는 본성을 가지는 것은 첫 찰나를 생기게 한 바로 그 원인에 의해 성립된 것이라고 한다.

경량부에 의하면, 생 등 유위의 상들은 색과 같은 법들의 생의 행위, 멸의 행위, 주의 행위이다. 싹을 예로 들면 이전에 존재하지 않았던 싹이 새로 생기는 것이 '생'이고, 전 찰나의 상속이 이어지는 것은 '주'이며, 전 찰나와 후 찰나의 상이 다른 것이 '멸' 또는 '이'이다. 또한 싹이 돋아나기 직전의 시기는 싹의 원인 시점이며, 싹이 돋아나는 시

---

312 데게, 논소, 아비달마, ku, 제2품, 81b; 교정본 No.79, p.202. (T.29.1558.27c.3)

기는 싹의 첫 찰나 시점이며, 싹이 머무는 시기는 싹의 전·중·후 세 찰나 시점이며, 싹이 소멸한 시기는 싹의 결과의 첫 찰나 시점으로 건립한다. 이 세 가지 상은 동시에 성립되며, 해당 유위법과 다른 질이 아님을 주장한다.

이를 『사택염思擇炎』에서 다음과 같이 설한다.

> 예를 들면, 경량부가 말하기를, "각각으로 확정된 원인과 조건의 힘으로부터 생겨난 상속에서 오직 한 시점에 생기지 않은 것이 생기는 것을 '생'이라 한다. 전 찰나의 상속으로 머무는 것이 '주'이다. 전 찰나와 다르게 쇠퇴하여 사라지는 것은 '멸'이다."라고 하였다.**313**

그와 같이 어떤 유위라 하더라도 그것은 생겨난 것만으로 소멸의 본성을 가지게 된다. 다르마끼르띠(Dharmakīrti, 法稱) 논사는 『양결택量決擇』에서 다음과 같이 설한다.

> '무상'이란 것은 후에 성립되는 다른 것이 아무것도 없다. 오직 찰나로 머무는 유법인 사물이 무상이라고 거듭 말하였다.**314**

---

313 『Tarkajvālā』. 데게, 논소, 중관, dza, 제3품, 73a; 교정본 No.58, p.183.

314 『Pramāṇaviniścaya』. 데게, 논소, 인명, ce, 제2품, 183a; 교정본 No.97, p.685.

경량부는 비바사사와 달리 시변제찰나의 시간밖에 없는 사물이라도 세 가지 상을 갖췄다고 주장한다. 『명료의석』에서 다음과 같이 설하였다.

다른 이가 말하기를, 소리와 불똥의 최후 찰나 등에도 자신이 머무는 주住가 존재한다. 그것이 다른 것으로 변하는 것은 전 찰나에 의존하기 때문에 삼상의 체계로 확립된다고 한다.315

여기서 말하는 '다른 이'란 경량부를 가리키는 것이다.

유식학파와 중관학파 모두 경량부와 마찬가지로 유위의 생·주·멸 3상은 행위이며, 모두 동시에 성립된다고 주장한다. 『유가사지론瑜伽師地論』 「섭사분攝事分」에서 다음과 같이 설한다.

유위의 무상은 유위의 삼상으로써 알 수 있다. 이와 같다. 생·멸·머무는 것에서 다른 것으로 변함(주이住異)이다. 이 삼상도 유위의 두 가지 상속에 의해 알게 되는 것이다. 이와 같다. 한 생에서 다른 한 생으로 이어지는 상속과 한 찰나에서 다른 한 찰나로 이어지는 상속이다. 첫째의 상속에서, 각각의 유정 중동분에서 탄생하는 것

---

315 『Abhidharmakośaṭīkā-spuṭārtha』. 데게, 논소, 아비달마, gu, 제2품, 163b; 교정본 No.80, p.390

모두가 '생'이고, 끝에 죽는 것이 '멸'이다. 처음과 끝 사이의 청년 등의 상태는 '머무는 것에서 다른 것으로 변함[住異]'이다. 즉 그 수명만큼 머물기 때문에 '주'이며, 이후의 개별적 상태가 존재하기 때문에 '이'이다. 둘째의 상속에서, 유위법이 찰나 찰나마다 새로이 생기는 것, 이 모두가 생이다. 생의 찰나 그 이상 머물지 않는 것이 멸이다. 오직 생의 찰나에 머무는 것이 주이다. 다른 것으로 변함[異]에는 두 가지가 있다. 같은 개체로 변함과 별개의 개체로 변함이다. 같은 개체로 변함은 행이 같은 상속으로 소멸하는 모든 것이다. 별개의 개체로 변함은 같지 않은 상속으로 들어가는 모든 것이다. 다른 것으로 변한 몸은 '주'의 상태와 별도로 존재하지 않기 때문에 이 둘을 하나로 모아 하나의 상으로 부르는 것이다.**316**

무상의 정의는 찰나성이다. 무상의 본성으로 건립한 찰나는 자신이 성립된 시를 넘어 두 번째 시에 머물지 않는다는 뜻이며, 순간 정도밖에 머물지 않는 것은 찰나의 의미가 아니다. 이 찰나에는 짧고 긴 다양한 시간이 있다.

　　예를 들어 1년의 경우 그것이 성립되는 시는 12개월이며, 12개월

---

316 데게, 논소, 유식, zi, 제5품, 179b; 교정본 No.74, p.1189. (T.30.1579.795c.21)

이 지난 시점에 그 1년은 머물지 않는다. 마찬가지로 자신이 성립된 시를 넘어 그다음 시에 머물지 않는다는 것을 하루에 적용하면, 그것이 성립되는 시는 24시간의 기간을 가지며, 시간 중 제일 짧은 단위인 1초의 시간을 가지는 사물에 적용하면 그것은 1초의 기간을 가지는 것이 된다. 그렇다면 "1세기 같은 경우 100년이 완성될 때까지 머무는 것인가? 머물지 않는 것인가? 머물지 않는다면 12개월이 완성될 때까지 1년이 머문다는 것과 모순되며, 머문다면 한 찰라밖에 머물지 않는 무상이라는 것과 모순된다."라고 묻는다면, 이는 상속을 건립하는 방식을 제대로 알지 못하는 과실이다. 『사백론』에서 다음과 같이 밝히고 있다.

> 상속에 대해 잘못 본다면 영원하다고 하게 된다.**317**

이와 같이 상속에 대해 잘못 본다면, 즉 유분으로 건립하는 방식을 모른다면, 영원하다고 착란하게 됨을 논하였다. 1년에 비유하면, 1년은 12개월의 유분이며, 부분과 유분이 하나의 본질이기 때문에, 1년의 부분인 1개월이 소멸함으로써 유분인 1년이 소멸한다고 하는 등 모든 유위는 이와 같다. 그러나 1년의 부분인 1개월이 소멸할 경우 유분인 1년이 소멸하고 있는 것이지만 소멸(괴멸)한 것은 아니다. '머물고 있지 않는 것'이지만 '머물지 않았던 것'이 아님의 차이를 구별해

---

317 데게, 논소, 중관, tsha, 제14품, 16a:22; 교정본 No.57, p.815. (T.30.1570.185c.4)

야 한다.

일반적으로 무상에는 상속무상과 찰나무상 두 가지가 있다.

쁘라즈냐바르만(Prajñāvarman, 般若洼瑪) 논사는 『법구경석法句經釋』에서 다음과 같이 설한다.

무상도 두 가지이다. 상속무상과 찰나무상이다.**318**

이 두 가지 중 첫째는 거친 무상, 둘째는 미세한 무상이라고 한다.

데바닷따를 예로 들면, 데바닷따가 죽은 후에 머물지 않는 것은 목동도 현량으로 알 수 있기 때문에 매우 거친 것이다. 첫 찰나 시점의 데바닷따가 두 번째 찰나에 머물지 않는 것이 전자보다 더 미세하며, 그에 비해 첫 찰나의 시점부터 소멸하고 있다는 점이 더욱 미세하다. 그러므로 미세한 무상을 알려면 일반적으로 거친 무상에 대한 이해가 선행되어야 한다.

또한 찰나로 소멸하는 미세한 무상의 본질이 없으면 상속무상을 건립할 수 없다. 찰나 찰나로 소멸하는 미세한 무상도 우발적인 다른 인연이나 후에 발생한 다른 요인에서 기인한 것이 아니라, 순전히 사물 자체를 생기게 하는 그 원인으로 인해 찰나 소멸의 본질로 생겨나는 것이다. 상속무상은 『오온석五蘊釋』에서 다음과 같이 설한다.

---

318 『Udānavargavivaraṇa』. 데게, 논소, 아비달마, thu, 제18품, 25a; 교정본 No.83, p.653.

제4장 시時의 체계

'상속'이라는 것은 오온이 생기는 것에서부터 시작하여 죽기 전까지 찰나의 상이 끊임없이 지속되는 것을 말한다. 소멸은 같은 종류의 오온의 상속이 끊어지고, 전 찰나의 뒤에 후자가 따라오지 않는 것, 즉 같지 않은 종류의 다른 찰나가 생기는 것을 소멸이라 하며, 이에 '무상'이라고 지칭한다.**319**

그와 같이 90세 노인은 갑자기 노인이 된 것이 아니라 맨 처음 태내에 머물고 그다음 출생과 어린 시절 등을 거쳐 노인에 이를 때까지 순차적으로 변해서 결국 노인이 되는 것이다. 이를 무착 논사는 『유가사지론』에서 다음과 같이 설한다.

여덟 가지 시란 무엇인가? 이와 같다. 태아기, 출생기, 유년기, 소년기, 청년기, 장년기, 중년기, 노년기이다. 태아기는 알부담 등이다. 출생기는 그 이후부터 노년기까지이다. 유년기는 걷는 때와 놀 수 있는 때 이전까지이다. 소년기는 놀 수 있는 때이다. 청년기는 욕행을 할 수 있을 때부터 30세까지이다. 장년기는 50세까지이다. 중년기는 70세까지이다. 그 이상은 노년기이다.**320**

---

319 『Pañcaskandhabhāṣya』. 데게, 논소, 유식, sj, 88b; 교정본 No.77, p.891.

320 데게, 논소, 유식, tshi, 제3품, 24b; 교정본 No.72, p.726. (T.30.1579.289a.19)

일반적으로 무상은 등불의 마지막 찰나처럼 거친 토대에 적용하여 (범부가) 현량으로 알 수 있다면 거친 무상이 된다. 미세한 토대에 적용하여 (범부가) 논리로써 알아야 한다면, 이는 미세한 무상이다. 예를 들면 한 법이 자신이 성립되는 시점을 넘어 두 번째 시점에 머물지 않는다는 것을 1주야에 적용하면 그것이 성립되는 시는 30수유의 시간이 된다. 가장 짧은 시간에 적용하면 시변제찰나의 시간이 되는 것과 같다. 그러므로 자신이 성립되는 시점 외에 두 번째 시점에 머물지 않는다는 것은 미세하고 거친 두 가지 측면에서 해석할 수 있다.

일체 유위는 자신을 생기게 하는 원인 그것으로써 소멸의 본성임이 성립된다. 자신이 생기는 시 외에 두 번째 시에 머물지 않는다는 방식은 『허공색항복인경虛空色降伏忍經』에서 다음과 같이 설한다.

이 법들은 첫 찰나에 생겨 그 찰나에 멸한다. 두 번째 찰나에 머무는 것이 아니다.[321]

『양평석』에서도 다음과 같이 설한다.

소멸은 다른 원인이 없기 때문에 자체의 본성과 관계가 있다. 후속인 것이다.[322]

---

321 『Vādavidhikhagajavinayakṣānti-sūtra』. 데게, 불설, 경집, 'a, 150a; 교정본 No.67, p.368.

322 『Pramāṇavārttika』 데게, 논소, 인명, ce, 자의품自義品, 102a:195; 교정본 No.97, p.486.

이처럼 소작은 자신이 성립되는 것만으로 소멸의 본성을 본래로 가지는 것이다. 소작의 소멸성은 자신을 생기게 하는 바로 그 원인 외에 다른 원인이 없으며, 자신을 생기게 하는 원인 그것 때문에 자신의 소멸성이 생겨난다고 설하는 것이다. 논리식을 세운다면 다음과 같다. 소작은 자신이 성립되는 것만으로 소멸의 본성을 가진다. 왜냐하면 자신의 소멸이 다른 원인에 의지하지 않고 자신을 생기게 하는 원인 그것에 의해 생기기 때문이다. 『양평석』에서 다음과 같이 설한다.

> 만약 다른 원인에서 소멸이 생기기 때문에, 이것이 소멸
> 하게 된다고 한다면[323]

반론자가 "항아리의 소멸이 항아리를 생기게 하는 원인에서 생기지 않고, 후에 생기는 다른 원인에서 항아리의 소멸이 생긴다."라고 주장한다면, 이는 이치에 맞지 않지 않다고 같은 논서에서 다음과 같이 반박한다.

> 이것이 본성으로 성립되기 때문에
> 자신에게 어떻게 도움이 되겠는가?
> 자신에게 도움이 되지 않는다면
> 어떻게 의존 대상이 되겠는가?

---

323 『Pramāṇavārttika』 데게, 논소, 인명, ce, 타의품他義品, 150b:282; 교정본 No.97, p.599.

의존하지 않는 사물이 언제나
그렇게 하지 않고 성립될 수 있는가?**324**

색 등 유위법은 자신을 생기게 하는 원인, 그것으로 인해 소멸의 본성을 가지게 된다. 그러므로 반론자가 주장하는 후에 생기는 소멸의 원인, 그것은 색 등의 소멸에 도움이 되거나 어떤 해도 끼치지 않는다. 후에 생기는 소멸의 원인 그것이 색 등의 소멸에 도움이 되지 않기 때문에, 후에 생기는 소멸의 원인과 색 등의 소멸, 이 둘은 의존 대상[所依]과 의존하는 자[能依]로 타당하지 않다고 한 것이다.

유위가 찰나임을 능립하는 것은 불교경론과 특히 인명학 논서에서 매우 중요한 내용이다. 이것의 핵심은 소멸이 후에 생기는 원인에 의지하지 않는다고 능립하는 것이다. 여기서는 간략하게 소개만 하였고, 이보다 더 자세히 알고자 하는 이는 앞서 인용한, 다르마끼르띠 논사의 저서 『양평석』의 「자의품自義品」 뒷부분에 나오는, "원인이 없기 때문에 소멸은…." 등의 게송과 그 주석을 참고해야 한다. 또한 『양결택』에서

혹은 온·계·처의 본질인 소작이 무상임이 성립되기 때문에 과실이 없다.**325**

---

324 위의 논, 타의품, 150b:283–284; 교정본 No.97, p.599.

325 위의 논, 자의품, 179b; 교정본 No.97, p.677.

라고 설하는 등 광범위한 논술을 통해, '소작을 파악하는 것', '그것이 무상임을 능립하는 것', '소멸이 후에 생기는 원인에 의존하지 않음과 관련한 논쟁을 논파하는 것', 그러나 '소멸이 무인이 아닌 것', 그러므로 '소멸은 사물의 본성으로 성립되는 것' 등을 이해할 수 있다.

이외에도 쌴따락쒸따 논사의 『진실섭송眞實攝頌』과 그 주석서인 까말라쒤라 논사의 『진실섭송난어석眞實攝頌難語釋』의 제13품 「관견사물품觀堅事物品」, 다르못따라 논사의 『성찰나성成刹那性』 (kṣaṇabhaṅgasiddhi), 그 주석인 묵띠깔라쌰(Muktikalaśa, 梵志珍珠瓶) 논사의 논서 등 『양평석』과 『양결택』 두 논서에 대한 보충자료가 되는 논서들이 있다. 이 논서들에서 불교 논리학자들은 유위가 무상임을 능립하는 논리의 핵심을 미세하고 상세하게 확립하였다.

제
5
장

기세간器世間과 유정세간有情世間의
생성과 소멸 과정

1

아비달마 논서에서 설명하는
기세간과 유정세간의 생성 과정

고대 인도의 사상가들 사이에서는 기세간과 유정세간의 생성과 소멸 과정에 대한 다양한 해설이 있었다. 이들 중 바이쎄쒸까 학파를 비롯한 많은 외도들은 현 세간이 생성되기 이전에 지미진地微塵, 수미진水微塵, 화미진火微塵, 풍미진風微塵 등의 많은 미진이 소멸하지 않고 허공계에 각각 존재했다고 주장한다. 그때 대자재천大自在天이 허공계에 기세간을 만들고자 하는 생각을 일으키고 중생들의 선업과 악업이 성숙되어, 최초로 두 개의 풍미진이 결합하고, 그다음 세 개의 풍미진이 결합하여, 이와 같은 순서로 풍미진의 결과물인 대풍온大風蘊이 형성된다. 그 위에 수미진이 같은 방식으로 결합하여 대수온大水蘊을 형성한다. 이어서 그 위에 대지륜과 다시 그 위에 대화륜이 형성된다. 이 같은 일련의 과정을 통해 기세간과 유정세간이 형성된다고 주장한다.

외도인 쌍키야 학파(Sāṃkhya, 數論學派)는 궁극적 구성 요소인 원질(原質, prakṛti)로부터 이 세간이 출현한다고 주장한다. 이외에 브라흐마(Brahmā, 梵天), 비슈누(Viṣṇu), 성범聲梵, 상주아常住我 등이 세간의 창조자라고 주장하는 외도들도 있다. 로까야따(Lokāyata, 順世派)의 경우에는 세간이 색질色質로부터 돌연 생겨났다고 주장한다.

이들 중에 세간의 창조자를 인정하는 이들은 다음과 같은 논리를 제시한다.

세간의 주거지, 몸, 향유물 등은 창조자의 의도가 선행된 것이다. ① 순차적으로 작용하기 때문이다. 예를 들면 목수의 연장인 도끼와 같다. ② 형태의 특성을 가지기 때문이다. 예를 들면 흙항아리와 같다. ③ 작용하기 때문이다. 예를 들면 항아리와 같다.

창조자의 존재를 능립하는 여러 가지 논리가 있지만 이 세 가지가 주된 논리이다. 불교학자들은 외도들이 제시한 이러한 논리에 대해 다음과 같이 반박한다.

만일 앞의 논리로써 세간의 주거지, 몸, 향유물이 창조자의 의도가 선행됨으로써 조성된 것임을 능립한다면, 이것들은 자체의 원인인 사업思業으로부터 발생한다는 것을 불교도들이 이미 성립하여 알고 있기 때문에, 이 논리는 불교도에게 성립되지 않은 것을 성립시키는 논리로 타당하지 않다.

만일 이 논리로써 이러한 것들이 '영원한 마음'에 의해 조성되었음을 능립한다면, 영원한 마음이라는 것은 불가능하여 그의 사례가 없으므로 타당하지 않다.

만일 단지 어떤 창조자의 의도가 선행되어 조성된 것임을 능립한다면, 외도가 주장하는 모든 것의 시작인 창조자 또한 다른 창조자가 만들어야 함을 인정해야 할 것이다. 그렇다면 창조자가 영원하고 스스로 생겨났다고[自生] 하는 주장과 모순된다. 그러므로 그들이 제시한 논증인은 타당하지 않음을 많은 논리로써 반박한다.

『양평석』에서 다음과 같이 설한다.

순차적으로 작용하고, 형태의 특성을 가지며,

작용 등으로 능립하는 것은

이미 성립되었거나, 예시가 불가능하거나

혹은 의심의 여지가 있는 것이다.**326**

또한 영원하고 스스로 생겨난 세간의 창조자를 인정한다면, 창조자
는 자신이 없으면 결과가 발생하지 않게 되는 인과의 관계가 결여되
므로, 원인의 의미를 구족한 것이 아니라고 반박한다. 영원한 것의 본
성은 불변이므로 결과가 발생한 시점과 발생하지 않은 시점에 조금의
차이도 없기 때문이다. 또한 그러한 세간의 창조자는 생겨남이 없는
존재이므로, 기세간과 유정세간 전체를 창조자가 조성한다는 것은 타
당하지 않다. 사물들은 다양한 원인과 조건의 취합으로 생겨나는 것
이기에, 단지 하나의 창조자가 조성한다는 것 역시 타당하지 않다.

『양평석』에서 다음과 같이 설하였다.

자성에 차별이 없기 때문에 창조자로 타당하지 않다.

영원한 것은 변함이 없기 때문에 그 능력도 알기 어렵

다.**327·328**

---

326 『Pramāṇavārttika』. 데게, 논소, 인명, ce, 성량품成量品, 108a:10, 교정본 No.97, p.501.

327 위의 논, 성량품成量品, 108b:24, 교정본 No.97, p.502.

328 시바신 등은 모든 결과의 창조자로 타당하지 않다. 왜냐하면 결과를 발생시키지 않는 때
와 자성의 차이가 없기 때문이다. 그가 결과에 이익을 주는 인과의 능력도 보기 어렵다.
그것이 없어짐으로 인해 결과가 없어지는 것이 아니기 때문이다. 왜냐하면 항상한 것이
기 때문이다. (역자주)

또한 바비베까(Bhāviveka, 淸辯) 논사는『중관심론中觀心論』에서 다음과 같이 설한다.

> 또한 '아我'는 생겨나지 않았기 때문에, 그것이 창조한
> 다는 것을 인정하지 않는다.**329**

또한『중관심론』의 자주自註인『사택염思擇炎』에서 다음과 같이 설하였다.

> 유일한 창조자는 어디에도 없으며
> 그렇기 때문에 부정인不定因**330**이 아니다.**331**

이처럼 모든 사물은 여러 가지 원인과 조건이 모여서 생
겨나므로 유일한 창조자라는 것은 타당하지 않다. 만약
유일한 것에 창조자의 능력이 있다면, 수많은 원인과 조
건이 무슨 소용이 있겠는가? 세간 사물들의 원인인 유
일한 창조자는 어디에도 없으니 어떻게 나의 논리가 부

---

329 『Madhyamakahṛdaya』. 데게, 논소, 중관, dza, 제9품, 36b:134; 교정본 No.58, p.85.

330 인因은 정인正因과 사인似因으로 나뉘며, 사인은 다시 불성인不成因, 부정인不定因, 상위
인相違因의 셋으로 분류한다. 그 중 부정인은 바른 충족은 물론 전도된 충족도 없는 인因
을 말한다. (역자주)

331 『사택염』의 저자인 바비베까 논사가 제시한 창조자를 부정하는 논리는 부정인이 아니
라는 의미이다. (역자주)

정인이 되겠는가?**332**

그러므로 불교도들은 기세간과 유정세간이 창조자의 의도가 선행함으로써 조성되었다거나, 원질로부터 생겨났다거나, 원인 없이 갑자기 생겨났다는 등을 전혀 인정하지 않고, '오직 이 조건'이라고 말씀하셨듯이 단지 원인과 조건에 의해서만 성립된다고 주장한다.**333**

　세간이 형성되는 과정을 밝힌 인도의 불교경론으로는 『화엄경』, 『정법염처경正法念處經』, 『입세간론立世間論』, 상하부 아비달마 논서와 『깔라짜끄라 딴뜨라』(Kālacakra tantra) 등 다수가 있지만, 여기서 주요 출처는 아비달마의 논전들과 『깔라짜끄라 딴뜨라』이다. 이 경론들에서 설하고 있는 기세간과 중생세간의 생멸 방식, 중생 수명의 길이, 기세간의 형태와 구조 등에 대한 해설은 조금씩 차이가 있지만, 기본적인 관점에 있어서는 차이가 없다. 불교의 관점에 따르면 공통의 세간계는 최초에 형성 기반이 되는 지·수·화·풍의 극미진과 중생의 공업共業으로 인해 생겨나고, 각자의 개별적 업으로 인해 각자의 행복과 고통이 일어난다. 현재 우리가 머무는 기세간과 유정세간은 둘 중

---

332 『Tarkajvālā』. 데게, 논소, 중관, dza, 제3품, 110b; 교정본 No.58, p.269.

333 달라이 라마 성하께서는 『한 원자 속의 우주』(rdul phran gcig kho na'i steng gi 'jig rten)에서, "불교도의 관점에서 말하자면, 절대적 시초가 있다고 보는 견해에는 문제가 있다. 논리적으로 살펴보면, 이러한 독립적인 시초가 존재한다는 주장은 두 가지 부류가 있다. 하나는 세상의 창조주, 즉 인과의 법성에서 벗어난 특별한 존재가 이 세상을 창조한다는 견해이다. 다른 하나는 이 세상이 원인과 조건 없이 갑자기 생겨났다고 보는 견해이다. 불교에서는 이 두 가지 견해를 인정하지 않는다."라고 하셨다.

기세간이 먼저 형성되었고, 그다음 유정세간이 형성되었다고 한다. 즉 불교의 전통에서는 세간의 형성 과정을 각각의 근취인近取因과 구유연具有緣에 의한 인과연기의 법률만으로써 설명한다.

이러한 인과연기의 방식을 아쌍가(Asaṅga, 無着) 논사 등은 ① 부동연不動緣, ② 무상연無常緣, ③ 능력연能力緣의 '삼연三緣'334으로써 설명하였다. 이에 대한 명확한 해설은『불설대승도간경』등의 경전에 근거한 것이다.『대승아비달마집론』에서는 다음과 같이 설한다.

그 특성은 어떠한가? 그것은 부동연으로부터 생겨나고, 무상연으로부터 생겨나며, 능력연으로부터 생겨나기 때문이다.335

바쑤반두(Vasubandhu, 世親) 논사는『연기초별석緣起初別釋』에서 경문을 인용하여 다음과 같이 설한다.

비구들이여, 연생緣生의 특성은 세 가지이다. 부동연으로 생기는 특성, 무상연으로 생기는 특성, 능력연으로

334 한역 대장경에서는 이 삼연에 대해 무작연(無作緣), 무상연(無常緣), 세용연(勢用緣)이라는 단어를 사용하고 있다. 여기서는 티베트어 원문의 의미 그대로 부동연, 무상연, 능력연으로 번역하였다. 부동연不動緣은 시바신 등의 창조자의 의도가 먼저 발동[動]하여 생겨난 것이 아님[不]을 의미한다. (역자주)

335 데게, 논소, 유식, ri, 제1품, 65b; 교정본 No.76, p.167. (T.31.1605.670c.19)

생기는 특성이다.**336**

이는 삼연에 의해 이 세간이 성립된다고 정리한 것이며, 어떤 전능한 작자가 이 세간을 창조했다는 견해를 부정하는 것이다.

이 논서들에서는『불설대승도간경』에서 "연기란 이와 같다. 이것이 있으므로 저것이 있고, 이것이 생겼으므로 저것이 생긴다. 무명의 연으로써 행이 생긴다."**337**라고 설한 구절을 세 가지 의미로 나누어 설명한다. '이것이 있으므로 저것이 있고'라는 것은 부동연생을 의미하고, '이것이 생겼으므로 저것이 생긴다'는 것은 무상연생을 의미하며, '무명의 연으로써 행이 생긴다'는 것은 능력연생을 의미한다.

첫째, 내외의 사물들은 부동연으로 생긴다는 의미는 다음과 같다. 기세간과 유정세간은 창조자의 의도가 선행하여 조성된 것이 아니라, 오직 각각을 발생시키는 인因과 연緣에 의해 성립된 것일 뿐이다. 그렇기에 경에서 "이것이 있으므로 저것이 있다."라고 하여, 기세간과 유정세간은 인과 연의 연기로써 생기는 것이며, 원인과 조건에 속하지 않는 외적인 다른 능력에 의해 성립된 것이 아니고, 원인과 조건 없이 우발적으로 생겨난 것도 아니라고 설한 것이다.

둘째, 무상연으로 생긴다는 의미는 다음과 같다. 내외의 사물들은 원인과 조건으로 생길 뿐만 아니라 그 원인은 유위인 무상한 법이

---

336 데게, 논소, 경소, chi, 제1품, 5a; 교정본 No.66, p.725.

337 데게, 불설, 경집, tsha, 116a; 교정본 No.62, p.315. (T.16.712.823c.6)

불교 과학 철학 총서1 물질세계

어야 하며, 항상한 법으로부터 무상한 결과가 생기는 것은 이치에 맞지 않다. 이것이 둘째 연을 설한 의의이다. 항상한 법은 순차적으로나 동시로나 발생시키는 능력이 없기 때문에 결과를 발생시키는 작용을 할 수 없다. 또한 항상한 법은 다른 법에 의해 이로움이나 해로움을 받거나 자신이 다른 법에 이로움이나 해로움을 주지 못한다. 이는 논리로써 성립된 요점이다. 그러므로 내외의 기세간과 유정세간을 발생시키는 원인이라면 반드시 유위이고 무상의 본질을 가져야 한다. 이것을 둘째 연을 통해서 나타내는 것이다. 이런 까닭에 경에서는 '이것이 생겼으므로 저것이 생긴다'고 발생[生]의 의미를 강조해서 설한 것이다.

셋째, 능력연으로 생긴다는 의미는 다음과 같다. 내외의 사물들을 생기게 하는 원인은 유위이고 무상한 법일 뿐만 아니라 해당 결과를 발생시킬 수 있는 그에 부합하는 법이어야 한다. 즉 개별적 결과를 발생시킬 수 있는 능력을 가진 법이어야만 한다. 그러므로 경에서 '무명의 연으로써 행이 생긴다'고 설한 것이다.

삼연의 핵심을 종합하여 아쌍가 논사는 『대승아비달마집론』에서 이와 같이 설하였다.

> 의미는 무엇인가? 창조자가 없다는 것이 연기의 의미이
> 며, 원인으로부터 생겨났다는 의미이며, 유정이 없다는
> 의미이며, 타력에 의한다는 의미이며, 부동이라는 의미
> 이며, 무상이라는 의미이며, 찰나라는 의미이며, 인과상
> 속의 단절이 없다는 의미이며, 원인과 결과가 부합한다

는 의미이며, 인과가 다양하다는 의미이며, 인과가 확실
하다는 의미이니, 이것이 연기의 의미이다.**338·339**

요약하면 불교의 전통에서는 원인 없이 생겨나거나, 창조자의 의도
가 선행하여 조성되거나, 항상한 원인에서 결과가 생긴다는 등을 인
정하지 않는다. 반면에 불교에서는 원인과 결과가 동류여야 하고, 다
양한 결과가 다양한 인연에서 생겨난다는 것을 인과연기의 이치만으
로 설명한다.

아비달마의 논서에서는 세간계가 형성되는 방식을 어떻게 설하
고 있는가? 바쑤반두 논사의 『구사자석』에서는 다음과 같이 설한다.

유정들의 업력으로 인해 아래에서 허공에 의지하여
풍륜風輪이 생겨나니, 그 두께는 160만 유선나踰繕那
(yojana, 由旬)이며, 너비는 이루 헤아릴 수 없고, 대단히
견고하여 대금강륜大金剛輪으로써도 부술 수 없다. 그
위로 물이 112만 유선나 깊이의 수륜을 형성한다. 유정
들의 업력으로 인해 그 풍륜에 구름이 모이고 장대[車
軸] 같은 비가 계속해서 내리고 쌓여 112만 유선나 깊이

---

338 데게, 논소, 유식, ri, 제1품, 66a; 교정본 No.76, p.169. (T.31.1605.671a.20)

339 여기서 나오는 '의미'라는 단어는, 한글 대장경의 『대승아비달마잡집론』에서는 '이치'라
고 번역되어 있으나, 한역과 티베트역에서는 각각 '뜻(義)', '의미(Tib. don)'라는 단어를 사
용하고 있어 티베트역에 맞추었다. (역자주)

의 수륜을 이루게 된다.

어찌하여 수륜은 흘러내리지 않는가? 유여사有餘師는
말하기를, "일체 유정의 업력 때문이니, 마치 먹고 마신
음식물이 아직 완전히 소화되기 전에는 장腸으로 내려
가지 않는 것과 같다."고 하였다. 또한 유여사는 말하기
를, "바람에 붙잡히기 때문에 흘러내리지 않게 되니, 마
치 쌀자루가 쌀을 담고 있는 것과 같다."고 하였다.

다시 유정의 업력으로 일어난 바람이 수륜을 휘저으면
그 상부는 금金이 되는데, 마치 끓인 우유에 유막이 생
기는 것과 같다. 이전의 수륜은 그 두께가 80만 유선나
가 되며, 그 나머지는 금으로 전변한다. 나머지는 무엇
인가? 32만 유선나의 수륜 상부는 금의 성질을 가진 기
반이 된다. 물과 금의 두께는 이미 설명하였다.**340**

이와 같이 먼저 풍륜이 생기고, 그다음 수륜과 지륜[金]이 차례대로
생긴다. 최초에 하부 기반은 빈 공간으로 있다가, 기세간이 형성되는
전조인 부드러운 바람이 수 년 동안 일어나고 밀집되어서 풍륜을 이
룬다. 이것이 기세간의 하부 기반이다. 이 바람의 이름은 '부드러움
[柔]'이라 하고, 형태는 구형球形이며, 색깔은 다양하다. 그 성질은 지
地 등 팔질八質의 성질을 가지고 있지만, 풍의 성질이 우세하기 때문

---

340 데계, 논소, 아비달마, ku, 제1품, 144a; 교정본 No.79, p.355. 한역과 티베트역이 조금 상
이하다. (T.29,1558,57a,15)

제5장 기세간器世間과 유정세간有情世間의 생성과 소멸 과정

에 '풍륜'이라고 한다.

풍륜 위의 허공에 구름이 모이고, 수년간 비가 계속해서 내려 수륜을 이룬다. 이 물은 바람에 의해 오랫동안 휘저어져 점차 지륜을 형성한다. 수륜과 지륜 위로 전과 같이 비가 계속 내리고, 그로 인해 둘레에 대해大海가 생겨난다. 맹렬한 바람으로 몰아쳐진 대해의 최상 요소로써 수미산須彌山(蘇迷盧山, Meru)이 형성되고, 중등 요소로써 지쌍산持雙山(yugaṃdhara) 등의 일곱 산이 형성되며, 하등 요소로써 4대주大洲와 그 외 중주中洲 등이 형성된다.

그리하여 산 중의 왕王인 수미산을 중심으로 사방에 4대주, 간방間方 8중주가 있고, 그 주위를 태양과 달과 별들이 둘러싸고 있다. 남쪽의 대주가 우리가 살고 있는 남섬부주南贍部洲(Jambudvīpa)이다. 대륙들의 사이 공간은 대해로 채워져 있다. 이 모든 것들은 풍륜에 의지하여 허공에 존재한다고 한다.

4대주와 중주, 태양, 달, 수미산 등을 1천 개 합하여 '소천세계小千世界'라고 하며, 소천세계 1천 개를 '이천중천세계二千中千世界'라고 하고, 중천세계 1천 개를 '삼천대천세계三千大千世界'라고 한다. 정리하자면, 4대주와 수미산에서부터 범천계에 이르기까지의 한 세계가 10억 개 모인 것을 '삼천대천세계三千大千世界'라고 한다. 이는 모두 최후에 함께 소멸되고, 최초에도 함께 형성된다고 한다. 『아비달마구사론』에서 다음과 같이 설하였다.

사대주와 해와 달
수미산과 욕계천

범천계까지 1천 개를

1소천세계라고 이름한다.

이것 천 개를

이천중천세계라고 이름하며

이것 천 개를 삼천대천세계라고 하니

이것들은 함께 소멸하고 형성된다.341

『방광대장엄경方廣大莊嚴經』에서는 사대주에서부터 색구경천에 이르는 세계가 10억 개 모이면, 삼천대천세계라고 하였다. 경의 내용은 이러하다.

사대주 등의 이 세간계에는 10억의 4대주, 10억의 대해, 10억의 윤위輪圍와 대윤위大輪圍, 10억의 수미산, 10억의 사천왕천四天王天, 10억의 도리천忉利天, 10억의 야마천夜摩天, 10억의 도솔천兜率天, 10억의 화락천化樂天, 10억의 타화자재천他化自在天, 10억의 범신천梵身天, 10억의 범보천梵輔天, 10억의 범중천梵衆天, 10억의 대범천大梵天, 10억의 소광천少廣天, 10억의 무량광천無量光天, 10억의 변광천遍光天, 10억의 소정천少淨天, 10억의 무량정천無量淨天, 10억의 변정천遍淨天, 10억의 무운천無

---

341 데게, 논소, 아비달마, ku, 제3품, 9b:73-74; 교정본 No.79, p.21. (T.29.1560.315b.9)

雲天, 10억의 복생천福生天, 10억의 광과천廣果天, 10억
의 무상중천無想衆天, 10억의 무번천無煩天, 10억의 무열
천無熱天, 10억의 선견천善見天, 10억의 선현천善現天, 10
억의 색구경천色究竟天이 있어 이를 1삼천대천세계라
이름하며, 드넓고 광대하다.**342·343**

불교와 몇몇 전통에서는 세간을 욕계欲界, 색계色界, 무색계無色界의
삼계로 분류한다. 욕계는 외부의 색色·성聲 등 욕망의 대상에 주로 의
존하며, 색계는 선정의 안락에 주로 의존하며, 무색계는 선정의 안락
조차도 염리하여 불고불락수不苦不樂受(捨受)와 관계된 적정에만 주
로 의존한다.

　　또한 삼계는 신체身體, 감수感受, 향유물의 세 가지 관점에서 설명
할 수 있다. 욕계의 유정은 거친 신체를 가지고, 고수苦受와 고락의 혼
수混受가 강하며, 대체로 거친 음식에 의존한다. 색계의 유정은 빛의
본질인 신체를 가지고, 대부분이 항상 락수樂受가 편재하며, 거친 음
식에 의존하지 않는다. 무색계의 유정은 유정임을 드러내는 거친 색
온을 가지지 않고, 고수와 락수에서 벗어나 오직 불고불락수로 머물
며, 음식에 의지하지 않고, 작의作意를 차단하여 허공 등을 대상으로

---

342 데게, 불설, 경집, kha, 12품 77전면, na : 교정본 No.46, p.186. (T.3.187.563c.4)

343 한글 대장경과, 본서의 영문판에는 총 23개의 천天이 나오지만, 티베트어 원본에는 25개
의 천이 나온다. 또 "10억의 윤위와 대윤위, 10억의 수미산"이라는 문장도 한글 대장경
에는 "10억의 수미산과 10억의 철위산鐵圍山"이라고 번역되어 있으나, 여기서는 티베트
어 원본 그대로 번역하였다. (역자주)

삼고 오로지 삼매에만 일생 동안 머문다. 욕계의 상위 단계에서 머무는 이들과 색계와 무색계의 유정들을 천신天神이라고 한다.

『아비달마구사론』 본송과 그 자주석에서는 해와 달의 크기, 지구에서 해와 달까지의 거리, 태양이 수미산을 돌며 낮과 밤이 생기는 방식뿐만 아니라 여름과 겨울철 해의 길이 등 실제로 볼 수 있는 많은 현상에 대해서도 설명하였다. 이러한 아비달마의 해설은 『깔라짜끄라 딴뜨라』에 나오는 천문학과 결합되었고, 이를 통해 고대 인도와 티베트의 불교학자들은 달력을 만들었으며, 일식과 월식의 발생 시기 등을 정확하게 예측했다.

또한 『아비달마구사론』에서는 처음 기세간이 형성되고 유정들이 점차로 생겨난 과정을 설명하고 있으며, 그와 같은 내용을 율장에서도 상세하게 밝히고 있다. 『근본설일체유부비나야根本設一切有部毘奈耶』의 내용을 여기서 인용하면 다음과 같다.

> 비구들이여! 이 세간이 처음 형성된 때가 있었다. 세간이 형성될 때 광음천으로부터 어떤 유정이 수명이 다하고, 업이 다하고, 복이 다하여 죽음에 이르고, 이러한 인간들과 동분同分으로 오게 되는데 신체가 마음으로부터 생겨나고, 부족함이 없으며, 근에 결함이 없고, 사지四支와 신체 부위를 모두 갖추었으며, 단정하고, 피부색이 좋으며, 스스로 광채를 발하고, 허공을 오가며, 기쁨을 먹고 즐거움을 음식으로 삼으며, 수명이 길어 오래 머무른다. 이 시기에는 세간에 해와 달이 아직 생겨나지 않

았고, 별도 생겨나지 않았다. 밤낮도 생겨나지 않았고, 찰나와 납박, 모호율다牟呼栗多, 반달과 한 달, 계절과 년年도 존재하지 않았다. 여성도 없었고, 남성도 없었다. 유정들은 단지 '유정'이라고 불릴 뿐이었다. 그때 탐욕을 가진 한 유정이 손가락 끝으로 땅의 정수[地味]를 맛보았고, 맛을 볼수록 더욱더 탐착하게 되고, 탐착이 커짐에 따라 거친 음식[段食]을 먹게 된다. 다른 유정들은 그 유정이 손가락 끝으로 맛을 보고, 맛을 보면 볼수록 더욱더 탐착하게 되고, 탐착이 커짐에 따라 거친 음식을 먹게 되는 것을 보게 된다. 보고난 후 이 유정들도 손가락 끝으로 땅의 정수를 맛보고, 맛을 볼수록 더욱더 탐착하게 되고, 탐착이 커짐에 따라 거친 음식을 먹게 되었다. 유정들이 땅의 정수를 먹고 음식을 섭취함으로 인해 그들의 신체는 견고하고 무거워졌으며, 밝고 아름다운 광채도 사라지게 되어 세간에 어둠이 생겨나게 되었다. 비구들이여! 세간에 어둠이 생기면 자연히 세간에 해와 달도 생겨나게 된다. 별과 밤낮, 찰나, 납박, 모호율다, 반달과 한 달, 계절과 년年 등도 생겨났다.**344**

또한 유정들 중 음식을 많이 먹은 이는 빛깔이 나빠지고, 음식을 적게

---

344 데게, 불설, 율, ca, 제3품 49a; 교정본 No.5, p.128. (T.23,1442,635a.25)

먹은 이는 빛깔이 좋게 남아 있다. 이처럼 다른 음식량으로 인해 다양한 빛깔이 생겨난다. 이를 계기로 '나는 빛깔이 좋은데, 너는 빛깔이 나쁘다'고 하며 하나가 다른 하나를 비방하고, 빛깔이 좋은 이들은 거만해지는 등 불선을 행하여 땅의 정수가 사라져버린다. 땅의 정수가 사라진 뒤 빛깔과 향기와 맛이 풍부한 땅의 기름[地餠, 地皮餠]이 생겨난다. 이마저 사라진 뒤에는 빛깔과 향기와 맛이 풍부한 싹[林藤, 林條]의 수풀이 생겨난다. 그리고 유정들이 불선을 행하여 싹의 수풀 또한 사라지게 된다.

그다음 경작하지 않고 심지 않아도 저절로 생기는, 빛깔과 향기와 맛이 풍부한 '쌀루(sālu)'라는 쌀[香稻]이 생겨난다. 아침에 수확하면 저녁에 다시 생기고 저녁에 수확하면 아침에 다시 생긴다. 이처럼 아무리 수확해도 다시 생겨나니 수확해도 티가 나지 않는다. 유정들은 경작하고 심지 않은 쌀루의 낱알을 먹음으로써 대소변이 생기고, 남성과 여성의 생식기가 생겨나며, 성교를 하게 되고, 법法과 비법非法이 생겨났으며, 가정이 나타나게 되었다.

『근본설일체유부비나야』에서 다음과 같이 설한다.

> 그들은 그 음식을 먹고 소유하며 수명이 길고 오래 산다. 그들 중 음식을 적게 먹은 이는 빛깔이 좋고, 많이 먹은 이는 빛깔이 나빠진다. 그와 같이 두 가지 음식으로 인해 빛깔도 두 종류로 나타난다. 빛깔이 둘로 변함에 따라 유정이 다른 유정에게 "나의 빛깔은 좋고, 너의 빛깔은 나쁘다."라고 하면서 무시한다. 그렇게 빛깔로 인

해 거만해지며 불선을 행함으로써 땅의 정수가 사라지
게 된다.**345**

또한 같은 경에서

비구들이여, 그 유정들에게 땅의 정수가 사라졌을 때
빛깔이 풍부하고 향이 풍부하고 맛이 풍부한 땅의 기름
[地餠]이 생겨나게 되었다. 빛깔은 비유하면 까담부까꽃
(雍菜花, Skt. kadambuka, Tib. dong ka'i me tog)과 같고, 맛은
비유하면 끓이지 않은 벌꿀 같다. 그들은 그 음식을 먹
고 소유하며 수명이 길고 오래 산다. 그들 중 음식을 적
게 먹은 이는 빛깔이 좋고, 많이 먹은 이는 빛깔이 나빠
진다. 그와 같이 두 가지 음식으로 인해 빛깔도 두 종류
로 나타난다. 빛깔이 둘로 변함에 따라 유정이 다른 유
정에게 "아! 유정이여, 나의 빛깔은 좋고, 너의 빛깔은
나쁘다."라고 하면서 무시한다. 그렇게 빛깔로 인해 거
만해지며 불선을 행함으로써 땅의 기름이 사라지게 된
다.**346**

---

345 데게, 불설, 율, ca, 제3품 49b; 교정본 No.5, p.130. (T.23.1442.635b.8)

346 데게, 불설, 율, ca, 제3품 49b; 교정본 No.5, p.130. (T.23.1442.635b.17)

라고 설하였고, 또한 같은 경에서

비구들이여, 유정들에게 땅의 기름이 사라지게 되면 빛깔이 풍부하고 향이 풍부하고 맛이 풍부한 싹[林藤]의 수풀이 생겨나게 되었다. 빛깔은 비유하면 까담부까꽃 같고, 맛은 비유하면 끓이지 않은 벌꿀 같다. 그들은 그 음식을 먹고 소유하며 수명이 길고 오래 산다. 그들 중 음식을 적게 먹은 이는 빛깔이 좋지만, 많이 먹은 이는 빛깔이 나빠진다. 그와 같이 두 가지 음식으로 인해 빛깔도 두 종류로 나타난다. 빛깔이 둘로 변함에 따라 유정이 다른 유정에게 "아! 유정이여, 나의 빛깔은 좋고, 너의 빛깔은 나쁘다."라고 하면서 무시한다. 그렇게 빛깔로 인해 거만해지며 불선을 행함으로써 싹의 수풀이 사라지게 된다.**347**

라고 설하였고, 또한 같은 경에서

비구들이여, 그 유정들에게 싹의 수풀이 사라지게 되면 경작하지 않고 심지 않아도 저절로 '쌀루' 쌀이 생겨난다. 껍질도 쭉정이도 없고, 청정하고 깨끗하며, 길이

---

347 데게, 불설, 율, ca, 제3품 50a; 교정본 No.5, p.132. (T.23,1442,635b,25)

가 네 손가락 너비쯤 되고, 덮인 것이 없다. 저녁에 수확하면 아침에 자라서 다시 생겨나고, 아침에 수확하면 저녁에 자라서 다시 생겨나니, 수확하는 대로 다시 생겨나 수확한 티가 나지 않는다. 그들은 이것을 먹고 소유하며 수명이 길고 오래 산다. 유정들이 경작하지 않고 심지 않은 쌀을 먹기 때문에 구분되는 생식기[根]가 생겨나게 된다. 어떤 이는 남성 생식기를 갖게 되고, 어떤 이는 여성 생식기를 갖게 된다. 남성을 가진 이와 여성을 가진 이가 서로 마주보게 되고, 서로 보면 볼수록 애착이 일어난다. 애착하게 될수록 부끄러움이 사라지고, 부끄러움이 사라짐에 따라 사행邪行을 짓게 된다. 다른 유정들은 어떤 유정과 다른 유정 간의 사행을 보고 흙을 뿌리고, 돌, 자갈, 모래를 던지며 이와 같이 말하길, "이 악한 유정아, 하지 말아야 할 짓을 하고 있구나. 악한 유정 그대가 하지 말아야 할 짓을 하고 있구나. 어째서 그대는 다른 유정을 오욕汚辱하는가?"라고 한다. 마치 오늘날 유정들이 신부를 맞이할 때 가루를 뿌리고 향과 꽃과 튀긴 쌀을 뿌리며 "자매여, 행복하여라."라고 말하는 것처럼, 유정이 사행을 하는 것을 보고 다른 유정들은 흙을 뿌리고, 돌, 자갈, 모래를 던지며 "이 악한 유정아, 하지 말아야 할 짓을 하고 있구나. 악한 유정 그대가 하지 말아야 할 짓을 하고 있구나. 어째서 그대는 다른 유정을 오욕汚辱하는가?"라고 한다. 비구들이여, 이렇듯 과거 비법非法이라 했던 것을 오늘날 법이라고 한다. 과거에 율이 아니라고 했던 것들을 오늘날 율이라고 한다. 과거에 비난받던 것들이 오늘날 칭찬받고 있다. 그것을 하루 정도 삼가고, 이틀 정도 삼가고, 사흘이나 칠일 정도 삼간다. 유정들이 불선이 되는 바르지 않은 법을 행하는 유정들을 매우 싫어하고 금행禁行을 실천하기 때문에, 집을 짓고서 "우리는 여기서 하지 말아야 할 행위를 하자. 여기서 하지 말아야 할 행위를 하자."라고 하였으며, 이로부터 '가정'이라는 이름이 생겼다. 비구들이여! 이것이 세간에 생겨난 가정의 사업 중에 첫 번째이다.**348**

라고 자세히 설하였다. 이를 『입세간론立世間論』에서도 상세하게 설하고 있다.

그러므로 불교경론에서는**349** 그 당시의 인도철학의 일반적 관점과 동일하게 설명한다. 이 세간에 인류가 최초로 살기 시작한 때를 일컬어 '원만시(圓滿時, kritayuga)'라고 하며 그다음 '삼분시(三分時,

---

348 데게, 불설, 율, ca, 제3품 50b; 교정본 No.5, p.133. (T.23.1442.635c.2)

349 현대과학자들은 이 세계에 인간이 출현하는 과정에 대해 위에서 말한 바와 달리 설명한다. 인류의 기원은 유인원에서부터 시작되며 최초에는 사족보행을 했다. 선사시대의 인류들은 동물과 같이 지능이 그리 높지 않았다고 하며, 시간이 지나 석기와 청동기를 차례로 사용하면서부터 인류의 지능도 점점 발전하여 현대에 이르러서는 과학과 기술이 정점에 이르게 되었다고 한다.

tretāyuga),’ ‘이분시(二分時, dvāparayuga)’, ‘분쟁시(爭鬪時, kaliyuga)’가 차
례로 일어난다고 한다. 분쟁시는 인간의 수명이 100년인 현 시대이
고, 오탁五濁이 만연하는 시대라고 하고, 열등한 시기로 간주된다. 원
만시에는 사람들이 자연스럽게 법을 행하고 비법의 행위는 하지 않
는데, 비법의 행위 한 가지가 세간에서 일어나게 되면, 그 시기는 원
만시가 아니라 삼분시가 된다. 비법의 행위가 두 가지 일어나게 되면,
이분시이고, 온갖 종류의 비법의 행위가 일어나는 시기를 분쟁시라
고 한다. 이러한 설명은 인도의 과거 철학자들의 학설과 맥락이 일치
한다.

2.
『깔라짜끄라 딴뜨라』에서 설명하는
기세간의 형성 과정

『깔라짜끄라 딴뜨라』에서는 우리가 살고 있는 이 기세간이 형성되기 이전에는 텅 빈 상태였고, 그때 모든 물질은 '공진空塵'으로 존재했으며, 오랜 시간이 흐른 뒤 풍진風塵이 서로 모이기 시작하면서 세계가 형성되기 시작했다고 설한다.

이전의 세계가 소멸된 후 허공계에는 공진이라 일컫는 극미진들이 흩어져서 머물고 있었고, 이것들이 모이기 시작하면서 풍륜부터 순차적으로 형성되었다. 그리고 '공'이라 일컫는 극미들 중에서 결합되지 않은 채로 보이지 않게 허공에 머물고 있던 풍진들이 서로 결합하기 시작한다. 이것들은 결합되기 전에는 그 자체가 가볍고 움직이는 성질이긴 했으나 움직여서 다른 곳으로 이동할 수 없었고, 결합한 후에는 가볍고 움직이는 성질로 다른 곳으로 이동할 수 있었다. 따라서 이를 '세간을 형성하는 풍'이라고 부른다. 이것은 세계의 형성 기반이 되는 풍륜의 최초 원인이지만, 실제 풍륜은 아니라고 한다.

그다음 별개로 흩어져 있던 풍과 화의 극미진들이 점차 결합하고, 이것들이 접촉함으로써 풍을 가진 번개[電]와 같은 불의 형상이 나타나는데, 이를 '화륜을 최초로 형성하는 화火'라고 한다. 그다음 화와 수의 극미진들이 모여 완전히 결합하고, 이것들이 접촉함으로써 화와 풍을 가진 비와 같은 형상이 나타나는데, 이를 '수륜을 최초로 형성하는 수水'라고 한다. 그다음 수와 지의 극미진이 점차 모여 완전히 결합하고, 이것들이 접촉함으로써 허공에 무지개와 같은 형상이 나타나는데, 이를 '지륜을 최초로 형성하는 지地'라고 한다.

이와 같이 풍·화·수·지 넷은 순차적으로 증가하고, 이로부터 하부 기반인 원형의 풍륜·화륜·수륜·지륜이 형성된다. 그다음 수미산이 형성되는데 모양은 둥글고, 뿌리는 좁고 꼭대기는 넓으며, 그 주위를 7산七山, 7해七海, 7주七洲가 둘러싸고 있고, 상공에는 행성과 별들이 차례대로 형성된다. 처음에는 매우 투명하고 무지개와 같던 땅이 점차 거칠게 변하며 기세간이 형성되고, 미昧의 극미진 혹은 허공계의 극미진들이 도처에 두루 퍼지게 된다고 한다.

뿐다리까(Puṇḍarīka) 논사는 『깔라짜끄라 무구광대소無垢光大疏』에서 이렇게 설명한다.

> 극미진들 중 최초로 풍극미진이 서로 결합하고, 그 결합체는 가볍고 운동성이 있으며 '풍'이라고 한다. 이와 같이 화극미진이 완전히 결합된 풍을 지닌 번개를 '화'라고 한다. 이와 같이 수극미진이 모여 완전히 결합된 풍과 화를 지닌 비를 '수'라고 한다. 이와 같이 지극미진이 완전히 결합하여 허공에 인드라의 활(무지개)이 나타나는 것을 '지'라고 하며, 미극미진 등이 도처에 퍼져 있다고 한다.350

---

350 『Vimalaprbhā』, 데게, 논소, 밀교소, tha, 제7섭계품攝界品, 156a; 교정본 No.6, p.367.

우리가 살고 있는 이 세간을 중심으로 하여 동남서북과 4간방, 상·하 등 시방의 각각에 4대주를 갖춘 세계가 천 개에 달하는 것을 '일천세 계一千世界'라고 한다. 이와 같은 방식으로 시방각각에 일천세계가 이 천 배씩에 달하는 세간계를 '이천세계二千世界(二千中世界)'라고 한다. 다시 이와 같은 방식으로 시방각각에 이천세계가 삼천 배씩에 달하 는 세간계를 '삼천세계三千世界'라고 한다. 나아가 이를 기준으로 한 무량수의 세계를 '대천세계大千世界'라고 한다. '무량無量'이라는 것은 흔히 말하는 셀 수 없는 수량이 아니라 일, 십, 백, 천, 만, 십만 등 십진 법의 60번째 끝 단위를 말한다.

이 또한 『깔라짜끄라 무구광대소無垢光大疏』에서 다음과 같이 설 한다.

> '일천'이라고 하는 것은 이 세계를 중심으로 상·하에 천
> 개씩과 상·하와 같이 동·남·서·북과 '진리가 없는 곳',
> '힘을 지닌 곳', '바람', '불'의 간방에도 그러하다. 이와
> 같이 '이천'과 '삼천'의 세계가 있다. 그리고 '대천'이라
> 는 것은 무량의 세간계이다.**351**

아비달마의 논서와 『깔라짜끄라 딴뜨라』에서 설하는 세간에 대한 해 설의 차이는 다음과 같다.

---

351 데게 논소, 밀교소, da,제3섭혜품攝慧品, 256b; 교정본 No.6, p.1278.

아비달마에서는 수미산의 모양이 사각형이라고 설명하지만, 『깔라짜끄라 딴뜨라』에서는 둥근 형태라고 한다. 색깔과 관련하여 아비달마에서는 수미산의 동면은 은銀, 남면은 청금석靑金石(vaiḍūrya), 서면은 붉은 수정(sphaṭika), 북면은 금으로, 각각 그의 색깔을 띠며, 그 색채가 허공에 비치기 때문에 네 개의 주洲가 마주한 각각의 허공도 그 색깔을 띤다고 한다. 『깔라짜끄라 딴뜨라』에서는 수미산의 동면은 흑색, 남면은 적색, 북면은 백색, 서면은 황색이라고 한다. 크기와 관련하여 아비달마에서는 수미산이 수면 위로 8만 유선나가 솟아 있고, 수면 아래로 8만 유선나가 잠겨 있다고 한다. 『깔라짜끄라 딴뜨라』에서는 수미산의 높이가 10만 유선나라고 한다. 여기서 말하는 10만 유선나는 아비달마에서의 20만 유선나에 해당한다. 또한 아비달마에서는 수미산의 둘레에 일곱 개의 금산金山과 일곱 개의 향해香海가 번갈아서 펼쳐져 있고, 이들 사이에는 주洲가 없다고 설명한다. 『깔라짜끄라 딴뜨라』에서는 수미산을 여섯 주洲, 여섯 바다, 여섯 산이 둘러싸고 있고, 그 바깥에는 일곱 번째 대주大洲가 있고, 일곱 번째 바다인 외해外海 혹은 소금물 바다[鹹海]가 있고, 일곱 번째 산인 철위산鐵圍山이 있다고 한다. 두 문헌에는 이와 같은 차이가 있다.

또한 불교경론에서는 우리가 살고 있는 세계뿐만 아니라 시방에 무한한 세간계가 존재한다고 한다. 『화엄경』에서 다음과 같이 설한다.

허공계가 어디까지 존재하는 한
일체중생계도 그와 같다.**352**

『금강수관정 대딴뜨라[金剛手灌頂大續]』에서도 다음과 같이 설하였다.

> 선남자여, 세계속화기장장엄世界續華基藏莊嚴 라고 일컫
> 는 무수히 많은 세계를 명확히 드러내는 것이 존재한다.
> 이 무수한 세계를 명확히 드러내는 것 각각에도 세계가
> 상호연결됨을 분명히 보여주는 무수한 세계망世界網이
> 한량없이 있음을 알아야 한다. 선남자여, 상호연결된 세
> 계망의 범위는 이러하다. 10억의 4대주 세계, 10억의 수
> 미산, 10억의 대해, 10억의 해와 달을 총 망라한 것이 삼
> 천대천세계이다. 10억의 삼천대천세계를 총 망라한 것
> 이 화기장장엄결합華基藏莊嚴結合 하나이다. 10억의 화
> 기장장엄결합을 총 망라한 것이 화기장장엄속결합華基
> 藏莊嚴續結合 하나이다. 10억의 화기장장엄속결합을 총
> 망라한 것이 화기장장엄중속결합華基藏莊嚴中續結合 하
> 나이다. 10억의 화기장장엄중속결합을 총 망라한 것이
> 세계속화기장장엄 하나이다.**353**

이처럼 사대주에서부터 범천계에 이르는 세계가 10억 개면 하나의
삼천대천세계이고, 이와 같은 세계가 10억 개면 하나의 화장장엄세

---

352 데게, 불설, 화엄, a, 제22권, 361a; 교정본 No.38, p.795. (T.10.293.848a.17)

353 『vajrapāṇi-abhiṣekamahā-tantra』. 데게, 불설, 밀교 da, 제1품, 3b; 교정본 No.87, p.7.

계망이며, 이와 같은 세계가 10억 개면 하나의 화장장엄세계속이고, 이와 같은 세계가 10억 개면 하나의 화장장엄세계중속이며, 이와 같은 세계가 10억 개면 하나의 화장장엄세계해를 이룬다고 설하였다.

또한 세계는 외양과 형태가 각기 다르며, 어떤 것은 빛이 나고, 어떤 것은 빛이 나지 않는 등 다양한 모습이 있다고 한다. 『화엄경』에서 다음과 같이 설한다.

> 오, 불자들이여! 무수한 세계해의 형상은 여러 가지다. 무수한 세계해 중 어떤 것은 완전히 둥글다. 무수한 세계해 중 어떤 것은 완전히 네모나다. 무수한 세계해 중 어떤 것은 허공의 도처에 흩어져 있다. 무수한 세계해 중 어떤 것은 소용돌이 형상을 하고 있다. 무수한 세계해 중 어떤 것은 빛나는 산의 형상을 하고 있다. 무수한 세계해 중 어떤 것은 여러 가지 나무가 모여 있는 형상을 하고 있다. 무수한 세계해 중 어떤 것은 여러 가지 꽃이 모여 있는 형상을 하고 있다. 무수한 세계해 중 어떤 것은 여러 집이 모여 있는 형상을 하고 있다. 무수한 세계해 중 어떤 것은 다양한 유정의 몸의 형상을 하고 있다. 무수한 세계해 중 어떤 것은 다양한 흔적의 형상을 하고 있다. 이 외에도 세계해의 형상은 완전히 드러나니 세계해의 티끌 수만큼이니라.[354]

---

354 데게, 불설, 화엄, ka, 제4품, 94a; 교정본 No.35, p.208. (T.10.279.36a.21)

또한 『화엄경』에서 설하였다.

어떤 국토 광명이 없어
어둡고 두려움 극심하며
닿으면 고통이 칼날인 듯
바라보면 견딜 수 없이 떨리네.

어떤 국토 천상 광명
어떤 국토 궁전 광명
어떤 국토 일월 광명
국토의 그물은 부사의하네.

어떤 국토 스스로 광명 내어
나무들 무구광명 발하고,
어떤 곳은 고통 보이지 않으니
이는 중생들의 선업에서 생기네.

어떤 곳은 산의 광명
어떤 국토 보배 광명
어떤 곳은 등불이 빛 발하니
이는 중생의 업력에서 생기네.

어떤 국토 붓다의 광명 있어

보살들이 도처에 가득하며
어떤 국토 연꽃의 광명으로
발하는 그 빛이 매우 아름답네.

어떤 국토는 꽃의 광명
향수 광명 갖춘 곳도 있어
도향塗香 소향燒香 빛 발하니
원력願力의 힘으로 정화된다네.**355**

일반적으로 세계는 그 시작과 끝이 없지만, 개별적인 하나의 세계를 살펴보면 그 시작과 중간과 끝의 시간적 순서가 분명하게 있다고 한다. 우리가 살고 있는 이 세간계가 전개되는 과정도 공겁空劫, 성겁成劫, 주겁住劫, 괴겁壞劫이라는 주요한 4단계의 시간적 순서가 존재하고, 각각의 단계는 20중겁中劫이라는 길고도 오랜 시간이 소요된다. 이 세간계는 허공계와 지·수·화·풍 4계의 5대五大로부터 성립되었다. 그리고 허공계는 다른 요소들을 성립시키며, 작용의 기회를 마련한다. 붕괴의 연緣은 지계와 허공계를 제외한 나머지 화·수·풍의 세 가지 요소에 의해 이루어진다고 경론에서 설하고 있다.

355 데게, 불설, 화엄, ka, 제9품, 144b; 교정본 No.35, p.323. (T.10,279,53b,1)

3
유정세간과 기세간의
소멸 과정

불교경론에는 세간이 붕괴되는 과정에 대한 다양한 해설이 있다. 예를 들면 『부자합집경父子合集經』에서 다음과 같이 설한다.

이 세계가 붕괴되는 때가 존재한다. 세계가 붕괴하게 될 때, 세계에는 두 개의 태양이 나타난다. 두 개의 태양이 세계에 나타남으로써 샘과 개울들이 말라버린다. 그다음 세 개의 태양이 세계에 나타난다. 세 개의 태양이 세계에 나타남으로써 큰 샘과 큰 하천들이 말라버린다. 그다음 네 개의 태양이 세계에 나타난다. 네 개의 태양이 세계에 나타남으로써 4대강이 흘러나오는 거대한 호수 아나와따쁘따(Skt, Anavatapta, Tib, ma dros pa)**356**마저 모두 말라버리고 증발하여 사라지게 될 것이다. 그다음 다섯 개의 태양이 세계에 나타난다. 다섯 개의 태양이 세계에 나타남으로써 대해도 1유선나만큼 모두 줄어들고 완전히 줄어들 것이다.**357**

---

356 산스크리트어 Anavatapta를 음사하여 아뇩달阿耨達이라고 하고, 무열無熱 또는 무열뇌無熱惱라고도 번역한다. 고대 인도의 신화에 따르면 이 호수는 세상의 중심에 있으며, 4대강의 본원이 된다고 한다. (역자주)

357 데게, 불설, 보적, nga, 제26품, 130b: 교정본 No.42, p.312. 티베트역과 한역이 완전히 일치하지는 않는다. (T.11,310,415c,2)

아쌍가 논사는 『유가사지론』에서 다음과 같이 설한다.

단 한 명의 유정도 남지 않게 되었을 때 자원들도 사라
지게 된다. 자원들이 생겨나지 않게 되었을 때 비도 내
리지 않게 된다. 비가 내리지 않기 때문에 대지에는 풀
과 약초와 나무들이 모두 마르게 된다. 가뭄이 들고 태
양[日輪]은 아주 강하게 불태울 것이다. 여섯 가지 불태
울 물질이 존재하기 때문에 유정들이 가진 붕괴의 업력
에 의해 또 다른 여섯 개의 태양이 나타나게 된다. 이 태
양들도 각각 원래 태양의 네 배의 힘으로 불태운다. 태
양이 일곱 개로 늘어나면 일곱 배로 불태우게 된다.
여섯 가지 태울 물질이란 무엇인가? 작은 웅덩이와 큰
웅덩이가 두 번째 태양에 의해 마르게 된다. 작은 강과
큰 강은 세 번째 태양에 의해 마르게 된다. 큰 호수 아나
와따쁘따는 네 번째 태양에 의해 마르게 된다. 대해는
다섯 번째 태양과 여섯 번째 태양의 일부에 의해 마르게
된다. 수미산과 대지는 그 몸체가 매우 견고하기 때문에
여섯 번째 태양과 일곱 번째 태양이 불태운다. 이 불길
이 바람에 번져서 범천계까지 이르는 세계를 불태운다.
이들도 세 가지 유형의 물질이 있다. 물에서 생긴 물질
인 풀 등은 첫 번째 태양에 의해 마르게 된다. 물의 물질
들은 다른 다섯 개의 태양에 의해 마르게 된다. 견고하
고 단단한 물질의 사물들은 두 개의 태양에 의해 불타게

된다. 이 세계에 머무는 것들이 이처럼 불타고 태워지는 것에 대해 경에 나오는 그대로 자세하게 설명하겠다. 연기도 없고 재의 흔적조차도 없게 되며, 이렇게 하여 기세간이 붕괴되면서 세간이 소멸되고, 20중겁이 지난다. 이처럼 기세간의 붕괴도 20중겁 동안 지속된다.

물에 의한 붕괴[水災]는 무엇인가? 불에 의한 붕괴가 일곱 번 지나간 뒤 제이정려의 수계水界가 나타나고 수계는 물이 소금을 녹이듯 기세간을 녹이며, 그 수계 또한 기세간과 함께 사라지게 된다. 붕괴된 뒤에도 (괴겁의) 20중겁은 계속된다.**358** 바람에 의한 붕괴[風災]는 무엇인가? 처음 물에 의한 붕괴가 일곱 번 있고, 다음 불에 의한 붕괴가 한 차례 일어난다. 그다음에 제삼정려에서 풍계가 나타나고, 바람으로 몸을 말리듯이 기세간을 붕괴시키게 된다. 이 풍계 또한 기세간과 함께 사라지게 된다. 마치 어떤 사람이 풍계로 인해 교란되면 뼈까지도 줄어드는 것과 같다. 붕괴된 뒤에도 (괴겁의) 20중겁은 계속된다. 세간이 붕괴되는 것은 이와 같다.**359**

하부 아비달마의 논서에 따르면, 우리가 살고 있는 이 세간이 붕괴될

---

358 의역하면 '이러한 붕괴의 과정은 20중겁 동안 계속된다'이다. (역자주)

359 데게, 논소, 유식, tshi, 제2품, 17b; 교정본 No.72, p.709. (T.30.1579.286a.25)

제5장 기세간器世間과 유정세간有情世間의 생성과 소멸 과정

때는 태양의 온도가 점점 높아지면서 불에 의해 붕괴된다고 한다. 일반적으로 기세간이 붕괴될 때에는 화·수·풍에 의해 붕괴되는데, 하부 아비달마에서는 연속적인 일곱 번의 화재가 일어나고 이어서 수재가 한 차례 일어나는데, 이렇게 수재가 일곱 차례 일어난 후에는 다시 일곱 차례의 화재가 일어나고 잇따라 한 번의 풍재가 일어나 소멸된다고 한다.

『아비달마대비바사론』에서는 다음과 같이 설한다.

> 어떤 이가 말하길, 세간이 붕괴될 때 하나의 태양이 일곱 개의 태양으로 나타나고, 그것들의 힘으로 세간이 붕괴될 것이라고 하였다. 또 어떤 이가 말하길, 하나의 태양이 말겁에는 열기가 일곱 배가 되어 세간을 불태워버릴 것이라고 하였다.[360]

또한 『아비달마구사론』에서 다음과 같이 설한다.

> 불로써 일곱 차례, 물로써 한 차례
> 그와 같이 물로써 일곱 차례가 지나간 뒤
> 불로써 일곱 번 그 이후
> 최후에 풍으로써 붕괴된다.[361]

---

[360] 근대 중국의 역경사 법존法尊 법사의 원고. 제133품, p.225. (T.27,1545,690a,18)

[361] 데게, 논소, 아비달마, ku, 제3품, 10b:102; 교정본 No.79, p.24. 티베트역과 한역이 약간 상이하다. (T.29,1558,66b.2)

이와 같이 『아비달마구사론』에서는 세간이 불에 의해 56차례 붕괴되고 물에 의해 7차례 붕괴되어, 불과 물에 의해 총 63차례 붕괴가 일어나고, 최후에는 바람에 의해 한 차례 붕괴될 것이라 하였다. 『유가사지론』에서는 불과 물에 의해 57차례 붕괴된 후 바람에 의해 소멸된다고 설하였다.

『깔라짜끄라 딴뜨라』에서 설하는 기세간의 붕괴 과정은 다음과 같다. 기세간은 최초에 허공계의 미진에 의해 형성되므로 붕괴될 때에도 거친 색이 점점 미세해져서 허공계의 미세한 공미진의 본질에 이르게 된다. 분해의 과정은 지·수·화·풍의 순서대로 진행된다. 기세간에 서로 결합되어 공존하던 지地미진들이 분해되어 수에 흡수되고, 수水미진들도 분해되어 화로 흡수되고, 화火미진들도 분해되어 풍으로 흡수되고, 풍風미진들도 이와 같이 분리되어 세계가 최초에 형성되기 이전의 미진들처럼 근식으로 파악할 수 없는 미진의 형태로 흩어져 허공에 두루 퍼진다.

『깔라짜끄라 무구광대소』에서는

세간이 붕괴될 때 '지로부터'라고 하는 것은 지가 수 등의 요소[界]의 미진이 된다는 것이다. 완전히 결합되어 있던 지미진의 결합으로부터 분해되고, 분해된 지미진들은 수계 미진의 결합에 흡수된다. 그와 같이 수계로부터 분해되어 화에 흡수되고, 화계로부터 분해되어 풍에 흡수되며, 풍으로부터 각각이 허공계 곳곳에서 작용한다. 이렇게 세간계가 응축되는 것이지, 지하에 '겁화劫

火'라는 어떤 천신이 있어서 세간계를 불태우고 재로 만

드는 것이 아니다.**362**

라는 등등을 설하였다.

요약하자면, 불교경론에서는 갠지스 강의 모래알 숫자보다 더
많은 세간계가 존재하며, 그 세계들은 반복해서 형성되고 소멸하는
데 어떤 국토가 형성될 때 동시에 어떤 국토는 공겁의 단계에 있다고
설한다. 세계가 붕괴될 때 그것은 화·수·풍 셋에 의해 붕괴되며, 지·
수·화·풍의 순서대로 흡수되고 결국 허공계에 공미진의 본질로 존
재하게 된다고 한다.

아리야데바(Āryadeva, 聖天) 논사는 『사백론』에서 다음과 같이 설
하였다.

씨앗의 끝은 보이며

그 시작이 존재하지 않는 것과 같다.**363**

바비베까 논사는 중론의 주석인 『반야등론석』에서 다음과 같이 설하
였다.

---

362 데게, 논소, 밀교소, da, 제4섭혜품, 275b; 교정본 No.6, p.1324.

363 데게, 논소, 중관, tsha, 제8품, 10a:25; 교정본 No.57, p.802.

"모든 사물은 시초가 존재하지 않는다."라고 아래에서 설명하기 때문에, 항아리 등은 무시이래로 하나의 원인에서 또 다른 하나로의 흐름 속에서 생겨나는 것이며, 시초가 존재하는 것이 아니다.**364**

이와 같이 싹의 씨앗과 항아리를 비롯한 모든 사물들은 무시이래로부터 하나의 원인에서 다른 하나로의 흐름으로 이어져 온 것이기에 그 원인의 시초를 파악할 수 없다. 무시이래로부터 오직 인과연기의 바퀴에 의해 세계가 형성되고 소멸하는 흐름이 일어나고, 지금도 앞으로도 끝없이 형성과 소멸의 흐름은 전개될 것이다. 그러므로 불교학자들은 세계의 형성과 소멸이 어디에서부터 시작하여 어디에서 끝난다고 확정할 수 없다고 말한다.

---

364 데게, 논소, 중관, tsha, 제11품, 139b; 교정본 No.57, p.1145. (T.30,1566,87a,27)

4
『깔라짜끄라 딴뜨라』에서 설명하는
허공미진과 천체의 운행

『깔라짜끄라 딴뜨라』에서는 이전 세간이 소멸된 뒤 빈 허공이 남게 되며, 일반인들이 안眼 등 근식으로 지각할 수 없고 다른 미진과 서로 결합하여 특별한 미취微聚를 이루지 않는 '공진空塵'이라고 하는 극미진이 흩어져 머문다고 설명한다. 공진에는 다섯가지가 있는데, 지·수·화·풍·허공의 극미진들이다. 보통 공진이라고 함은 각 요소[界]의 가장 미세한 여섯 가지 측면으로서, 지·수·화·풍, 허공, 지知의 공진을 일컫는다. '지知의 공진'이라는 것은 법성에 '진塵'이라는 명칭을 붙인 것일 뿐 실제 극미진이 아니다. 그럼에도 이처럼 명칭을 붙인 이유는 다섯 원소의 '입자[塵]' 모두가 무자성이기 때문에 세간이 생성되고 소멸하는 모든 작용이 가능하고, 만약 이 '입자'들이 유자성이라면 생성과 소멸 어떤 것도 가능하지 않음을 알게 하기 위함이다.

그러므로 뿐다리까 논사는 『깔라짜끄라 무구광대소』에서 다음과 같이 설하였다.

> 그러므로 "형성은 발생의 시기에 의지하여 공空들로부터"라고 할 때 공空들이란 세간의 명칭으로, 안眼 등 근根들의 인식 대상이 아니며, 다만 극미진의 본성으로 머무는 것이다 … 법계 전체에 두루 퍼져 있는 여섯 번째 속성이 공空이다.365

깔라짜끄라 체계에서 '허공극미진'은 극히 미세한 다른 유색 미진들의 토대가 된다고 한다. 이와 같은 허공극미진은 천공天空미진과 차이가 없다. '허공극미진'이라고 할 때의 허공은 아무것도 존재하지 않는 텅 빈 것이 아니라 다섯 가지 법처색 중 하나인 극형색을 말한다. 이것은 장애하는 접촉을 여읜 것이며, 오직 의식에만 현현하는 투명한 영상이다.

의식으로 극형색을 분해할 수 있을 만큼 분해하여 의식에 현현하는 가장 작은 것을 '허공극미진'이라고 지칭할 뿐이다. 이 허공극미진을 다른 명칭으로 '미극미진味極微塵'이라고도 한다.

이 지구는 토대가 되는 허공계와 지·수·화·풍의 근본 4계를 합쳐 총 5계로 이루어져 있다. 허공계는 다른 계들의 성립과 작용이 일어나게 하므로 사대가 생멸하는 토대가 된다.

또한 이 세계는 ① 초기 생성의 시기, ② 유지의 시기, ③ 붕괴의 시기, ④ 이후 새로운 세계가 형성되기 전까지의 공의 시기, 이렇게 네 시기가 있다. 공의 시기의 허공극미진은 새롭게 형성될 세간계의 모든 물질의 기초가 되고, 지·수·화·풍의 미진이 머무는 모든 위치에 퍼져 있다.

『깔라짜끄라 무구광대소』에서는 다음과 같이 설한다.

미극미진들은 모든 곳에 편재해 있다.**366**

---

365 데게 논소, 밀교소, tha, 제 7섭계품, 155b; 교정본 No.6, p.367.

366 위의 논, 제7섭계품, 156a; 교정본 No.6, p.367.

제5장 기세간器世間과 유정세간有情世間의 생성과 소멸 과정

앞서 설한 바와 같이 이전의 세간계가 괴멸된 후 허공계에 흩어져 있던 '공진'이라 일컫는 극미진들이 모여서 풍륜부터 순차적으로 형성되기 시작한다. 그리고 지·수·화·풍의 사대가 점차 증가하여 하부 기반이 되는 원형의 풍륜, 화륜, 수륜, 지륜이 성립되고, 산과 대륙이 차례대로 형성된다. 그 후 지구의 천구天球 상에는 풍으로 떠받쳐진 황도12궁宮의 궤도[帶]가 형성되고, 중심은 높고 가장자리는 낮은 우산과 같은 형태를 띠며, 그 위에 28수宿가 반시계방향으로 형성된다. 그다음 일곱 개의 천체[七曜]와 라후(Rāhu, 羅睺), 깔라그니(Kālāgni, 劫火), 께뚜(Ketu, 計都/長尾)까지 10개의 천체가 생겨난다.

12궁은 다음과 같이 구성된다. 우수牛宿와 여수女宿의 두 별자리는 동일한 궁 안에서 존재하기 때문에 이 두 수宿를 하나의 수로 여기고 27수로 계산한다. 그리고 1수를 네 부분으로 나누어 한 부분을 수보宿步(pāda)라고 칭한다. 9수보 혹은 2수와 1수의 4분의 1의 부분을 '1궁'이라고 한다.

12궁은 ① 백양궁(白羊宮, Aries), ② 금우궁(金牛宮, Taurus), ③ 쌍자궁(雙子宮, Gemini), ④ 거해궁(巨蟹宮, Cancer), ⑤ 사자궁(獅子宮, Leo), ⑥ 처녀궁(處女宮, Virgo), ⑦ 천칭궁(天秤宮, Libra), ⑧ 천갈궁(天蠍宮, Scorpio), ⑨ 사수궁(射手宮, Sagittarius), ⑩ 마갈궁(摩羯宮, Capricorn), ⑪ 보병궁(寶瓶宮, Aquarius), ⑫ 쌍어궁(雙魚宮, Pisces)이다.

또한 12궁과 27수(혹은 28수)의 관계는 다음과 같다.

① 백양궁에는 루수(婁宿, Āśvinī)와 위수(胃宿, Bharaṇī), 그리고 묘수(昴宿, Kṛttikā)의 1수보가 해당된다.

② 금우궁에는 묘수의 3수보와 필수(畢宿, Rohiṇī), 자수(觜宿,

Mṛgaśīrṣa)의 2수보가 해당된다.

③ 쌍자궁에는 자수의 뒤쪽 2수보와 삼수(参宿, Ārdrā), 정수(井宿, Punarvasū)의 3수보가 해당된다.

④ 거해궁에는 정수의 뒤쪽 1수보와 귀수(鬼宿, Puṣya), 유수(柳宿, Āśleṣā)가 해당된다.

⑤ 사자궁에는 성수(星宿, Maghā)와 장수(張宿, Pūrvaphālgunī), 익수(翼宿, Uttaraphālgunī)의 1수보가 해당된다.

⑥ 처녀궁에는 익수의 뒤쪽 3수보와 진수(軫宿, Hasta), 각수(角宿, Citrā)의 앞쪽 2수보가 해당된다.

⑦ 천칭궁에는 각수의 뒤쪽 2수보와 항수(亢宿, Svāti), 저수(氐宿, Viśākhā)의 앞쪽 3수보가 해당된다.

⑧ 천갈궁에는 저수의 뒤쪽 1수보와 방수(房宿, Anurādhā), 심수(心宿, Jyeṣṭha)가 해당된다.

⑨ 사수궁에는 미수(尾宿, Mūla)와 기수(箕宿, Pūrvāṣāḍhā) 둘과 두수(斗宿, Uttarāṣāḍhā)의 앞쪽 1수보가 해당된다.

⑩ 마갈궁에는 두수의 뒤쪽 3수보와 우수(牛宿, Śravaṇa)·여수(女宿, Abhijit)를 하나로 묶은 1수宿, 그리고 허수(虛宿, Dhaniṣṭhā)의 앞쪽 2수보가 해당된다.

⑪ 보병궁에는 허수의 뒤쪽 2수보와 위수(危宿, Śatabhiṣā), 실수(室宿, Pūrvabhādrapadā)의 앞쪽 3수보가 해당된다.

⑫ 쌍어궁에는 실수의 뒤쪽 1수보와 벽수(壁宿, Uttarabhādrapadā), 규수(奎宿, Revatī)가 해당된다.

『깔라짜끄라 무구광대소』에서는 다음과 같이 설하였다.

> 루수婁宿와 위수胃宿, 묘수昴宿의 1수보가 백양궁이 된
> 다. 이와 같이 9수보 각각은 백양궁 등 12궁을 형성함을
> 알아야 한다.**367**

행성 운행의 측면에서 보면 라후와 깔라그니를 제외한 모든 행성[8曜]은 궁과 수를 반시계방향으로 회전한다. 궁은 12지위地位(지대地帶) 상에서 오직 시계방향으로 회전하며, 궁에 머무는 태양을 비롯한 모든 별들은 골라(gola)풍이 부는 힘에 의해 12지위 상을 시계방향으로 하루에 한 바퀴씩 돈다. 이러한 운행을 '풍행風行'이라고 한다. 라후와 깔라그니를 제외한 행성들의 운행은 수宿에서 반시계방향으로 진행한다.

　또한 깔라짜끄라 문헌들에서는 지구와 행성들의 운행으로 인한 보름달과 그믐달, 일식과 월식의 발생과 혜성의 출현 등을 오차 없이 계산하는 방식을 설하였다. 그리고 행성들은 남쪽 또는 북쪽을 향해 각각 운행하며, 궁과 수의 별들은 남행이나 북행과 같은 어떤 운동도 하지 않고, 각자의 지대地帶 상의 위치를 따라 그 궤도로만 풍행한다고 설한다.

　이를 『깔라짜끄라 무구광대소』에서 다음과 같이 설하였다.

---

367 위의 논, 제7섭계품, 180a; 교정본 No.6, p.425.

그러므로 이렇게 윤전輪轉하는 힘은 궁의 것이지 궁에 머무는 태양의 것이 아니다. 이렇듯 궁의 법륜은 오른쪽으로 도는 반면 행성들은 궁에서 왼쪽으로 이동한다. 궁의 법륜이 도는 것처럼 라후도 서쪽을 향해 수미산을 오른쪽으로 돌며 지나간다. 동쪽을 향하는 행성들은 수미산을 왼쪽으로 돌며 궁의 법륜에 다가간다.**368**

태양은 시간을 구분하는 주요 지표이다. 태양이 그 운행으로 인해 12지대 중 어떤 특정 궁에 위치할 때 남쪽 또는 북쪽으로의 운동과 밤낮의 길이의 차이가 생긴다고 한다.

이를『깔라짜끄라 무구광대소』에서 다음과 같이 설하였다.

태양이 백양궁 등 어느 궁에 머물 때 12지위를 6계절, 12개월, 24절기로 나누는데, 이는 궁의 법륜이 이동하기 때문이다.**369**

다음 쪽에『깔라짜끄라 딴뜨라』의 천체운행전도(天體運行轉圖)가 첨부되어 있으니 이해에 도움이 되길 바란다.

---

368 위의 논, 제7섭계품, 195a; 교정본 No.6, p.460.

369 위의 논, 제7섭계품, 193b; 교정본 No.6, p.456.

『깔라짜끄라 딴뜨라』에서 설하는 기세간 전도

내주, 내해, 내산에 대한 약도

『깔라짜끄라 딴뜨라』에서 설하는 천체 운행 전도

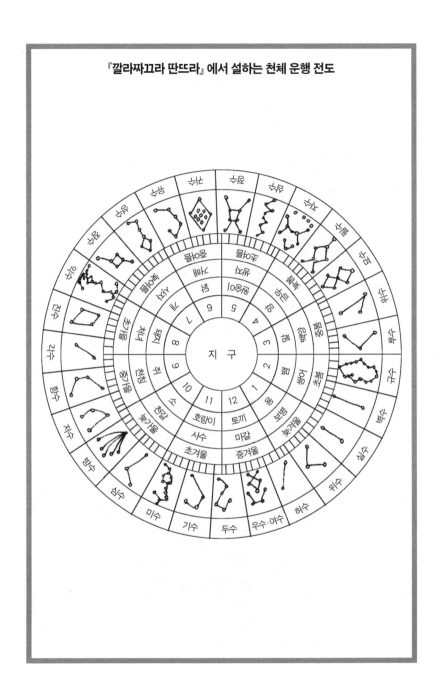

　제5장 기세간器世間과 유정세간有情世間의 생성과 소멸 과정

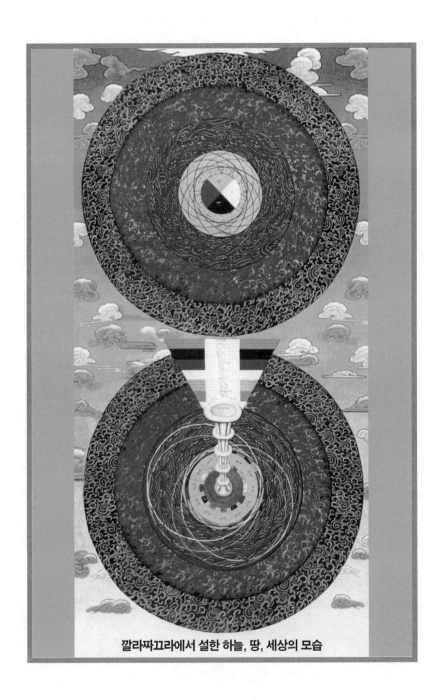

깔라짜끄라에서 설한 하늘, 땅, 세상의 모습

5

아리야바따의 천문학서에서
설명하는 천체의 운행

5세기 날란다의 천문학자 아리야바따(Āryabhaṭa, 476~550)는 아비달마와 깔라짜끄라 문헌에서 설한 내용과는 다르게 원형의 별무리들 가운데 별과 행성들의 궤도로 둘러싸인 허공이 있고, 그 중심에 사대의 본질인 지구가 존재하며, 그 모양은 둥글다고 주장한다.[370] 아리야바따 논사가 저술한 천문학서인 『아리야바띠얌』(Āryabhatiyam)에서 다음과 같이 설명한다.

> 원형의 별들 가운데
> 행성의 궤도로 둘러싸인 하늘 중심에

---

[370] 아리야바따 논사가 불교도인지 외도인지에 대해서는 의견이 분분하지만 날란다에서 수학했다는 점에는 이견이 없다. 브리태니카 사전(Britannica Learning Library, p.27)에서는 그를 불교학자라고 명시한다. 7세기 인도의 논사인 브라흐마 굽따(Brahmagupta)가 저술한 수리천문서 『병천명의梵天明義』(Brāhma-sphuṭa-siddhānta, Tib. tshang pa'i don gsal)에서 아리야바따를 부정하는 내용을 찾아볼 수 있다. 또한 12세기의 힌두교의 논사로 천문학과 수학의 대가였던 바스까라 2세(Bhāskara Ⅱ)는 그의 저서 『종의정례보宗義頂髻寶』(Siddhānta-śiromaṇi, Tib. grub mtha' gtsug gi nor bu)의 「행성품」 제7게송과 제9게송에서 아리야바따에 대한 반론을 제시한다. 제7게송의 내용은 "별무리가 지속적으로 윤전하는 것을 보면, 이 지구를 받치는 의지처는 없는 것이다. 무거운 사물을 허공에 머물게 하는 힘은 볼 수 없기에, 하늘에서 떨어진다고 불교도가 말하는 것이다."라고 하여, 아리야바따의 주장을 불교도의 주장이라 말하였다. 또한 제9게송에서 "공중에 던진 무거운 물건이 땅에 떨어지는 것을 보더라도, 하늘에서 지구가 떨어진다고 하는 것은 불교도의 열등한 지혜가 아니겠는가?"라고 하여 둥근 지구가 자전한다고 주장하는 논파 대상인 아리야바따가 불교도라는 근거를 제시하고 있다.

지수화풍의 본질을 가진

완전한 원형의 지구가 있다.**371**

또한 마치 배를 타고 앞으로 나아갈 때 고정되어 있는 산들이 반대 방향으로 가는 것처럼 보이듯이 지구가 서에서 동으로 자전하는 까닭에 항성들이 허공의 중심선을 기준으로 동에서 서로 이동하는 것처럼 보이지만 실제로 항성이 이동하는 것은 아니라고 말한다. 이에 대해 같은 논서에서 다음과 같이 설명한다.

배를 타고 앞으로 나아갈 때

산들이 뒤로 가는 듯 보이는 것처럼

항성들이 능가(楞伽, laṅka)의 중심선에서

서쪽으로 가는 것도 그와 같다.**372**

만약 이 별들이 이동하는 것이 아니라면 왜 떠오르고 지는 것처럼 보이는가? 논서에서 다음과 같이 답한다.

떠오르고 지는 이유는

항상 타는 풍에 의지해서

---

371 『아리야바띠얌』, 「행성품」 제6게송.

372 위의 논, 「행성품」 제9게송.

지구가 별들과 함께

능가범선楞伽梵線**373**을 돌기 때문이다.**374**

이렇듯 항성들이 떠오르고 지는 이유는 지구와 별들이 바람에 의지해 남북의 양극을 중심축으로 하여 자전하기 때문이다. 또한 월식과 일식이 어떻게 일어나는지에 대해서도 이 논서에서 다음과 같이 설명한다.

달이 태양을 가리는 것으로

지구의 큰 그림자에 의해 달 또한**375**

이와 같이 신월新月(朔)에는 달이 태양을 가리며, 만월滿月(望)에는 지구의 큰 그림자가 달을 가린다고 설명한다.

요컨대 이 논서에서는 천체의 운행, 낮과 밤의 길이, 일식과 월식 등 천문학과 관련된 많은 핵심들을 수학적으로도 명확하게 확립하였으며, 이는 현대 천문학의 관점과 매우 유사하다.

---

373 능가의 중심선, 혹은 능가범선(laṅka-brahma)이란 지구의 남쪽과 북쪽 양극을 연결하는 중앙축을 말한다. (역자주)

374 위의 논, 「행성품」 제10게송.

375 위의 논, 「행성품」 제37게송.

6
측량의 단위와
수의 체계

1) 총설

아비달마와 깔라짜끄라의 문헌 등에서 기세간의 크기와 기세간·유
정세간의 성·주·괴·공의 기간 등을 확립할 때, 이와 관련하여 측량
의 단위에 대해서도 광범위하게 설명하였다.

측량의 단위에는 색법의 단위와 시時의 단위 두 가지가 있다. 이
전 장에서 말한 바와 같이 바쑤반두 논사의 『아비달마구사론』과 『구사
자석』에서 색의 최소 단위는 극미이고, 이것이 쌓여서 구로사와 유선
나가 성립된다고 하였다. 또한 명칭의 최소 단위는 문자이고, 이것이
모여 쓸로카376가 되고 장이 되고 논서가 성립되며, 시의 최소 단위는
시변제찰나이고, 이것이 모여 일, 월, 년이 되고 겁이 성립된다고 한다.

2) 색법의 단위

극미(極微, Paramāṇu) 일곱 개는 미진(微塵, Aṇu) 하나이다. 미진 일곱

---

376 쓸로카(Śloka, Tib. sh+lau ka)는 산스크리트 문학에서 사용되는 형식으로 보통 운문의 단위
를 나타내는데, 일반적으로 16음절로 이루어진 2쌍을 말하고, 그것은 각각 8음절로 이
루어진 두 개의 반행으로 구성된다. 티베트 번역에서는 4행게송을 말한다. 이는 산문에
서도 사용되는데 이 경우 32음절로 계산한다.

개는 금진(金塵, Loharajas) 하나가 되고, 금진 일곱 개는 수진(水塵, Abrajas) 하나가 되고, 수진 일곱 개는 토모진(兎毛塵, Śaśarajas) 하나가 되고, 토모진 일곱 개는 양모진(羊毛塵, Avirajas) 하나가 되고, 양모진 일곱 개는 우모진(牛毛塵, Gorajas) 하나가 되고, 우모진 일곱 개는 일광진(日光塵, Vātāyanacchidrarajas) 하나가 되고, 일광진 일곱 개는 기(蟣, Likṣā) 하나가 되고, 기 일곱 개는 슬(虱, Yūka) 하나가 되고, 슬 일곱 개는 맥(麥, Yava) 하나가 되고, 맥 일곱 개는 지절(指節, Aṅguliparvan) 하나가 되고, 지절 열두 개는 걸수(搩手, Vitasti) 하나가 되고, 지절 스물 네 개는 주(肘, Hasta) 하나가 되고, 주 네 개는 궁(弓, Dhanus 또는 심尋, vyāma) 하나가 되고, 궁 오백 개는 구로사(俱盧舍, Krośa) 하나가 되고, 구로사 여덟 개는 유선나(踰繕那, 由旬, Yojana)가 된다.

이를 바쑤반두 논사는 『구사자석』에서 다음과 같이 설한다.

> 극미 일곱 개는 1미진이다. 미진 일곱 개는 1금진이며, 이것 일곱 개는 1수진이며, 이것 일곱 개는 1토모진이며, 이것 일곱 개는 1양모진이며, 이것 일곱 개는 1우모진이며, 이것 일곱 개는 1극유진이다. 이것 일곱 개는 1기이며, 기 일곱 개는 1슬이며, 슬 일곱 개는 1맥이며, 맥 일곱 개는 1지절이다. 3지절을 1지指라고 하니, 이것은 잘 알려진 것이므로 자세히 설명하지 않은 것이다. 나아가 지절 스물네 개는 1주이고, 주 네 개는 1궁이다. 이는 양팔을 벌린 길이(지극指極)를 말한다. 이것 오백 개를 1구로사라고 하며, 1구로사는 마을로부터 아란야(阿蘭若,

araṇya)에 이르는 길이라고 인정한다. 이것 여덟 개는 1
유선나이다. 유선나의 길이에 대해서는 이미 설명하였
다.**377**

또한 『방광대장엄경』과 『근본설일체유부비나야』, 『입세간론』 등의
경론에 나오는 관련 해설은 앞서 미진에 대한 논술을 통해 간략히 설
명하였다. 『깔라차끄라 요약 딴뜨라』에서는 다음과 같이 설한다.

> 극미진 여덟 개로 이루어진 미진 여덟 개는 머리카락 한
> 올의 끝이 된다. 이로부터 겨자씨, 이[虱], 보리알이 되
> 고, 보리알의 복행腹行은 지절 하나가 되고, 지절의 태
> 양 한 쌍은 한 주가 되며, 주 넷은 한 궁이 된다. 이것이
> 2,000개가 모여 구로사가 되고, 4구로사는 곧 유선나로,
> 이로써 천계와 땅, 허공의 크기를 가늠한다.**378**

해당 문헌에서는 『구사론』과는 또 다른 해석을 볼 수 있다. 여기서 '복
행(腹行, Tib. lto 'agro)'이라고 하는 것은 숫자 8을 가리키며, '태양'은 숫
자 12를 가리키는 단어이다. 즉 '태양 한 쌍'이라고 함은 숫자 12의 두
배인 24를 가리키는 말로 이해할 수 있다.

---

377 데게, 논소, 아비달마, ku, 제3품, 155a; 교정본 No.79, p.381. (T.29.1558.62b.1)

378 데게, 불설, 밀교, ka, 제1품, 23b:13; 교정본 No.77, p.60.

3) 시의 단위

시의 단위에는 해年와 겁劫의 두 가지가 있다. 먼저 해의 단위를 설명하겠다. 120시변제찰나는 1달찰나怛刹那이며, 60달찰나는 1납박臘縛이고, 30납박은 1모호율다(牟呼栗多/須臾), 30모호율다는 1주야, 30주야는 1개월, 12개월은 1년이라고 한다.

『아비달마대비바사론』에서 다음과 같이 설한다.

> 어째서 겁이라 하는가? 겁이란 무엇을 뜻하는가? 답하
> 길, 시간의 부분을 분별하기 때문에 겁이라 한다. 찰나
> 와 납박과 모호율다의 시간을 분별하여 낮과 밤을 이루
> 고, 낮과 밤의 시간을 분별하여 반달과 달, 계절, 해를 이
> 룬다. 반달 등의 시간을 분별하여 겁을 이룬다. 겁은 시
> 간의 부분을 분별하는 가운데 극치이기 때문에 통칭을
> 붙인다.**379**

또한 바쑤반두 논사는『아비달마구사론』에서 다음과 같이 설한다.

> 120찰나는
> 1달찰나이며,
> 그것의 60배는 1납박이다.

---

379 근대 중국의 역경사 법존法尊 법사의 원고. 제135품, p.340. (T.27.1545.700c.4)

모호율다, 주야, 달 이 세 가지는

차례대로 전자의 30배씩 증가한다.**380**

하룻밤을 감滅한 것을 포함한

12달은 1년이다.

대략 계산해보면 율장과 아비달마에서 설하는 1년은 12개월로 구성되어 있는데, 여기에는 하루가 감(滅)해진 30주야 미만의 6개월과 30주야로 전부 채워진 6개월이 있다. 감해지거나 빠지는 날이 생기는 이유는 태음일이 태양일을 대체하지 못하기 때문이다. 태음일이 태양일보다 1/2모호율다가량 짧기 때문에 태양일로 59일이 지나면 태음일 60일이 지나가게 된다. 그러므로 2개월마다 하루를 감滅하는 것이다.

『구사자석』에서 다음과 같이 설한다.

겨울 4개월과 여름 4개월, 봄 4개월**381**이 있어 이 12개월 모두와 감한 날까지 포함하여 1년이다. 1년 동안 여섯 밤이 감해진다. 어찌하여 그런 것인가? 겨울, 여름, 봄의 한 달 반이 지난 다음 나머지 반달은 하룻밤이 감

---

380 델게, 논소, 아비달마, ku, 제3품, 10a:88-89; 교정본 No.79, p.22. (T.29,1558,62b,13)

381 한글 번역본 『아비달마구사론』에서는 세 계절을 추운 계절(寒際, hemanta 혹은 śiśira), 더운 계절(熱際, grīṣma), 비 오는 계절(雨際, varṣa)로 번역하고 있다. 이는 인도 대륙의 기후를 따른 것으로 보인다. 여기서는 티베트역 원문 그대로 번역하였다. 『아비달마구사론』, 권오민 역, p.552. 참조. (역자주)

해진다고 지자들은 말한다.**382**

깔라짜끄라의 계산법에서는 태양이 왼쪽으로 도는 운행으로 황도대를 완전히 한 바퀴 도는 시간의 360분의 1, 또는 한 궁의 30분의 1구간을 태양이 통과하는데 걸리는 시간을 '황도일'이라고 한다. 그리고 태양이 풍행하여 반시계방향으로 지구를 돌 때 한 지역에서 아침 일찍 손금을 보는 시점에서부터 다음날 아침 손금을 볼 때까지의 기간을 '태양일'이라 한다. 달이 반시계방향으로 지구를 한 바퀴 도는 동안 차오르는 15부분과 줄어드는 15부분이 있는데 늘어나거나 줄어드는 한 부분을 '태음일'이라고 한다.

또한 건강한 사람이 한 차례 들이쉬고 내쉬는 것을 '한 호흡[息]'이라고 하고, 여섯 차례의 호흡은 1분, 60분은 1시간, 60시간은 1주야, 30주야는 한 달, 12달은 1년이 된다. 이와 같이 계산하면 1주야는 21,600회의 호흡이 있게 된다. 황도일과 태양일, 태음일 세 가지는 각각의 기준으로 12달을 채우면, 각각의 기준에 따라 1년이 완성되는 것이다.

그러므로 태음일 360일은 태음력 1년이 되고, 태양일 360일은 태양력 1년이 되며, 황도일 360일 역시 황도력 1년이 된다. 세 가지 역법 중 가장 짧은 것은 태음일을 기준으로 한 1년이며, 태양일을 기준으로 한 1년은 태음력보다 6일이 더 길고, 황도일을 기준으로 한 1

---

382 데게, 논소, 아비달마, ku, 제3품, 155b; 교정본 No.79, p.382. (T.29,1558,62b,21)

년은 태양력보다 5일이 더 길다. 이를 대략적으로 계산해보면 태음일 371일, 태양일 365일, 황도일 360일은 모두 같은 시간이다.

이어서 겁의 단위를 말하자면, 앞서 기세간과 유정세간의 형성 과정을 설명할 때 괴·공·성·주의 겁이 있다고 언급하였으며, 이 네 가지를 합해 '대겁'이 된다고 경과 아비달마의 논서 등에서 설명하고 있다.

이 중 괴겁은 무간지옥에서 유정이 새롭게 태어나지 않는 때로부터 시작해서 기세간이 소멸하는 때까지이다. 유정세간이 소멸되는 기간은 19중겁이고, 기세간이 소멸되는 기간은 1중겁으로, 괴겁에 모두 20중겁이 소요된다. 공겁은 이전 세계가 소멸한 뒤 다음 세간계의 형성이 시작되기 전까지 텅 빈 상태로 머무는 기간을 말하며, 이 또한 20중겁이 소요된다. 성겁은 하부 기반인 풍륜이 최초로 형성되기 시작하는 때로부터 시작하여 지옥에 첫 번째 유정이 탄생할 때까지이다. 기세간이 형성되는 데 1중겁이 걸리고, 유정세간이 형성되는 데 19중겁이 걸려 성겁에 모두 20중겁이 소요된다.

주겁은 '주住의 첫 중겁' 때 1중겁이 소요되고 '주住의 최후 중겁' 때 1중겁이 소요되며 '중간 18반返 중겁' 때의 각각의 중겁들까지 더하여 모두 20중겁이 소요된다. '주住의 첫 중겁'은 인간의 수명이 무량한 시기로부터 점차 감소하여 10세에 이르게 되는 기간이다. '중간 18반返 중겁'이라는 것은, 인간 수명이 10세에서부터 증가하여 8만세에 이르렀다가, 다시 8만에서부터 감소하여 10세에 이르게 되는 것을 1중겁이라 하고, 이 같은 증감기를 1중겁으로 계산하여 이것이 모두 18차례 발생하는 기간을 말한다. '주住의 최후 중겁'은 중간의 18중겁이 지나간 뒤 인간 수명이 10세에서부터 증가하여 8만세에 이르게 되는 1중겁의 기간이다.

주겁의 첫 번째와 최후의 두 중겁은 천천히 진행되고 중간의 중겁들은 빠르게 진행되기 때문에 시작과 끝 그리고 중간의 중겁들은 각각 그 소요 시간이 동일하다. 이와 같이 주겁, 성겁, 괴겁, 공겁의 네 단계의 겁의 기간은 각각 20중겁으로 동일하며, 이를 모두 합친 80중겁을 1대겁이라 한다.

이를 『구사론』에서 다음과 같이 설한다.

괴겁은 지옥의 유정이 사라지는 때로부터
기세간이 소멸될 때까지이며
성겁은 풍륜의 최초 발생에서부터
지옥의 유정이 최초로 탄생할 때까지이다.

중겁은 무량 수명에서부터
10세에 이를 때까지이고
그다음 증가와 감소의 겁이 18번 있고
증가하는 것이 한번 있어 수명이 8만세까지이다.
이와 같이 이루어져 머무는 주겁은
20중겁 동안 지속된다.

성겁과 괴겁, 그리고 괴멸하여 허공이 되는
시간은 모두 주겁과 동일하니

80중겁을 대겁이라고 한다.**383**

『상수순相隨順』에서도 다음과 같이 설한다.

> 양 변邊의 두 겁은 느리게 흘러가고 중간의 18겁은 빠르
> 게 흘러가므로 모든 시간은 동일하다.**384**

그렇다면 이 중겁의 시간은 인간의 시간으로 몇 년이 되는가?

1중겁은 인간의 시간으로 3대빈발라(大頻跋羅, mahā-bimbara, 10^{18}), 3빈발라(頻跋羅, bimbara, 10^{17}), 9대긍갈라(大矜羯羅, mahā-kaṅkara, 10^{16}), 7긍갈라(矜羯羅, kaṅkara, 10^{15}), 3대발라유다(大鉢羅庚多, mahā-prayuta, 10^{14}), 8발라유다(鉢羅庚多, prayuta, 10^{13}), 6대나유다(大那庚多, mahā-nayuta, 10^{12}), 2나유다(那庚多, nayuta, 10^{11}), 4대야유다(大阿庚多, mahā-ayuta, 10^{10}) 년이다. 이를 아라비아 숫자로 쓰면 3,397,386,240,000,000,000라는 19자리 숫자가 된다.

1대겁은 인간의 시간으로 2대아추바(大阿芻婆, mahā-akṣobhya, 10^{20}), 7아추바(阿芻婆, akṣobhya, 10^{19}), 1대빈발라, 7빈발라, 9대긍갈라, 8대발라유다, 9발라유다, 9대나유다, 2나유다 년이다. 이를 아라비아 숫자로 쓰면 271,790,899,200,000,000,000라는 21자리 숫자가 된다.

---

383 데게, 논소, 아비달마, ku, 제3품, 10a:90-93; 교정본 No.79, p.23. (T.29.1558.62b.29)

384 『Abhidharmakośaṭīkā-lakṣaṇānusāriṇī』. 데게, 논소, 아비달마, cu, 제3품, 339a; 교정본 No.81, p.840.

이밖에도 1중겁은 인간의 시간으로 9빈바라, 1대겁은 7아추바와 2대빈발라의 년이 된다는 등 다양한 계산법도 있다.

다쌰발라쒸리미뜨라(Daśabalaśrīmitra, 十力吉祥親友) 논사는 사면과 높이가 각각 1구로사인 사각 철통 안을 가득 채운 참깨나 겨자를 백년마다 한 알씩 빼내어 완전히 비우는 데 걸리는 시간이 1중겁이라고 하며, 80중겁은 1대겁이라고 하였다. 다쌰발라쒸리미뜨라 논사는 『유위무위결택론有爲無爲決擇論』에서 다음과 같이 설한다.

> 겁에도 네 가지가 있다. 중겁, 괴겁, 성겁, 대겁이다. 중겁의 단위는 사면과 높이가 각각 1구로사인 철벽으로 둘러싸인 네모난 통이 있고 그 안에 가득 채워져 있는 참깨나 겨자를 백 년마다 한 알씩 꺼내어 완전히 비우는 데 걸리는 시간을 말한다. 80중겁은 1대겁이다. 괴겁은 20중겁이 소요된다.**385**

깔라짜꾸라 문헌에서는 '소겁小劫', '중겁', '승겁勝劫', '대겁'이라는 용어도 언급하고 있다. 그 시간적 길이를 살펴보면, 사면과 깊이가 각각 1유선나인 네모난 구덩이를 머리카락의 둥근 끝단으로 가득 채워 백년마다 한 가닥씩 빼내어 완전히 비워지는 시간을 소겁의 하루라고 하였다. 이 같은 360일을 1년으로 계산하고, 그것의 백 년이 1소겁의

---

385 『Saṃskṛtāsaṃskṛtaviniścaya』. 데게, 논소, 중관, ha, 제8품, 122b; 교정본 No.63, p.327.

기간이다. 소겁의 백 년마다 앞서 말한 머리카락을 채운 구덩이에서 머리카락을 한 가닥씩 빼내어 완전히 비워지는 시간을 중겁의 하루라고 하였다. 이를 기준으로 한 백 년은 1중겁의 기간이다. 중겁의 백 년마다 앞서 말한 방식으로 머리카락을 채운 구덩이에서 머리카락을 한 가닥씩 빼내어 완전히 비워지는 시간을 승겁의 하루라고 하였고, 이것의 1백 년이 1승겁의 기간이다.

『깔라짜끄라 무구광대소』에서는 이와 같이 설명한다.

> 소겁의 길이는, 너비와 깊이가 1유선나인 구덩이에 아주 미세한 머리카락의 끝으로 가득 채워 백 년마다 머리카락을 한 가닥씩 뽑아 완전히 비우면 소겁의 하루가 된다. 이 같은 30일이 한 달이 되고, 열두 달이 1년이 되며, 그 100년을 소겁이라 한다. 이 같은 방식으로 중겁을 계산하고 다음 승겁을 계산한다.[386]

마찬가지로 이와 같은 방식으로 승겁을 계산하여 대겁의 시간을 정한다.

---

[386] 데게, 논소, 밀교소, 제8섭계품, 169a; 교정본 No.6, p.399.

4) 수의 단위

지금까지 해와 겁 등의 단위를 설명한 것은 모두 수의 단위를 통해 이해해야 한다. 그렇다면 수의 단위에서 각 자릿수의 명칭은 어떠한가?

이에 대해서는 바쑤반두 논사가 그의 저서 『구사자석』에서 『해탈경』을 근거로 한 60자리수의 체계를 다음과 같이 자세히 설명하였다.

> 『해탈경』에서 60수數를 설하였다. 무엇을 일컬어 60이라 하는가? 일一, 즉 다른 둘째가 아닌 첫째인 것이다. 일의 열 배는 십十이며, 둘째 자리이다. 십의 열 배는 백百이며, 셋째 자리이다. 백의 열 배는 천千이다. 천의 열 배는 만萬(prabheda)이다. 만의 열 배는 낙차(洛叉, lakṣa, 10^5)이다. 낙차의 열 배는 도락차(度洛叉, atilakṣa, 10^6)이다. 도락차의 열 배는 구지(俱胝, koṭi, 10^7)이다. 구지의 열 배는 말타(末陀, madhya, 10^8)이다. 말타의 열 배는 아유다(阿庾多, ayuta, 10^9)이다. 아유다의 열 배는 대아유다(大阿庾多, mahāyuta, 10^{10})이다. 대아유다의 열 배는 나유다(那庾多, nayuta, 10^{11})이다. 나유다의 열 배는 대나유다(大那庾多, mahānayuta, 10^{12})이다. 대나유다의 열 배는 발라유다(鉢羅庾多, prayuta, 10^{13})이다. 발라유다의 열 배는 대발라유다(大鉢羅庾多, mahāprayuta, 10^{14})이다. 대발라유다의 열 배는 긍갈라(矜羯羅, kaṁkara, 10^{15})이다. 긍갈라의 열 배는 대긍갈라(大矜羯羅, mahākaṁkara, 10^{16})이다. 대긍갈라의 열 배는 빈발라(頻跋羅, bimbara, 10^{17})이다. 빈발라의 열 배는 대

빈발라(大頻跋羅, mahābimbara, 10^{18})이다. 대빈발라의 열 배는 아추바(阿芻婆, akṣobhya, 10^{19})이다. 아추바의 열 배는 대아추바(大阿芻婆, mahākṣobhya, 10^{20})이다. 대아추바의 열 배는 비바하(毘婆訶, vivāha, 10^{21})이다. 비바하의 열 배는 대비바하(大毘婆訶, mahāvivāha, 10^{22})이다. 대비바하의 열 배는 올충가(嗢蹭伽, utsaṅga, 10^{23})이다. 올충가의 열 배는 대올충가(大嗢蹭伽, mahotsaṅga, 10^{24})이다. 대올충가의 열 배는 바할나(婆喝那, vāhana, 10^{25})이다. 바할나의 열 배는 대바할나(大婆喝那, mahāvāhana, 10^{26})이다. 대바할나의 열 배는 지치바(地致婆, tiṭibha, 10^{27})이다. 지치바의 열 배는 대지치바(大地致婆, mahātiṭibha, 10^{28})이다. 대지치바의 열 배는 혜도(醯都, hetu, 10^{29})이다. 혜도의 열배는 대혜도(大醯都, mahāhetu, 10^{30})이다. 대혜도의 열 배는 갈랍바(羯臘婆, karabha, 10^{31})이다. 갈랍바의 열 배는 대갈랍바(大羯臘婆, mahākarabha, 10^{32})이다. 대갈랍바의 열 배는 인달라(印達羅, indra, 10^{33})이다. 인달라의 열 배는 대인달라(大印達羅, mahendra, 10^{34})이다. 대인달라의 열 배는 삼마발탐(三磨鉢耽, samāpta, 10^{35})이다. 삼마발탐의 열 배는 대삼마발탐(大三磨鉢耽, mahāsamāpta, 10^{36})이다. 대삼마발탐의 열 배는 게저(揭底, gati, 10^{37})이다. 게저의 열 배는 대게저(大揭底, mahāgati, 10^{38})이다. 대게저의 열 배는 염발라사(拈筏羅闍, nimbarajas, 10^{39})이다. 염발라사의 열 배는 대염발라사(大拈筏羅闍, mahānimbarajas, 10^{40})이다. 대염발라사의 열 배

는 모달라(姥達羅, mudrā, 10^{41})이다. 모달라의 열 배는 대모달라(大姥達羅, mahāmudrā, 10^{42})이다. 대모달라의 열 배는 발람(跋藍, bala, 10^{43})이다. 발람의 열 배는 대발람(大跋藍, mahābala, 10^{44})이고 대발람의 열 배는 산야(珊若, samjñā, 10^{45})이다. 산야의 열 배는 대산야(大珊若, mahāsamjñā, 10^{46})이다. 대산야의 열 배는 비보다(毘步多, vibhūta, 10^{47})이다. 비보다의 열 배는 대비보다(大毘步多, mahāvibhūta, 10^{48})이다. 대비보다의 열 배는 발라참(跋羅攙, balakṣa, 10^{49})이다. 발라참의 열 배는 대발라참(大跋羅攙, mahābalakṣa, 10^{50})이다. 그리고 대발라참의 열 배씩하여 아승기야(阿僧企耶, asaṁkhyeya, 10^{60})가 된다. 사이의 여덟 가지 수는 망실亡失되었다. 이와 같이 겁이 60자릿수에 이르면 이것을 일컬어 '무수無數의 겁'이라 한다.[387]

이 십진법의 체계는 1부터 시작하여 10배씩 계산하면 다음 자릿수가 된다. 60자릿수인 아승기야를 무수無數라고 하는데, 이것은 헤아릴 수 없는 수를 일컫는 것이 아니다. 일의 10배는 십, 십의 10배는 백, 백의 10배는 천이라는 등으로 계산하여 59자릿수에 10을 곱한 수를 의미한다.

　이 가운데 일부터 1억(말타)까지의 9개의 자릿수는 '단수單數(단

387 데게, 논소, 아비달마, ku, 제3품, 157a; 교정본 No.79, p.388. (T.29.1558.63b.13)

명수單名數)'라고 하고, 10억(아유다)부터 '무수'의 전까지 '대'자가 붙는 수들은 '첩수疊數(첩명수疊名數)'라고 한다. 또한 사이의 여덟 가지 자릿수의 명칭은 망실되었기 때문에 어떤 적합한 명칭을 추가해야 한다.

그래서 학자들은 '자慈' 등 사무량의 명칭을 적용하기도 하였다. 즉 대발라참의 10배는 '자'이고, 자의 10배는 '대자大慈', 대자의 10배는 '비悲', 비의 10배는 '대비大悲', 대비의 10배는 '희喜', 희의 10배는 '대희大喜', 대희의 10배는 '사捨', 사의 10배는 '대사大捨', 대사의 10배는 무수라고 한다. 한편 지·수·화·풍의 사대원소 이름에 '대大'자를 덧붙여 계산하는 방식도 있다고 한다.**388**

앞서 말한 60자릿수인 '무수'에 10배씩 계산하여 무측無測, 무계無計, 무언無言, 무진無盡, 불가비不可比, 출변出邊, 불가사의不可思議**389** 등으로 이어지는 10진법의 명수법命數法도 있다. 이 밖에도 다른 계산법을 찾아 볼 수 있는데, 예를 들어 『방광대장엄경』에서는 다음과 같이 설한다.

백 구지拘胝는 아유다阿由多라 하고, 백 아유다를 나유다
那由多라 하고… 이를 넘어서 '극미진에 따라감'(Tib. rdul
phra rab la 'jug pa'i rjes su song ba)이라고 하는 수數가 있다.**390**

---

388 예를 들면 10대발라참은 지地, 10지는 대지大地, 10대지는 수水, 10수는 대수, 10대수는 화火, 10화는 대화, 10대화는 풍風, 10풍은 대풍, 10대풍은 무수로 삼는다. (역자주)

389 해당 명칭은 티베트 원문의 의미대로 번역하였다. (역자주)

390 데게, 불설, 경집, kha, 제12품 76a; 교정본 No.46, p.183. 한역 『방광대장엄경』에는 나오

이 경에서는 '구지'에서부터 시작해서 배倍씩 증가하여 '극미진에 따라감'이라는 수에 이르기까지, 32개 단위의 계산법을 설하였다. 또한 『화엄경』에서 아래와 같이 설하였다.

> 백천百千의 백을 1구리拘梨라 하고 … 불가설전不可說轉
> 의 불가설전을 1불가설전전不可說轉轉이라 하느니라.**391**

이처럼 '백'에서부터 시작해 '불가설전전'에 이르기까지 120개 단위를 계산하는 방식도 있다. 이렇듯 경에서는 숫자에 대한 다양한 계산법들을 설하고 있다.

　요약하자면, 앞서 설명한 내용들은 다음과 같이 정리할 수 있다. 이 세계는 상속의 측면에서 끝이 없으며, 인연의 측면에서 생기고 소멸하며, 본질의 측면에서 의존하여 성립하며, 종류의 측면에서 삼계三界이며, 수량의 측면에서 무한하다. 이를 통해서 이 세계의 기원이 무엇인지, 본질이 무엇인지, 어떻게 형성되었는지 등을 자세히 밝혔다.

　그러나 생멸의 과정에 있어 모든 근본물질들의 의지처가 되는 허공미진과 그것의 작용 등에 대한 설명이 있을 뿐 세밀한 탐구는 이뤄지지 않았다. 불교에서는 근본적으로 고락의 취사가 모든 탐구의 주된 요의가 되며, 지식의 대상에 대한 탐구에 있어서도 그대로 적용

지 않으나, 『불본행집경』에 동일한 내용이 등장한다. (T.3,190,709c,4)

391 데게, 불설, 화엄, kha, 제36품, 385a; 교정본 No.36, p.808. 티베트역과 한역이 약간 상이하다. (T.9,278,586a,14)

되기 때문이다. 그러므로 불교에서 설하는 내적인 유정의 발생과 의식의 체계와 비교하면 외적인 기세간에 대한 해설은 부수적인 것일 뿐이다.

불교경론에서는 세계가 처음 형성되고, 그다음 지속되고, 그다음 붕괴되며, 그다음 공의 단계가 된다고 주장한다. 빈 상태에서 허공극미진 또는 공진들로부터 새로운 세계가 다시 형성된다. 이와 같이 빈 상태에서부터 형성, 지속, 붕괴, 다시 빈 상태가 되는 순환의 바퀴는 연속적으로 끝없이 이어진다.

『깔라짜끄라 딴뜨라』에서는 공의 단계의 허공극미진들을 '공진'이라 지칭하며, 이것은 모든 색법의 원인이 되고, 아주 미세한 에너지에 불과하기 때문에 뚜렷이 나타나는 물질적 덩어리가 아니라고 한다.

허공극미진의 영향으로 사대는 미세한 단계에서 거친 단계로 변하고, 다시 거친 단계에서 미세한 단계로 순차적으로 분해되어 다시 허공극미진의 본질로 흡수된다. 그러므로 이 허공극미진은 세계가 형성되고 소멸하는 모든 과정의 근본 원인이 된다.

공진은 어느 시점에 세간을 형성시키는 원인이 되는가? 『깔라짜끄라 딴뜨라』의 설명에 따르면, 어떤 특정 기세간일지라도 형성되기 전에는 공의 본질로 머물며, 특정 세간계의 모든 물질이 형성되는 토대는 공진의 본질로 존재하기 때문에 이 공진은 개별적 세간계를 형성하는 근본 요소가 된다. 그 위에 특정 세간에 태어나는 유정들의 업력이 성숙되고, 그로 인해 풍진들이 모이기 시작하여 순차적으로 세간계가 형성된다고 한다.

세간계가 형성되고 붕괴하는 과정을 보면, 붕괴될 때는 지·수·화·풍 순으로 허공계로 흡수되고, 형성될 때는 허공계로부터 풍·화·수·지 순으로 생겨난다. 사대가 허공계로부터 나타나고 다시 허공계에 흡수되기 때문에 허공계는 사대의 생성과 소멸의 의지처가 된다. 그런 까닭에 세간의 형태와 그 내부의 행성, 별, 인간과 동물의 육신을 성립시키는 궁극적 원인으로 거슬러 올라가면 모든 것의 근원인 허공극미진에 이르게 된다. 이 허공극미진이 어떻게 세간계의 원인인 사대를 발생시켜 형상을 생성하는 능력을 갖추게 되는지 그 과정에 대해서는 여전히 탐구해야 할 필요가 있다고 생각한다.

불교경론에 따르면 '식識'과 '업業' 둘은 세간계의 형성에 있어 필수불가결한 요소이다. 그렇기에 만약 업의 개념을 잘못 이해하게 되면 자신과 세계가 완전히 업의 지배를 받는다는 견해가 생길 수도 있다. 일반적으로 '업'이라는 말의 의미는 '행위[作]'이며, 어떤 중생의 개별적인 동기와 관련된 행위로 이해해야 한다. 이러한 행위 또는 업은 신·구·의에 의해 발생되고, 크고 작음에 상관없이 이는 한 사람의 마음에 영향을 준다. 그리고 동기에 의해 신체적, 언어적 행동이 생기며, 이런 행동들은 다시 사람의 마음에 강한 영향을 미친다. 서로 영향을 미치는 이 인과의 과정은 개인뿐만이 아니라 일부 단체와 사회 전반에도 작용한다고 한다.

제

6

장

자궁에서 태아가 형성되는 과정과

맥脈·풍風·명점明點의 체계

1
총설

불교경론에서는 자궁에 의식이 들어가 잉태된 후 자궁에서 태아가 형성되는 과정에 대해 명확하게 설명하였다. 불교적 관점에서 보면, 고대 인도의 위대한 학파들의 교의에서 밝힌 바와 같이 현생은 우발적으로 성립된 것이 아니라 전생에서 이어져 오는 것이며, 이는 논리적으로도 증명되었다.

이에 따라 윤회에 대해 사유四有의 체계가 정립되었다. 사유는 ① 생유生有, ② 전·후생의 중간 상태인 중유中有392, ③ 생生의 두 번째 찰나에서부터 죽기 직전까지의 상태인 본유本有, ④ 최후의 사유死有이며, 이것들은 반드시 전·후생을 바탕으로 해석해야 한다. 여기서는 현교와 밀교뿐만 아니라 불교 의학문헌에서 묘사하는 대로 자궁 내에서 태아가 발달하는 과정을 설명할 것이다.

---

392 불교의 종파 가운데 상좌부와 같은 몇몇 학파는 중유의 존재를 인정하지 않는다. 바쑤반두 논사의 『구사론』에서는 상좌부를 상대로 "콩이 상속되는 것과 일치하는 법이기 때문에"라고 중음신을 능립하는 논리를 제시하였는데, 이를 통해 우리는 그러한 사실을 확인할 수 있다. 델게, 논소, 아비달마, ku, 제3품, 7a:10, 교정본 No.79, p.16. (T.29.1560.314a.1)

2
탄생처誕生處

경론에서는 탄생처를 네 가지로 설하였다. ① 난생卵生, ② 태생胎生, ③ 습생濕生, ④ 화생化生이다. 오리와 학 등은 난생이고, 코끼리와 말과 소 등은 태생이고, 벌레와 나비 등은 습생이며, 천신과 지옥중생, 중음 등은 화생이다. 이를 목련 존자는 『인시설因施設』에서 다음과 같이 상세하게 해설하고 있다.

> 탄생처에는 난생卵生, 태생胎生, 습생濕生, 화생化生 네 가지가 있다고 설하였다. 난생은 무엇인가? 이를테면, 중생이 알에 생겨나고, 알 속에 머물고, 알껍데기 속의 막으로 덮고, 알을 깨고 태어나고, 성장하고, 분명하게 성장하고, 완전히 성장하여 나타나는 것이다. 이것들은 무엇인가? 이를테면, 오리, 학, 공작, 앵무새, 구관조, 뻐꾸기, 꿩 등이며, 몇몇 용과 몇몇 가루다(garuḍa), 몇몇 인간들, 그리고 알에 생겨나고, 알 속에 머물고, 알껍데기 속에 막으로 덮여 있고, 알을 깨고 태어나고, 성장하고, 분명하게 성장하고, 완전히 성장하여 나타나는 여러 중생들이다. 이것을 난생이라고 한다.
> 태생은 무엇인가? 이를테면, 중생이 태胎에 생겨나고, 태에 머물고, 태막胎膜으로 덮여 있고, 태막을 뚫고 태어나고, 성장하고, 분명하게 성장하고, 완전히 성장하여

나타나는 것이다. 이러한 것들은 무엇인가? 이를테면, 코끼리, 말, 낙타, 소, 당나귀, 물소, 사슴, 돼지 등이며, 몇몇 용과 몇몇 가루다, 몇몇 아귀, 몇몇 인간들, 그리고 태胎에 생겨나고, 태에 머물고, 태막胎膜으로 덮여 있고, 태막을 뚫고 태어나고, 성장하고, 분명하게 성장하고, 완전히 성장하여 나타나는 여러 중생들이다. 이것을 태생이라고 한다.

습생은 무엇인가? 이를테면, 중생이 서로의 온기, 서로의 열기, 서로의 입자, 서로의 해침, 서로의 압착으로 인해 쓰레기 더미, 하수구, 배설 장소, 부패한 고기, 부패한 생선, 상한 음식, 무성한 풀, 빽빽한 숲, 초가집, 잎으로 지은 오두막, 썩은 물, 집의 틈새, 벌집에서 태어나고, 성장하고, 분명하게 성장하고, 완전히 성장하여 나타나는 것이다. 이것들은 무엇인가? 이를테면, 미생물, 쇠똥구리, 나비, 모기, 깨·왕겨·나무를 먹는 곤충 등이며, 몇몇 용과 몇몇 가루다, 몇몇 인간들, 그리고 서로의 온기, 서로의 열기, 서로의 입자, 서로의 해침, 서로의 압착으로 인해 태어나고, 성장하고, 분명하게 성장하고, 완전히 성장하여 나타나는 여러 중생들이다. 이것을 습생이라고 한다.

화생은 무엇인가? 이를테면, 중생이 주요 가지 및 부수 가지들을 동시에 원만구족하고, 근을 빠짐없이 가지고, 태어나고, 성장하고, 분명하게 성장하고, 완전히 성장하여 나타나는 것이다. 이것들은 무엇인가? 이를테면, 모든 천신, 모든 지옥중생, 모든 중음신, 몇몇 용, 몇몇 가루다, 몇몇 아귀, 몇몇 인간, 그리고 주요 가지 및 부수 가지들을 동시에 원만구족하고, 근을 빠짐없이 가지고, 태어나고, 성장하고, 분명하게 성장하고, 완전히 성장하여 나타나는 여러 중생들이다. 이것을 화생이라고 한다.[393]

이러한 네 가지 탄생처 중 태胎에서 생기할 경우, 생을 받을 때 의식은 어떻게 자궁에 들어가는가?

중음신이 모태에 들어가는 원인은 부모가 서로 애욕을 일으켜 성관계를 맺고, 어머니가 가임 기간에 있으며, 이때 중음신이 가까이에 있고, 어머니의 자궁과 부모의 정혈에 결점이 없으며, 부모와 중음신 이 셋 사이에 이전에 쌓은 업연이 있어야 하는 등이다. 경에서는 이 모든 원인이 갖춰지면 중음신이 어머니의 자궁에 들어간다고 설한다.

이를 『불위아난설처태경佛爲阿難說處胎經』에서 다음과 같이 설한다.

---

393 『Kāraṇaprajñāpti』. 데게, 논소, 아비달마, i, 제15품, 159b; 교정본 No.78, p.1030. 한역에는 대응하는 경전이 없으나, 이 인용과 매우 유사한 내용이 『아비달마대비바사론』에 등장한다. (T.27.1545.626b.2)

부모가 애욕의 마음을 일으키고, 이것이 가임 기간과 일
치하며, 중음신이 가까이 있고, 위와 같은 많은 결점도
없으며, 업의 연緣을 가진다면 자궁에 들어간다.**394**

또한 모태에 들어가기 위해서 반드시 부모의 성교가 필요한 것은 아
니라고 한다. 이를 『근본설일체유부비나야』에서 다음과 같이 설하고
있다.

굽타가 이와 같은 생각을 일으켰을 때, 애착하는 마음에
사로잡혀 수치심 없이 정액을 자궁 문에 넣으니, 중생의
업의 이숙이 불가사의한 까닭에 중생이 그곳에 들어가
게 되었다.**395**

이렇듯 여인 굽따(Gupta, Tib. sbed ma)가 전 남편이었던 승려 우다인
(Udayin, Tib.'char ka)에게 애착하는 마음으로 그의 옷에 묻은 정액을 자
궁에 넣어 임신을 하고 아이를 낳게 되었다는 일화가 있다. 이밖에도
한 여인의 자궁에서 정혈精血의 혼합물을 꺼내 다른 여인의 자궁에 넣
어서 아이가 생기는 경우도 있음을 『구사자석』에서 설하였다. 논에서
다음과 같이 말한다.

---

394 데게, 불설, 보적, ga, 제1권, 238a; 교정본 No.41, p.740. (T.11.310.322b.15)

395 데게, 불설, 율, cha, 제28품, 83b; 교정본 No.6, p.195. (T.23.1442.722a.6)

한 여인으로부터 갈라람羯羅藍을 빼내어 다른 여인의
자궁에 넣어서 아이가 생길 경우 두 여인 중 누구를 죽
이면 어머니를 죽인 무간죄無間罪를 짓게 되는가? 누군
가의 난자(혈血)에서 생긴다면, 그 난자를 생성한 중생
이 그의 어머니인 것이다.**396**

이처럼 한 여인의 자궁에서 다른 여인의 자궁으로 갈라람을 이식하
여 태어난 아이는, 첫 번째 여인을 죽일 경우 어머니를 살해한 무간죄
를 지을 것이라고 설하였다.

　중음신이 실제로 자궁에 들어가는 방식은 어떠한가?

　중음신은 그가 태어나게 될 장소에서 자신과 같은 부류의 중생
을 보게 되고, 그들을 살피고 어울려 놀고 싶어 하는 등 탄생처로 향
하려는 마음을 일으킨다. 그는 부모의 정혈을 그릇되게 보고, 당시 부
모의 성교가 없음에도 불구하고 환幻과 같은 성행위를 보고서 이에
애착하게 되는데, 남성으로 태어나게 될 경우 어머니를 애착하고 아
버지를 미워하며, 여성으로 태어나게 될 경우 아버지를 애착하고 어
머니를 미워하게 된다. 또한 부모 중 애착하는 그 대상만을 보며 다
른 것은 보지 못한다. 그리고 그 대상을 껴안고자 하는 마음으로 다가
가 합일하려 하는데 그 남녀의 신체에서 다른 부분은 보이지 않고 오
직 생식기관만이 보이므로, 이로써 성냄을 일으키게 된다. 그로 인해

---

396 데게, 논소, 아비달마, ku, 제4품, 212a; 교정본 No.41, p.651. (T.29.1558.94a.5)

중음신은 죽게 되고, 곧바로 그의 의식은 부모의 흰 정자와 붉은 혈의 결합체와 함께 어머니의 자궁 속으로 들어간다고 한다.

이를 『불설입태장경佛說入胎藏經』에서 다음과 같이 설한다.

> 또 중음신이 어머니의 자궁에 들어갈 때 마음이 착란하고, 만약 남자일 경우 어머니를 애착하고 아버지에게 미움을 일으키며, 만약 여자일 경우 아버지를 애착하고 어머니에게 미움을 일으킨다. 과거세에 지은 업의 힘으로 인한 망상으로 왜곡된 마음을 일으킨다.**397**

『유가사지론』에서도 다음과 같이 설한다.

> 중유에 머무는 자는 자신과 같은 부류의 중생을 보고, 어울려 놀고 싶어 하는 등 탄생처로 향하려는 마음을 일으킨다. 그때 부모에게서 생긴 정혈도 그릇되게 보고 들어가게 된다. 그릇되게 본다는 것은 부모가 성교하지 않음에도 불구하고, 부모가 성교하는 것으로 보는 것이다. 마치 환을 보는 것과 같다.**398**

---

397 데게, 불설, 보적, ga, 제1권, 212a; 교정본 No.41, p.651. (T.11,310,328b,18)

397 데게, 불설, 보적, ga, 제1권, 212a; 교정본 No.41, p.651. (T.11,310,328b,18)

398 데게, 논소, 유식, tshi, 의지품意地品, 11b; 교정본 No.72, p.695. (T.30,1579,282c,14)

중음신이 어머니의 자궁으로 들어간 뒤 신체의 자세는 어떠한가?

　　만일 자궁에 들어간 자가 남성이라면 모태의 오른편에서 어머니의 척추를 향해 쪼그려 앉은 자세로 머문다. 만일 여성이라면 모태의 왼편에서 어머니의 앞쪽을 향해 쪼그려 앉은 자세로 머문다. 만일 중성이라면 태에 들어간 존재가 남녀 중 어느 쪽에 애욕이 더 강한지에 따라 그에 맞는 자세로 머물게 된다고 경론에서 설하였다.

　　이에 대해 『불위아난설처태경佛為阿難說處胎經』에서 다음과 같이 설한다.

> 아난이여, 그와 같은 몸이 만약 남자라면 어머니의 뱃속 오른편에 쪼그리고 앉아 머문다. 양손으로 얼굴을 가리고, 어머니의 척추를 향해 있다. 만약 여자라면 왼쪽 옆구리에 쪼그리고 앉아 머물며, 양손으로 얼굴을 가리고, 어머니의 배를 향해⋯.**399**

『구사자석』에서도 다음과 같이 설한다.

> 만약 중성이라면, 누구에게 애착하는지에 따라서 머무른다.**400**

---

399 데게, 불설, 보적, ga, 제1권, 243a; 교정본 No.41, p.753. (T.11.310.324b.24)

400 데게, 논소, 아비달마, ku, 제3품, 121a; 교정본 No.79, p.299. (T.29.1558.46c.19)

경론에서는 중음신의 의식이 처음 어머니의 자궁으로 들어가는 세 가지 문門이 있다고 설한다.

첫째는 정수리의 문이다. 중음신은 부모의 두 생식기가 결합하는 것을 봄으로써 자신 또한 하고픈 욕망을 일으켜 몸을 버리게 되고, 그의 미세한 원심原心이 미세한 원풍原風의 말을 타고, 아버지의 정수리인 비로자나의 문을 통해 어머니의 자궁으로 들어간다.

나가보디(Nāgabodhi, 龍覺) 논사는 『안립차제론安立次第論』에서 다음과 같이 설하였다.

> 두 근이 결합된 것을 봄으로써 애욕을 취하기 위해 중유
> 를 버리고, 의식의 주인인 의금강意金剛이 말을 타듯 풍
> 을 타고서 재빠르게 다가와 순식간에 지살타智薩埵처럼
> 비로자나의 문으로 들어간다.**401**

둘째는 입의 문이다. 앞에서 말한 것처럼 중음신의 미세한 원심이 풍의 말을 타고 아버지의 입의 문을 통해 어머니의 자궁으로 들어간다. 이를 『길상吉祥인 승락勝樂의 발생인 딴뜨라의 왕』(이하, 약칭 『승락생勝樂生 딴뜨라』)에서 다음과 같이 설한다.

> 부모가 성교하는 등을

---

401 『Samājasādhanavyavasthāli』, 데게, 논소, 밀교소, ngi, 「제1 차제분별」 123b : 교정본 No.18, p.343

애욕을 가진 자가 보고선

의식은 말을 타듯

풍風의 말을 타고서

찰나 혹은 순식간에

재빠르게 다가와서

강렬한 환희의 힘에 의해

입의 길로 들어간다.**402**

『금강만金剛鬘 딴뜨라』에서도 다음과 같이 설한다.

아버지의 입으로 들어간 바람은

그때 씨앗이 되고

그 씨앗에서 중생이 생겨난다.**403**

중음신이 죽은 뒤 어머니의 자궁에 들어갈 때 미세한 원심은 풍을 타고 먼저 아버지의 입으로 들어가서, 그곳을 거쳐 아버지의 성기를 통해 나와 어머니의 자궁으로 들어간다. 이로 인해 앞에서 인용한 『안립차제론安立次第論』에서 밝힌 것처럼, 첫 번째 문인 정수리 또한 아

---

402 『Śrī-Mahāsamvarodaya-tantrarāja-nāma』, aka.『Samvarodaya-tantra』. 데게, 불설, 밀교, kha, 제2차제, 266a:14-15; 교정본 No.78, p.777.

403 『Śrī-vajramālābhidhāna-mahāyogatantra』, aka.『Vajramālā-tantra』. 데게. 불설, 밀교, ca, 제17품, 230a; 교정본 No.81, p.805.

버지의 정수리임을 알 수 있다.

셋째는 어머니의 자궁 문이다. 『구사론』의 주석서인 『상수순相隨順』에서 다음과 같이 설한다.

> 업業에 의해**404** 배[腹]를 붙잡기 때문에 탄생처의 문으로 들어간다.**405**

중음신은 산의 바위나 벽 등에 막힘이 없으므로 그가 들어가는 문에 반드시 구멍이 필요한 것은 아니다. 구멍이나 틈이 전혀 없는 암석을 뚫었을 때 그 속에 거미나 개구리 등이 있는 것을 실제로 볼 수 있다.

불교 의학문헌 등에서는 자궁에 들어간 존재가 어떻게 남성, 여성, 또는 중성이 되는지에 대한 약간 다른 방식의 해설도 있다. 박바따(Vāgbhaṭa) 논사의 『의관팔지심요醫觀八支心要』에 따르면, 부모가 성교할 때 아버지의 흰 정액과 어머니의 붉은 혈액이 섞인 마지막 한 방울에 아버지의 정액의 양이 더 많으면 태아가 남성이 되고, 어머니의

---

404 이 구절은 티베트어 원문에서 티베트어 조사 'sa'의 유무에 따라 해석이 달라지는데, '싸(Tib. sa)'가 있으면 '업業에 의해'라고 번역되며 없으면 '업業의'라고 번역된다. 데게판을 비롯한 베이징판, 나르탕판 대장경에서는 '업의 배'라고 기록되어 있으나 스티라마띠(Sthiramati, 安慧) 논사의 『구사주석광본』과 뿌르나와르다나(Pūrṇavardhana, 滿增) 논사의 『상수순相隨順』 두 주석에서는 '업에 의해'라고 나온다. 중음신이 잉태될 때와 출생할 때 드나드는 통로는 자궁의 문이다. 그럼에도 임신 중에 아래로 떨어지지 않는 이유는 업에 의해 붙잡히기 때문이라고 한다. 이처럼 의미상에 '업에 의해'가 타당하므로 이와 같이 번역하였다. (역자주)

405 『Abhidharmakośaṭīkā-lakṣaṇānusāriṇī』. 데게, 논소, 아비달마, cu, 제3품, 279a; 교정본 No.81, p.698.

혈액의 양이 더 많으면 여성이 되며, 정과 혈의 양이 같으면 중성이 된다.

또는 풍에 의해 부모의 희고 붉은 정혈이 분리되었을 때, 아버지의 정액이 더 강하면 남성이 되고, 어머니의 혈액이 더 강하면 여성이 되며, 정혈 둘이 동등하면 남자 쌍둥이 혹은 여자 쌍둥이가 된다는 등의 해설도 있다.

이 논서에서는 다음과 같이 말한다.

> 혈액보다 정액이 많은 것에서
> 대부분 남성이 생기고
> 월경혈이 많은 것에서 여성이,
> 그 둘이 동등한 것에서 중성이 생긴다.
>
> 정혈이 풍風에 의해 여럿으로 분리되면
> 그에 따라 쌍둥이가 생길 것이다.**406**

여기서 '대부분'이라는 것은 다른 연緣에 의해 다른 것으로 변할 가능성도 있기 때문에 확정된 것이 아님을 가리킨다. 또한 몇몇 밀교문헌에서는 아버지의 마지막 정액 한 방울이 어머니의 자궁에 떨어질 때,

---

406 『Ashtāngahridayasaṃhitā』. 데게, 논소, 의방명醫方明, he, 신처身處 제1품, 106b:5-6; 교정본 No.111, p.294. 본 논서와 저자에 대해서는 뒤의 '5.불교 의학문헌에서의 태아의 형성 과정'에서 다시 설명한다. (역자주)

부모의 희고 붉은 정혈 덩어리의 우측에서 바람이 불면 남성이 되고, 좌측에서 바람이 불면 여성이 되며, 중앙에서 불면 중성이 된다고도 설하였다.

『승락생勝樂生 딴뜨라』에서 다음과 같이 설하였다.

> 지자가 씨앗이 들어가는 단계의
> 시간적 찰나를 바르게 설명하니
> 오른쪽에서 바람이 불면
> 모두 남성이 되고
>
> 왼쪽에서 바람이 불면
> 반드시 여성이 되며
> 둘의 중간에서 부는 씨앗은
> 항상 중성이 된다.407

이 또한 다른 연緣에 의해 다른 것으로 변할 수 있기 때문에 확정된 것이 아니다.

---

407 데게, 불설, 밀교, kha, 제2차제, 266b:27-28; 교정본 No.78, p.778.

3

경에서 설하는
태아의 형성 과정

자궁에 들어간 뒤 신체가 형성되는 과정과 출생하는 방식을 설함에 있어, 경에서 설하는 방식, 『깔라짜꼬라 딴뜨라』에서 설하는 방식, 불교 의학문헌에서 설하는 방식의 세 가지가 있다.

먼저 경에서 설하는 방식에 대해 설명하겠다.

일반적으로 자궁 속에서 부모의 정혈이 결합하여 미세한 단계에서부터 거친 단계에 이르기까지 변하는 과정을 다섯 단계로 나눈다. ① 알부담(頞部曇, arbuda), ② 갈라람(羯羅藍, kalala), ③ 폐시(閉尸, peśī), ④ 건남(鍵南, ghanaḥ), ⑤ 발라사거(鉢羅奢佉, praśākhā)이다.

중음신이 어머니의 자궁에 들어간 후 첫째 주를 알부담이라고 하며, 그의 생김새는 미음米飮 또는 발효유의 막膜과 같다. 7일 동안 희고 붉은 정혈 속에서 끓음으로써, 알부담 배아의 신근의 취합에 견고한 지계, 습윤한 수계, 온난한 화계, 움직이는 풍계가 새로이 나타난다고 한다. 『불설입태장경』에서는 자궁에서 인체가 어떻게 형성되고, 매 주마다 어떻게 발달하는지에 대해 명확하게 설하고 있다. 이러한 고대의 가르침은 현대과학에서 입증한 결론과 그 관점이 매우 흡사하기 때문에 여기서 상세히 논술하고자 한다.

『불설입태장경』에서 다음과 같이 설하였다.

첫째 주에 어머니의 부정不淨한 자궁에서 최초로 자리

하여 잠자는 것은 다음과 같다. 마치 뜨거운 구리 냄비 안에서 끓이고 굽는 것처럼, 신근과 의식이 함께 참을 수 없는 고통을 겪는 것을 '알부담'이라고 한다. 그 형태는 흡사 미음 또는 발효유의 막과 같으며, 첫 주 동안 내부에서 끓고 또 매우 끓어서 견고한 지계地界, 습윤한 수계水界, 온난한 화계火界, 가볍고 움직이는 풍계風界가 새로이 나타난다.**408**

둘째 주에 갈라람이 되는 방식은 다음과 같다. 둘째 주에 어머니의 자궁에서 '편촉遍觸'이라는 바람이 일어나, 그 바람이 자궁에 접촉함으로써 이전의 알부담이 진한 발효유처럼 변하게 되는데, 이를 갈라람이라고 한다. 갈라람의 생김새는 진한 발효유 또는 응고된 버터와 같다. 7일 동안 정혈 속에서 끓음으로써 갈라람의 신근의 취합에는 지 등의 사대가 전보다 발달하게 된다. 이를 『불설입태장경』에서 다음과 같이 설한다.

아난이여, 둘째 주에 어머니의 부정한 자궁에서 이와 같이 머문다. 마치 구리 냄비 안에서 끓이고 굽는 것처럼 신근과 의식이 함께 참을 수 없는 고통을 겪을 때, 어머니의 자궁에서 '편촉遍觸'이라는 풍이 이전의 업력에 의

---

408 데게, 불설, 보적, ga, 제1권, 214a; 교정본 No.41, p.659. 티베트역과 한역이 약간 상이하다. (T.11,310,329a,18)

해 일어나 그 자궁에 접촉하게 되는 것을 '갈라람'이라고 한다. 그 형태는 흡사 진한 발효유 또는 응고된 버터와 같다. 7일 동안 끓고 또 매우 끓어서 사대가 나타난다.**409**

셋째 주에 폐시가 되는 방식은 다음과 같다. 셋째 주에 어머니의 자궁에서 '도초구刀鞘口'라는 바람이 일어나, 그 바람이 자궁에 접촉함으로써 이전의 갈라람이 길쭉해지기 때문에 폐시[長楕]라고 한다. 폐시의 생김새는 쇠숟가락 또는 회충蛔虫과 같다. 7일 동안 정혈 속에서 끓음으로써 폐시의 신근의 취합에 사대가 전보다 발달한다. 이를 『불설입태장경』에서 다음과 같이 설한다.

아난이여, 셋째 주에도 전과 같이 발달한다. 어머니의 자궁에서 '도초구刀鞘口'라는 풍이 이전의 업력에 의해 일어나 그 자궁에 접촉하게 되는 것을 '폐시'라고 한다. 그 형태는 흡사 쇠숟가락 또는 회충과 같다. 7일 동안 끓고 또 매우 끓어서 사대가 더욱 발달한다**410**

넷째 주에 건남이 되는 방식은 다음과 같다. 넷째 주에 어머니의 자궁

---

409 위의 경, 제1권, 214b; 교정본 No.41, p.659. 티베트역과 한역이 약간 상이하다. (T.11.310.329a.23)

410 위의 경, 제1권, 214b; 교정본 No.41, p.660. (T.11.310.329a.27)

제6장 자궁에서 태아가 형성되는 과정과 맥脈·풍風·명점明點의 체계

에서 '내문內門'이라는 바람이 일어나, 그 바람이 자궁에 접촉함으로써 큰 고통을 일으키고, 이전의 폐시가 단단해지기 때문에 건남이라고 한다. 건남의 생김새는 흙덩어리 또는 맷돌과 같다. 이를 『불설입태장경』에서 다음과 같이 설한다.

> 아난이여, 넷째 주에도 전과 같이 발달한다. 어머니의 자궁에서 '내문內門'이라는 풍이 이전의 업력에 의해 일어나 자궁에서 큰 고통을 일으키는 것을 '건남'이라고 한다. 그 형태는 흡사 흙덩어리 또는 맷돌과 같다.**411**

다섯째 주에 발라사거가 되는 방식은 다음과 같다. 다섯째 주에 어머니의 자궁에서 '섭지攝持'라는 바람이 일어나, 그 바람이 자궁에 접촉함으로써 이전의 건남에서 양쪽 어깨, 양쪽 허벅지, 머리의 다섯 가지 상相이 돌출되어 나타난다. 마치 여름날 비가 내려 나무와 숲의 가지에 순이 돋아나는 것과 같다. 이를 『불설입태장경』에서 다음과 같이 설한다.

> 아난이여, 다섯째 주에도 전과 같이 발달한다. 어머니의 자궁에서 '섭지攝持'라는 풍이 일어나, 그 풍이 자궁에 접촉함으로써 다섯 개의 상相, 즉 양쪽 어깨와 양쪽 허

---

411 위의 경, 제1권, 214b; 교정본 No.41, p.660. 티베트역과 한역이 약간 상이하다. (T.11,310,329b,1)

벽지, 머리의 형태가 생긴다. 마치 여름날 비가 내려 나
무와 숲의 가지에 순이 돋아나는 것처럼 다섯 가지 상이
나타난다.**412**

여섯째 주에 어머니의 자궁에서 '광대廣大'라는 바람이 일어나, 그 바
람이 자궁에 접촉함으로써 양 어깨에서 양쪽 팔, 양 허벅지에서 양쪽
종아리가 생긴다. 마치 우기雨期에 풀, 나무, 가지들이 성장하는 것과
같다. 이를 『불설입태장경』에서 다음과 같이 설한다.

> 아난이여, 여섯째 주에 어머니의 자궁에서 '광대廣大'라
> 는 풍이 일어나, 그 풍이 자궁에 접촉함으로써 이와 같
> 이 네 가지 상相이 생긴다. 즉 양쪽 팔과 양쪽 종아리가
> 생긴다. 마치 우기에 풀, 나무, 가지들이 성장하는 것처
> 럼 네 가지 형상이 나타난다.**413**

일곱째 주에 어머니의 자궁에서 '선전旋轉'이라는 바람이 일어나, 그
바람이 자궁에 접촉함으로써 양쪽 팔에서 두 손등이, 양쪽 종아리에
서 두 발등이 생긴다. 마치 물 또는 물고기의 아가미에 생긴 거품과

---

412 위의 경, 제1권, 214b; 교정본 No.41, p.660. 티베트역과 한역이 약간 상이하다.
  (T.11.310.329b,4)
413 위의 경, 제1권, 215a; 교정본 No.41, p.660. 티베트역과 한역이 약간 상이하다.
  (T.11.310.329b,8)

같다. 이를 『불설입태장경』에서 다음과 같이 설한다.

> 아난이여, 일곱째 주에 어머니의 자궁에서 '선전旋轉'이
> 라는 풍이 일어나, 그 풍이 자궁에 접촉함으로써 이와
> 같이 생겨난다. 즉 두 손등과 두 발등의 네 가지 상相이
> 생긴다. 마치 물 또는 물고기의 아가미에 생긴 거품처럼
> 그 같은 네 가지 형상을 가지게 된다.**414**

여덟째 주에 어머니의 자궁에서 '번전繙轉'이라는 바람이 일어나, 그
바람이 자궁에 접촉함으로써 열 손가락과 열 발가락의 스무 가지 상
이 최초로 생긴다. 마치 우기에 나무의 뿌리가 처음으로 뻗어 나오는
것과 같다. 이를 경에서 다음과 같이 설하였다.

> 아난이여, 여덟째 주에 어머니의 자궁에서 '번전繙轉'이
> 라는 풍이 일어나, 그 풍이 자궁에 접촉함으로써 열 손
> 가락과 열 발가락의 스무 가지 상이 처음으로 나타난다.
> 마치 우기에 나무의 뿌리가 처음으로 뻗어 나오는 것과
> 같다.**415**

---

414 위의 경, 제1권, 215a; 교정본 No.41, p.661. (T.11.310.329b.10)

415 위의 경, 제1권, 215a; 교정본 No.41, p.661. (T.11.310.329b.13)

아홉째 주에 어머니의 자궁에서 '분산分散'이라는 바람이 일어나, 그 바람이 자궁에 접촉함으로써 두 눈, 두 귀, 두 콧구멍, 입, 항문과 요도 관의 아홉 가지 상징이 생긴다. 이를 경에서 다음과 같이 설하였다.

> 아난이여, 아홉째 주에 어머니의 자궁에서 '분산分散'이 라는 풍이 일어나, 그 풍이 자궁에 접촉함으로써 나타난 아홉 가지 상징은 이와 같다. 두 눈, 두 귀, 두 콧구멍, 입, 항문과 요도관이다.**416**

열째 주에 어머니의 자궁에서 '견경堅鞕'이라는 바람이 일어나, 그 바람 이 자궁 속 태아의 몸을 견고하고 안정되게 만들며, 또 '보생普生'이라 는 바람이 일어나, 그 바람이 자궁을 팽창시킨다. 마치 바람으로 주머 니를 부풀리는 것과 같다. 이를 경에서 다음과 같이 설한다.

> 아난이여, 열째 주에 어머니의 자궁에서 '견경堅鞕'이라 는 풍이 일어나, 그 풍이 자궁 속 태아를 견고하고 안정 되게 한다. 이 7일에 어머니의 자궁에서 또 '보생普生'이 라는 풍이 일어나 그 풍이 자궁을 팽창시킨다. 마치 주 머니를 부풀리는 것과 같다.**417**

---

416 위의 경, 제1권, 215a; 교정본 No.41, p.661. (T.11.310.329b.15)

417 위의 경, 제1권, 215a; 교정본 No.41, p.661. (T.11.310.329b.17)

열한째 주에 어머니의 자궁에서 '소통疏通'이라는 바람이 일어나, 그 바람이 자궁에 접촉함으로써 자궁 속 태아의 몸을 부풀리고, 두 눈구멍 등 아홉 개의 구멍을 낸다. 마치 풀무질로 인해 바람이 위아래로 돌면서, 그것의 작용으로 구멍을 내는 것과 같다. 이를 『불설입태장경』에서 다음과 같이 설한다.

> 아난이여, 열한째 주에 어머니의 자궁에서 '소통疏通'이라는 풍이 일어나, 그 풍이 자궁에 접촉함으로써 자궁 속 태아의 몸을 부풀리고, 아홉 개의 구멍이 나타난다. … 이와 같다. 마치 대장장이나 대장장이의 제자가 풀무질을 하면 바람이 위아래로 돌면서 작용하고 사라지는 것과 같다.**418**

열두째 주에 어머니의 자궁에서 '곡구曲口'라는 바람이 일어나, 그 바람이 소장과 대장 등 내장을 형성하고, 대장과 소장은 연꽃의 뿌리처럼 배 속에서 얽혀 존재하게 된다. 또 '천발穿髮'이라는 바람이 일어나, 그 바람이 자궁 속 몸에 더하거나 덜함 없이 130개의 관절과 101개의 주요 부분을 생성한다. 이를 경에서 다음과 같이 설하였다.

> 아난이여, 열두째 주에 어머니의 자궁에서 '곡구曲口'

---

418 위의 경, 제1권, 215b; 교정본 No.41, p.662. (T.11.310.329b.20)

라는 풍이 일어나, 그 풍이 자궁을 부풀려서 좌우의 소
장, 대장 등 내장들이 생긴다. 마치 연꽃의 뿌리처럼 몸
을 의지해서 얽히어 존재한다. 이 7일에 '천발穿髮'이라
는 또 다른 풍이 일어나, 자궁 안에 더하거나 덜함 없이
130개의 관절이 생긴다. 또 그 풍의 힘으로 101개의 주
요 부분이 생성된다.**419**

열셋째 주에 어머니의 자궁에서 앞서 일어난 '곡구曲口'라는 바람과
함께 '천발穿髮'이라는 바람이 일어나고, 두 바람의 힘에 의해 자궁 속
태아가 배고프고 목마름을 인식하기 때문에, 어머니가 먹고 마시는
여러 양분은 자궁 속 태아의 배꼽 탯줄을 통해 그의 몸을 이롭게 한
다. 이를 경에서 다음과 같이 설하였다.

아난이여, 열셋째 주에 어머니의 자궁에서 이전 그 풍
의 힘에 의해 배고프고 목마름을 인식하게 됨으로써 어
머니가 먹고 마시는 여러 양분이 배꼽을 통해 들어가 그
몸을 이롭게 한다.**420**

열넷째 주에 어머니의 자궁에서 '선구線口'라는 바람이 일어나, 그 바

---

419 위의 경, 제1권, 215b; 교정본 No.41, p.662. (T.11.310.329b.26)

420 위의 경, 제1권, 215b; 교정본 No.41, p.662. (T.11.310.329c.1)

람이 자궁 속 몸에 1,000개의 근육과 힘줄을 형성한다. 즉 몸의 앞쪽에 250개, 몸의 뒤쪽에 250개, 몸의 오른쪽에 250개, 몸의 왼쪽에 250개의 근육과 힘줄이 생긴다. 이를 경에서 다음과 같이 설하였다.

> 아난이여, 열넷째 주에 어머니의 자궁에서 '선구線口'라는 풍이 일어나, 그 풍이 태아에게 1,000개의 근육과 힘줄을 형성한다. 250개는 몸의 앞쪽에 있고, 250개는 몸의 뒤쪽에 있으며, 250개는 몸의 오른쪽에 있고, 250개는 몸의 왼쪽에 있다.**421**

열다섯째 주에 어머니의 자궁에서 '연화蓮花'라는 바람이 일어나, 그 바람이 자궁에 머무는 태아의 몸속에 20가지 맥脈을 발생시켜 맛을 흡수하게 한다. 몸의 앞쪽에 다섯, 뒤쪽에 다섯, 오른쪽에 다섯, 왼쪽에 다섯 맥이 있다. 이러한 맥들을 '비샤카(viśākhā)', '힘', '안정', '유력有力'이라고도 이름한다. 또한 이 바람이 자궁에 있는 태아의 몸속 맥에서 8만 가지의 맥이 뻗어 나게 하여 맛을 흡수하게 한다. 이 중 2만 개는 몸의 앞쪽에 있고, 2만 개는 몸의 뒤쪽에 있으며, 2만 개는 오른쪽에 있고, 2만 개는 왼쪽에 있다. 이 8만 개의 맥에는 통로가 되는 구멍을 한두 개 가진 것에서부터 일곱 개를 가진 것까지 존재하며, 그 구멍들 또한 하나하나의 모공과 서로 관련이 있다. 마치 연근에 많은

---

421 위의 경, 제1권, 215b; 교정본 No.41, p.663. (T.11.310.329c.3)

구멍이 있는 것과 같다. 이를 경에서 다음과 같이 설하였다.

> 아난이여, 열다섯째 주에 어머니의 자궁에서 '연화蓮花'
> 라는 풍이 일어나, 자궁에 머무는 태아의 몸속에 스무
> 가지 맥이 생기게 하여 맛을 흡수하게 한다. 몸 앞쪽에
> 다섯, 몸 뒤쪽에 다섯, 몸의 오른쪽에 다섯, 몸의 왼쪽에
> 다섯이 있다. 그 맥들은 여러 가지 이름과 여러 가지 색
> 깔을 가지는데 그 이름을 '위샤카(viśākhā)'라고도 하고,
> '힘'이라고도 하고, '안정'이라고도 하며, '유력有力'이라
> 고도 한다. … 2만 개는 몸의 앞쪽에 있고, 2만 개는 몸
> 의 뒤쪽에 있으며, 2만 개는 몸의 오른쪽에 있고, 2만 개
> 는 몸의 왼쪽에 있다. 아난이여, 이 8만 가지의 맥에는
> 많은 구멍이 있는데 한두 개의 구멍을 가진 것에서부터
> 일곱 개의 구멍을 가진 것도 있다. 그 각각도 모공 하나
> 하나와 서로 연결되어 있다. 마치 연근에 많은 구멍이
> 있는 것과 같다.**422**

열여섯째 주에 어머니의 자궁에서 '감로행甘露行'이라는 바람이 일어
나, 그 바람이 자궁에 있는 태아의 두 눈두덩이, 두 귓바퀴, 두 콧방울,
입술, 목구멍, 흉강胸腔, 먹고 마신 것이 지나가는 자리 등을 형성하고,

---

422 위의 경, 제1권, 216a; 교정본 No.41, p.663. 티베트역과 한역이 약간 상이하다.
(T.11,310,329c,6)

제6장 자궁에서 태아가 형성되는 과정과 맥脈 · 풍風 · 명점明點의 체계

숨이 안팎으로 드나드는 것이 끊어지지 않도록 한다. 마치 도공 또는 도공의 제자가 진흙덩이를 물레 위에 올려서 원하는 대로 여러 가지 형태의 그릇을 다양하게 만드는 것과 같다. 이를 경에서 다음과 같이 설하였다.

> 아난이여, 열여섯째 주에 '감로행甘露行'이라는 풍이 일어나, 그 풍이 자궁에 있는 태아의 두 눈두덩이, 두 귓바퀴, 두 콧방울, 입술, 목구멍, 흉강, 먹고 마신 것들이 지나가는 자리를 형성하고, 숨이 안팎으로 드나드는 것에 막힘이 없게 한다. 이와 같다. 마치 도공 또는 도공의 제자가 진흙덩이를 가져와 물레 위에 올려서 원하는 대로 여러 가지 형태의 그릇을 다양하게 만드는 것처럼, 업풍에 의해서도 안처眼處 등을 원하는 대로 만들고, 숨이 안팎으로 드나듦에 걸림이 없게 한다.**423**

열일곱째 주에 어머니의 자궁에서 '모불구毛拂口'라는 바람이 일어나, 그 바람이 자궁 속 태아의 눈, 귀, 코, 입구멍, 목구멍, 흉강, 음식이 지나가는 자리 등을 투명하게 하고, 숨이 안팎으로 드나드는 자리를 깨끗하게 한다. 마치 먼지로 덮인 거울을 곡식의 기름 등으로 청소하여 깨끗하게 하는 것과 같다. 이를 경에서 다음과 같이 설한다.

---

423 위의 경, 제1권, 216a; 교정본 No.41, p.664. (T.11,310,329c,17)

아난이여, 열일곱째 주에 어머니의 자궁에서 '모불구毛拂口'라는 풍이 일어나, 그 풍이 자궁 속 태아의 눈, 귀, 코, 입구멍, 목구멍, 홍강, 음식이 지나가는 자리를 투명하게 하고, 숨이 안팎으로 드나드는 자리를 막힘없게 한다. 이와 같다. 마치 솜씨 좋은 남자 또는 여자아이가 먼지로 덮인 거울을 가져와 곡식의 기름과 재, 고운 흙가루로 청소하여 깨끗하게 하는 것처럼, 업풍에 의해 처處를 형성하고 막힘이 없게 한다.**424**

열여덟째 주에 어머니의 자궁에서 '무구無垢'라는 바람이 일어나, 그 바람이 자궁에 머무는 태아의 육처六處를 청정하게 한다. 마치 해와 달을 가리고 있던 큰 구름을 강한 바람이 흩어버리면 자체의 빛이 드러나고 청정하게 빛나는 것과 같다. 이를 경전에서 다음과 같이 설하였다.

아난이여, 열여덟째 주에 어머니의 자궁에서 '무구無垢'라는 풍이 일어나, 자궁에 머무는 태아의 육처를 청정하게 한다. 이와 같다. 마치 해와 달을 가리고 있던 큰 구름을 강한 바람이 불어서 사방으로 흩어버리면 빛이 드러나고 청정하게 빛나는 것과 같다. 아난이여, 업풍에 의

---

424 위의 경, 제1권, 216b; 교정본 No.41, p.664. _(T.11.310.329c.24)

해 자궁에 있는 태아의 육근이 청정해지는 것도 그와 같음을 알아야 한다.**425**

열아홉째 주에는 태아가 최초에 모태에 들어감과 동시에 얻은 신근身根, 명근命根, 의근意根 외에 추가로 나머지 네 근이 성립된다. 이를 경전에서 다음과 같이 설하였다.

아난이여, 열아홉째 주에는 어머니의 자궁에 머무는 태아에게 안근, 이근, 비근, 설근의 네 근이 성립된다. 최초에 모태에 들어갈 때 세 근根을 얻었는데, 이는 곧 신근, 명근, 의근이다.**426**

스무째 주에 어머니의 자궁에서 '견고堅固'라는 바람이 일어나, 그 바람이 자궁에 있는 태아의 왼발 발가락 관절뼈 스무 개와 오른발 발가락 관절뼈 스무 개, 발뒤꿈치뼈 네 개, 아랫다리뼈 두 개, 무릎뼈 두 개, 허벅지뼈 두 개, 등뼈 세 개, 복숭아뼈 세 개, 척추뼈 열여덟 개, 갈비뼈 스물네 개, 왼손 손가락 관절뼈 스무 개, 오른손 손가락 관절뼈 스무 개, 팔뼈 네 개, 팔뚝뼈 두 개, 가슴뼈 일곱 개, 어깨뼈 일곱 개, 목뼈 네 개, 턱뼈 두 개, 이빨 서른두 개, 머리뼈 네 개를 형성한다. 마치

---

425 위의 경, 제1권, 216b; 교정본 No.41, p.665. (T.11,310,330a.1)

426 위의 경, 제1권, 216b; 교정본 No.41, p.665. (T.11,310,330a.4)

조각가 또는 조각가의 제자가 먼저 단단한 나무로 구상해놓은 신 또는 사람의 형체를 조각하여 실로 감고 그 위에 진흙을 발라 상을 조성하는 것과 같다. 이때 작은 뼈를 제외한 200개의 큰 뼈들이 형성된다. 이를 경전에서 다음과 같이 설하였다.

> 아난이여, 스무째 주에 어머니의 자궁에서 '견고堅固'라는 풍이 일어나, … 아난이여, 그와 같이 스무째 주에 작은 뼈를 제외하고 형성되는 큰 뼈의 수는 200개에 달함을 알아야 한다.[427]

스물한째 주에 어머니의 자궁에서 '생기生起'라는 바람이 일어나, 그 바람이 자궁에 머무는 태아의 몸에 살을 생성한다. 마치 진흙을 잘 반죽하여 벽에 바르는 것과 같다. 이를 경전에서 다음과 같이 설하였다.

> 아난이여, 스물한째 주에 어머니의 자궁에서 '생기生起'라는 풍이 일어나, 자궁에 머무는 태아의 몸에 살을 생성하는 것은 이와 같다. 마치 미장이 또는 미장이의 제자가 진흙을 잘 반죽하여 벽에 바르는 것처럼, 업풍에 의해 살이 생기는 것도 그와 같음을 보아야 한다.[428]

---

[427] 위의 경, 제1권, 217a; 교정본 No.41, p.665. (T.11,310,330a,6)

[428] 위의 경, 제1권, 217a; 교정본 No.41, p.666. (T.11,310,330a,18)

스물두째 주에 어머니의 자궁에서 '부류浮流'라는 바람이 일어나, 그 바람이 자궁에 머무는 태아의 몸에 피를 생성한다. 이를 경전에서 다음과 같이 설하였다.

> 아난이여, 스물두째 주에 어머니의 자궁에서 '부류浮流'
> 라는 풍이 일어나, 그 바람이 자궁에 머무는 태아의 몸
> 에 피를 생성한다.**429**

스물셋째 주에 어머니의 자궁에서 '정지淨持'라는 바람이 일어나, 그 바람이 자궁에 머무는 태아의 몸에 피부를 생성한다. 이를 경전에서 다음과 같이 설하였다.

> 아난이여, 스물셋째 주에 어머니의 자궁에서 '정지淨持'
> 라는 풍이 일어나, 그 풍이 자궁에 머무는 태아의 몸에
> 피부를 생성한다.**430**

스물넷째 주에 어머니의 자궁에서 '자만滋漫'이라는 바람이 일어나, 그 바람이 자궁에 머무는 태아의 피부를 탄력 있게 하고, 빛깔을 띠게 한다. 이를 경전에서 다음과 같이 설하였다.

---

429 위의 경, 제1권, 217b; 교정본 No.41, p.666. (T.11,310,330a,20)

430 위의 경, 제1권, 217b; 교정본 No.41, p.667. (T.11,310,330a,22)

아난이여, 스물넷째 주에 어머니의 자궁에서 '자만滋漫'
이라는 풍이 일어나, 그 풍이 자궁에 머무는 태아의 피
부를 탄력 있고, 빛깔이 나게 한다.**431**

스물다섯째 주에 어머니의 자궁에서 '지성持城'이라는 바람이 일어나,
그 바람이 자궁에 머무는 태아의 살과 피를 더욱 투명하게 한다. 이를
경전에서 다음과 같이 설하였다.

아난이여, 스물다섯째 주에 어머니의 자궁에서 '지성持
城'이라는 풍이 일어나, 그 풍이 자궁에 머무는 태아의
살과 피를 투명하게 한다.**432**

스물여섯째 주에 어머니의 자궁에서 '생성生成'이라는 바람이 일어나,
그 바람이 자궁에 머무는 태아의 몸에 머리카락과 털, 손발톱이 생기
게 하는데, 이 모든 것은 맥, 힘줄과 서로 연결되어 있다. 이를 경전에
서 다음과 같이 설하였다.

아난이여, 스물여섯째 주에 어머니의 자궁에서 '생성生
成'이라는 풍이 일어나, 그 풍이 자궁에 머무는 태아의

---

431 위의 경, 제1권, 217b; 교정본 No.41, p.667. (T.11,310,330a,24)
432 위의 경, 제1권, 217b; 교정본 No.41, p.667. (T.11,310,330a,25)

몸에 머리카락과 털, 손발톱이 생기게 한다. 이 모두는 맥, 힘줄과 서로 연결되어 있음을 알아야 한다.**433**

스물일곱째 주에 어머니의 자궁에서 '곡약曲藥'이라는 바람이 일어나, 그 바람이 자궁에 머무는 태아의 머리카락과 털, 손발톱을 온전하게 한다. 이를 경전에서 다음과 같이 설하였다.

> 아난이여, 스물일곱째 주에 어머니의 자궁에서 '곡약曲藥'이라는 풍이 일어나, 그 풍이 자궁에 머무는 태아의 머리카락과 털, 손발톱을 온전하게 한다.**434**

스물여덟째 주에 자궁에 머무는 태아에게 집이라는 인식, 탈것이라는 인식, 공원이라는 인식 등의 여덟 가지 전도된 인식이 생긴다. 이를 경전에서 다음과 같이 설하였다.

> 아난이여, 스물여덟째 주에 어머니의 자궁에 머무는 태아에게 여덟 가지 전도된 인식이 생긴다. 여덟 가지 상은 무엇인가? 이와 같다. 집이라는 인식, 탈것이라는 인식, 공원이라는 인식, 다층집이라는 인식, 정원이라는

---

433 위의 경, 제1권, 217b; 교정본 No.41, p.667. (T.11.310.330a.27)

434 위의 경, 제1권, 217b; 교정본 No.41, p.667. (T.11.310.330a.29)

인식, 왕좌에 머문다는 인식, 강이라는 인식, 연못이라
는 인식이다. 이것들은 실제로 존재하는 것이 아니지만
이와 같이 인식하는 전도식이 일어난다.**435**

스물아홉째 주에 어머니의 자궁에서 '화조花條'라는 바람이 일어나,
그 바람이 어머니의 자궁에 머무는 태아의 피부색을 선명하고, 하얗
고, 깨끗하고, 맑게 한다. 이를 경전에서 다음과 같이 설하였다.

> 아난이여, 스물아홉째 주에 어머니의 자궁에서 '화조花
> 條'라는 풍이 일어나, 그 풍이 어머니의 자궁에 있는 태
> 아의 피부색을 선명하고, 하얗고, 깨끗하고, 맑게 한다.
> 업의 힘에 의해 어떤 이는 피부가 검게 되고, 어떤 이는
> 피부가 푸른색을 띠며, 이밖에도 다양한 피부색을 갖게
> 된다. 어떤 이는 거칠고 윤기가 없는데, 희거나 검은 피
> 부도 여러 종류로 생겨난다.**436**

서른째 주에 어머니의 자궁에서 '철구鐵口'라는 바람이 일어나, 그 바
람이 자궁에 머무는 태아의 머리카락과 털, 손발톱이 자라나게 한다.
과거의 업력에 의해 희거나 검은 등 다양한 색을 가지게 된다. 이를

---

435 위의 경, 제1권, 219a; 교정본 No.41, p.670. (T.11.310.330c.6)
436 위의 경, 제1권, 219a; 교정본 No.41, p.671. (T.11.310.330c.9)

경전에서 다음과 같이 설하였다.

> 아난이여, 서른째 주에 어머니의 자궁에서 '철구鐵口'라는
> 풍이 일어나, 그 풍이 자궁에 머무는 태아의 머리카락, 털,
> 손발톱이 자라나게 한다. 과거의 업력에 의해 흰색과 검
> 은색 등이 다양하게 나타남을 전과 같이 알아야 한다.**437**

서른한째 주부터 서른넷째 주까지 어머니의 자궁에 머무는 태아는
점점 더 크게 성장한다. 이를 경전에서 다음과 같이 설하였다.

> 아난이여, 서른한째 주에 어머니의 자궁에 머무는 태아
> 는 점점 더 커지고, 마찬가지로 서른둘째, 서른셋째, 서
> 른넷째 주에 이르기까지 더욱 성장한다.**438**

서른다섯째 주에 자궁에 머무는 태아의 크고 작은 모든 가지[肢]가 완
전히 발달한다. 이를 경전에서 다음과 같이 설하였다.

> 아난이여, 서른다섯째 주에 자궁에 머무는 태아는 어머
> 니의 자궁에서 크고 작은 모든 가지[肢]가 완전히 발달

---

437 위의 경, 제1권, 219a; 교정본 No.41, p.671. (T.11,310,330c.13)

438 위의 경, 제1권, 219b; 교정본 No.41, p.671. (T.11,310,330c.16)

한다.**439**

서른여섯째 주에 자궁 속 태아는 어머니의 태중에 머물고 싶지 않게
된다. 이를 경전에서 다음과 같이 설하였다.

> 아난이여, 서른여섯째 주에 자궁 속 태아는 어머니의 태
> 중에 머물고 싶지 않게 된다.**440**

서른일곱째 주에는 자궁 속 태아에게 자궁이 부정하다는 등의 전도
되지 않은 인식이 생기게 된다. 이를 경전에서 다음과 같이 설하였다.

> 아난이여, 서른일곱째 주에는 자궁 속 태아에게 전도되
> 지 않은 세 가지 인식, 즉 부정하다는 인식, 냄새가 불쾌
> 하다는 인식, 어둡다는 인식이 생긴다. 이것은 한쪽 측
> 면에서 설한 것이다.**441**

서른여덟째 주에 어머니의 자궁에서 '섭지攝支'라는 바람이 일어나,
그 바람이 자궁 속 태아의 자세를 바꾸어 머리가 아래로 향하게 하고,

---

439 위의 경, 제1권, 219b; 교정본 No.41, p.671. (T.11.310.330c.18)

440 위의 경, 제1권, 219b; 교정본 No.41, p.672. (T.11.310.330c.19)

441 위의 경, 제1권, 219b; 교정본 No.41, p.671. (T.11.310.330c.20)

두 팔을 안으로 접어서 출생문에 위치하게 한다. 또 그때 '취하趣下'라는 바람이 일어나, 그 바람이 자궁 속 태아를 밀어서 머리는 아래를 향하게 하고 두 다리는 위를 향하게 하여, 출생문을 빠져나오게 한다. 이를 경전에서 다음과 같이 설하였다.

> 아난이여, 서른여덟째 주에 어머니의 자궁에서 '섭지'라는 풍이 일어나, 그 풍이 자궁 속 태아의 몸을 바꾸어 아래로 향하게 하고, 두 팔을 안으로 접어 출생문 쪽으로 향하게 한다. 또 그때 '취하'라는 풍이 일어나고, 업력에 의해 그 바람이 자궁 속 태아를 밀어서, 태아는 머리가 아래로 내려가고 두 다리는 위를 향한 채 출생문에서 나오게 된다.**442**

이와 같이 『불설입태장경』에서는 자궁에서 몸이 미세한 단계에서부터 점차 거친 단계로 변하는 과정과 신체의 각 부분과 근이 형성되는 방식 등을 자세하고 광범위하게 밝히고 있다.

---

442 위의 경, 제1권, 219b; 교정본 No.41, p.671. 티베트역과 한역이 약간 상이하다.
(T.11,310,330c,22)

4
『깔라짜끄라 딴뜨라』에서 설하는 태아의 형성 과정

『깔라짜끄라 딴뜨라』(Kālacakra tantra)에서 설하는 태아의 형성 과정은 다음과 같다. 부모가 성교할 때 중음신의 매우 미세한 의식은 흰 정액과 붉은 혈액의 가운데에 들어가 머무는데, 정액·혈액·의식의 셋이 자궁 안에서 결합하는 인연에 의해 거친 육신이 만들어진다.

'씨앗'이라고 불리는 정·혈·식의 혼합체가 '연꽃'이라고 하는 어머니의 자궁에 들어갈 때, 오대五大 가운데 지계는 씨앗을 지니고, 수계는 씨앗을 모으며, 화계는 씨앗을 성숙시키고, 풍계는 씨앗을 증장시키며, 자궁 내의 공간 즉 허공계는 태아의 몸이 성장할 기회와 공간을 내어준다. 『깔라짜끄라 딴뜨라 심수心髓』에서 다음과 같이 설한다.

> 연꽃에 머무는 씨앗은
> 대지가 지니고, 물이 모으며,
> 그다음 불이 성숙시키고 여러 맛을 보게 하며, 풍이 이
> 것을 증장시킨다.
> 허공 또한 성장의 기회를 내어준다.**443**

---

443 『Kālacakra-laghutantra』. 데게, 불설, 밀교, ka, 제1품, 40b:4; 교정본 No.77, p.99.

또한 중음신의 의식이 어머니의 자궁에 있는 희고 붉은 정혈 가운데로 들어가서부터 이후 출생에 이를 때까지를 네 단계로 나눠 물고기 등에 빗대어 설명한다. 뿐다리까(puṇḍarīka) 논사는 『깔라짜끄라 무구광대소無垢光大疏』에서 이와 같이 설한다.

> 여기서 먼저 물고기 단계의 시일이 지나면 거북이 단계에 이르러 얼굴, 다리, 팔의 자리에 돌출부가 생긴다. … 5개월째인 돼지의 단계 때 살과 피, 그리고 '공미초식空味焦食'**444** 즉 360개의 뼈와 그와 같이 관절도 생겨난다. … 9개월째의 하순, 혹자에게는 10개월, 11개월, 12개월째인 돼지의 단계의 막바지에 이르러 극심한 고통을 겪게 된다. 출생에 임박하여 인간사자의 단계 때 출생관에서 쥐어짜내듯이 자궁에서 나온다고 함은 자궁에서 나와 확실하게 태어난다는 것이다.**445**

임신 첫째 달에 자궁 내 정·혈·식 셋의 혼합체는 맥이 없는 정혈의 덩어리에 불과하며, 이후 2개월째에 차후 심장이 형성될 자리에 머리

---

444 티베트어 '카로쎅사(mkha' ro bsreg za)'의 번역. '카'는 '하늘'이며, 공空을 의미하므로 숫자 '0'을 나타낸다. '로'는 '맛[味]'이며, 미처에 여섯 가지 맛이 있으므로 숫자 '6'을 나타낸다. '쎅'은 '태우다[焦]'이고, '사'는 '먹는다[食]'로 '쎅사'는 태워 먹는다는 뜻이다. 이는 곧 불을 나타내는데, 불은 사대 중 세 번째이므로 숫자 '3'을 나타낸다. 즉 '카로쎅사' 혹은 '공미초식'이라 함은 숫자 '360'을 나타낸다. (역자주)

445 『Vimalaprabhā』. 데게, 논소, 밀교소, tha, 제1내품內品, 225a; 교정본 No.6, p.530.

털 끝 하나 정도의 매우 미세한 열 줄기의 심장맥이 발달하며, 이것은 '지명풍持命風' 등 열 가지 종류의 풍의 토대가 된다. 배꼽이 형성될 자리에는 12줄기의 매우 미세한 맥이 위로 향하는데, 이것은 배꼽 맥륜의 8맥의 8배인 64가지 맥의 토대가 된다. 얼굴과 양 팔, 다리가 형성될 자리에는 그의 토대가 되는 미세한 맥이 퍼지고, 이 시기에는 단지 상징적 징표들만이 나타난다고 한다.

『깔라짜ㄲ라 딴뜨라 심수』에서 다음과 같이 설한다.

> 첫째 달에 자궁 속에서 감로의 맛으로 변한 피와 씨앗은
> 완전히 발달한다.
> 이후 씨앗은 심장부에 매우 미세한 열 가지 맥의 싹이
> 발달한다.
> 배꼽의 여덟 개의 여덟 배는 다리와 팔, 얼굴을 향해 뻗
> 어간다.**446**

임신 1개월부터 2개월까지를 '물고기 단계'라고 한다. 로히따(Rohita) 물고기의 형태가 길쭉하고 붉은 색을 띠는 것처럼, 이 두 달 동안 태아의 몸 또한 형태가 길쭉하고, 정혈의 본성으로 인해 붉은색을 띠기 때문이다. 2개월이 지나고 3개월째에 들어설 무렵 자궁 속 태아의 몸에 팔과 다리와 목의 부위가 조금씩 돌출된다. 3개월이 지나고 4개월

---

446 데게, 불설, 밀교, ka, 제 1품, 41a:9, 교정본 No.77, p.100.

째에 들어설 무렵 팔, 다리, 목의 돌출부는 눈에 띄게 커진다. 4개월째 초부터 말까지 팔·다리와 목의 다섯 돌출부는 점점 커지고, 팔·다리의 6대 관절 부위에서 미세한 맥이 동시에 형성되며, 안면부의 목 부위에 아주 미세한 수용맥이 형성된다.

『깔라짜끄라 딴뜨라 심수』에서 다음과 같이 설한다.

> 둘째 달이 다 차면 팔, 다리와 얼굴의 징표뿐이다. 셋째
> 달이 다 차면 팔, 다리와 목의 부위가 똑같이 돌출된다.
> 넷째 달에 미세한 맥들이 팔, 다리와 얼굴 그리고 목의
> 부위에 (발달한다).**447**

임신 3개월부터 4개월까지를 '거북이 단계'라고 한다. 거북이가 두 팔과 두 다리, 머리의 다섯 돌출부를 가지고 있는 것처럼, 이 두 달 동안 태아의 몸에도 팔·다리 넷과 머리의 다섯 돌출부가 있기 때문이다. 그다음 5개월째에는 살에 의지해 '공미초식空味焦食', 즉 360개의 뼈와 같은 수의 작은 관절들이 형성되기 시작하고, 6개월째에는 살과 피가 분리되고, 즐거움과 괴로움을 경험한다. 7개월이 끝날 무렵에는 5개월째부터 생기기 시작한 눈썹과 털, 머리카락, 구멍들과 안眼 등의 처들이 완전히 갖춰진다.

'자궁의 달'이라고 하는 모태에 들어간 첫째 달에는 아직 어떤 맥

---

447 위의 경, 제1품, 41a:9-10; 교정본 No.77, p.100.

도 생겨나지 않으며, 자궁의 달 후기 또는 둘째 달 초기부터 12개월째까지 매일 공공안수空空眼數**448** 즉, 200개의 맥들이 발달하여 총 72,000개의 맥이 생긴다.

8개월째에는 360개 골격의 주요 부위가 생기고, 뼈 속에 골수가 형성되며, 설식 또는 설근을 생성하기 위해 이전에 형성된 안처 등이 더욱 발달되고, 설근이 맛을 인식할 수 있게 되며, 대소변이 생긴다. 이 또한 『깔라짜77라 딴뜨라 심수』에서 다음과 같이 설하였다.

> 다섯째 달에 살과 피, 360개의 뼈와 관절들 또한 형성된다.
> 여섯째 달에 살과 피가 분리되고, 즐거움과 괴로움이 생긴다.
> 일곱째 달에 눈썹과 머리카락, 털, 구멍들도 형성된다.
> 나머지 맥들은 첫째 달의 후기부터 매일 200개씩 생겨난다.
> 여덟째 달에 핵심과 골수, 설식과 분뇨가 생긴다.**449**

임신 5개월째부터 출생 전까지를 '돼지 단계'라고 한다. 돼지가 더러운 배설물 등을 먹으며 사는 것처럼, 5개월째부터 출생 전까지의 태아도 어머니가 먹고 마신 것의 더러운 부산물만으로 살며, 태아의 몸

---

448 티베트어 '똥빠똥빠믹기당(stong pa stong pa mig gi 'grangs)'의 번역. '똥빠'는 '공空'이며 숫자 0을 뜻하고, '믹'은 '눈[眼]'이며 눈은 두 개이므로 숫자 2를 뜻한다. 즉 숫자 200을 나타낸다. (역자주)

449 위의 경, 제1품, 41a:10-11; 교정본 No.77, p.100.

이 굽은 형태가 돼지의 모습을 닮았기 때문이다. 어떤 태아는 9개월이 지나자마자 구멍에서 태어나고, 어떤 태아는 10개월, 어떤 태아는 11개월, 또 어떤 태아는 12개월째가 되어서야 자궁에서 나온다. 그때 참을 수 없는 고통을 겪게 되는데, 마치 좁은 관에서 쥐어짜내듯이 골반뼈의 관절에 짓눌려서 태어난다.

『깔라짜끄라 딴뜨라 심수』에서 다음과 같이 설한다.

> 구멍이라고 하는 것은 출생 시에 태어나는 자리로서, 짓눌림에 의해 극심한 고통을 겪는다.**450**

임신 9개월 등이 지나서 출생하는 시기를 '인간사자 단계'라고 한다. 비쒸누(Viṣṇu)가 하반신은 사람, 상반신은 사자인 모습으로 화현하여, 발톱으로 아수라의 왕인 히란약쌰(Hiraṇayakṣa)의 배를 가른 것처럼, 태아가 9개월이 지나고 태어날 때 두 손으로 어머니의 탄생처를 열기 때문이다.

요약하면 『깔라짜끄라 딴뜨라』에서는 태내에서의 기간 동안 정혈의 씨앗은 단계적으로 성장하고, 맥과 풍이 차례로 발달하며, 신체의 가지와 근들이 형성된다고 설하였다. 그리고 이 과정을 첫째 달부터 둘째 달 말까지, 셋째 달부터 넷째 달 말까지, 다섯째 달부터 출생 전까지, 최종 출생의 시점까지 총 4단계로 나누며, 이 단계를 차례대

---

450 위의 경, 제1품, 41a:11; 교정본 No.77, p.101

로 물고기, 거북이, 돼지, 인간사자에 빗대어 설명하였다.**451** 또한 매
달 태내에서 어떤 변화가 일어나는지 분명하게 명시하고 있다.

---

451 이처럼 『깔라짜끄라 딴뜨라』에서는 자궁 속에서의 성장 단계를 물고기, 거북이, 돼지,
인간사자 등 여러 형상에 비유하고 있는데, 이는 힌두교 문헌에서 나오는 비쒸누신의
열 가지 화신에서 유래한 것이다. 힌두신화에 따르면 비쒸누는 물고기, 거북이, 멧돼지,
사자인간(narasiṃha), 난쟁이, 라마짠드라(ramacandra), 빠라슈라마(paraśurama), 끄리쒸나
(Kṛṣṇa), 붓다, 깔끼(Kalki)의 10종의 화신이 있다. 이와 관련된 해설은 케둡 노르상 갸초께
서 저술하신 『무구광장엄無垢光莊嚴』에 이해하기 쉽게 약술되어 있다. 『티베트문헌정장
문집西藏文獻精藏文集』(bod kyi gtsug lag gces btus deb)의 136쪽 참조.

5
불교 의학문헌에서 설명하는
태아의 형성 과정

인도의 불교학자가 저술한 의학문헌에서도 태아의 형성 과정에 대한 설명을 찾아볼 수 있다. 예를 들면 박바따(Vāgbhata, 從父) 논사는 『의관팔지심요』**452**에서 다음과 같이 설명한다.

> 씨앗의 본질과 대종
> 미세한 전前 마음을 뒤따른 의식
> 어머니의 음식의 정수로
> 자궁에서 점차 성장한다.**453**

이처럼 부모의 결합으로 생성된 씨앗 혹은 희고 붉은 정혈, 허공 등의 대종, 일반적 근식의 대상이 아닌 자신의 근취인인 전의 미세한 마음을 따라가는 의식, 어머니가 섭취한 음식의 영양분으로 인해 태아는

---

452 해당 논서의 저자로 박바따 논사, 아리야쓔라(Āryaśūra, 聖勇) 논사, 마뜨리쩨따(Mātṛceṭa, 摩咥里制吒) 논사 등 다양한 논사들이 거론된다. 일반적으로 티베트불교에서는 아리야쓔라와 마뜨리쩨따라는 이름을 아쒸바고쌰(Aśvaṣa, 馬鳴) 논사의 별명으로 보고 셋을 동일인으로 여기지만, 현대 불교 학자들 중에는 세 사람을 각각 다른 인물로 간주하는 이들도 있다. 본서에서는 저자의 이름을 데게판 『의관팔지심요』에 쓰인 그대로 '박바따(Tib. pha gol)'로 통일하였다. (역자주)

453 『Aṣṭāṅgahṛdyasaṃhitā』. 데게, 논소, 의방명醫方明, he, 신처身處 제1품, 106b:2; 교정본 No.111, p.295.

점차 성장하게 되고 갈라람 등의 단계가 발생한다고 한다.

① 갈라람의 단계는『의관팔지심요』에서 다음과 같이 설하였다.

첫째 달에는 분명하지 않고
7일 후 갈라람이 된다.**454**

임신 첫째 달의 첫 7일 동안 자궁 속 태아는 갈라람 등으로 뚜렷하게 나타나지 않고, 첫 주가 지난 후 진한 것과 연한 것이 혼합된 형식으로, 한 달 동안 갈라람으로 머문다.

② 건남鍵南의 단계는 같은 논서에서 다음과 같이 설하였다.

갈라람은 둘째 달에
건남, 알부담, 폐시가 된다.
이것은 차례로 남성, 여성, 중성이 된다.**455**

전 단계의 갈라람은 둘째 달에 건남 또는 알부담, 폐시의 상태가 된다. 또한 이전의 갈라람이 건남이 됨으로써 남성이 되고, 알부담이 됨

---

454 위의 논, 신처身處 제1품, 108a:37; 교정본 No.111, p.298.

455 위의 논, 신처身處 제1품, 108b:48; 교정본 No.111, p.299.

으로써 여성이 되며, 폐시가 됨으로써 중성이 된다.

③ 가지[肢]가 돌출되는 단계를 같은 논서에서 다음과 같이 설하
였다.

셋째 달에 그 몸은
머리, 두 넓적다리, 양 어깨의
다섯 가지[肢]가 분명하게 돌출되고
미세한 가지들도 생긴다.
머리 등이 생겨남과 동시에
즐거움과 괴로움의 인식이 생긴다.**456**

임신 3개월째에 태아의 몸에는 머리와 두 넓적다리, 양 어깨의 다섯
가지가 분명하게 돌출되고, 부수적인 가지들도 차례대로 생긴다. 머
리 등이 생겨남과 동시에 즐거움에 대한 인식과 괴로움에 대한 인식
도 생겨난다. 또한 『의관팔지심요』에서 다음과 같이 설하였다.

태아의 배꼽은
어머니의 심장 맥과 연결되어 있기에
이로 인해 그것이 성장한다.

---

456 위의 논, 신처身處 제1품, 108b:53-54; 교정본 No.111, p.299.

밭의 수로와 같다.**457**

자궁 속 태아의 배꼽과 어머니의 심장 맥 둘은 연결되어 있기 때문에, 어머니가 먹고 마신 음식의 영양분이 맥을 통해 전달되어 태아의 몸이 성장한다. 예를 들면 관개수로를 통해 물을 끌어와 밭의 곡식을 키우는 것과 같다.

④ 모든 신체의 가지 등이 뚜렷하게 돌출되는 단계를 같은 논서에서 다음과 같이 설하였다.

넷째 달에 가지가 뚜렷하게 돌출된다.**458**

임신 4개월째에 태아의 모든 가지들은 전보다 뚜렷하게 돌출된다.

⑤ 마음이 매우 밝아지는 단계를 같은 논서에서 다음과 같이 설하였다.

다섯째 달에 마음이 밝아진다.**459**

---

457 위의 논, 신처身處 제1품, 108b:54; 교정본 No.111, p.299.

458 위의 논, 신처身處 제1품, 109a:55; 교정본 No.111, p.299.

459 위의 논, 신처身處 제1품, 109a:55; 교정본 No.111, p.299.

임신 5개월째에 자궁 속 태아는 이전에 밝지 않았던 마음이 매우 밝아진다.

⑥ 부수적인 가지가 생기고 발달하는 등의 단계를 같은 논서에서
  다음과 같이 설하였다.

여섯째 달에 인대, 맥, 털
손발톱, 피부, 색깔, 힘이 생긴다.**460**

임신 6개월째에 자궁 속 태아의 몸에는 인대 혹은 힘줄, 맥, 털, 손발톱, 피부, 색깔, 힘이 생긴다.

⑦ 모든 가지가 완성되고 발달하는 등의 단계를 같은 논서에서
  다음과 같이 설하였다.

일곱째 달에 몸의
주요 가지와 부수 가지가 완성된다.**461**

임신 7개월째에 태아의 몸은 주요 가지와 부수 가지의 모든 형태가

---

460 위의 논, 신처身處 제1품, 109a:56; 교정본 No.111, p.299.
461 위의 논, 신처身處 제1품, 109a:56; 교정본 No.111, p.299.

온전해지고 발달한다.

⑧ 모든 신체의 정수인 양분이 상호 이동하는 단계를 같은 논서
에서 다음과 같이 설하였다.

여덟째 달에 어머니와 태아는
수차례 활력의 정수가 전이되고
그로 인해 둘은 야위거나 좋아하게 된다.
정수가 어머니에게 이동할 때 태어나면 태아가 생존하
지 못한다.
아이의 정수가 어머니에게 머물지 않을 때는 어머니의
생존에 의문이 든다.**462**

임신 8개월째에는 어머니와 자궁 속 태아 둘의 모든 활력의 정수인
양분이 서로 전이된다. 그 양분이 태아에게 옮겨가면 태아는 좋아하
고 몸에 활기가 생기지만, 어머니의 몸은 야위어간다. 또 양분이 어머
니에게 옮겨간다면 어머니가 좋아하고 몸에 활기가 생기지만 태아의
몸이 야위어간다. 또한 양분이 어머니에게로 이동할 때 아이가 태어
난다면 아이는 살지 못하고, 또 태아에게 양분이 이동할 때 아이가 태
어난다면 어머니가 살 수 있을지는 의문이라고 설명한다.

---

462 위의 논, 신처身處 제1품, 109a:61–62; 교정본 No.111, p.300.

⑨ 태아가 출생하는 등의 단계를 같은 논서에서 다음과 같이 설하였다.

아홉째 달부터 시작하여
길상한 장소와
물자를 모두 가지고, 좋은 날에
아이를 낳는 집에 들어가야 한다.**463**

임신 9개월째가 시작되면 행성과 별들이 잘 정렬하는 길일에 산모는 길상한 장소에서 풍부한 물자를 가지고 산실産室에 들어가야 한다고 한다.

지금까지 제시한 인용문들을 통해, 고대 인도의 불교 문헌들에서 태아의 발달 과정에 대해 매우 자세하게 설명하고 있음을 대략적으로나마 알 수 있다. 이러한 해설의 출처는 『불설입태장경』과 그 경을 근거로 삼는 아비달마의 논서, 무상요가의 일반적인 경론과 그 중 특히 『깔라짜끄라 딴뜨라』, 앞서 제시한 박바따 논사의 『의관팔지심요』와 같은 의학문헌의 3종이 있다.

　　이 문헌들에서 태아의 발달 단계를 구분하는 방식에는 약간의 차이가 있다. 예를 들면 『불설입태장경』에서는 주로 7일을 주기로 하

---

463 위의 논, 신처身處 제1품, 109b:71-72; 교정본 No.111, p.301.

여 그 단계에서 일어나는 자궁 속 변화를 설하였다. 『깔라차끄라 딴뜨라』에서는 매달 일어나는 변화를 설하였는데, 주로 1개월과 2개월째, 3개월과 4개월째, 5개월째부터 출생 전까지, 최종 출생의 단계까지 넷으로 나누며, 이를 차례대로 물고기, 거북, 돼지, 인간사자에 빗대어 설하였다. 의학문헌에서도 주로 한 달을 한 단계로 구분하여 각 단계별로 태아가 자궁에서 어떻게 변해가는지를 명확하게 설하였다. 이 같은 차이점은 이상의 설명을 통해 알 수 있다. 그러나 처음 자궁에서 단지 부모의 정혈이 섞인 정수에 불과하던 것이 차례로 발달하여 신체의 가지와 근이 출현한다고 설한 점에서는 세 문헌 간에 차이가 전혀 없다.

제6장 자궁에서 태아가 형성되는 과정과 맥脈·풍風·명점明點의 체계

6

미세한 몸의
맥脈·풍風·명점明點의 체계

1) 무상요가 딴뜨라에서 설하는 방식

인도불교의 무상요가 딴뜨라와 의학문헌에서는 뼈와 살로 이루어진 거친 몸뿐만 아니라 미세한 몸에 대해서도 설하였다. 이러한 미세한 몸이 거친 몸에 영향을 주는 방식은 주로 '머무는 맥', '움직이는 풍', '배치된 명점' 셋의 작용을 통해서이다. 아래에서는 이 세 가지에 대해 간략하게 설명하고자 한다.

무상요가 딴뜨라에서 미세한 몸인 맥·풍의 체계를 설하는 방식은 다음과 같다. 일반적으로 불교경론에서는 거칠고, 미세하고, 매우 미세한, 세 종류의 몸을 설한다. 살과 뼈로 구성된 몸은 거친 몸이고, 맥·풍·명점과 꿈·중음中陰의 몸은 미세한 몸이며, 사공심四空心이 타는 풍과 특히 4차 공空인 정광명이 타는 풍은 매우 미세한 몸이라고 한다.

마찬가지로 뒤에서 설명할 심식과 관련해서도 세 가지 종류가 있다. 오근식은 거친 식이며, 근본번뇌와 수번뇌, 80자성분별심과 그와 상응하는 심들은 미세한 식이며, 사공심들은 매우 미세한 식이라고 한다. 이와 같이 거친 몸과 마음의 취합을 '몸과 마음의 공통된 거친 실상'이라고 하고, 매우 미세한 풍과 심이 본질상 불가분으로 머무는 것을 '몸과 마음의 공통된 미세한 실상'이라고 한다.

이를 나로빠(Nāropa) 논사는 『오차제명섭론五次第明攝論』에서 다음과 같이 설한다.

> 사물의 실상은 둘이다.
> 마음과 몸이 머무는 방식에 있어
> 거친 것과 미세한 것, 매우 미세한 것을
> 공통인 것과 불가분인 것이라 한다.**464**

이제부터 무상요가의 경론에서 설하는 미세한 몸인 맥·풍·명점 셋의 체계에 대해 간략하게 설명하겠다. 먼저 '맥脈'이라는 것은 관管의 모양으로 내부에 풍과 정액 등이 머물고 돌아다니며, 의식의 의지처로 작용하고, 서로 연결되어 있는 몸의 한 부분을 말한다. 맥이라는 명칭은 신체의 풍과 혈이 안팎의 모든 구멍을 통해 연결되고 순환함에 있어 토대가 됨을 의미하며, 그것은 처음에 몸의 형성과 성장, 중간에 목숨의 장기간 유지, 최후에 죽음 등에 뿌리가 되기 때문에 '맥'465이라 이름한다.

이를 『불위아난설처태경』에서 다음과 같이 설한다.

> 열넷째 주에 어머니의 자궁에서 머물 때 다시 생기는 업
> 풍業風을 '선구線口'라고 한다. 그 풍의 힘으로 900개의

---

464 『Pañcakramasaṃgrahaprakāśa』. 데게, 논소, 밀교소, zhi, 276b:2; 교정본 No.26, p.1747.

465 '맥脈'은 티베트어로 '짜(rtsa)'이며, 이는 근본 또는 뿌리를 뜻하기도 한다. (역자주)

맥이 생겨나 몸의 앞과 뒤, 오른쪽과 왼쪽을 교차하며 덮는다. 열다섯째 주에 어머니의 자궁에서 머물 때 다시 생기는 업풍業風을 '연화蓮花'라고 한다. 그 풍의 힘으로 맥에서 순환하는 20가지가 발생하여 먹고 마시는 맛이 맥으로 들어가 몸을 이롭게 한다. 20가지는 무엇인가? 몸의 앞과 뒤, 오른쪽과 왼쪽 각각에 다섯 개씩 있는 맥이다. 이 맥 각각에도 미세한 가지가 40개씩 존재한다. 그 맥 각각에도 100개씩 가지가 있다. 몸의 앞쪽에 있는 2만 개를 '비쌰카(viśākhā)'라고 하고, 몸의 뒤쪽에 있는 2만 개는 '힘[力]'이라고 한다. 몸의 왼쪽에 있는 2만 개는 '안정'이라고 하며, 몸의 오른쪽에 있는 2만 개는 '유력有力'이라고 한다. 이와 같이 8만 개의 크고 작은 맥의 가지가 몸에 생긴다. 또한 그 맥은 여러 가지 색깔을 띤다. 즉 파랑, 노랑, 빨강, 하양, 버터의 색, 발효유의 색, 곡식기름의 색이다. 8만의 맥에도 각각 뿌리가 있고, 그 뿌리 각각에도 여러 개의 구멍이 있다. 구멍은 하나와 두 개에서부터 일곱 개까지 있다. 또한 하나하나가 모공과 연결되어 있다. 마치 연근에 많은 구멍이 있는 것과 같다.**466**

---

466 데게, 불설, 보적, ga, 제1권, 241a; 교정본 No.41, p.741. (T.11.310.323c.5)

요약하면 이 경전에서는 몸의 좌우와 앞뒤의 네 부위에 각각 2만 개씩의 맥이 있어서 총 8만 개의 맥이 몸에 있다고 설한다.

무상요가의 일반적인 교설에 따르면, 몸에는 7만 2천 개의 맥이 존재한다고 한다. 최초에 몸의 심장부에서 세 개의 맥이 형성되는데, 이는 ① 우맥右脈 또는 라싸나(rasanā, 惹薩那), ② 좌맥左脈 또는 랄라나(lalanā, 拉拉那), ③ 중맥中脈 또는 아바두띠(avadhūtī, 阿哇獨帝)이다.

이를 『승락생勝樂生 딴뜨라』에서

> 랄라나 등의 맥은
> 모든 맥의 주主가 된다.467

라고 하였으며, 또한 『금강만 딴뜨라』에서도

> 랄라나와 라싸나
> 아바두띠라고 이름한다.468

라고 설한다.

심장부에 처음으로 형성되는 다섯 가지 맥은 앞의 세 가지와 심장 동쪽의 뜨라이브릿따(traivṛtta, 三環母)와 남쪽의 까미니(kāminī, 欲

---

467 데게, 불설, 밀교, kha, 제7차제, 273a:20; 교정본 No.78, p.793.

468 데게, 불설, 밀교, ca, 제30품, 242a:9; 교정본 No. 81, p.833.

母) 둘이다. 이 다섯 맥은 동시에 형성된다. 이 후 서쪽의 게하(gehā, 宅母), 북쪽의 짠달리(cāṇḍālī, 裏母), 중맥과 나란히 흐르는 마라다리까(mārādārikā, 離魔母)의 세 맥이 동시에 형성된다. 이 여덟 개를 '심장부에서 최초로 형성되는 팔맥八脈'이라고 한다. 이를 『금강만 딴뜨라』에서 다음과 같이 설한다.

> 그것들이 뻗어 나감으로써
> 각각 차례로 여덟 배씩이다.**469**

동쪽의 뜨라이브릿따, 남쪽의 까미니, 서쪽의 게하, 북쪽의 짠달리의 네 가지와, 뜨라이브릿따에서 뻗어 나온 동남의 맥, 까미니에서 뻗어 나온 남서의 맥, 게하에서 뻗어 나온 서북의 맥, 짠달리에서 뻗어 나온 북동의 맥, 이 여덟은 심장부의 팔엽맥八葉脈이라고 한다. 이 심장부의 팔엽맥은 심장부에 최초로 형성된 팔맥과는 다르다. 동쪽의 뜨라이브릿따 등의 팔엽맥이 신身·구口·의意로 나뉘어져 24개의 맥이 있으며, 이를 24처맥處脈이라고 한다. 이를 『정가행속경正加行續經』에서 다음과 같이 설한다.

> 몸의 심장 가운데
> 다섯 맥이 존재하고

---

469 데게, 불설, 밀교, ca, 제30품, 242a:10; 교정본 No. 81, p.833.

신구의의 분류로

24처맥이라고 이름한다.**470**

24처맥과 심장부에서 최초로 형성된 팔맥을 합쳐 '정액이 흐르는 32맥'이라 한다. 24처맥에서 각각 세 개씩 뻗어 나와 72개의 맥이 된다. 또 72개의 각각에서 천 개씩 뻗어 나와 7만 2천 개의 맥이 된다. 이 모든 맥의 뿌리는 라싸나(우맥), 랄라나(좌맥), 아바두띠(중맥) 셋과 연결되어있다. 이를 『헤바즈라 딴뜨라』에서

세존께서 말씀하셨다. "맥은 서른둘이다. 서른두 가지
정액이 흘러 대락지大樂地에 내린다."**471**

라고 설하였고, 『금강만 딴뜨라』에서

처맥이 뻗어 나와 일흔둘이다.**472**

라고 하였으며, 또한 같은 경에서

---

470 『Saṃpūṭi-tantra』. 데게, 불설, 밀교, ga, 육관품六觀品 제2, 112b:14-15; 교정본 No.79, p.305.

471 『Hevajra-tantra』. 데게, 불설, 밀교, nga, 제1품, 2b; 교정본 No.80, p.4.

472 데게, 불설, 밀교, ca, 제30품, 242a:11; 교정본 No.81, p.834.

그것이 다시 뻗어 나옴으로써

각각에도 천 개씩 나뉘어져

개수는 항상

칠만 이천이 된다.**473**

라고 설하였다.

또한 72개의 주요 맥에서 각각 주위로 천 개씩 뻗어 나온 가지를 2만 4천 개씩 세 종류로 분류하여, 첫째는 정액이 흐르는 2만 4천 개의 맥, 둘째는 피가 흐르는 2만 4천 개의 맥, 셋째는 풍이 흐르는 2만 4천 개의 맥이라고 한다.

이를 『금강만 딴뜨라』에서 다음과 같이 설하였다.

언제나 희유한

이만 사천의 맥은

정액이 흐르는 것임을 알지니

모든 쾌락이 증장되노라.

언제나 희유한

이만 사천의 맥은

피가 흐르는 것임을 알지니

---

473 위의 논, 제30품, 242a:11-12; 교정본 No.81, p.834.

태양의 움직임을 본질로 가지노라.

언제나 희유한

이만 사천의 맥은

풍이 흐르는 것임을 알아야 하네.**474**

맥 중에서 정액이 주로 흐르는 맥을 '신맥身脈', 붉은 피가 주로 흐르는 맥은 '구맥口脈', 풍이 주로 흐르는 맥을 '의맥意脈'이라고 하고, 다른 모든 맥은 이 세 맥에 연결되어 있다고 설한다.

또한 『승락생 딴뜨라』에서는 주맥主脈에 대해 다음과 같이 설하고 있다.

몸과 연관된 맥은

7만 2천 개가 된다.

맥과 근맥近脈은

거기에 머물고 의존하니

120개의 맥을

주맥主脈이라고 한다.**475**

---

474 위의 논, 제30품, 242a:2-4; 교정본 No.81, p.833.

475 데게판, 불설, 밀교, kha, 제7차제, 272a:1-2; 교정본 No.78, p.792.

그리고 『길상吉祥한 공행空行의 대해大海 딴뜨라』에서

> 사륜四輪의 연꽃에서
> 맥은 120개이다.**476**

라고 하여, 정수리, 목, 심장, 배꼽의 네 주맥을 설하였다. 정수리 맥륜脈輪인 대락륜大樂輪에 32엽맥葉脈, 목의 수용륜受用輪에 16엽맥, 심장의 법륜法輪에 8엽맥, 배꼽의 화륜化輪에 64엽맥이 있으므로, 총 120개이다. 이것들은 풍과 의식의 토대 역할을 하기 때문에 '주맥'이라고 한다.

　이 120의 맥 중 32개의 맥이 주가 된다. 이는 이빨과 손발톱의 형성 등 신체 요소의 토대가 되기 때문에 주맥이라고 한다. 그리고 이 32맥 중 24처맥이 주맥이며, 또 그 중에서는 좌맥, 우맥, 중맥이 주가 된다. 좌맥과 우맥의 풍이 중맥에 들어가고[入], 머물고[住], 흡수되는[吸] 세 가지 작용으로 인해 구생광명의 대락大樂이 나타나기 때문에 이 세 맥이 주가 된다. 그 셋 중에서는 중맥이 주가 된다. 중맥은 일반 중생**477**의 의식이 들어가고, 머물고, 이동하는 토대가 되기 때문이다. 중맥 중에도 심장의 중맥은 광명이 완벽하게 나타나는 자리이기 때문에 주가 된다.

---

476 『Śrī-ḍākārṇava-tantra』. 데게, 불설, 밀교, kha, 제5품, 153b:2; 교정본 No.78, p.443.

477 밀교에서는 한 사람이 금강지를 성취하는 과정을 근시根時, 도시道時, 과시果時의 세 단계로 분류한다. 밀교에 입문하기 전의 단계를 근시, 입문하여 도를 닦아 성불하기 전까지의 단계를 도시, 성불을 과시라고 한다. 여기서 '일반 중생'이란 밀도를 닦기 전의 단계인 근시를 말한다. (역자주)

맥륜에 대해 설명하자면, 다섯 개의 대맥륜大脈輪과 세 개의 소맥륜小脈輪이 있다. 5대맥륜은 정수리, 목, 심장, 배꼽, 비밀처의 맥륜이며, 3소맥륜은 미간, 목과 가슴 사이, 성기**478** 중앙의 맥륜이다.

① 정수리의 대락륜大樂輪은 뇌막腦膜과 두개골 사이에 위치하며, 좌맥과 우맥이 중맥을 휘감고 있는 곳에서 뻗어 나온 4엽맥葉脈이 있고, 그로부터 8엽맥, 그로부터 16엽맥, 다시 그로부터 32엽맥이 뻗어 나와 있다. 이것의 색깔은 다양하며, 두께는 두꺼운 띠 풀 정도이다. 맥륜의 중심은 삼각형이고, 형태는 펼친 우산과 같다. '즐거움[樂]'을 일으키는 근간인 꾼다(kunda)와 같은 흰 정액이 정수리 맥륜에 머물기 때문에 이를 '대락륜'이라고 한다.

② 목의 수용륜受用輪은 목의 울대 지점에 위치하며, 좌맥과 우맥이 중맥을 매듭처럼 휘감고 있는 곳에서 뻗어 나온 4엽맥이 있고, 그로부터 8엽맥, 다시 그로부터 16엽맥이 뻗어 나와 있다. 이것은 붉은색이고, 맥륜의 중심은 원형이며, 형태는 뒤집힌 우산과 같다. 목의 맥륜이 여섯 가지 맛을 수용하기 때문에 이를 '수용륜'이라고 한다.

③ 심장의 법륜法輪은 두 젖꼭지 사이의 중앙에 위치하며, 좌우의 두 맥이 중맥을 세 번 감고 있는 곳에서 뻗어 나온 4엽맥이 있

---

478 원문 그대로 직역하면 '보석'(Tib. nor bu)이다. 이는 성기를 가리킨다. 밀교에서는 성기를 보석, 금강 등 여러 명칭으로 표현한다. 본서에서는 함의를 그대로 드러내어 '성기'라고 번역했다. (역자주)

고, 그로부터 8엽맥이 뻗어 나와 있다. 이것은 흰색이고, 맥륜의 중심은 원형이며, 형태는 펼친 우산과 같다. 법의 뿌리인, 미세한 풍과 심의 토대가 되는 불괴명점不壞明點이 심장의 맥륜에 존재하기 때문에, 이를 '법륜'이라고 한다.

④ 배꼽의 화륜化輪은 배꼽의 구멍 쪽에 위치하며, 좌맥과 우맥이 중맥을 휘감고 있는 곳에서 뻗어 나온 4엽맥이 있고, 그로부터 8엽맥, 그로부터 16엽맥, 또 그로부터 32엽맥, 다시 그로부터 64엽맥이 뻗어 나와 있다. 이것의 색은 다양하고, 맥륜의 중심은 삼각형이며, 형태는 뒤집힌 우산과 같다. 대락을 화현하거나 발생시키는 토대인 짠달리(cāṇḍālī, Tib. gtum mo)의 불이 주로 배꼽의 맥륜에 존재하기 때문에, 이를 화륜이라고 한다.

⑤ 비밀처의 호락륜護樂輪은 성기의 흑백 음모 부위에 위치하며, 좌우의 두 맥이 중맥을 묶고 있는 곳에서 뻗어 나온 4엽맥이 있고, 그로부터 8엽맥이 뻗어 나와 있다. 또 사방에서 각각 다섯 개씩 스물, 간방間方에서 하나씩 뻗어 나와 총 32엽맥이 된다. 이것은 붉은색이고, 맥륜의 중심은 삼각형이며, 형태는 펼친 우산과 같다. 순강順降과 역류逆流의 구생대락이 주로 비밀맥륜에서 호지護持되기 때문에, 이를 '호락륜'이라고 한다.

세 개의 소맥륜은 미간에 있는 6엽맥의 풍륜風輪, 목과 가슴 사이에 있는 3엽맥의 화륜火輪, 성기 중앙에 있는 8엽맥의 맥륜이다. 5대맥륜과 3소맥륜을 더하여 8맥륜이라고 한다. 모든 맥의 뿌리들은 중맥에 꽂혀 있고, 좌맥과 우맥에 인접한 맥의 뿌리들 또한 좌우맥을 관통하여 중맥에 꽂혀 있다고 한다.

이 맥들에서 풍과 정액이 흐르는 방식은 다음과 같다.

우맥에 화풍火風이 돌면서 피가 흐르고, 좌맥에 풍풍風風이 돌면서 정액이 흐르며, 좌·우맥에 지풍과 수풍이 돌면서 흐른다. 일반중생은 오직 죽음의 순간에만 업력으로 인해 심장의 매듭이 풀리고 중맥에 풍이 들어가며, 이외에 밀교의 도道를 수습하지 않고서는 심장 매듭을 풀 수 없다. 중맥은 좌맥과 우맥 둘로 감겨 있어 매우 풀기 어려운 매듭이 지어져 있다. 심장의 중맥은 우맥이 오른쪽으로 세 번, 좌맥이 왼쪽으로 세 번 감아서 삼중 매듭이 지어져 있으며, 비밀처, 배꼽, 목, 정수리에는 각각 매듭이 하나씩 지어져 있다. 이를 『금강만 딴뜨라』에서 다음과 같이 설하였다.

이것은 풀기 어려운
세 매듭으로 중앙이 묶여 있다.**479**

좌맥과 우맥 둘은 위아래에 각각 하나씩 두개의 문이 있다는 점은 같지만, 정혈을 방출하는지 혹은 품고 있는지와 관련하여 좌맥은 아래를 향해 있고, 우맥은 위를 향해 있다고 설한다.

스물네 개의 맥 중에서 흰 정액이 주로 흐르는 맥을 '신맥身脈' 또는 '용기맥勇氣脈(sattva)'이라고 하고, 붉은 것이 주로 흐르는 맥을 '구맥口脈' 또는 '진맥塵脈(rajas)'이라고 하며, 풍이 주로 흐르는 맥을 '의

---

479 데게, 불설, 밀교, ca, 제6품, 216b:10; 교정본 No.81, p.772.

맥意脈' 또는 '암맥暗脈(tamas)'이라고 한다.

심장부의 8엽맥 가운데 사방의 엽맥에서는 사대의 풍이 돌고, 간 방의 엽맥에서는 색·성·향·미·촉이 흐르기 때문에, 이것들을 '공양 맥' 또는 '오욕五欲이 흐르는 맥'이라고 한다. 밀교에서는 이 팔엽맥에 서 대변, 소변, 정액, 피, 가래의 다섯 감로가 흐른다고 설한다.

심장부에서 최초로 형성되는 팔맥 중 마라다리까맥은 '차맥遮脈' 또는 '시맥時脈'이라고 한다. 일반 중생은 죽음의 순간을 제외하고는 풍 과 정액이 이 맥으로 흐르지 않을 뿐만 아니라 이 맥이 다른 맥에 풍과 정액이 흐르는 것을 방해하기 때문에 '차맥'이라고 하고, 또한 죽음의 순간에 이 맥으로 풍과 정액이 흘러내리기 때문에 '시맥'이라고 한다.

맥이 형성되는 차례는 다음과 같다. 의식이 맨 처음 부모의 희고 붉은 정혈 가운데로 들어간 뒤, 발효유의 응고막 같은 것이 형성되고, 이로부터 차례로 심장부에 우맥, 좌맥, 중맥의 세 맥과 심장부의 팔판 맥 중 뜨라이브릿따와 까미니의 두 맥까지 총 다섯 맥이 동시에 형성 된다. 그다음 게하, 짠달리, 마라다리까맥이 형성된다. 이후 심장의 맥 류 사방으로 4엽맥이 형성되고, 다시 심장의 8엽맥에서 세 개씩 가지 가 뻗어 나와 24처맥이 생기며, 다른 맥들도 발달한다. 24처맥에서 뻗 어 나온 72개의 맥과 다시 이로부터 뻗어 나온 7만 2천 개의 맥들이 차례대로 형성된다.

『깔라짜끄라 딴뜨라』에 의하면 배꼽 위의 우맥·좌맥·중맥 셋 가 운데 우맥은 '태양맥太陽脈', '적황맥赤黃脈', '라싸나(rasanā)', '태양도太 陽道'라고 하고, 좌맥은 '월맥月脈', '이가싸(igasa)', '랄라나(lalanā)', '월 도月道'라고 하며, 중맥은 '라후맥(rāhu, 羅喉脈)' 또는 '수승한 맥'이라고 한다. 또한 배꼽 아래의 우맥·좌맥·중맥 셋 가운데 우맥의 줄기를 '소변맥', 좌맥의 줄기를 '대변맥', 그리고 중맥의 줄기를 '나양녀螺陽女(śaṅkinī)'와 '겁화맥劫火脈(kalāgni)', '정액이 흐르는 맥', 또는 '수승한 맥'이라고 한다.

아와두띠의 중맥이 좌맥과 우맥으로 휘감겨 있는 자리에 여섯 개의 주요 맥륜이 있다. 이는 32엽葉의 비밀처 맥륜, 64엽의 배꼽 맥륜, 8엽의 심장 맥륜, 32엽의 목 맥륜, 16엽의 미간 맥륜, 4엽의 정수리 맥륜이다.

이를『깔라짜끄라 무구광대소』에서 다음과 같이 설하였다.

> 정수리를 네 부분으로 나누어서 네 가지 진여**480**로 …
> 비밀처는 32엽맥이다.**481**

이러한 맥 속에서 움직이는 풍에 대해서는 주로 무상요가의『구햐싸 마자 딴뜨라』와 그의 주석에서 자세하게 설하고 있다. 문헌에서는 풍을 열 가지로 분류하고 있는데, 이는 지명풍持命風, 하견풍下遣風, 상행풍上行風, 주변풍周遍風, 평주풍平住風의 다섯 가지 근풍根風과 행풍行風, 편행풍遍行風, 정행풍正行風, 극행풍極行風, 정행풍定行風의 다섯 가지 지풍支風이다.

---

480 케둡린뽀체의『깔라짜끄라 딴뜨라』주석에서 네 가지 진여는 아진여我眞如, 어진여語眞如, 신진여神眞如, 지혜진여智慧眞如라고 나온다. (역자주)

481 데게, 논소, 밀교소, tha, 제 2 내섭품內攝品, 239a; 교정본 No.6책, p.565.

이를 『구햐싸마자 밀의해석密意解釋』에서 다음과 같이 설한다.

지명持命과 상행上行, 하견下遣
평주平住, 주변周遍이라고 하여
용, 거북이, 도마뱀
데바닷따(devadatta), 다남자야(dhanaṃjaya)**482·483**

나가르주나 논사의 『오차제五次第』에서도 다음과 같이 설한다.

이것은 식識이 타는 것으로
다섯 가지 본질과 열 가지 이름을 가진다.**484**

여기서 '식이 타는 것'이란 풍이다. 또한 『금강만 딴뜨라』에서 다음과
같이 설한다.

밤낮으로 항상

---

482 『Sandhivyākaraṇa-nāma-tantra』. 데게, 불설, 밀교, ca, 제1품, 158b:27-2; 교정본 No.81, p.614.

483 다섯 가지 지풍[五支風]은 용, 거북이, 도마뱀, 데바닷따[天授], 다남자야[勝弓] 등의 이름 으로도 부른다. (역자주)

484 『Pañcakrama』. 데게, 논소, 밀교소, ngi, 제1품, 45a:12; 교정본 No.18, p.129면.

백여덟이 매우 뚜렷하다.**485**

여기서 '백여덟'이라 함은 소지 54풍과 능지 54풍을 말하며, 이는 모두의 근풍과 지풍 열 개에 포함된다.

　의식이 자궁에 처음 들어갈 때 미세한 지명풍도 함께 존재한다. 이후 첫째 달에 이 미세한 지명풍으로부터 거친 지명풍이 생겨나고, 둘째 달에 거친 지명풍으로부터 하견풍이, 셋째 달에 거친 하견풍으로부터 미세한 평주풍이 생긴다. 넷째 달에 거친 평주풍이 생기고 이로부터 미세한 상행풍이 생기며, 다섯째 달에 거친 상행풍이 생기고 이로부터 주변풍周遍風이 생기며, 여섯째 달에 주변풍에서 행풍, 일곱째 달에 행풍에서 편행풍, 여덟째 달에 편행풍에서 정행正行풍, 아홉째 달에 정행풍에서 극행풍, 열째 달에 극행풍에서 정행定行풍이 생겨난다. 이 풍들은 자궁에 있을 때 이미 발생하지만 드나들지는 않으며, 자궁에서 나오면서부터 콧구멍 등을 통해 드나든다.

　이 풍들의 위치와 역할은 어떠한가? 지명은 심장, 하견은 비밀처, 상행은 목, 평주는 배꼽에 머물고, 주변은 전신에 퍼져 있다. 지명풍은 다른 풍들을 오근의 문으로 이끌고, 수명을 지속시키는 등의 역할을 한다. 하견풍은 소변, 풍, 대변, 정액 등을 아래쪽으로 이끈다. 상행은 풍들을 상체로 인도하고, 음식을 먹고 말할 수 있게 한다. 평주는 음식물의 영양소와 노폐물을 분리하고, 영양소를 체내에 흡수시킨다.

---

485 데게, 불설, 밀교, ca, 제3품, 213b:8; 교정본 No.81, p.765.

주변은 몸을 움직이고, 구부리고, 오가게 하는 등의 역할을 한다.

이를 아리야데바 논사는 『행합집등行合集燈』에서 다음과 같이 설하였다.

> 여기서 지명 등의 다섯 가지 풍은 오온에 의지하고, 오온의 작용을 돕는다.[486]

다섯 가지 지풍은 대부분 지명풍의 지류이기 때문에 이것들이 일어나고 사라지는 주된 장소는 심장이다. 심장 엽맥을 거쳐서 행풍은 눈으로, 편행풍은 귀로, 정행正行풍은 코로, 극행풍은 혀로, 정행定行풍은 온몸으로 흘러나가 각각의 대상을 수용하게 한다. 즉 행은 안식이 색을 보게 하고, 편행은 이식이 소리를 듣게 하며, 정행正行은 비식이 냄새를 맡게 하고, 극행은 설식이 맛을 느끼게 하며, 정행定行은 신식이 감촉을 느끼게 한다.

이를 『행합집등』에서 설하길,

> 일어나서 순환하는 다섯 풍은 근들에 머물며 외부에 작용하게 한다.[487]

---

486 『Caryāmelāpakapradīpa』. 데게, 논소, 밀교소, ngi, 제2품, 64b; 교정본 No.18, p.180.

487 위의 논, 제2품, 64b; 교정본 No.18, p.180.

라고 하는 등 이에 대해 자세히 설명하고 있다.

십풍十風이 순환하는 방식은 다음과 같다. 주변풍을 제외한 다른 풍들이 나가고 들어오는 한 주기를 하나의 순환이라고 하고, 하루를 12분기 또는 24의 반분기로 나누었을 때, 그것의 반분기 동안 각각의 풍은 총 900회 순환한다. 따라서 주변풍을 제외한 아홉 개의 근풍과 지풍은 각각 하루에 총 2만 1천6백 번 순환한다. 또한 반분기 동안 지명풍은 좌·우의 양맥에서 양쪽 콧구멍으로 균일하게 끊임없이 900번 천천히 순환한다. 그리고 반분기 동안 하견풍은 좌·우의 양맥에서 양 콧구멍으로 끊임없이 900번 힘차게 순환하고, 상행풍은 우맥에서 우측 콧구멍으로 끊임없이 900번 힘차게 순환하며, 평주풍은 좌맥에서 좌측 콧구멍으로 끊임없이 900번 천천히 순환한다. 주변풍은 일반 중생의 경우 죽음의 순간을 제외하고는 콧구멍으로 순환하지 않는다고 설한다. 그러나 『깔라짜끄라 딴뜨라』에 의하면, 주변풍도 다른 풍과 같이 콧구멍으로 순환한다고 한다. 다섯 가지 지풍이 순환하는 방식을 보면, 행은 눈의 문으로 순환하고, 편행은 귀의 문으로 순환하고, 정행正行은 코의 문으로 순환하며, 극행은 혀로 순환하고, 정행定行은 체내의 모든 맥 속으로 흘러가서 전신의 모공으로 순환한다.

이어서 '명점明點'에 대해 설명하겠다. 풍과 심 둘과 정혈의 정수 둘, 이 넷이 합쳐져 이루어진 겨자씨 크기 정도의 덩어리를 '명점'[488]

---

[488] 명점明點(Skt.Bindu, Tib.thig le)은 티베트어로 '틱레'이며, 이는 '정액'을 의미한다. 여기서는 우리가 일반적으로 알고 있는 정액의 개념과는 다르다. 명점은 전신에 펴져 있는 생명의

이라고 한다. 8엽맥의 심장법륜 중앙의 빈 관 속에 부모의 백적白赤의 정혈인 불괴명점不壞明點이 자리하고 있고, 그 가운데 극히 미세한 원심과 그것이 타는 풍이 자리하며 이 둘은 불괴명점이 있는 한 계속해서 존재한다. 심장의 흰 명점으로부터 생겨난 한 부분이 정수리로 향하여 정수리의 대락륜 중앙에 주로 머물며, 점점 커져서 이마, 중맥의 아래쪽 끝인 생식기 등 다른 부위로 이동한다. 심장의 붉은 명점으로부터 생겨난 한 부분은 배꼽으로 향하고 배꼽의 화륜 중앙에 주로 머물며, 점점 커져서 목, 비밀처 등 신체의 다른 부위로 이동한다고 한다.

명점에는 흰 명점과 붉은 명점 두 종류가 있다. 또는 네 종류로 분류하는데 ① 숙면을 취하게 하는 명점, ② 꿈을 꾸게 하는 명점, ③ 깨어나게 하는 명점, ④ 제4의 상태를 일으키는 명점이다. 이 모든 명점은 정, 혈, 풍 셋으로 이루어진 것이다. 흰 명점과 붉은 명점은 둘 다 처음 심장에서 형성되고 분리되어 아버지로부터 얻은 흰 명점은 주로 정수리에 위치하고, 어머니로부터 얻은 붉은 명점은 주로 배꼽에 위치한다.

① 숙면을 취하게 하는 명점은 심장과 성기 중앙에 각각 위치하고, 상체의 풍이 심장에 모이고, 하체의 풍이 성기의 중앙에 모이면 숙면을 취하게 된다.

② 꿈을 꾸게 하는 명점은 목과 비밀처에 위치하고, 상체의 풍이 목에 모이고 하체의 풍이 비밀처에 모이면 꿈을 꾸게 된다.

③ 깨어나게 하는 명점은 정수리와 배꼽에 위치하고, 상체의 풍

정수를 의미하며, 마치 깨 전체에 기름성분이 퍼져 있는 것과 같다. (역자주)

이 정수리에 모이고, 하체의 풍이 배꼽에 모이면 잠에서 깨어 나게 된다.

④ 제4의 상태를 일으키는 명점은 정수리와 비밀처에 위치하고, 남녀가 성관계를 할 때 쾌락을 일으킨다고 한다.**489**

2) 불교 의학문헌에서 설명하는 맥과 풍의 체계

의학문헌에서 광범위하게 해설한 맥과 풍의 체계를 여기서 간략하게 소개하고자 한다. 자궁에서 인체가 발달하기 시작하여 몇 째 주에 어떤 맥륜이 형성되는지에 대해 『사부 의학 딴뜨라』**490** 중 「해석 딴뜨라」에서 다음과 같이 설명한다.

둘째 달 다섯째 주에

---

489 무상요가 딴뜨라의 문헌 중에서 맥·풍·명점에 대한 광대한 해설은 주로 구햐싸마자의 『근본 딴뜨라』(Skt.mūlatantra, Tib.rtsa rgyud)와 『해석 딴뜨라』(Skt.vyākhyātantra, Tib.bshad rgyud), 그리고 그 주석에 나온다. 그 밖에도 짜끄라쌈바라의 『길상吉祥인 승낙勝樂의 발생인 딴뜨라의 왕』(Śrī-Mahāsambarodaya-tantrarāja-nāma)과 『헤바즈라 딴뜨라』, 『깔라짜끄라 딴뜨라』와 그 주석인 『무구광대소』 등에서도 볼 수 있다.

490 한국에서는 『사부의전四部醫典』이라 주로 알려져 있다. 『의명사속醫明四續』이라고도 한다. 「근본 딴뜨라」·「해석 딴뜨라」·「구결口訣 딴뜨라」·「후속後續 딴뜨라」의 4부로 구성되어 있다. 『사부 의학 딴뜨라』가 산스크리트어로 된 원전에서 번역된 것인지, 8세기경의 의학자 유톡 왼땐 꼰뽀(Tib. gYu thog yon tan mgon po)가 티베트어로 집필한 것인지에 대해 티베트 의학자들 간에 의견이 분분하다. 그러나 기본적으로 티베트 의학의 전통에서 이 가르침은 약사여래가 설한 가르침인 불설로 간주하고 있다. 이러한 점에서 '의전醫典'이라 하지 않고 원서의 이름 그대로 번역하여 '딴뜨라(Tib.rgyud)'라고 하였다. (역자주)

자궁에서 몸의 시초인 배꼽이 형성되고

여섯째 주에 배꼽에 의존해 명맥命脈이 형성되고

일곱째 주에 안근의 형태가 드러나고

여덟째 주에 그것에 의존해 머리의 형태가 생긴다.**491**

자궁에서 몸이 형성되는 둘째 달 중 다섯째 주에 자궁 속 유정의 신체 부위 중 최초로 배꼽 화륜의 4엽맥葉脈의 형태가 생겨난다. 여섯째 주에 배꼽의 엽맥 중앙에 의존하여 명맥命脈이 형성되는데, 이는 밀교 문헌에서 말하는 '중맥'이다. 명맥은 위쪽으로 뻗어 나가 상단上端에 심장법륜의 4엽맥의 형태를 이룬다. 이 문헌에서 명시되지는 않았지만, 일곱째 주에 명맥은 다시 심장에서 위로 향하여 목의 수용륜 엽맥을 형성하고, 동시에 배꼽에서 아래로 향하여 비밀처의 호락륜 엽맥을 형성한다. 위로 향한 명맥은 더 위로 뻗어 나가 정수리의 대락륜과 함께 안근의 형태가 드러나게 한다. 여덟째 주가 끝날 무렵에는 안근과 맥륜에 의존하여 머리의 형태가 생겨난다. 또한 맥의 체계와 관련하여「해석 딴뜨라」에서 다음과 같이 설한다.

연결된 맥의 실상을 말한다.

형성, 존재, 관계, 수명의 네 맥이 있다.**492**

491『사부 의학 딴뜨라』,「해석 딴뜨라」, 제2품, 23-24게송, p.27, 民族出版社(2007).

492「해석 딴뜨라」제4품, 8게송, p.31, 民族出版社(2007).

모든 맥은 먼저 형성맥, 존재맥, 관계맥, 수명맥의 넷으로 설명되며, 이 모든 맥은 풍맥風脈, 혈맥血脈, 수맥水脈 셋에 귀속된다. 『사부 의학 딴뜨라』에 포함된 「근본 딴뜨라」등에서는 중맥, 좌맥, 우맥을 직접적으로 명시하고 있지는 않지만, 밀교의 용어와 대조해보면 모든 풍맥은 중맥에서, 모든 혈맥은 우맥에서, 모든 수맥은 좌맥에서 갈라져 나온 것이라 설명하고 있다.

'형성맥'이란 무엇인가? 형성맥은 어머니의 자궁에서 신체가 형성될 때 모든 맥 중 최초로 형성되는 배꼽의 맥을 말한다. 거기서 세 갈래가 뻗어 나오고 주로 수계水界가 흐르는 맥이 정수리로 향하여 뇌를 형성한다. 뇌의 형성 과정에 대해서는 뒤이은 '불교 의학문학에서 설하는 뇌의 체계' 부분에서 다시 설명할 것이다. 또한 세 갈래의 맥 중 피 또는 화계火界가 흐르는 한 맥은 신체 중앙에 위치한 간肝 틈새의 정수를 빨아들이는 맥에 꽂힌다. 그 맥의 두 갈래가 13번째 척추뼈까지 뻗어 나가고, 그에 의지해 흑명맥黑命脈과 그것의 줄기들이 형성된다. 피가 구유연이 되어 성냄[瞋]이 생기고, 피가 근취인이 되어 담즙이 생긴다.**493** 따라서 성냄은 피와 흑명맥에 의지하여 존재하고, 성냄으로 인해 담즙이 생산되기 때문에 갑자기 성냄이 일어날 때 신체 중앙 부위에서 문제가 일어나는 것처럼 보인다. 이를 「해석 딴뜨

---

493 티베트의학에 따르면 몸과 마음의 건강을 유지하거나 질병을 일으키는 등 다양한 심신의 상태를 가져오는 세 가지 기질이 있다고 보는데 이는 룽(rlung), 티빠(mkhris pa), 배깬(bad kan)이며, 풍風, 담즙[膽], 가래[涎]로 번역된다. 따라서 이 세 기질은 티베트의학에서 병리와 치료의 모든 특성을 헤아리는 티베트의학의 기본 요소가 된다. (역자주)

라」에서 다음과 같이 설한다.

> 하나의 맥이 중간에 꽂혀 명맥命脈이 형성되니
> 성냄은 명맥과 피에 의지하여 존재하고
> 이로 인해 담즙이 생겨나 가운데에 머문다.**494**

또한 세 갈래의 맥 중 하나는 아래쪽으로 꿰뚫고 내려가서 그로부터 쾌락의 요소가 흐르는 비밀처가 형성된다. 또한 정액은 풍風의 근취인이 되고, 탐욕[貪]의 구유연이 되기 때문에 탐욕은 남녀의 비밀처에 있는 것으로 볼 수 있으며, 그 탐욕으로 인해 풍이 발생한다. 이를 「해석 딴뜨라」에서 다음과 같이 설한다.

> 하나의 맥이 아래로 뚫고나가 비밀처가 형성되니
> 탐욕은 부모의 비밀처에서 존재하고
> 그로부터 풍이 생겨나 아래에 머문다.**495**

형성맥에 관한 「해석 딴뜨라」의 해설에 "하나의 맥이 위로 향해 뇌가 형성되니"라는 말은 좌맥을 가리키며, "하나의 맥이 중간에 꽂혀 명맥命脈이 형성되니"라는 말은 우맥을 가리키며, "하나의 맥이 아래로 뚫고나

---

494 위의 논, 제4품, 9계송, p.32, 民族出版社(2007).
495 위의 논, 제4품, 10계송, p.32, 民族出版社(2007).

가 비밀처가 형성되니"라는 말은 배꼽 아래의 중맥을 가리키는 것이다.

'존재맥'이란 무엇인가? 몸을 존재하게 하거나 지속되게 하는 네 가지 주요 맥이 있는데, 이를 '존재맥'이라고 한다. ① 뇌 속에 있는 '나선형'라고 하는 맥의 부류는 오근五根이 생겨나게 한다. ② 심장에 있는 '열의모悅意母'라고 하는 맥의 부류는 염근念根 또는 의근意根을 명료하게 하며, 육식六識이 생기게 한다. ③ 배꼽에 있는 '의지'라고 하는 맥의 부류는 정자를 호지護持하고 증가시키는 토대가 되고, 신체를 발달시키고 성장하게 한다. ④ 비밀처에 있는 '특성을 가진'이라고 하는 맥의 부류는 쾌락의 요소의 토대가 되고, 자손이 끊어지지 않고 이어지게 한다. 각각의 맥들은 500개의 작은 맥들로 둘러싸여 있고, 큰 맥들은 몸의 위, 아래, 수직 등 모든 부위로 뻗어 나가서 신온身蘊을 맥의 그물로 지탱하고 오랫동안 유지시킨다. 이를 「해석 딴뜨라」에서 다음과 같이 설한다.

> 존재의 큰 맥은 네 부류가 있다.
> 근에 대상이 나타나게 하는 맥은
> 뇌에 있고, 5백 개의 작은 맥으로 둘러싸여 있다.
> 염근을 명료하게 하는 맥은
> 심장에 있고, 5백 개의 작은 맥으로 둘러싸여 있다.
> 신온을 형성하는 맥은
> 배꼽에 있고, 5백 개의 작은 맥으로 둘러싸여 있다.
> 자손의 대를 증가시키는 맥은
> 생식기에 있고, 5백 개의 작은 맥으로 둘러싸여 있다.

위, 아래, 수직으로 온몸을 지탱한다.**496**

'관계맥'이란 무엇인가? 「해석 딴뜨라」에서 다음과 같이 설한다.

관계맥은 백白과 흑黑 둘이 있다.**497**

좌·우맥과 관계된 맥들은 그 속에 흐르는 흰색과 붉은색의 요소에 따라 '백명맥'과 '흑명맥'의 양대 부류가 존재한다. 그 중 우맥과 관계된 흑명맥은 혈맥의 모든 가지가 발생하는 토대로서 나무의 몸통과 같다. 이로부터 가지처럼 피와 살을 증가시키는 24대맥大脈이 위로 뻗어 나오는데, 이는 장부臟腑 및 내부와 관계된 감춰져 있는 8대맥과 사지 및 외부와 관계된 드러나 있는 16맥이다. 다시 이로부터 189개의 작은 맥들이 뻗어 나오는데, 이는 의사가 피를 뽑을 수 있는 77개의 맥과 피를 뽑을 수 없는 112개의 사나운 맥이다. 이로부터 외부 피부와 관계된 120개, 내부 장부와 관계된 120개, 중간 골수와 관계된 120개로 총 360개의 작은 맥들이 뻗어 나와 있다. 이로부터 몸의 안팎, 중간의 삼처로 700개의 작은 맥이 뻗어져 나오고, 다시 이로부터 뻗어 나온 보다 미세한 맥들이 신체를 그물처럼 연결하여 몸의 대맥온大脈蘊이 성립된다. 이를 「해석 딴뜨라」에서 다음과 같이 설한다.

---

496 위의 논, 제4품, 11-13게송, p.32. 民族出版社(2007).

497 위의 논, 제4품, 13게송, p.32. 民族出版社(2007).

명맥은 맥의 몸통으로

가지가 위를 향해 뻗어 나오니

피와 살을 증가시키는 24대맥

장부 및 내부와 관계된 감춰진 8대맥

사지 및 외부와 관계된 드러난 16맥

이로부터 채혈 가능한 77맥과

사나운 112맥

총 189개의 맥이 있고

그로부터 안팎과 중간으로 120개씩

360개의 소맥들이 뻗어 나와 있다.

그로부터 700개의 작은 맥이 뻗어 나오고

그보다 미세한 맥의 그물로 몸을 연결한다.**498**

좌맥과 관계된 백명맥은 다음과 같다. 좌맥의 상단에서 형성되는 뇌는 대해大海와 같이 모든 백맥을 생성하는 근간이며, 이로부터 아래를 향해 뻗어 나온 맥이 '척수脊髓'이고 이것이 바로 백명맥이다. 이로부터 작은 맥들이 뻗어 나오는 방식은 뇌의 체계와 밀접한 관련이 있기 때문에 해당 부분에서 함께 설명할 것이다.

　'수명맥'이란 무엇인가? 이것은 인체의 어떤 부위로 이동하고 움직이는 수명 또는 생명력에 '맥'이라고 이름 붙인 것이다. 이것에는 세

498 위의 논, 제4품, 13-16게송, p.32. 民族出版社(2007).

종류가 있다. 첫째는 글자의 형태를 한 요소499들에 번갈아 이동하고, 보름날과 그믐날에는 머리와 몸 전체에 두루 퍼져 머문다. 둘째는 콧구멍에서 나오는 숨과 함께 이동하며, 손가락 열여섯 개의 너비만큼 밖으로 나갔다가 다시 몸속으로 들어온다. 셋째는 소위 '혼비백산'이라고 할 때의 '혼'과 유사하며, 손의 인대 사이를 거쳐 밖으로 돌아다닌다. 이는 모두 생명력의 요소가 되기 때문에 '수명'이라고 일컫는다.

이를 「해석 딴뜨라」에서 다음과 같이 설한다.

> 사람에게 수명맥은 세 가지가 있어
> 하나는 머리와 몸 전체에 두루 퍼져 머물고
> 하나는 숨과 함께 이동하며
> 하나는 혼과 유사하게 돌아다닌다.**500**

수명맥을 식별하는 다른 방식도 있다. 오랫동안 살 수 있게 하고 생명력을 유지하는 세 가지 주요 맥을 수명맥으로 보는 것이다. 첫째는 주로 간과 관련이 있고 간에서 뻗어 나온 혈맥의 중심 줄기로서, 그것의 작은 줄기 맥들이 몸 전체에 퍼져 있다. 둘째는 심장에서 뻗어 나오며 풍과 혈이 합쳐지는 주요 맥으로서, 그것의 작은 줄기 맥들은 호흡에

---

499 티베트어 '캄(khams)'은 요소[界], 종자種子 등을 의미한다. 여기서 '캄'은 '명점'을 말한다. 명점은 각기 배치되는 자리에 따라 구별되며, 서로 다른 글자의 형태로 표현된다. 그렇기에 글자의 형태를 한 요소라고 한다. (역자주)

500 위의 논, 제4품, 18게송, p.32. 民族出版社(2007).

맞춰 뛴다. 셋째는 뇌맥의 대해에서 뻗어 나온 수맥 또는 백맥의 중심 줄기이다. 그것의 작은 줄기 맥들은 세간에서 말하는 '혼'과 유사하며 전신에 흩어져서 머문다. 이 세 가지 맥을 3수명맥이라 한다.

이밖에도 「후속 딴뜨라」에서는 진맥을 통해 병에 걸리지 않은 일반인의 맥을 남성맥, 여성맥, 보리심맥으로 구분할 수 있다고 한다. 남성맥은 굵고 거칠게 뛰며, 여성맥은 좁고 빠르게 뛰며, 보리심맥은 박동주기가 길고 부드럽고 섬세하게 뛴다. 의학문헌에서는 맥의 분류에 대해 광범위하게 논술하고 있지만 여기서는 대표적인 내용만 간략하게 소개하였다.

맥의 본성에 대해서는 「해석 딴뜨라」에서 다음과 같이 설한다.

풍과 혈이 흐르는 구멍은 안팎을 모두 연결하고
몸을 생성하고 유지시키며
수명의 뿌리가 되므로 '맥'이라 한다.**501**

모든 풍, 혈, 정수, 노폐물이 흐르는 크고 작은 관이며, 신체 안팎을 모두 연결하고 몸을 생성하며 오랜 시간 유지시키기 때문에 몸의 '뿌리'와도 같고, 수명의 '뿌리'이기 때문에 '맥'이라고 한다.

이러한 맥의 관에서 이동하는 풍에 대해 간략하게 말하자면 『의관팔지심요석구의월광醫觀八支心要釋句義月光』에서 다음과 같이 설한다.

---

501 위의 논, 제4품, 19게송, p.32. 民族出版社(2007).

"그런 점에서 풍은 거칠고, 가벼우며, 차갑고, 단단하고, 미세하고, 유동적이다."라고 한다. "그런 점에서"라고 함은 확정하는 말이다. 이러한 허물들 중에서 풍은 거칠고, 가볍고, 차갑고, 미세하다. 미세한 맥관에 들어가서도 움직이며, 이동하는 본성으로 한 곳에 머물지 않는다.**502**

『월왕약진月王藥珍』에서는 맥관을 흐르는 풍의 본성을 다음과 같이 설하였다.

풍의 정의는 가벼움이다.**503**

또한 풍은 이로움의 본질을 가진 풍과 해로움의 본질을 가진 풍의 두 부류로 나뉜다. 첫째에는 ① 지명풍持命風, ② 주변풍周遍風, ③ 화소풍火消風, ④ 하견풍下遣風 ⑤ 상행풍上行風의 다섯 가지가 있다. 이것들의 위치와 기능을 살펴보면, 지명풍은 배꼽에 머물고 호흡을 체내에

---

502 『Candrikāprabhāsa-aṣṭāṅgahṛdayavivṛtti』. 데게, 논소, 의방명醫方明, ko, 제1품, 7b; 교정본 No.113, p.16.

503 『Somarāja』, 제25품, 5게송, p.86. 이 문헌은 매우 방대한 양이지만, 논소부(論疏部, Tib. bstan 'gyur)에 수록되어 있지는 않다. 나가르주나 논사의 저술인지에 대한 진위 여부에 있어서 학자들 간에 이견이 있지만, 의학문헌의 고전이라는 점에서는 의심의 여지가 없다. 문헌 자체에 실려 있는 간기刊記에 따르면, 이 논서는 대역경사 바이로짜나가 번역했다고 하며, 12세기 유톡 치마(Tib. gyu thog phyi ma)가 지은 『사부 의학 딴뜨라 주석』의 제18품에서도 이 문헌을 인용하고 있다. 『오부전기五部傳記』 중 「대신전기大臣傳記」에서도 이 문헌이 나가르주나 논사의 저작이라고 나온다.

지닌다. 주변풍은 전신에 퍼져 있고 몸을 굽히고 펴며 오근을 명료하
게 한다. 화소풍은 음식을 소화시키고 음식의 영양분과 배설물을 구
분한다. 상행풍은 다섯 원소와 함께 좌우 콧구멍에서 이동한다. 하견
풍은 대소변을 저장했다가 배출시키며 폐와 대장에 머문다. 이를『월
왕약진』에서 다음과 같이 설하였다.

풍에는 두 가지가 있다.
이로움과 해로움이다.
이로움으로 힘이 나게 하고, 해로움으로 쇠약하게 한다.
근들에 대한 다섯은
지명과 주변,
화소와 상행,
하견의 다섯이다.
지명은 배꼽에 머물고
호흡을 체내에 지닌다.
주변은 몸 전체에 머물고
굽히고 펴며 오근을 명료하게 한다.
화소는 음식을 소화시키고
영양분과 배설물을 구분한다.
상행은 다섯 능조와 함께
좌우 콧구멍으로 움직인다.
하견은 대소변을 취사하고
폐와 대장에 머물며

신체에 힘을 증장시킨다.**504**

해로운 풍에는 단일풍單一風, 열기와 결합하여 병을 일으키는 풍, 냉기와
결합하여 병을 악화시키는 풍, 이 세 가지가 있다. 이를 『월왕약진』에서

　　해로운 풍은 세 가지이다.
　　단일, 열기와, 냉기와 결합하는 것이다.

라고 하였고, 또한

　　모든 질병이 풍에 의해 커진다.

라고 하였다.
　　『사부 의학 딴뜨라』에서도 풍의 분류, 위치, 작용을 설명한다. 「해
석 딴뜨라」에서 다음과 같이 설한다.

　　풍을 분류하면 지명, 상행, 주변, 화등火等, 하견의 다섯
　　이다.**505**

---

504 위의 논, 제5품, 15-18게송 p.27.

505 『사부 의학 딴뜨라』, 「해석 딴뜨라」, 제5품, 18게송, p.36, 民族出版社(2007).

또한 다음과 같이 설하였다.

> 특히 지명풍은 정수리에 머물고
> 목과 가슴에서 흐르며, 음식을 삼키게 하고
> 숨을 쉬고, 침을 뱉고, 재채기와 트림을 하게 하고
> 식과 근을 명료하게 하고 마음을 지탱한다.
> 상행풍은 가슴에 머물고
> 코, 혀, 식도에서 흐르며, 말을 할 수 있게 하고
> 힘, 광택, 빛깔, 정진, 억념을 명확하게 한다.
> 주변풍은 심장에 머물고
> 전신으로 흘러들어가, 일어나고 앉고 가고
> 구부리고 펴고 열고 닫는 일상적인 행위를 돕는다.
> 화등풍은 위胃에 머물고
> 모든 장부의 도처에 흐르며, 음식을 소화시키고
> 영양분과 배설물을 구분하고, 유해한 것을 숙성시킨다.
> 하견풍은 항문에 머물고
> 대장, 방광, 비밀처, 허벅지에서 흐르며
> 정혈, 대소변, 태아를 지니고 배출한다.**506**

---

506 위의 논, 제5품, 25-28게송, p.36, 民族出版社(2007).

7
불교 의학문헌에서 설하는
뇌의 체계

1) 총설

고대 인도의 불교경론 중에 『불위아난설처태경』과 무상요가의 문헌에서는 자궁에서 태아가 발달하는 과정에 대해 자세하게 설하였지만, 뇌에 대해서는 명확하게 논술하지 않았다. 아비달마와 인식론에서도 인식의 체계와 식이 대상을 인식하는 방식을 분석하면서 이때 근식의 의지처라고 설명한 것 외에는 뇌에 대한 명확한 해설이 보이지 않는다. 무상요가의 문헌에서는 인식 주체인 식의 체계를 자세하게 설명하면서 의지처인 맥과 풍에 대한 내용에서 대락륜이라고 하는 정수리의 맥을 설한 것 외에는 뇌에 대한 뚜렷한 해석이 없었다. 그러나 옛 불교 의학문헌에서는 뇌에 대해 상세하게 설명하고 있다. 따라서 여기서는 「해석 딴뜨라」와 「구결 딴뜨라」, 『월왕약진』에 의거하여 뇌에 대해 간략하게 설명하겠다. 이 중 『월왕약진月王藥珍』은 범어명인 『쏘마라자』(somarāja)라고도 불리고 나가르주나 논사의 저서로 알려져 있으며, 8세기경 중국의 화상 마하연과 대역경사 바이로짜나가 티베트어로 번역했다고 한다.

2) 자궁 속에서 뇌가 형성되는 과정

불교 의학문헌에 따르면 우리 몸의 근취인인 부모로부터 얻은 물질은 마치 물과 우유의 혼합물과 같지만 각각으로 분리할 수 있다고 한다. 아버지에게서 얻은 물질로부터 뼈, 뇌, 척수가 발달하고, 어머니에게서 얻은 물질로부터 살, 피, 오장(심장, 폐, 간, 비장, 신장), 육부(위, 소장, 대장, 담낭, 방광, 생식소)가 발달한다. 따라서 뇌가 성립되는 주요 원인은 아버지의 정액이라고 밝히고 있다. 이를 「해석 딴뜨라」에서 다음과 같이 설하였다.

> 아버지의 정액으로부터 뼈와 뇌, 척수가 발생하고
> 어머니의 월경혈로부터 살과 피, 장부가 발생한다.[507]

또한 『월왕약진』에서 다음과 같이 설한다.

> 어머니 자궁 속에서 머무는
> 첫 7일에 업풍이 불어
> 알부담이 형성된다.
> 그러므로 모든 것의 근본을 지닌 풍이
> 첫 번째의 첫째 날에 일어난다.
> 둘째 날 자궁에는 침투하는 풍이
> 일어나서 알부담이 발달한다.
> 셋째 날 자궁에는 혼란한 풍에 의해

---

[507] 위의 논, 제12품, 12게송, p.26면, 民族出版社(2007).

건남이라는 것이 형성된다.

넷째 날에 일체를 섭수하는 풍이

일어나서 건남이 발달한다.

다섯째 날에 '능히 성립하는'이라는 풍이

일어나서 폐시가 형성된다.

여섯째 날에 '섭수하는'이라는 풍이

일어나서 폐시가 발달한다.

일곱째 날에 '무착無着'이라는 풍이

일어나서 구멍을 가지게 된다.**508**

이와 같이 자궁에서의 첫째 주 동안 매일 다른 풍이 일어남으로써 배아는 알부담 등으로 변한다. 또 『월왕약진』에서 다음과 같이 설한다.

두 번째 주에 '윤회'라고 하는

풍이 생기고 배꼽에 머문다.

풍을 의지하는 맥이 있어

'일륜日輪'이라는 것이 형성된다.**509**

둘째 주에는 '윤회'라고 하는 풍이 생기고 배꼽에서 '일륜'의 맥이 형

---

508 『월왕약진』, 제1품, 7-11게송, p.10.

509 위의 논, 제1품, 12게송, p.10.

성되며, 이때부터 43주차까지 매주 각기 다른 풍이 생겨나 인체를 성장시킨다고 한다.『월왕약진』에서의 이 같은 해석은 앞서 말한 경과 딴뜨라에서 설한 신체 발달 과정과는 다소 차이가 있다. 뇌가 형성되는 방식에 대해「해석 딴뜨라」에서 다음과 같이 설하였다.

> 형성맥은 배꼽에서 세 갈래로 뻗어 나오고
> 하나가 위로 향해 뇌를 형성한다.
> 어리석음[癡]은 뇌에 의지하여 머물고
> 그것으로부터 가래가 생기기에 상체에서 머문다.510

이 몸이 어머니의 자궁에서 형성될 때 모든 맥 중 최초로 형성되는 맥은 배꼽의 중앙에서 서로 다른 세 단으로 뻗어 나온다. 하나는 피 또는 화계火界가 흐르는 맥이고, 다른 하나는 수 또는 월계月界가 흐르는 맥이며, 나머지는 풍계風界가 흐르는 맥이다. 이 중 월계가 흐르는 백맥은 몸의 좌측으로부터 심장·목·정수리의 모든 맥륜의 중심을 거쳐 다른 곳으로 뻗어 나가며, 위쪽으로 분기된 줄기에 의해 뇌가 형성된다. 뇌가 구유연이 되어 어리석음이 생기고, 뇌가 근취인이 되어 가래가 생긴다. 그렇기 때문에 혼란함과 정신적 부담 등도 뇌에서 생긴다고 본다.

---

510 『사부 의학 딴뜨라』,「해석 딴뜨라」, 제4품, 8게송, p.31, 民族出版社(2007).

3) 뇌의 분류

뇌는 농도에 따라 남성 뇌와 여성 뇌로 분류한다. 농도가 진한 뇌는 남성 뇌이고, 농도가 묽은 뇌는 여성 뇌라고 한다. 또한 두개골 봉합의 수, 머리의 모양, 개개인의 성격 등과 관련한 분류법도 있다. 두개골의 봉합은 없는 것에서부터 열여섯 개가 있는 것까지 있다.

정수리가 둥글고 높은 사람은 대부분 한두 개의 봉합을 가지고, 네모나고 높은 사람은 네 개의 봉합을 가진다. 정수리가 낮은 사람은 대부분 여섯 개의 봉합을 가지고, 뒤통수가 튀어나오고 대천문 부위가 낮은 사람은 대부분 여덟 개의 봉합을 가지며, 벌집과 같은 뇌를 가진 자이다. 이상은 모두 남성 뇌에 해당한다.

정수리가 납작하고 길쭉한 사람은 대부분 열 개의 봉합을 가지고, 대천문이 높고 길쭉한 사람은 열둘, 열넷 또는 열여섯 개의 봉합을 가진다. 이상은 모두 여성 뇌에 해당한다. 건강하고, 눈두덩이가 깊고, 말수가 적고, 말을 삼갈 줄 알며, 예리한 눈을 가진 자는 대부분 건강한 뇌를 가지고 있다.

「월왕약진」에서 다음과 같이 설하였다.

> 뇌에는 남성 뇌와 여성 뇌 둘이 있어
> 모든 남성 뇌는 진하고
> 모든 여성 뇌는 묽다.
> 머리가 둥글고 봉합이 없는 것부터
> 두 개, 네 개, 다섯 개
> 여섯 개, 여덟 개, 열 개,

열두 개, 열네 개, 열여섯 개가 있다.
정수리가 둥글고 높은 것은
대부분 하나 또는 둘이다.
정수리가 네모나고 높은 것은 넷이며,
정수리가 낮은 것은 대부분 여섯이다.
뒤통수가 튀어나오고 대천문이 낮은 것은
여덟이고 벌집을 가진다.
이것들은 남성 뇌이다.
몸이 건강하고 눈두덩이가 깊고
말수가 적고 말을 삼가며
눈이 아주 예리하면
대체로 뇌가 건강하다
정수리가 납작하고 길쭉하면 열이고,
대천문이 높고 길쭉하면
열둘, 열넷, 열여섯으로서
여성 뇌에 속한다.**511**

뇌를 일곱 가지로 분류하는 법도 있는데, 이를 「구결 딴뜨라」에서 다음과 같이 설하였다.

---

511 『월왕약진』, 제48품, 26-32계송, p.120.

뇌해腦海의 실상을 말하자면

살 뇌, 버터 뇌, 벌집 뇌

응유凝乳 뇌, 발효유 뇌, 우유 뇌, 물 뇌의 일곱이다.**512**

가래가 과다한 사람은 살의 경도硬度와 비슷한 뇌, 담즙이 과다한 사람은 버터의 경도와 비슷한 뇌, 취합물이 과다한 사람은 벌집처럼 폭신한 뇌, 가래와 담즙을 과다하게 가진 사람은 우유와 버터우유를 혼합한 응유의 농도와 비슷한 뇌, 가래와 풍이 과다한 사람은 발효유의 농도와 비슷한 뇌, 풍과 담즙이 과다한 사람은 우유의 농도와 비슷한 뇌, 풍의 본성을 가진 사람은 물과 같이 묽은 뇌를 가지고 있다. 이 일곱 가지 분류는 뇌의 경도와 성숙도에 따라 구분된다. 뇌의 전체 크기는 각자의 손바닥에 가득 들어갈 정도라고 한다. 이를 「해석 딴뜨라」에서 다음과 같이 설하였다.

뇌의 크기는 자신의 손바닥 가득이다.**513**

4) 뇌맥의 체계

의학문헌에서 뇌맥에 대해 설명할 때 몸에는 '존재대주맥存在大主脈'

---

512 『사부 의학 딴뜨라』, 「구결 딴뜨라」, 제83품, 3게송, p.471. 民族出版社(2007).

513 『사부 의학 딴뜨라』, 「해석 딴뜨라」, 제4품, 4게송, p.31. 民族出版社(2007).

이라고 이름 붙인 네 가지 주맥主脈의 조직이 있고, 각 조직에는 24개의 맥과 5백 개의 미세맥이 존재한다고 하였다. 그리고 눈·귀·코·혀·몸의 근에 각각의 대상인 색·성·향·미·촉이 나타나게 하고 느낄 수 있게 하는 24개 맥과 5지풍支風은 주된 의지처인 '나선형 뇌맥의 대해'라는 맥에 머물고, 이로부터 나선형의 2차 맥과, 그곳에서 다시 가지들이 뻗어 나오고, 거기에서 그물 같은 맥의 줄기 5백 개가 뻗어 나와서 모든 맥을 둘러싼다고 한다.

「해석 딴뜨라」에서 이와 같이 설한다.

> 존재의 대주맥은 네 가지가 있으며
> 근에 대상이 나타나게 하는 맥이다.
> 뇌에서 존재맥은 오백 개로 둘러싸여 있다.**514**

『월왕약진』에서도 다음과 같이 설한다.

> 그것은 소뇌이며
> 오근과 관련되어 있다.**515**

이렇듯 오근의 맥은 소뇌와 관련되어 있다고 한다.

---

514 위의 논, 제4품, 11계송, p.32, 民族出版社(2007).

515 『월왕약진』, 제49품, 36계송, p.124.

더 나아가 『월왕약진』에서 다음과 같이 설하였다.

다섯 가지[支]의 머리는 뇌이며,

오근이 퍼져 있다.

대뇌와 소뇌는

신근의 의지처로서, 씨앗이 흘러내린다.

여기의 8맥은 간과 눈,

귀와 신장의 맥,

코와 폐의 맥,

혀와 심장의 맥이다.**516**

또한 같은 논서에서 다음과 같이 설한다.

소뇌는 말발굽의 반쪽과 같고

눈, 귀, 코, 혀는

맥, 힘줄, 인대와 연결되어 있다.

네 개의 박동맥과 동반하는 네 개의 맥이

네 개의 힘줄과 네 개의 인대로

소뇌와 연결되어 있다.

혹자는 '뇌막腦膜'이라고도 한다.

----

516 위의 논, 제48품, 6-8게송, p.119.

중심에는 씨앗 정수의 맥이

몸의 안락을 증가시키고

심장에서부터 뇌까지

생명력이 떠나면 몸의 안락이 소멸한다.**517**

뇌막 아래에 있는 뇌는 두개골 앞쪽에 있는 뇌의 부분과 두개골 뒤쪽에 있는 소뇌로 양분한다. 오근의 맥들은 소뇌와 연결되어 있기 때문에 소뇌는 신근의 주된 의지처이다. 그리고 간의 맥 등 여덟 가지 맥과 네 개의 박동맥, 네 개의 동반맥도 소뇌와 연결되어 있다. 소뇌의 모습은 말발굽의 반쪽과도 같으며, 뇌의 중심에 있는 씨앗 정수의 맥은 신체의 안락을 증감시킨다고 한다. 「해석 딴뜨라」에서 다음과 같이 설한다.

뇌맥의 거대한 바다에서

뿌리처럼 아래로 뻗은

역할을 수행하는 19수맥水脈이 있으니

이는 장부 및 내부와 연결된

매다는 끈과 같은 열세 개의 감춰진 맥

사지 및 외부와 연결된 여섯 개의 드러난 맥이며,

이로부터 열여섯 개의 작은 수맥이 뻗어 나온다.**518**

---

517 위의 논, 제3품, 31-33게송, p.19.

518 『사부 의학 딴뜨라』, 「해석 딴뜨라」, 제4품, 16-18게송, p.32, 民族出版社(2007).

제6장 자궁에서 태아가 형성되는 과정과 맥脈 · 풍風 · 명점明點의 체계

뇌는 모든 백맥白脈을 생성하는 근간인 대해와 같고, 그것으로부터 뿌리처럼 아래로 뻗은 척수맥은 중추가 되는 백명맥이다. 여기에 다시 수水의 요소를 생성하고 회복시키는 열아홉 개의 굵은 수맥이 있다. 이것은 뇌로부터 목구멍을 통해 장부 및 내부와 연결된 '13기승맥旗繩脈' 즉 감춰진 13맥과, 외부와 연결된 드러난 6맥이다. 이 19맥은 주로 신체가 움직이는 등의 작용을 도우며, 이로부터 나온 열여섯 개의 미세한 수맥들이 머리, 수족 등과 연결되어 있다고 한다.

5) 뇌의 구성 요소인 척수·뇌막·범라륜梵螺輪

척수 또는 등골은 신체 안팎의 거의 모든 부위를 통제하고 조절하는 백명맥이다. 그것은 뇌에서부터 꼬리뼈까지 목과 척추뼈의 관을 통해 나무의 뿌리처럼 이어져 있다고 한다. 『월왕약진』에서 다음과 같이 설한다.

> 척수는 머리에서 시작되어
> 척추 안쪽을 따라 13번째에 이르고
> 손상되거나 부서지면 씨앗이 소멸되고
> 물질처럼 죽게 된다.**519**

---

519 『월왕약진』, 제2품, 11게송, p.15.

문헌에서는 척수가 어디에서 뻗어 나오며, 어디를 경유하며, 어디와 연결되고, 어떤 역할을 하며, 어떤 결함으로 인해 질병이 발생하는지 등을 설명한다.

뇌막 또는 골막骨膜은 신근인 대뇌와 소뇌, 척수의 외부를 감싸듯 완전히 덮고 있다. 이것은 얇은 비단처럼 안팎을 가리지 않기 때문에 맑고 투명하며, 혈액 등이 흐르기 때문에 적갈색을 띠고, 견고하면서도 부드러우며, 사향노루의 가죽 정도의 두께이고, 유해물질과 세균으로부터 보호하는 역할을 한다. 『월왕약진』에서 다음과 같이 설하였다.

> 신근의 의지처인 뇌이며,
> 그 막은 흰 비단을 감아놓은 것과 같고**520**

「구결 딴뜨라」에서는 다음과 같이 설한다.

> 뇌막은 사향노루의 가죽과 같이 맑은 적갈색이며,
> 맥의 그물로 감싸여 있다.**521**

범라륜은 수명맥으로부터 나뭇가지처럼 뻗어 나와 위로 향해 뇌와 연결된 네 줄기와, 뇌로부터 아래로 뻗어 나와 장부 등에 연결되는 수

---

520 위의 논, 제4품, 30게송, p.21.

521 『사부 의학 딴뜨라』, 「구결 딴뜨라」, 제83품, 4게송, p.471, 民族出版社(2007).

맥과 근맥의 다발이다. 이 맥륜은 뇌의 중앙에서 마음이 타는 풍에 의해 명점, 맥, 풍, 심식 등을 모두 온전하게 지니고, 뇌 중심부의 맥의 통로로 풍이 흐르고, 명점이 이동하게 하며, 풍과 명점 둘을 다른 부위로 흐르게 한다. 또한 소뇌와 두개골이 만나는 지점에는 엄지손가락 크기의 림프절이 있다고 한다.『월왕약진』에서

> 정수리와 만나는 곳에
> 범라륜이 있다.

라고 하였고, 또한

> 여기서 정수리와 만나는 것은
> 신근의 의지처인 뇌이며,
> 그 막은 흰 비단을 감아놓은 것과 같고
> 인대, 근육, 봉합과
> 연결되어 있다. 외부 줄기는
> 내부의 네 나무뿌리와 함께
> 정수리에 모이고
> 풍에 의해 몸의 씨앗을 호지하니
> 이것이 범라륜이며
> 몸의 정수이자 종자種子의 맥이다.522

라고 설명하였다. 또한『월왕약진』에서

소뇌와 두개골이 만나는 지점에
엄지손가락 크기의 림프절이 있다.**523**

라고 하였다. 뇌맥과 오장육부의 맥들 간의 관계에 대해서는 동일 문
헌에서 다음과 같이 설하고 있다.

오장육부의 맥은
범혈맥梵穴脈과 관계가 있다.**524**

안 등의 근들과 뇌맥의 상호관계에 대해서는 다음과 같이 설한다.

뇌의 중추 맥에서부터
목 뒤쪽으로 손가락 너비의 크기로
뇌에서 눈을 감아 돌며
끊어지면 시각이 없어지고 중추가 마비된다.**525**

또한『월왕약진』에서는 뇌의 각 부위가 신체의 맥과 어떻게 연결되어
있고, 맥에 의지하는 지명풍을 비롯한 근풍과 지풍들이 어떻게 각자

522『월왕약진』, 제4품, 30-33게송, p.21.

523 위의 논, 제49품, 33게송, p.123.

524 위의 논, 제97품, 29게송, p.270.

525 위의 논, 제49품, 27게송, p.123.

의 특별한 역할을 수행하는지에 대해서도 다음과 같이 설명하였다.

> 정수리의 범라문에서
> 검은 마맥魔脈과 심장의 맥이
> 연결되고, 풍의 흐름은 모두
> 상행上行하는 풍으로서
> 의식을 명료하게 한다.**526**

이와 관련하여 『논설의전』에서는 다음과 같이 설한다.

> 특히 지명풍은 정수리에 머물고
> 목과 가슴에서 흐르며, 음식을 삼키게 하고
> 숨을 쉬고, 침을 뱉고, 재치기와 트림을 하게 하고
> 식과 근을 명료하게 하고 마음을 지탱한다.**527**

요약하면 뇌는 제어자로서, 제어 대상은 근과 오장육부 등 신체의 구성 요소이다. 그렇기에 옛 의학문헌에서는 뇌를 '신근身根'이라고 하였다. 뇌가 제어하는 방식은 어떠한가? 심장은 뇌에 의존하여 자신의 기능을 수행하고, 장부와 근 등 몸의 기관들도 뇌맥에서 전달하는 명

---

526 위의 논, 제4품, 40계송, p.22.

527 『사부 의학 딴뜨라』, 「해석 딴뜨라」, 제5품, 15계송, p.36, 民族出版社(2007).

령을 받고 각각의 특별한 기능을 한다. 신체 기관이 뇌에 의지함으로써 각각의 기능을 수행하듯이, 뇌 역시 소뇌, 장부, 근, 근맥, 수맥, 대종에 의지한다. 상호 의존함이 없이 뇌의 세포들만으로는 어떠한 기능도 수행할 수 없다. 이것이 「해석 딴뜨라」, 「구결 딴뜨라」, 『월왕약진』 등 의학문헌에서 천명한 의미이다.

6) 몸과 마음의 관계에 대한 분석

일반적으로 기세간의 형성 과정은 그곳에 존재하는 유정들과 관계가 있다. 현재 우리에게 드러난 이 유정의 몸은 미세한 차원의 몸과 관련이 있고, 이 미세한 것도 결국은 보다 미세한 차원인 불가분의 풍風과 의식[識]으로부터 성립된다고 한다. 『구햐싸마자 딴뜨라』에 의하면 세간계는 법성法性, 풍, 식의 형상이 우리에게 현전한 것일 뿐이다.

궁극적으로 가장 미세한 풍과 식이 불가분이라는 점을 고려할 때, 우리의 몸을 구성하는 원소들과 외부세간의 자연 원소들 사이에는 심오한 관계가 있다. 이 심오한 관계는 밀교 전통에 따라 맥과 풍을 수습하여 성취한 공덕으로 알 수 있거나 선천적으로 직관이 뛰어난 특정한 사람이 인지할 수 있다.

본서에서는 현교와 밀교의 경론에서 설명하는 몸과 마음의 관계를 간략하게 소개하도록 하겠다. 먼저 현교의 경에서는 모태에 들어감과 동시에 현생의 색온이 새롭게 성립되고, 동시에 수受·상想·행行·식의 사온四蘊도 성립된다. 이 온들은 수명이 다할 때까지 천막의 지지대가 서로 다른 지지대에 의지하는 것처럼 존재한다. 나가르주나 논사의 『도간경광석 稻芉經廣釋』에서 다음과 같이 설한다.

> 그것들과 사대를 천막처럼 하나로 모아 명名과 색色이
> 라고 한다.**528**

무착 논사의 「본지분本地分」에서는 다음과 같이 설한다.

> 따라서 '식의 조건으로 명과 색'이라고도 하고, '명과 색
> 의 조건으로 식'이라고도 한다. 현재와 수명이 다할 때
> 까지 천막처럼 작용한다.**529**

언젠가 사람은 몸과 마음 둘 사이에 존재하는 의지처[所依]와 의지자
[能依]로서의 관계가 끊어지고, 색온을 버리게 되고, 온기가 사라지고,
생명력이 다하여 죽음에 이른다. 이를 『연기경緣起經』에서 다음과 같
이 설한다.

> 죽음이란 무엇인가? 갖가지 유정이 갖가지 유정의 부류
> 로부터 벗어난 것과 무너진 것과 소멸한 것, 안으로 쇠
> 락하고, 수명이 쇠락하고, 온기가 사라지고, 명근命根이

---

528 『Śālistambakasūtraṭīkā』. 데게, 논소, 경소, ngi, 제3품, 39a; 교정본 No.65, p.829.

529 데게, 논소, 유식, tshi, 제9품, 101b; 교정본 No.72, p.914. (T.30.1579.321b.8)

끊어지고, 온蘊을 버린 것과 죽음의 때가 다가온 것을
일컬어 죽음이라고 한다.**530**

마음 또는 식을 분류하면 근식과 의식의 두 가지 범주가 있다. 근식
은 유색근에 깊이 의존하기 때문에 유색근의 유무와 밝음의 여부를
따라간다. 그러므로 유색근은 근식의 공통되지 않은 증상연增上緣이
다. 의식은 유색근에 간접적으로 의존할 수 있지만, 모든 의식이 반드
시 유색근이나 뇌의 활동에 의존하는 것은 아니다. 사망 시에 호흡이
멈추고 뇌 속 혈류가 끊어져서 뇌의 모든 기능이 멈추더라도 미세한
의식이 여전히 사라지지 않고 며칠 동안 머무는 경우도 현실에서 많
이 볼 수 있기 때문이다.**531** 그러므로 신체는 그 결과물인 분별의식
의 조건 정도가 될 뿐 분별의식을 변화시키는 특별한 원인이 되지 못
한다. 반면 분별의식은 신체를 변화시키는 특별한 원인이 된다. 이를
『양평석量評釋』에서 다음과 같이 설하였다.

> 근들이 각각 해를 입더라도
> 의식에 해가 되지 않으나
> 이것이 변하면 그것들 역시

---

530 데게, 불설, 경집, tsha, 124b; 교정본 No.62, p.340. (T.2.124.548a.1)

531 이것은 '툭담(Tib. thugs dam)'이라고 하는 현상을 가리킨다. 생전에 수행에 익숙하여 깊은
삼매를 성취한 수행자가 임종하는 순간 가장 미세한 의식의 상태로 삼매에 드는 것이다.
이의 증표로 의학적 죽음을 맞이한 수행자의 육신이 며칠, 혹은 몇 주에 이르기까지 그
가 의도한 대로 시신에서 부패의 현상이 나타나지 않는 것을 볼 수 있다. (역자주)

변하는 것이 보인다.532

예를 들어 타인을 돕고자 하는 자애심을 일으키면 체내의 피가 맑아지고, 안색이 환해지며, 아름답게 보이는 등 인지할 수 있는 몸의 변화가 일어난다. 이를 『정법염처경正法念處經』에서 다음과 같이 설하였다.

> 일체중생이 이롭길 바라는 이는 피가 매우 맑아지고, 피
> 가 맑아지기 때문에 안색이 환해진다. 안색이 환해지기
> 때문에 아름답게 보이게 되고, 중생들 모두가 좋아하게
> 된다. 이는 보이는 법에 관한 것이다.533·534

유대有對의 본질인 유색의 몸과 무대無對이며 명료함과 인식의 본질인 의식 둘은 자성이 매우 다르기 때문에 서로가 상대의 근취인이 될 순 없지만, 둘 사이에 서로가 구유연이 되는 관계 정도는 존재한다. 『양평석』에서 다음과 같이 설한다.

> 그 구유연에서

---

532 『Pramāṇavārttika』. 데게, 논소, 인명, ce, 성량품成量品, 109a:40; 교정본 No.97, p.503.

533 현생에 보이는 법이라는 말로서, 자애심으로 인한 이숙과가 다음생이 아닌 현생의 결과라는 뜻이다. 즉 순현법수업順現法受業이라는 뜻이다.

534 데게, 불설, 경집, sha, 제22품, 73a; 교정본 No.71, p.168. (T.17.721.367c.5)

발생한 결과가 함께 존재한다.**535**

즉, 현재의 마음은 이전의 마음이 근취인이 되고 이전의 몸이 구유연이 되어 발생하며, 현재의 몸 또한 이전의 몸이 근취인이 되고 이전의 마음이 구유연이 되어 발생하니, 몸과 마음은 이와 같은 방식으로 공존한다. 둘은 서로의 근취인이 되지 않는데, 이를 『양평석』에서 다음과 같이 설하였다.

> 의식이 아닌 것은 의식의
> 근취인이 아니므로 이 또한 성립한다.**536·537**

데벤드라붓디(Devendrabuddhi, 帝釋慧) 논사는 『양평석난어석量評釋難語釋』에서 이와 같이 설한다.

> 오로지 의식만이 의식의 근취인이 될 수 있으며, 의식이
> 아닌 것은 될 수 없다. 의식이 아닌 것의 본질인 몸 등은

---

535 데게, 논소, 인명, ce, 성량품, 109b:63; 교정본 No.97, p.505.

536 위의 논, 성량품, 113b:166; 교정본 No.97, p.515.

537 '이 또한 성립한다'는 것은 어떤 의미인가? 의식이 아닌 것은 의식의 근취인이 되지 못하므로 처음부터 중생이 아닌 것이 새로이 중생으로 생길 수 없다. 이로써 윤회의 절대적 시초가 없다는 것 또한 성립한다는 의미이다. (역자주)

제6장 자궁에서 태아가 형성되는 과정과 맥脈·풍風·명점明點의 체계

(의식의) 근취인이 아니다.**538**

또한 몸은 의식을 이롭게 함으로써 의식의 구유연이 될 수 있지만, 이 것만으로는 몸이 없으면 의식도 없어지게 되는 그런 특별한 원인은 되지 못한다. 예를 들면 불 등은 항아리의 특별한 특징인 붉은 색깔 등에 도움을 주지만, 이것만으로써 불이 없으면 항아리가 없어지게 되는 그런 특별한 원인이 되지 않는 것과 같다. 이를 『양평석』에서 다음과 같이 설한다.

> 어떤 때에는 마음의 흐름에
> 도움을 주는 것도 가능하다.
> 항아리 등에 불 등과 같다.
> 이것만으로 반드시 없어지는 것은 아니다.**539**

그러므로 정리하자면 몸은 마음의 근취인이나 증상연이 되지 못한다. 『양평석』에서 다음과 같이 설한다.

> 때때로 탐욕 등은 건장함 등의
> 증장으로 인한 고락苦樂에서 발생한 것이다.

---

538 『Pramāṇavārttikapañjikā』. 데게, 논소, 인명, che, 성량품, 71b; 교정본 No.98, p.171.

539 『Pramāṇavārttika』. 데게, 논소, 인명, ce, 성량품, 109b:51, 교정본 No.97, p.504.

이 또한 균형이 맞는 요소 등
체내 대상이 가까움으로부터 생긴다.
이로써 전염병 등으로 인한
기억의 감퇴 등을 설명하는 것이니
특별한 체내의 대상으로 인해
근식이 변화를 일으키기 때문이다.
예를 들면 어떠한 이의 마음속에
단지 호랑이와 피 등을
듣거나 보는 것만으로
혼미함 등이 일어나게 되는 것과 같다.**540**

때로는 몸의 건장함 또는 쇠약함 등으로 인해 탐욕 등이 증가하게 되는 것도 주로 고락의 느낌으로부터 직접 발생한 것이며, 몸이 탐욕 등의 직접적 증상연이 되는 것은 아니다. 이 고락의 느낌도 균형이 맞거나 맞지 않는 체내의 요소들을 감각 대상으로 가까이 접촉하기 때문에 생기는 것이지, 몸 자체가 고락의 느낌의 증상연이 되는 것은 아니다.

그런 맥락에서 전염병 등으로 인한 기억의 감퇴 등도 근식이 체내의 감각 대상을 접촉함으로 인해 변화를 일으킨 것일 뿐이다. 예를 들면 어떤 나약한 사람들이 '호랑이가 있다'라는 말을 듣거나 살해당한 타인의 피를 봄으로써 정신을 잃고 혼미해지는 등도 내적인 느낌

---

540 위의 논, 성량품, 110a:76; 교정본 No.97, p.507.

제6장 자궁에서 태아가 형성되는 과정과 맥脈 · 풍風 · 명점明點의 체계

으로 인해 일어나는 것일 뿐 신체에 직접적으로 의존한 것이 아니다. 까말라씰라 논사는 『진실섭송난어석眞實攝頌難語釋』에서 다음과 같이 설한다.

> 이처럼 호랑이와 피 등 두려운 대상을 보는 등의 힘에 의해 때로는 겁 많은 이의 마음이 혼미한 상태로 변하게 된다. 이것만으로 의식이 그에 의지하게 되는 것은 아니다.541

예를 들면 겁이 많은 몇몇 사람은 호랑이나 살해된 타인의 피를 봄으로써 극도로 두려워하고 혼미해지는데, 이 또한 대상들을 인식하기 때문에 마음에 변화가 생긴 것이지, 그 대상이 근취인이 되어 생긴 것이 아니다.

　더 나아가 자비와 지혜 등은 신체의 왕성함과 쇠약함에 좌우되지 않고, 자체의 실질상속 상에서 전前 마음의 수습력이 크고 작음에 따라 증감한다. 따라서 상속을 수습하는 힘에 의해 이처럼 증감하는 것이며, 유등油燈의 빛 등 유색의 근취인에 의존하는 법에는 이 같은 것이 존재하지 않는다. 이를 『양평석』에서 다음과 같이 설하였다.

> 몸의 증감에 좌우되지 않고

---

541 『Tattvasaṃgraha-pañjikā』. 데게, 논소, 인명, 'e, 제27품, 96a; 교정본 No.107, p.1222.

마음작용의 특성으로써

지혜 등이 늘어남과

줄어듦이 생긴다.

이것은 유등의 불 등

의존하는 것에는 존재하지 않는다.**542**

몸과 마음 둘 사이에 근취인 또는 특별한 증상연의 어떤 관계가 있다면, 탐욕의 증감은 신체의 왕성함이나 쇠약함을 반드시 따라가야 하는데 실제로 그렇지 않다. 이를 까말라쉴라 논사는『진실섭송난어석』에서 다음과 같이 설한다.

> 그러나 어떤 것의 변화에 그것이 반드시 따라간다면, 어떤 것은 그것의 근취인으로 여김이 타당하다. 탐욕 등의 성품의 변화는 반드시 몸의 전반적 증가 등으로 인해 변하게 되는 것은 아닌데, 결택의 지혜를 가진 어떤 사람은 몸이 증가하더라도 그것이 없기 때문이다. 마찬가지로 이치에 맞지 않는 사고를 자주 하는 허약한 사람과 극도로 쇠약한 가축이 매우 강한 탐욕 등을 가진 것을 볼 수 있기 때문이다.**543**

542『Pramāṇavārttika』. 데게, 논소, 인명, ce, 성량품, 110a:74; 교정본 No.97, p.506.

543『Tattvasaṃgraha-pañjikā』. 데게, 논소, 인명, 'e, 제27품, 96a; 교정본 No.107, p.1222.

결택의 지혜를 가지지 못한 어떤 이는 신체가 왕성해짐에 따라 탐욕이 증가하고, 신체가 쇠약해짐에 따라 성냄이 일어날 수 있지만, 이것은 신체가 균형을 이루거나 이루지 않음으로써 체내의 요소의 특성을 인식하는 고락의 육체적 느낌이 생기고, 이것을 조건으로 탐욕과 성냄이 생기는 것이다. 탐욕과 성냄은 신체에서 직접 생성되는 것이 아니며, 신체가 '불가결의 원인'이 되어 생성되는 것도 아니다. '불가결의 원인'에 대해 『양평석』에서는 다음과 같이 설명하고 있다.

> 항상 그것을 뒤따르기 때문에
> 그것이 존재함으로 인해 도움이 되니
> 그것은 원인이다.**544**

원인은 그 결과 이전에 단지 존재하는 것만으로 그것의 결과에 도움이 되고, 그 원인이 이전에 존재하지 않는다면 그 결과는 발생하지 않게 되므로, 결과는 항상 그것의 원인을 뒤따른다.(수전수차隨轉隨遮) 예를 들면 유등은 유등의 빛에 있어 '불가결의 원인'인 것과 같다.

　이 밖에도 경론에서 설하는 다양한 사례들을 통해 몸과 마음 간의 관계를 이해할 수 있다. 예를 들면 기근飢饉에 시름하는 어떤 이가 재[灰] 자루를 보릿가루라고 생각하는 한 죽지 않으나, 언젠가 그것이 재 자루임을 알게 되면 희망이 사라지고 죽게 된다. 또한 어미가 해안

544 『Pramāṇavārttika』, 데게, 논소, 인명, ce, 성량품, 109a:50; 교정본 No.97, p.504.

가의 알들을 잊기 전까진 알들이 썩지 않지만 잊어버리게 되면 썩게 된다고 말한다. 이를 『구사자석』에서 다음과 같이 설한다.

> 마음으로 생각한 것[思食]도 여기에 안주하게 하는 것을 볼 수 있으니, 이와 같다. 기근에 시름하는 한 아버지가 재로 자루를 가득 채우고 '이건 보릿가루야'라고 하니, 두 아들은 그것을 믿고 그렇게 생각함으로써 오랫동안 살게 되었다. 어느 날 한 아이가 자루를 열어보고 재인 것을 알고서 희망이 사라져 죽게 되었다.**545**

또한 이와 관련하여 아비달마칠론의 논서 중 『집이문족론集異門足論』의 내용을 인용하여 설명한 것을 보면 다음과 같다.

> 『집이문족론集異門足論』에서도 설하길, "대해의 몇몇 생명이 물속에서 나와 마른자리에 이르러 모래 해안에 알을 낳고 모래로 덮은 다음 다시 바다로 돌아간다. 어떤 어미가 알에 대해 기억하고 잊지 않으면 그 알은 썩지 않으며, 어떤 어미가 잊어버리게 되면 썩게 된다."**546**고 한다.

---

545 데게, 논소, 아비달마, ku, 제3품, 141a; 교정본 No.79, p.347. (T.29,1558,55b,18)

546 해당 구절은 『구사자석』에서 인용하고 있는 『아비달마집이문족론』의 내용이며, 한역과 한글 대장경 중의 『집이문족론』의 내용은 조금 상이하다. 『아비달마집이문족론』 「사법품四法品」에서는 '그 알들이 그 어미를 생각하면서 잊지 않으면 썩거나 문드러지지 않지만 만일 그 모든 알들이 그들의 어미를 생각하지 않게 되면 곧 썩어 문드러지게 된다'고

그렇다면 다른 이[어미]의 음식[思食]을 먹이로 삼게 되기 때문에 이것은 아니다. 어떤 알이 어미에 대해 기억하고 잊지 않기 때문에 접촉한 시절을 기억함으로써 썩지 않게 되지만, 잊어버린 어떤 것들은 썩게 된다고 한다.547·548

무상요가의 밀교 문헌에서는 일반적으로 대종으로 이루어진 거친 몸도 의식의 의지처[所依]임을 인정하지만, 주로 미세한 풍신風身과 의식의 관계를 중점적으로 설하였고, 의식이 풍을 탄다고 하였다. 이는 풍이 대상을 향해 이동할 때 의식이 풍을 타고 대상을 향해 간다는 뜻이다. 풍은 의식이 대상으로 이동할 수 있게 하고, 전 찰나에서 후 찰나로 이동하게 하는 역할을 한다. 마치 다리가 불편하고 시력을 가진 자와 걸을 수 있는 맹인이 서로 의지하여 목적지에 갈 수 있는 것처럼, 식은 그것이 타는 풍에 의해 대상으로 이동할 수 있고, 식이 대상을 볼 수 있으므로, 둘은 결코 분리될 수 없다. 의식이 몸을 움직이게 하는 것 등도 풍을 탄 식이 작용하는 것이며, 만일 식과 풍이 분리되면 그와

하여, 어미가 아닌 알들이 기억한다고 하였다.(T.26,1539,400c.09) 한역 『구사자석』에서도 『아비달마집이문족론』을 인용하지만, 내용은 티베트역과 동일하게 어미가 알에 대해 기억한다고 말하고 있다. (역자주)

547 위의 논, 141a; 교정본 No.79, p.347. (T.29,1558,55b.25)

548 이에 대해 1대 달라이 라마의 주석서 『구사주석해탈도명론俱舍註釋解脫道明論』(Tib. mdzod 'grel thar gsal byed)과 13세기 티베트의 논사 침 잠빼양(Mchims 'jam pa'i dbyangs)의 주석서인 『구사대소아비달마장엄론俱舍大疏阿毘達磨莊嚴論』(Tib. madzod 'grel mngon pa'i rgyan)에서 자세한 해석이 나오는데, 두 번째 단락은 바쑤반두 논사의 분석이라고 하였다. (역자주)

같이 작용할 수 없다. 이를 까쒸미리(Kaśmiri)의 학자 락쒸미(Lakṣmi)는 『오차제석명의론五次第釋明義論』에서 다음과 같이 설명한다.

> '이것은 의식의 탈것이다'라는 말은 풍 자체가 육전식六轉識의 '탈것'이라는 뜻이다. 의식은 풍을 타고 안眼 등 육근을 통해 색 등 육경을 두루 지각한다. 왜냐하면 의식은 풍의 움직임에 의존하기 때문이며, 그렇지 않으면 의식은 맹인처럼 아무것도 볼 수 없게 된다. 따라서 다리를 못 쓰는 사람과 맹인처럼 서로 연결되어 있으면 목적을 달성할 수 있는 것이다. 이것은 다음과 같이 설명할 수 있다. 말과 기수騎手가 길을 감으로써 특별한 역할을 원만히 완수하듯이 풍과 의식이 연결되면 대상을 파악하는 능력을 갖게 된다. 따라서 이 둘은 본질적인 관계를 가지고 있다.[549]

특히 매우 미세한 원시 구생의 신身과 심心 둘을 원신原身과 원심原心이라고 한다. 『금강만 딴뜨라』에서 다음과 같이 설한다.

> 불에 타서 사물이 없어지듯
> 이동함이 없이 흡수된다.

---

[549] 『Pañcakramaṭīkā-kramārthaprakāśikā』. 데게, 논소, 밀교소, chi, 제1품, 199a; 교정본 No.19, p.530.

다시 지명풍이 나타나고

다양한 업풍이 있으니

그것과 함께 식은

다시 삼계三界에 머문다.

그로부터 업과 그로부터 탄생

그로부터 탐욕 등 습기와

그로부터 다시 생과 사

이는 마치 바퀴가 도는 것과 같다.**550**

나무라는 사물이 불에 타서 없어지듯이 죽을 때 거친 풍에서부터 지
명풍에 이르기까지 차례로 흡수되어 죽게 되고, 또 태어날 때 죽음의
광명에서 업풍이 일어나 그것과 의식 둘은 함께 삼계에 머무는 생을
받는다. 그 업풍으로부터 탐욕 등의 분별심이 생기고, 이로부터 선악
의 업을 지으며, 죽고 또 다시 태어나니 마치 바퀴가 도는 것과 같다
고 하였다. 죽음의 광명이 나타날 때 거친 풍과 심은 분리할 수 없는
극히 미세한 풍·심으로 흡수되고, 이러한 미세한 풍과 심은 본질이
하나인 관계로서 언제나 분리할 수 없고, 상속이 끊어지지 않는다고
무상요가의 문헌에서 설하였다. 그리고 풍과 심은 같은 대상에 작용
하므로 마음이 신체 맥륜의 명점 등에 집중하면 풍을 자재할 수 있는
데 만일 말과 같은 풍을 자재할 수 없다면 기수와 같은 마음도 자재할

---

550 데게, 불설, 밀교, ca, 제68품, 276b:71-13; 교정본 No.81, p.915.

수 없다고 한다.

또한 밀교 문헌에서는 몸을 바로 세우면 맥이 바로 서고, 맥을 바로 세우면 풍도 바르게 되며, 풍이 바르게 되면 마음도 바르게 되는 등 미세한 몸과 마음 간의 특별한 관계에 중점을 두고 설명하였다. 비록 거친 차원의 몸과 마음은 각각으로 구분할 수 있지만, 미세한 차원의 몸과 마음은 본질이 하나이기 때문에 그러한 몸과 마음 둘은 '반체의 측면에서 분리할 수 있지만 본질의 측면에서 분리할 수 없다'는 이치를 강조하며 확립하였다.

이밖에도 경에서는 사람의 몸속에 있는 미생물의 활동으로 인해 몸과 마음에 변화가 생길 수 있다고 설한다. 이것의 사례를 들자면, 『이만오천송반야경』에서 다음과 같은 구절을 찾아볼 수 있다.

수보리여, 또 인간의 몸에는 그 몸을 먹고 사는 팔만 가지의 미생물이 있다.**551**

이렇듯 인간의 몸에는 여러 종류의 미생물들이 존재한다고 한다. 『정법염처경』에서는 다음과 같은 구절들을 찾아볼 수 있다.

나의 머리에 열 가지 미생물이 머문다.**552**

---

551 데게. 불설. 반야, kha, 제39품, 356b. 티베트역과 한역이 약간 상이하다. (T.6,220,666b.4)

552 데게, 불설, 경집, sha, 118a; 교정본 No.71, p.275. (T.17,721,381c.29)

제6장 자궁에서 태아가 형성되는 과정과 맥脈·풍風·명점明點의 체계

또 열 가지 미생물이 목을 붓게 한다."**553**

정액이 흐르는 열 개의 맥에서 돌아다니는 '달콤함에 취
하는 것'과 '완전히 취하는 것' … 피에서 생기고 살과 함
께 머무는 열 가지 미생물은 이와 같으니, '털을 먹는 것'
과 … 피에서 생긴 미생물은 눈이 없으며 피부질환의 성
질이 있고 … 살에 있는 열 가지 미생물은 이와 같으니,
'상처가 나게 하는 것'과 … 담낭에 있는 열 가지 미생물
은 이와 같으니, '쭈라타(Tib. tsu ra tha)'**554**와 … 사지와
모든 부수 가지들에 있는 미생물은 이와 같으니, '뼈를
핥는 것'과 … 대변에서 움직이는 미생물은 이와 같으
니, '투명한 것'과 … 골수에서 움직이는 열 가지 미생물
은 이와 같으니, '털에 있는 것'과…**555**

이 경에서는 각종 미생물들이 인체 내에서 머무는 위치와 명칭, 형태,
성질, 기능 등과 일반적인 안식 등으로는 볼 수 없고 문·사·수의 세
가지 의식으로 알아야 함을 설하였다.

---

553 위의 경, 118b; 교정본 No.71, p.276. (T.17,721,382b.1)

554 '쭈라타(Tib. tsu ra tha)'라는 명칭이 무엇을 뜻하는지 명확하지 않다. 해당하는 한역 경문
에는 '흑충黑蟲'이라 번역되어 있으나 한역 『정법염처경』과 티베트역이 다소 상이한 까
닭에 상응한다고 보기에는 어렵다. (역자주)

555 위의 경, 147a; 교정본 No.71, p.344. (T.17,721,382a.23)

이러한 각종 미생물의 증감으로 인해 인간의 마음에 일어나는 변화에 대해서 예를 들자면, 같은 경에서 다음과 같이 설한다.

> 증장시키는 미생물도 몸을 두 가지 방식으로 증장시킨
> 다. 만약 나의 음식의 허물로 인해 증장시키는 미생물이
> 증식하지 못한다면, 이로써 나는 즐거움을 완전히 여의
> 게 될 것이다.556

체내의 미생물이 증식하지 못한 영향력으로 인해 그 사람의 마음에도 즐거움이 사라지게 된다. 또한 같은 경에서 다음과 같이 설한다.

> '관절을 끊으면서 움직임'이라는 미생물이 음식의 허물
> 로 인해 굶주리게 되면 나의 손이 수축될 것이다. 몸의
> 가지들이 수축되거나, 심장병이 생기거나, 도시들이 텅
> 비게 된다. 콧물이 나오고, 항상 마음이 슬프며, 촉처와
> 색들로써 마음이 즐겁지 않게 된다. 어째서 그러한가?
> 감수력感受力을 가지기 때문이다.557

미생물의 굶주림으로 인해 몸의 가지가 수축하고, 마음이 공허하고

---

556 위의 경, 126a; 교정본 No.71, p.295. 티베트역과 한역이 약간 상이하다. (T.17,721,384c,23)
557 위의 경, 130a; 교정본 No.71, p.304. 티베트역과 한역이 약간 상이하다. (T.17,721,386a,14)

슬프며. 색 등으로 마음이 즐겁지 않게 된다. 또한 같은 경에서 다음과 같이 설한다.

> '경험자'라고 하는 미생물은 나의 뼈를 활용한다. 그것
> 이 나를 본질로 머물게 하거나 본질로 머물지 않게 하거
> 나 그 무엇이든 들음[聞]의 지혜 혹은 천안으로써 본다.
> '경험자'라는 미생물이 음식의 허물로 인해 굶주리게 되
> 면, 나에게 농포膿疱가 생겨 온몸의 가지와 부수가지로
> 번지며, 번진 부위는 뻣뻣해진다. 심장이 비고 몸에 감
> 각이 없어진다. 방광이 막히고 변비가 생기고 잠을 잘
> 수 없게 된다.**558**

체내에 있는 어떤 종류의 미생물이 굶주리게 되면 몸에 감각이 없어지고 잠이 오지 않는 등의 증상이 생긴다. 또한 같은 경에서 다음과 같이 설한다.

> '피부를 먹는 자'라고 하는 미생물은 뼈에 머문다. 그것
> 이 굶주리면 나의 입술이 붓거나, 입이 붓거나, 눈이 붓
> 거나, 여드름이 나거나, 근육이 수축하는 느낌이 들거
> 나, 갈증이 심하거나, 목이 건조하거나, 귀가 붓거나, 뒷

---

558 위의 경, 131b; 교정본 No.71, p.307. 티베트역과 한역이 약간 상이하다. (T.17.721.386b.14)

목이 뻣뻣해지거나, 머리뼈가 갈라지거나, 때가 되지 않았는데 흰머리가 생기거나, 성대가 망가지거나, 때가 되지 않았는데 잠이 오거나, 맞지 않는 음식을 갈구하거나, 한 자리를 싫어하거나, 빈 장소나 빈 정원을 선호하고, 마음이 산란해지거나 사소한 일에 말이 거칠어지거나, 계속 사지와 소小가지들을 긁어서 내 몸이 바람에 날리는 먼지와 같게 된다. 이것이 피부를 갉아먹는 미생물의 허물이다.**559**

이렇듯 경에서는 체내의 몇몇 미생물의 활동으로 인해 흰 머리카락이 생기거나 맞지 않는 음식을 좋아하게 되는 등을 설하였다.

이상으로 『불교 과학 철학 총서』 상하 중 상에 해당하는 제법의 실상 또는 과학에 대한 설명을 마친다.

---

559 위의 경, 131b; 교정본 No.71, p.308. (T.17.721.386b.24)

본서는 제14대 달라이 라마 성하의 깊은 통찰력으로 편찬된 논서이다. 성하께서는 불교 경론의 주제를 과학, 철학, 수행의 세 부분으로 분류하는 체계를 구상하셨다. 이에 따라서 2010년 자문위원들이 대략적인 개요를 짜고, 삼대본사의 70여명의 게쎼 스님들이 팔만대장경 속에서 각 주제에 맞는 근거를 발췌하였다. 이후 여섯 분의 편집위원들이 발탁되어 다람살라 남걜사원에서 모여 '불교 과학 철학' 총서의 편집 작업을 시작하여 2014년 본서의 티베트어 원본이 출간되었다.

석가모니불께서 열반하신 뒤 나가르주나 논사의 『경집론』과 샨띠데바 논사의 『대승집보살학론』, 아쌍가 논사의 『대승아비달마집론』, 디그나가 논사의 『집량론』 등과 같이 경론의 내용을 발췌하여 저술한 다수의 집론集論이 있었지만, 이번 총서의 편찬처럼 그 주제가 광범위하고 다수의 학자가 참여한 대규모의 불사佛事는 불교 역사상 그

예가 드물다고 생각된다. 또한, 이 총서를 집필하기 위해 성하께서 세우신 특별한 분류 체계는 불교가 시대에 맞게 발전할 수 있다는 것을 보여 준 점에서 그 가치가 더욱 크다고 생각한다.

불교의 팔만대장경은 그 분량이 방대해서 한 생애 동안에 모두 배운다는 것은 매우 어렵다. 그러나 이 총서는 불교의 핵심만을 뽑았기 때문에 바쁜 현대 사회를 살아가는 불자들이 교리를 배우는 데 부족함이 없으리라 본다. 또한, 불교 신자가 아닌 사람들도 개인의 신앙과는 관계없이 이 총서를 통해 불교에서 설하는 사물의 실상과 심리학, 그리고 철학을 알게 됨으로써 개인의 통찰력과 내적 안락에 큰 도움을 받을 수 있을 것이라 확신한다.

달라이 라마 성하께서는 '불교 과학 철학' 총서가 되도록 많은 사람에게 도움이 되기를 바라셨다. 그래서 티베트어로 먼저 출간된 후 영어

옮긴이 후기

번역본과 한문 번역본 등이 출간되었으며, 러시아와 유럽 각 나라의 언어로도 번역하고 있다. 이에 성하께서는 이 총서를 한국어로 번역하는 영광스럽고도 막중한 역할을 역자에게 맡기셨다. 성하의 의도와 말씀을 가슴 깊이 새기고 10여 명의 검토위원이 5년 이상 노력한 끝에 본서가 출간되었다. 이번에 출간된 본서는 총서의 첫 번째 책으로 물질세계인 불교 과학에 관한 것이다. 이후 정신세계를 다룬 심리학에 관한 책과 불교 철학에 관한 책이 출간될 예정이다.

번역을 시작한 초기에는 티베트어 원문을 더함도 덜 함도 없이 가능한 한 그대로 한국어로 옮겼으나 티베트어와 한국어의 언어적 표현과 문장 구조상에 다소 차이가 있어 문장이 난해해지거나 한국어 문법에 맞지 않는 경우가 종종 발생하였다. 그래서 검토위원들과 거듭 논의하고 토론하여 일부 문장은 최대한 원문의 뜻을 살리면서 의역하였다. 본문의 경론 인용구는 티베트어 원문을 기준으로 번역하되 한국어 번역이 있는 경우 그 장점을 많이 취하였다. 불교 용어는 되도록 한국 불교계에서 통용되고 있는 어휘를 사용하였고, 해당 단어가 티베트어 원문의 뜻을 담아내지 못한다고 생각한 경우에는 토론을 거쳐 새 번역 용어를 채택하였다. 그러므로 기존과 다른 새 번역 용어를 사용하거나 부연설명이 필요하다고 생각되는 경우 역자주를 달았다. 초고를 교정할 때는 내용을 누락시키거나, 오역하는 문제가 발생하지 않도록 원문과 수차례 비교하며 수정하였고, 검토위원들 또한 영어 번역본, 한문 번역본과 대조하였다.

한국어 번역본이 출간되기까지 많은 분들의 도움이 있었다. 한국어 번역에 도움을 주신 자홍 스님, 성우 스님, 촉제 스님, 이평래 교수님, 정성준 교수님, 조영수 님, 오기열 님, 조영옥 님, 전미숙 님, 박영빈 님께 진심으로 감사의 인사를 드린다. 편집위원인 게셰 스님들께도 감사의 인사를 드리며, 특히 티베트 원문에 뜻이 명확하게 드러나지 않거나 난해한 부분들이 있을 때마다 질문에 끝까지 성심성의껏 답해 주신 '고망 게셰 케촉라'께 진심으로 감사드린다. 그리고 이 책의 번역 과정을 지원해주신 최금식 회장님께도 감사드리며, 마지막으로 이상근 편집자님을 비롯해 애써주신 불광출판사의 모든 관계자분들께도 감사드린다.

본서의 오류는 역자의 부족함 탓이니 지혜로운 독자들께서는 아낌없는 조언을 해 주시기를 바란다. 달라이 라마 성하의 위대한 불사 佛事에 미약하나마 역할을 할 수 있게 되어 진심으로 영광스럽게 생각하며, 스승의 원대한 의도가 한국에 잘 전달될 수 있기를 희망한다.

2022년 4월 15일
석가의 비구, 게셰 텐진 남카

참고문헌

1. 불설부(bka' 'gyur)

- 『구햐싸마자 밀의해석』(Tib. dpal gsang ba 'dus pa'i bshad rgyud dgongs pa lung ston), 데게, Toh. 444, 밀교, ca.
- 『금강공행딴뜨라』(Tib. rdo rje mkha' 'gro'i rgyud), 데게, Toh. 371, 밀교, kha.
- 『금강만 딴뜨라』(Tib. dpal gsang ba 'dus pa'i bshad rgyud rdo rje'i 'phreng ba), 데게, Toh. 445, 밀교, ca.
- 『금강수관정 대딴뜨라』(Tib. lag na rdo rje dbang bskur ba'i rgyud chen po), 데게, Toh. 496, 밀교, da.
- 『길상吉祥인 승락-勝樂의 발생인 딴뜨라의 왕』(Tib. dpal bde mchog 'byung ba zhes bya ba'i rgyud kyi rgyal po chen po[rgyud sdom 'byung]), 데게, Toh. 373, 밀교, kha.
- 『길상吉祥한 공행空行의 대해大海 딴뜨라』(Tib. dpal mkha' 'gro rgyal mtsho'i rgyud), 데게, Toh. 372, 밀교, kha.
- 『길상吉祥한 대력大力인 딴뜨라의 왕』(Tib. dpal stobs po che'i rgyud kyi rgyal po), 데게, Toh. 391, 밀교, ga.
- 『깔라짜끄라 딴뜨라 심수心髓』(Tib. dus 'khor bsdus rgyud), 데게, Toh. 362, 밀교, ka.
- 『대방광보살장문수사리근본의궤경』, (Tib. 'jam dpal rtsa rgyud), 데게, Toh. 543, 밀교, na.
- 『화엄경』(Tib. mdo sde phal po che), 데게, Toh. 44, 화엄, ka, a.
- 『방광대장엄경』, (Tib. 'phags pa rgya cher rol pa'i mdo), 데게, Toh. 95, 경집, kha.
- 『부자합집경』(Tib. yab sras mjal ba'i mdo), 데게, Toh. 60, 보적, nga.
- 『불설대승도간경』(Tib. 'phags pa sa lu ljang pa'i mdo), 데게, Toh. 210, 경집, tsha.
- 『불설불모보덕장반야바라밀경』(Tib. shes rab kyi pha rol du phyin pa sdud pa tshigs su bcad pa), 데게, Toh. 13, 제반야, ka.
- 『불설입태장경』(Tib. dga' bo mngal na gnas pa bstan pa'i mdo), 데게, Toh. 57, 보적, ga.
- 『불위아난설처태경』(Tib. dga' bo mngal du 'jug pa bstan pa'i mdo), 데게, Toh. 58, 보적, ga.
- 『선비보살청문경』(Tib. 'phags pa lag bzang gis zhus pa'i mdo), 데게, Toh. 70, 보적, ca.
- 『연기경』(Tib. 'phags pa rten cing ra 'byung ba dang po'i dbye ba bstan pa'i mdo), 데게, Toh. 211, 경집, tsha.
- 『욱가장자경』(Tib. khyim bdag drag shul can gyis zhus pa'i mdo), 데게, Toh. 63, 보적, nga.

- 『근본설일체유부비나야』 (Tib. 'dul ba rnam par 'byed pa), 데게, Toh. 5, 율, ca.
- 『이만오천송반야경』 (Tib. sher phyin nyi khri), 데게, Toh. 9, 반야, 이만오천송, ka.
- 『능가경』 (Tib. 'phags pa lang kar gshegs pa'i mdo), 데게, Toh. 107, 경집, ca.
- 『정가행속경』 (Tib. yang dag pa sbyor ba zhes bya ba'i rgyud), 데게, Toh. 381, 밀교, ga.
- 『정법염처경』 (Tib. 'phags pa dam pa'i chos dran pa nyer gzhags), 데게, Toh. 287, 경집, sha.
- 『팔천송반야경』 (Tib. sher phyin brgyad stong pa), 데게, Toh. 12, 반야, ka.
- 『해심밀경』 (Tib. mdo sde dgongs 'grel), 데게, Toh. 106, 경집, ca.
- 『허공색항복인경』 (Tib. nam mkha'i mdog gis 'dul ba'i bzod pa'i mdo), 데게, Toh. 263, 경집, a'.
- 『헤바즈라 딴뜨라』 (Tib. dpal kye'i rdo rje'i rgyud kyi rgyal po), 데게, Toh. 417, 밀교, nga.

2. 논소부(bstan 'gyur)
(저자별 분류)

- 까말라씰라(Kamalaśīla, Tib. ka ma la shi+A la, 蓮華戒 8세기)

  『불설대승도간경광석』(Tib. sā lu'i ljang pa'i mdo'i rgya cher 'grel), 데게, Toh. 4001, 경소, ji.

  『성무자성론』 (Tib. rang bzhin med pa nyid du grub pa), 데게, Toh. 3889, 중관, sa.

  『중관명론』 (Tib. dbu ma snang ba), 데게. Toh. 3887, 중관, sa.

  『중관장엄론난어석』 (Tib. dbu ma rgyan gyi dka' 'grel), 데게, Toh. 3886, 중관, sa.

  『진실섭송난어석』 (Tib. tshad ma'i de kho na nyid bsdus pa'i dka' 'grel), 데게, Toh. 4267, 인명, ze.

- 나가르주나(Nāgārjuna, Tib. klu sgrub, 龍樹)(붓다께서 열반하신 뒤 400년이 흐른 후 출현하시거나 혹은 2세기경에 출현하셨다고 하는 두 가지 설이 있다.)

  『중론』 (Tib. rtsa ba shes rab), 데게, Toh. 3824, 중관, tsa.

『보행왕정론』(Tib. rin chen phreng ba), 데게, Toh. 4158, 본생, ge.

『도간경광석』(Tib. sa lu ljang pa'i mdo'i rgya cher bshad pa), 데게, Toh. 3986, 경소, ngi

『오차제』(Tib. rim pa lnga pa), 데게, Toh. 1802, 밀교소, ngi.

- 나가보디(Nāgabodhi, Tib. klu'i byang chub, 龍覺)

『안립차제론』(Tib. 'dus pa'i sgrub thabs rnam par gzhag pa'i rim pa), 데게, Toh. 1809, 밀교소, ngi.

- 뿌르나와르다나(Pūrṇavardhana, Tib. gang spel, 滿增, 8세기 전후)

『구사론주상수순』(Tib. mdzod kyi 'grel bshad mtshan nyid rjes 'brang), 데게, Toh. 4093, 아비달마, cu.

- 쓔바굽따(Śubhagupta, Tib. dge srungs, 善護, 8세기 전후)

『성외경의』(Tib. phyi rol gyi don grub pa), 데게, Toh. 4244, 인명, zhe.

- 야쏘미뜨라(Jinaputra Yaśomitra, Tib. rgyal b'i sras drags pa'i bshes gnyen, 稱友)

『아비달마구사론명료의석』(Tib. mdzod kyi 'grel bshad don gsal), 데게, No 4093, 아비달마, gu.

『대승아비달마잡집론』(Tib. mngon pa kun las btus pa'i rnam par bshad pa), 데게, No 4054, 유식, li.

- 다르마미뜨라(Dharmamitra, Tib. chos kyi bshes gnyen, 法友, 9세기 전후)

『현관장엄론석명구소』(Tib. phar phyin gyi 'grel bshad tshig gsal), 데게, Toh. 3796, 반야, nya.

- 다르마끼르띠(Dharmakīrti, Tib. chos kyi grags pa, 法稱, 7세기)

『양평석』(Tib. tshad ma rnam 'grel), 데게, Toh. 4210, 인명, ce.

『양평석자주소』(Tib. tshad ma rnam 'grel rang 'grel), 데게, Toh. 4216, 인명, ce.

『양결택』(Tib. tshad ma rnam nges), 데게, Toh. 4211, 인명, ce.

『쟁정리론』(Tib. rtsod pa'i rigs pa), 데게, Toh.4218, 인명, che.

- 다르못따라(Dharmottara, Tib. chos mchog, 法上, 8세기 전후)

『결정량논소』(Tib. tshad ma rnam nges kyi 'grel bshad 'thad ldan), 데게, Toh. 4227, 인명, dze.

『정리적론대소』(Tib. rigs thigs rgya cher 'grel), 데게, Toh. 4231, 인명, we.

- 다싸발라씌리미뜨라(Daśabalaśrīmitra, Tib. stobs bcu dpal bshes gnyen, 十力吉祥親友, 11세기 전후)

『유위무위결택론』(Tib. 'dus byas dang 'dus ma byas rnam par nges pa), 데게, Toh. 3897, 중관, ha.

- 아쌍가(Asaṅga, Tib. thogs med, 無着, 4세기)

『유가사지론』(Tib. rnal 'byor spyod pa'i sa), 데게, Toh. 4035, 유식, tshi.

『유가사지론』「성문지」(Tib. nyan thos kyi sa), 데게, Toh. 4036, 유식, dzi.

『유가사지론』「보살지」(Tib. byang chub sems dpa'i sa), 데게, Toh. 4037, 유식, wi.

『유가사지론』「섭결택분」(Tib. rnam par gtan la dbab pa bsdu ba), 데게, Toh.4038, 유식, zhi, zi.

『유가사지론』「섭사분」(Tib. gzhi bsdu ba), 데게, Toh. 4039, 유식, zi.

『대승아비달마집론』(Tib. chos mngon pa kun las btus pa), 데게, Toh. 4049, 유식, ri.

- 비니따데바(Vinītadeva, Tib. dul ba lha, 律天, 調伏天, 8세기 초)

『관소연론주』(Tib. dmigs brtag 'grel bshad), 데게, Toh. 4265, 인명, zhe.

- 나비다르마(Navidharma, Tib. na bi d+harma)

『섭전집설시송』 (Tib. ldog pa bsdus pa bstan pa'i tshig le'ur byas pa), 데게, Toh. 4293, 성명, she.

- 나로빠(Nāropa, Tib. nA ro pa, 10세기)

『오차제명섭론』 (Tib. rim lnga bsdus pa gsal ba), 데게, Toh. 2333, 밀교소, zhi.

- 뿐다리까(Puṇḍarīka, Tib. rigs ldan pad+ma dkar po)

『깔라짜끄라 무구광대소』, (Tib. dus 'khor 'grel chen dri med 'od), 데게, Toh. 347, 밀교소, tha, da.

- 쁘라즈냐바르만(Prajñāvarman, Tib. shes rab go cha)

『법구경석』 (Tib. tshoms kyi rnam par 'grel pa), 데게, Toh. 4100, 아비달마, thu.

- 박바따(Vāgbhata, Tib. dpa' bo, 2세기 전후)

『의관팔지심요』 (Tib. yan lag brgyad pa'i snying po bsdus pa), 데게, Toh. 4310, 의방명, he.

- 아발로끼따브라따(Avalokitavrata, Tib. spyan ras gzigs brtul zhugs, 觀誓)

『반야등론광석』 (Tib. shes rab sgron me'i 'grel bshad), 데게, Toh. 3859, 중관, wa.

- 아리야데바(Āryadeva, Tib. 'phags pa lha, 聖天, 2세기)

『사백론』 (Tib. dbu ma bzhi brgya pa), 데게, Toh. 3846, 중관, tsha.

『미란최괴정리인성취』 (Tib. 'khrul pa bzlog pa'i rigs pa gtan tshigs grub pa), 데게, Toh. 3847, 중관, ya.

『행합집등』 (Tib. spyod pa bsdus pa'i sgron ma), 데게, Toh. 1803, 밀교, ngi.

- 디그나가(Dignāga, Tib. phyogs kyi glang po, 陳那, 5세기)

『관소연연론』 (Tib. dmigs brtag rang 'grel), 데게, Toh. 4206, 인명, ce.

- 보디바드라(Bodhibhadra, Tib. byang chub bzang po, 菩提賢, 8세기)

『혜심요집론석주』 (Tib. ye sehs snyin po kun las btus pa'i bshad sbyar), 데게, Toh. 3852, 중관, tsha.

- 마이뜨레야(Maitreya, Tib. byams pa, 彌勒, 慈尊)

『변중변론송』 (Tib. dbus mtha' rnam 'byed), 데게, Toh. 4021, 유식, phi.

『대승장엄경론』 (Tib. theg pa chen po mdo sde rgyan), 데게, Toh. 4020, 유식, phi.

- 스티라마띠(Sthiramati, Tib. blo gros brtan pa, 安慧, 6세기 전후)

『대승광오온론』 (Tib. phung po lnga'i rab tu byed pa byed pa bye brag tu bshad pa), 데게, Toh. 4066, 유식, shi.

- 바쑤반두(Vasubandhu, Tib. dbyig gnyen, 世親, 4세기)

『아비달마구사론』 (Tib. chos mngon pa mdzod), 데게, Toh. 4089, 아비달마, ku.

『아비달마구사론자주석』 (Tib. chos mngon pa mdzod kyi rang 'grel), 데게, Toh. 4090, 아비달마, ku, khu.

『석궤론』 (Tib. rnam bshad rigs pa), 데게, Toh. 4065, 유식, shi.

『대승오온론』 (Tib. phung po lnga'i rab byed), 데게, Toh. 4059, 유식, shi.

『대승성업론』 (Tib. las grub pa'i rab tu byed pa), 데게, Toh. 4062, 유식, shi.

『유식이십론』 (Tib. nyi shu pa), 데게, Toh. 4056, 유식, shi.

『유식이십론자주』 (Tib. nyi shu pa'i rang 'grel), 데게, Toh. 4057, 유식, shi.

『변중변론술기』 (Tib. dbus mta'i 'grel pa), 데게, Toh. 4027, 유식, bi.

『연기초별석』 (Tib. rten cing ra 'byung ba dang po'i rnam par dbye ba bsahd pa), 데게, Toh. 3995, 경소, chi.

- 목련(Maudgalyāyana, Tib. mo+ong gal gyi bu, 目連, 目犍連)

  『입세간론』(Tib. ʼjig rten bzhag pa), 데게, Toh. 4086, 아비달마, i.

  『인시설』(Tib. rgyu gdags pa), 데게, Toh. 4087, 아비달마, i.

- 원측(圓測, Tib. wen tsheg, 7세기)

  『해심밀경소』(Tib. dgongs ʼgrel gyi mdoʼi ryga cher ʼgrel), 데게, Toh. 4016, 경소, thi.

- 싼따락쒸따(Śāntarakṣita, Tib. zhi ba ʼtsho, 寂護, 8세기)

  『진실섭송』(Tib. de kho na nyid bsdus pa), 데게, Toh. 4266, 인명, ze.

  『중관장엄론자주』(Tib. dbu ma rgyan gyi rang ʼgrel), 데게, Toh. 3885, 중관, sa.

- 산띠데바(Śāntideva, Tib. zhi ba lha, 寂天, 8세기)

  『경집론』(Tib. mdo kun las btus pa), 데게, Toh. 3934, 중관, ki.

  『입보살행론』(Tib. byang chub sems dpaʼi spyod pa la ʼjug pa.), 데게, Toh. 3871, 중관, li,

- 짠드라끼르띠(Candrakīrti, Tib. zla ba grags pa, 月稱, 7세기)

  『입중론』(Tib. dbu ma la ʼjug pa), 데게, Toh. 3861, 중관, ʼa.

  『입중론자석』(Tib. dbu ma la ʼjug paʼi rang ʼgrel), 데게, Toh. 3862, 중관, ʼa.

  『명구론』(Tib. dbu ma rtsa baʼi ʼgrel pa tshig gsal), 데게, Toh. 3860, 중관, ʼa.

  『사백론석』(Tib. bshi brgya paʼi ʼgrel pa), 데게, Toh. 3865, 중관, ya.

  『오온품류론』(Tib. phung po lngaʼi rab tu byed pa), 데게, Toh. 3866, 중관, ya.

- 짠드라난다나(Candranandana, Tib. zla ba la dgaʼ ba, 月喜)

  『의관팔지심요석구의월광』(Tib. yan lag brgyad paʼi snying poʼi mam ʼgrel zla zer), 데게, Toh. 4312, 의방명, ko.

- 구나쁘라바(Guṇprabha, Tib. yon tan ʼod, 功德光, 5세기 전후)

  『오온론주』(Tib. phung po lngaʼi rnam par ʼgrel pa), 데게, Toh. 4067, 유식, si.

- 바비베까(Bhāviveka, Bhāvaviveka, Tib. legs ldan ʼbyed, 淸辨, 6세기)

  『중관심론』(Tib. dbu ma snying po), 데게, Toh. 3855, 중관, dza.

  『사택염』(Tib. ʼgrel pa rtog ge ʼbar ba), 데게, Toh. 3856, 중관, dza.

  『반야등론석』(Tib. rtsa sheʼi ʼgrel pa shes rab sgron ma), 데게, Toh. 3853, 중관, tsha.

- 락쒸미(Lakṣmī, Tib. lak+Sh+mI)

  『오차제석명의론』(Tib. rim lngaʼi don gsal bar byed pa), 데게, Toh. 1842, 밀교, chi.

- 싸꺄붓디(Śākyabuddhi, Tib. shAkya blo, 釋迦慧, 8세기 전반)

  『양평석주소』(Tib. tshad ma rnam ʼgrel gyi ʼgrel bshad), 데게, Toh. 4220, 인명, je, nye.

- 쁘리티비반두(Pṛthivībandhu, Tib. saʼi rtsa lag, 地親)

  『오온석』(Tib. phung po lngaʼi bshad pa), 데게, Toh. 4068, 유식, si.

- 데벤드라붓디(Devendrabuddhi, Tib. lha dbang blo, 帝釋慧, 7세기)

  『양평석난어석』(Tib. tsahd ma rnam ʼgrel gyi dkaʼ ʼgrel), 데게, Toh. 4217, 인명, che.

3. 장외문헌

- 『아비달마대비바사론』(Tib. chos mngon pa bye brag tu bshad pa chen po) : 근대중국의 역경사 법존(法尊, Tib. blo bzang cho 'phags)이 1945~1949년간 한역으로부터 티베트어로 번역하였다. 달라이 라마 사무국(Gaden Podang) 도서관의 필사 소장본을 중국장학출판사(中國藏學出版社)에서 2011년 출판. (T.27.1545)

- 챠빠 최끼 쎙게(Tib. phywa pa chos kyi seng ge, 1109~1169)의 『구의암량론』(Tib. tshad ma yid kyi mun sel) : 까담빠 문집(Tib. bka' gdmas gsung 'bum), 제1집, vol. 9. 사천 민족출판사에서 고필사본으로부터 2006년에 출판.

- 『월왕약진』(Tib. sman dpyad zla ba'i rgyal po), 민족출판사, 2007년, 영인본.

- 『사부 의학 딴뜨라』(Tib. gso ba rig pa'i rgyud bzhi), 민족출판사, 2007년, 영인본.

- 아리야바따(Āryabhaṭa, Tib. Arya bha Ta, 476~550), 『아리야바띠얌 Āryabhatiyam』「행성품」.

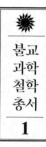

불교
과학
철학
총서

1

물질
세계
The Physical World

2022년 5월 30일 초판 1쇄 발행

기획 및 서문 달라이 라마(His Holiness the Dalai Lama) • 엮은이 불교 과학 철학 총서 편집위원회
옮긴이 게셰 텐진 남카(Geshe Tenzin Namkha)

발행인 박상근(至弘) • 편집인 류지호 • 상무이사 김상기 • 편집이사 양동민
책임편집 이상근 • 편집 김재호, 양민호, 김소영, 권순범
디자인 쿠담디자인 • 제작 김명환 • 마케팅 김대현, 정승채, 이선호 • 관리 윤정안
펴낸 곳 불광출판사 (03150) 서울시 종로구 우정국로 45-13, 3층
　　　　대표전화 02) 420-3200 편집부 02) 420-3300 팩시밀리 02) 420-3400
　　　　출판등록 제300-2009-130호(1979. 10. 10.)

ISBN 978-89-7479-631-0(94220)
ISBN 978-89-7479-611-2(세트)

값 30,000원